Markt und Macht in der Geschichte

Tanner

Markt und Macht in der Geschichte

Herausgegeben von
Helga Breuninger und Rolf Peter Sieferle

Deutsche Verlags-Anstalt
Stuttgart

Die Deutsche Bibliothek – CIP-Einheitsaufnahme

Markt und Macht in der Geschichte /
hrsg. von Helga Breuninger und Rolf Peter Sieferle. –
Stuttgart : Deutsche Verlags-Anstalt, 1995
ISBN 3-421-05014-7
NE: Breuninger, Helga [Hrsg.]

Lektorat: Margot Adrion
Typographische Gestaltung: Günter Saur
Satz: Steffen Hahn GmbH, Kornwestheim
Druck und Bindearbeit:
Druckerei Friedrich Pustet, Regensburg
Printed in Germany
ISBN 3-421-05014-7

Inhalt

Vorwort 7

ROLF PETER SIEFERLE
Einleitung 10

LÁSZLÓ VAJDA
Greuelmärchen und Wunderland. Geschichten im Dienste des Fernhandels in vorindustrieller Zeit 20

WOLFGANG RÖLLIG
Phönizier und Griechen im Mittelmeerraum 45

WOLFGANG SCHULLER
Die Organisierung der Volksmacht. Verfahrensregeln in der athenischen Demokratie 74

JÜRGEN LÜTT
Eurozentrismus? Der europäische Sonderweg und der Orient 97

EUGEN WIRTH
Fernhandel und Exportgewerbe im islamischen Orient . . 122

JÜRGEN OSTERHAMMEL
Markt und Macht in der Modernisierung Asiens: Japan, China und Indien 154

DIETMAR ROTHERMUND
Staat und Markt in Indien 1757–1995 177

HERBERT FRANKE
Fromme Stifter und ihr Markt. Zum Druck religiöser Schriften im mittelalterlichen China 206

THOMAS O. HÖLLMANN
Eine Allianz von Geld und Geist. Die Salzkaufleute von Yangzhou und die Blüte des privaten Mäzenatentums im China des 18. Jahrhunderts 219

LOTHAR LEDDEROSE
Qualitätskontrolle im Alten China 239

WOLFGANG REINHARD
Öffentliche und andere Hände. Privatisierung und Deregulierung im Lichte historischer Erfahrung 265

HEINRICH VON STIETENCRON
Macht und Markt im Wettbewerb der Religionen und der Ruf nach Toleranz 297

HELMUT ALTRICHTER
Zwischen Staatszielen und Konsuminteresse. Zur historischen Einordnung der Wirtschaftsreformen Gorbatschows 322

ROLF PETER SIEFERLE
Weltmarkt und Nationalstaat. Das Dilemma des Wohlfahrtsstaats im Zeitalter der Globalisierung 349

Die Autoren 377

Register 380

Vorwort

Der Anlaß für dieses Buch ist der 15. Juni 1995, der Tag, an dem Heinz Breuninger, eine bedeutende Unternehmerpersönlichkeit aus Stuttgart, seinen 75. Geburtstag gefeiert hätte. Er starb kurz nach seinem 60. Geburtstag.

Anstelle einer festlichen Würdigung, die er selbst nicht besonders geschätzt hätte, haben wir, Helga Breuninger als Tochter und Vertreterin der von ihm gegründeten Breuninger Stiftung und Willem G. van Agtmael als sein Nachfolger in der Firma Breuninger, uns etwas anderes überlegt: Wir haben die Entstehung eines Buches angeregt, das er selbst gerne gelesen hätte.

Die Autoren dieses Buches sind Geschichtswissenschaftler, eine Berufsgruppe, mit der sich der Unternehmer Heinz Breuninger intensiv auseinandergesetzt hat. Mit einigen Autoren wie Heinrich von Stietencron, Lothar Ledderose und Wolfgang Schuller stand er in regem Kontakt über Fragen zu frühen Hochkulturen. Als interessierter Laie stellte er ganz andere Fragen, als es Wissenschaftler gewohnt sind. Fragen, die enges Kästchendenken sprengen, Fragen nach dem inneren Zusammenhang ähnlicher Phänomene und immer wieder Fragen, was man aus der Geschichte für die Zukunft lernen könne.

Viele Wissenschaftler sind ihm als Einzelpersonen Antworten schuldig geblieben und fühlten sich von seinen Fragen überfordert. Die menschlich naheliegende Reaktion darauf ist, die unbequemen Fragen als unwissenschaftlich abzuqualifizieren. Schließlich war Heinz Breuninger ein erfolgreicher Unternehmer und kein Wissenschaftler, also sollte er sein Feld beackern und die Wissenschaftler in Ruhe lassen. Er ließ sie aber nicht in Ruhe, sondern gründete 1968 eine wissenschaftsfördernde Stiftung. Damit hat er sich ein Forum geschaffen, seine Fragen an die Wissenschaft zu stellen und spätestens mit der Mittelvergabe für Projekte ernst genommen zu werden. Markt und Macht auch hier?

Was veranlaßte einen Menschen wie Heinz Breuninger, sich so intensiv mit Geschichte auseinanderzusetzen? Sicher ist, daß die Beschäftigung mit der Geschichte ihm die notwendige Distanz zur Gegenwart verschafft hat. Politisch aktuelle Konfliktkonstellationen relativieren sich aus einer historischen Perspektive, und das Wissen aus der Vergangenheit läßt sich manchmal auch für Zukunftsszenarien und Prognosen nutzen.

Zu Macht und Korruption ein Beispiel:

Eines Tages tauchte Heinz Breuninger in einer Vorlesung mit dem Titel »Korruption im Altertum« von Wolfgang Schuller in Konstanz auf. Durchaus ein interessantes Thema für die Gegenwart: Wenn Korruption schon ein Mittel zur Machtausübung auf Märkten im Altertum war, was kann man daraus für die Gegenwart lernen, wie kann man sich besser davor schützen? Überlieferte Geschichten aus früheren Zeiten können durchaus anregend sein, um Strategien für die Gegenwart zu finden. Und zumindest ein Effekt tritt ein: Eine vordergründig moralische Empörung tritt zurück bei der Entdeckung, daß ein Problem nicht neu ist und sich schon frühere Generationen damit herumgeschlagen haben. Eine rationale Einschätzung gelingt danach leichter.

Strategien für die Gegenwart: Heinz Breuninger betrat als Unternehmer in Deutschland oft Neuland. Als erster seiner Zunft führte er 1958 die »Kundenkarte« ein, als bargeldloses Zahlungsmittel, und kämpfte in den fünfziger und sechziger Jahren für eine Liberalisierung der Ladenschlußzeiten, ein Ziel, das sein Nachfolger 1989 teilweise erreichen konnte: mit der Durchsetzung des »langen Donnerstags«.

Hat ihn die Auseinandersetzung mit der Geschichte dazu ermutigt, die Gegenwart zu verändern? Heinz Breuninger war ein Marktführer seiner Branche mit sicherem Gespür für Macht und wie man damit umzugehen hat. Seine Entscheidungsfindung war nie engstirnig auf aktuell bekannte Lösungen beschränkt, und es ist anzunehmen, daß er auch hier von historisch überlieferten Prozessen profitiert hat, die zumindest seine Kreativität angeregt haben.

Das vorliegende Buch »Markt und Macht in der Geschichte« enthält eine Sammlung von Beiträgen renommierter Historiker. Wir bedanken uns bei den Autoren und dem Mitherausgeber, allesamt Teilnehmer der interdisziplinären Forschungskonferenzen des Breuninger Kollegs, einer Initiative von Helga Breuninger, um Wissenschaftler weiterhin mit fächerübergreifenden Fragen herauszufordern, wie es Heinz Breuninger zu Lebzeiten getan hatte.

Wir wünschen uns, daß diese Lektüre auch eine Bereicherung für Menschen sein kann, die sich bisher weniger mit Geschichte als Wissenschaft auseinandergesetzt haben. Vielleicht können wir in einer Zeit zusammenbrechender Strukturen an das anknüpfen, was Heinz Breuninger erfolgreich für sich genutzt hat: aus der Geschichte lernen.

Stuttgart im März 1995

Helga Breuninger
Willem G. van Agtmael

ROLF PETER SIEFERLE

Einleitung

Heinz Breuninger, der Begründer der Breuninger Stiftung, war ein Unternehmer, der sich mit Problemen befaßte, die weit über das engere Geschäftsleben hinausreichten. Besonders war er an historischen und kulturgeschichtlichen Fragestellungen interessiert, auch wenn sie sich nicht direkt für das Unternehmen instrumentalisieren ließen. Im Vordergrund seines Interesses an der Geschichte stand natürlich der Wunsch, etwas aus der Vergangenheit zu lernen, was auch für die Gegenwart von Relevanz sein kann. Hierbei zeigte es sich allerdings, daß ein Gespräch zwischen der Geschichtswissenschaft und Außenstehenden spezifische Schwierigkeiten besitzt, zu deren Überwindung der vorliegende Band beitragen soll.

Professionalisierte Wissenschaften, insbesondere die Geisteswissenschaften, tendieren dazu, ihre Fragestellungen, die Methoden der Bearbeitung wie auch die als legitim geltenden Antworten aus dem inneren Selbstverständnis des jeweiligen Faches heraus zu erzeugen. Das ist ein ganz normaler und unvermeidlicher Vorgang, doch hat dies zur Folge, daß Ergebnisse der Kulturwissenschaften außerhalb des Kreises der direkt Beteiligten häufig nicht mehr nachvollzogen werden können. Gerade der interessierte Laie, der nach einer historischen Orientierung verlangt, wird kaum Zugang zur wissenschaftlichen Fachliteratur finden, sondern sich mit sekundären Aufarbeitungen begnügen müssen. Zwar gibt es (nach angelsächischem und französischem Vorbild) in den letzten Jahren zunehmend Ansätze, die auf eine Überwindung der Barrieren zwischen Fachwelt und Öffentlichkeit dringen, doch kann von einem wirklichen Dialog zwischen der interessierten Öffentlichkeit und der Geschichtswissenschaft jenseits der noch immer Aktualität besitzenden zeitgeschichtlichen Fragen keine Rede sein.

Was kann es aber überhaupt bedeuten, wenn man aus der Geschichte etwas »lernen« möchte? Erfährt man durch die Beschäftigung mit der Vergangenheit nur etwas über diese selbst? Und wen, jenseits von antiquarischen Spezialisten und Kuriositätensammlern, könnte dies denn wirklich interessieren? Oder bedeutet »Lernen aus der Geschichte«, daß man Orientierungen gewinnt, die auch in der Gegenwart von Bedeutung sind? Die Meinungen darüber sind recht verschieden.

»Man verweist Regenten, Staatsmänner, Völker vornehmlich an die Belehrung durch die Erfahrung der Geschichte. Was die Erfahrung aber und die Geschichte lehren, ist dieses, daß Völker und Regierungen niemals etwas aus der Geschichte gelernt und nach Lehren, die aus derselben zu ziehen gewesen wären, gehandelt haben. Jede Zeit hat so eigentümliche Umstände, ist ein so individueller Zustand, daß in ihm aus ihm selbst entschieden werden muß und allein entschieden werden kann. Im Gedränge der Weltbegebenheiten hilft nicht ein allgemeiner Grundsatz, nicht das Erinnern an ähnliche Verhältnisse, denn so etwas wie eine fahle Erinnerung hat keine Kraft gegen die Freiheit der Gegenwart« (Hegel 1970, 17).

Diese Sätze aus Hegels Vorlesungen über die Philosophie der Geschichte, in denen er sich auf eine »reflektierende« und »pragmatische« Art der Geschichtsbetrachtung bezieht, stimmen zunächst pessimistisch: Wenn die Geschichte nur aus einer Ansammlung »individueller« und damit »singulärer« Ereignisse besteht, ist in der Tat nichts aus ihr zu lernen, da sich in ihr keine verallgemeinerungsfähigen Regelmäßigkeiten finden. Hegel wendet sich hier gegen einen in seiner Zeit noch weit verbreiteten naiven Umgang mit historischen Erfahrungen, der vor allen Dingen bei der Erziehung von Fürsten üblich war. Geschichtliche Ereignisse vor allem aus der Antike, wie sie durch Schriftsteller wie Herodot, Thukydides oder Plutarch überliefert waren, galten als eine Art Sammlung von Fallbeispielen, in denen man in einer jeweiligen Problemsituation orientierende Hilfestellung suchen konnte.

Der Historiker Reinhart Koselleck hat vor einigen Jahren darauf hingewiesen, daß diese Tradition eines naiven Lernens aus der Geschichte, die in Europa über Jahrhunderte hinweg verbreitet war, in den ersten Jahrzehnten des 19. Jahrhunderts zusammenbrach (Koselleck 1979). Die Erfahrung des »Fortschritts«, der sich in jenen Jahren geradezu mit einer Naturgewalt vollzog und einen Lebensbereich nach dem anderen erfaßte und mobilisierte, machte den Rückgriff auf älteres Geschehen unplausibel. Die Historie ist nur so lange magistra vitae, das heißt Lehrmeisterin des Lebens, wie nichts wirklich Neues geschieht. Wenn die Welt als eine große Bühne erscheint, auf der – wenn auch mit unterschiedlicher Besetzung – immer das gleiche Stück gespielt wird, fällt es dem Kenner ihres Repertoirs leicht, sich auch in einer Zukunft zu orientieren, die von dem vertrauten Muster nicht abweichen kann. Sobald jedoch neuartige Personen auftreten, die sich in nie zuvor gesehene Situationen hineinbegeben, muß der Rückgriff auf vergangenes Geschehen sinnlos oder gar irreführend sein.

In dieser Situation behalf man sich, indem man das alte Bild der Geschichte als eine Sammlung prinzipiell gleichartiger Erzählungen über die Grundsituationen menschlichen Handelns aufgab und statt dessen die Geschichte als einen Prozeß im Sinne eines Progresses, das heißt als fortschreitende Entwicklung der Menschheit auffaßte. Seit dem ausgehenden 18. Jahrhundert wurde eine Vielzahl universalgeschichtlicher Entwürfe produziert, in denen nicht mehr von der Ähnlichkeit, sondern von der Differenz historischer Erfahrungen ausgegangen wurde. Der Geschichte als Entwicklung wurde so ein roter Faden eingezogen, der das scheinbare Chaos singulärer Begebenheiten in der Weise ordnete, daß ihnen eine bestimmte zwingende Abfolge von Stadien zugeschrieben wurde. Aus der Geschichte sollte nun nicht mehr in der Weise gelernt werden, daß man direkte Vergleiche zwischen analogen Situationen zog, sondern daß man den historischen Ort bestimmte, an dem sich die Gegenwart befand und von wo aus Tendenzen ausgemacht werden konnten, die in die Zukunft weisen sollten. Geschichte als historische Verortung, als »Ortsbestimmung der Gegenwart«, wie es der Ökonom Alexander Rüstow nannte, geht also gerade von der Erfahrung der Nichtvergleichbarkeit aus und unterstellt doch, daß dem gesamten Geschehen eine bestimmte Ordnung innewohnt in dem Sinne, daß nicht jederzeit alles Beliebige geschehen kann.

Freilich hat auch diese Sicht ihre Tücken. Im 18. Jahrhundert waren es erstaunlicherweise gerade Ökonomen, die die ersten Ordnungsmodelle für eine fortschreitende Menschheitsentwicklung entwarfen. Der französische Finanzminister Turgot legte bereits 1750 den Plan zu einer Universalgeschichte der Menschheit vor, in dem vier Entwicklungsstufen nach wirtschaftlichen Kriterien unterschieden wurden, und Adam Smith, der Begründer der liberalen Wirtschaftstheorie, folgte ihm mit einer Reihe von Vorlesungen, in denen er ähnlich verfuhr. Beide unterschieden Jagd, Viehzucht, Ackerbau und Gewerbe, die als vier Stadien verstanden wurden, welche die fortschreitenden Gesellschaften bisher durchlaufen (oder noch zu durchlaufen) hatten. Diesen Ordnungsversuchen schlossen sich weitere an, von denen vielleicht die Marxsche Unterscheidung der »progressiven Gesellschaftsformationen« Urgesellschaft, Sklaverei, Feudalismus, Kapitalismus und Sozialismus die größte Prominenz gewann. Heute ist leicht erkennbar, daß solche Strukturierungen der gesamten Geschichte vor Vereinfachungen, vor allem aber vor ideologischem Mißbrauch nicht gefeit sind: Wer die Gesetzmäßigkeiten der Menschheitsentwicklung zu kennen glaubt, kann desto entschlossener daran gehen, sie auch für die Zukunft mit aller Konsequenz zu vollziehen.

Universalgeschichtliche Ordnungsversuche scheinen für ideologische Besetzungen besonders anfällig zu sein – dieser Eindruck kann allerdings auch dadurch entstehen, daß hier explizit Annahmen offengelegt werden, welche historische Detailstudien eher implizit enthalten. Wer sich scheinbar ideologiefrei und ohne Blick auf orientierende Anwendungen mit der Vergangenheit befaßt, kann sich gewissermaßen auf der sicheren Seite wähnen. Auch er besitzt zwar irgendein Bild von der geschichtlichen Entwicklung, doch kann er dieses (auch vor sich selbst) hinter der Befaßtheit mit Einzelfällen verbergen. Die Risiken einer allgemeineren Erklärung kann er jedoch vermeiden; auch kann sich sein Interesse gewissermaßen ästhetischen Konfigurationen zuwenden. An die Stelle der einen großen Geschichte tritt dann eine Vielzahl von Erzählungen, von Geschichten, die nicht mehr bedeuten sollen als sich selbst. Der Reiz liegt dann aber in der Präparierung eines individuellen und singulären Falles, der seine spezifische Buntheit und konkrete Fülle besitzt. Jacob Burckhardt hat dieser skeptischen Haltung die klassische Formulierung gegeben: »Damit erhält auch der Satz ›Historia Vitae Magistra‹ einen höheren und zugleich bescheidenen Sinn: Wir wollen durch Erfahrung nicht sowohl klug (für ein andermal) als weise (für immer) werden« (Burckhardt 1956, 7).

Der vorliegende Band befaßt sich mit dem Verhältnis von Markt und Macht in der Geschichte. Es handelt sich hierbei, wie jedermann weiß, um ein aktuelles und höchst facettenreiches Problem, das jedoch durchaus seine historischen Vorläufer besitzt. Marktwirtschaftliche Elemente finden sich schon in ferner Vergangenheit, in der Zeit der Alten Hochkulturen, und auch dort standen sie in einer spezifischen Spannung zur politischen Macht des Staates. Das Verhältnis von Macht und Markt ist allerdings nicht identisch mit dem von Politik und Ökonomie, von Staat und Wirtschaft. Auch der Staat kann wirtschaftlich tätig werden, und vermutlich liegt sein Ursprung sogar in einer spezifisch ökonomischen Leistung, nämlich der Umverteilung oder Redistribution.

Der Staat ist in der Lage, durch »außerökonomischen Zwang«, also durch Entfaltung von Macht und Androhung von

Gewalt bestimmte ökonomische Funktionen wahrzunehmen: Er konfisziert durch Raub und Plünderung, durch Tributerhebung und Erpressung, durch Besteuerung und Monopolisierung einen Teil des gesellschaftlichen Reichtums, um ihn für diese oder jene Zwecke umzuverteilen. Diese Zwecke können selbst politischer Natur sein, also etwa zu Erhaltung und Ausbau des staatlichen Apparats, zur Verteidigung oder Eroberung, zur Rechtsprechung und Verwaltung, zur Repräsentation und Verschwendung, zur inneren Befriedung und Fürsorge dienen. Sie können aber auch eine genuin ökonomische Natur besitzen, wenn der Staat etwa Wege und Häfen baut, für Münze, Maße und Gewichte sorgt, Vorräte für Hungersnöte anlegt oder Maßnahmen für eine bessere Hygiene ergreift. In all diesen Fällen ist das staatliche Handeln aber gemeinwohlorientiert und zielgerichtet (so mißbräuchlich dieses Gemeinwohl auch verstanden und so sehr die angestrebten Ziele auch verfehlt werden können).

Die Logik des Marktes dagegen unterscheidet sich prinzipiell von der des Staates. Der Markt ist ein neutraler, machtfreier (wenn auch machtgeschützter) Ort des Tauschs von Äquivalenten, also von ungleichen Dingen, die einander gleichgesetzt werden. Die Preisbildung kommt auf ihm nicht durch Machtspruch, Gewalt oder Prestige zustande, sondern durch Verhandlungen zwischen grundsätzlich gleichberechtigten Teilnehmern. In der historischen Wirklichkeit finden sich zwar zahlreiche Versuche, Freiheit und Autonomie des Marktes auszuhöhlen und durch Privilegierungen, Monopolbildung und sonstige »außerökonomische« Eingriffe zu modifizieren, doch handelt es sich hierbei eben um Eingriffe gegen den Markt, nicht aber um dessen selbständige Wirkungen. Sicherlich findet sich der ideale Markt in der Realität höchst selten – dennoch bildet er ein wirtschaftliches Prinzip, das immer wieder gegen sein Gegenprinzip, die Macht, wirksam wird.

Ein wesentliches Merkmal des Marktes ist seine Heteronomie, das heißt die Tatsache, daß die realen Ergebnisse marktwirtschaftlichen Handelns von niemandem gewollt und bewußt angestrebt werden können. Jeder Marktteilnehmer versucht, seine eigenen Interessen durchzusetzen, die immer wieder im Gegensatz zu den Interessen anderer Marktteilnehmer stehen. So ist der Verkäufer grundsätzlich an einem hohen, der Käufer aber an einem niedrigen Preis der Ware interessiert – die Höhe des realen Marktpreises jedoch steht weder im Belieben des einen noch des anderen. Auch ist es dauerhaft nicht möglich, Preise »politisch« zu fixieren, ohne daß unerwünschte Nebeneffekte wie Überangebote oder Verknappungen auftreten oder daß sich der Markt als »Schwarzmarkt« eine neue Nische bildet.

Aus dem Marktgeschehen ergeben sich somit spezifische Ordnungsstrukturen, die quer zu genuin politischen, das heißt zielgerichteten und gewollten Ordnungsstrukturen stehen. So sehr Macht und Politik versuchen, den Markt zu regulieren und zu beherrschen, so sehr zeigt sich der Markt immer wieder in der Lage, sich politischer Macht zu entziehen, ja sogar diese zu unterminieren. Es handelt sich gewissermaßen um ein historisches Tauziehen gegensätzlicher Prinzipien, dessen Ausgang keineswegs gesichert ist. Die sanfte Gewalt des Marktes zeigte sich oft längerfristig dem brutalen Zugriff der Macht überlegen.

In universalgeschichtlicher Perspektive ist zu vermuten, daß das Prinzip des Marktes etwa zur gleichen Zeit entstand, als sich auch der Staat bildete, also vor etwa 5000 Jahren. Zuvor hatte der Tausch, der wohl so alt ist wie menschliche Gesellschaften überhaupt, eine Vielzahl von Funktionen zugleich zu erfüllen, so daß er noch nicht als eine rein ökonomische Kategorie im Sinne der Äquivalenz zu verstehen ist. Die älteren, vor-marktwirtschaftlichen oder gar vor-ökonomischen Formen des Tauschs werden mit dem Begriff »Reziprozität« erfaßt. In einer Gruppe primitiver Jäger etwa wird die Jagdbeute durchaus zwischen den Mitgliedern aufgeteilt, zuweilen nach recht komplizierten Regeln, doch spielt hierbei das Verhältnis von individuellem Aufwand und Ergebnis keine Rolle. Auch existiert keine »Buchführung« darüber, wieviel der einzelne geleistet und empfangen hat, wenn auch darauf geachtet wird, daß man keine faulen »Trittbrettfahrer« mitschleppen muß. Austauschverhältnisse gab es auch zwischen primitiven Gesellschaften, doch wurden dabei eher »politische« Allianzen geschmiedet als wirkliche »Waren« getauscht (vgl. Mauss 1978).

In den agrarisch geprägten Hochkulturen oder »Zivilisationen«, die den Gegenstand der eigentlichen »Geschichte« bilden, da nur sie eine schriftliche Überlieferung hinterlassen haben, findet sich immer auch ein gewerblicher Sektor wie auch ein Handel mit Waren, der zumindest ansatzweise marktwirtschaftliche Züge trägt. Hier kann daher schon sehr früh das Wirken des Marktes studiert werden, der in einem permanenten Spannungsverhältnis zur politischen Macht des Staates steht. Der Reichtum von Gewerbetreibenden und Händlern reizt die Inhaber politischer Macht immer wieder zum konfiszierenden Zugriff, doch wissen sie zugleich, daß sie sich mit einer zu scharfen Besteuerung längerfristig nur selbst schaden.

Die Händler entwickelten bald ein breites Spektrum von Reaktionen gegenüber dem Staat: Einige mußten sich dem Zugriff der Politik unterwerfen und sich den eng bemessenen Spielräumen anpassen, die ihnen gelassen wurden. Andere versuchten, den politischen Druck zu unterlaufen, indem sie internationale Netzwerke aufbauten und dorthin entwichen, wo ihre »Standortbedingungen« günstiger waren. Wieder anderen gelang es, selbst politische Macht zu erwerben und Einfluß auf die Staatsgeschäfte zu nehmen. In wenigen Ausnahmefällen, zu denen bestimmte antike und neuzeitliche Stadtrepubliken wie die Republik Venedig gehören, konnten sie sogar das Gemeinwesen selbst verwalten, und zwar mit nicht geringem Erfolg.

In den reifen agrarischen Hochkulturen, vor allem aber in der europäischen Neuzeit, leitete sich dann eine Emanzipationsbewegung des Marktes von der Politik ein, die noch immer nicht vollständig abgeschlossen ist (vgl. Polanyi 1978). Ein wesentlicher Strang im Prozeß der »Modernisierung«, der in die moderne Industriegesellschaft einmündete, kann in der Rückdrängung der Politik durch die Wirtschaft gesehen werden. Napoleon konnte noch vor fast zweihundert Jahren behaupten, das Schicksal der Völker werde von der Politik geprägt. Walther Rathenau dagegen traf einen wichtigen Zug der modernen Gesellschaft, als er zu Anfang des 20. Jahrhunderts verkündete, nun sei die Wirtschaft zum Schicksal geworden. Allerdings zeigten dann die Ereignisse in der ersten Hälfte unseres Jahrhunderts, daß politische Leidenschaften und ideologische Verblendungen nach wie vor eine Stoßkraft besitzen können, die sich über jede marktwirtschaftliche Rationalität hinwegsetzt.

An der Schwelle zum 21. Jahrhundert überwiegt dagegen wieder der Eindruck, daß ökonomische Prozesse eine Eigendynamik besitzen, die politischen Steuerungsversuchen gegenüber immun ist. Der »Markt« scheint sich als globalisierter Weltmarkt endgültig von der auf nationalstaatliche Räume beschränkten Politik gelöst zu haben und zur eigentlich wirklichkeitsprägenden »Macht« geworden zu sein. Seine Heteronomie und Gestaltungskraft erzeugt Ordnungszustände, die als solche nicht nur von niemandem gewollt sind, sondern deren Struktur und Tendenzen auch von keinem wirklich verstanden werden.

Am Ende eines jahrtausendealten Spannungsverhältnisses von Markt und Macht könnte daher die völlige Absorption der Macht durch den Markt stehen, die Herausbildung eines postpolitischen Zustands, dessen Entwicklung sich allen Zugriffsversuchen seitens außer-ökonomischer Mächte entzieht. Allerdings gibt es dazu auch Gegentendenzen: Noch immer finden sich auch in den Industriegesellschaften nicht-marktförmige ökonomische Strukturen, wie die Reziprozität innerhalb der Familie oder die Redistribution durch den Wohlfahrtsstaat. Es kann daher mit guten Gründen bezweifelt werden, ob sich eine vollständig marktwirtschaftliche Gesellschaft je durchsetzen wird, die keine Spuren anderer ökonomischer Prinzipien mehr aufweist. Sonderlich human wäre eine solche Gesellschaft sicherlich nicht; darüber hinaus fragt es sich aber, ob sie in der

Wirklichkeit (das heißt jenseits ökonomischer Modelle) überhaupt funktionsfähig wäre.

Die Beiträge dieses Sammelbandes behandeln ein großes Spektrum der Beziehungen zwischen Markt und Macht in der Geschichte. Sie sind von Historikern und Orientalisten, Geographen und Kunsthistorikern verfaßt, mit einem Schwerpunkt auf außereuropäischen Verhältnissen. Diese Schwerpunktbildung verdankt sich nicht nur einer Referenz gegenüber Heinz Breuninger, der sich stark für den Alten Orient interessiert hat, sondern ist der Sache selbst geschuldet: Es wird demonstriert, daß ein problematisches Verhältnis zwischen Markt und Macht nicht nur eine Angelegenheit der europäischen Geschichte war, sondern daß es sich um ein die agrarischen Hochkulturen übergreifendes Phänomen gehandelt hat. Von daher stellt sich auch die Frage nach der Sonderrolle Europas in einer neuen Weise, und wir hoffen, zur Beantwortung dieser Fragen etwas beigetragen zu haben.

Literatur

Burckhardt, Jacob, 1956. Weltgeschichtliche Betrachtungen. Gesammelte Werke Bd. 4. Basel.

Hegel, Georg Wilhelm Friedrich, 1970. Vorlesungen über die Philosophie der Geschichte. Werke Bd. 12. Frankfurt/M.

Koselleck, Reinhart, 1979. Historia magistra vitae. Über die Auflösung des Topos im Horizont neuzeitlich bewegter Geschichte. In: Vergangene Zukunft. Frankfurt/M., 38–66.

Mauss, Marcel, 1978. Die Gabe. Form und Funktion des Austauschs in archaischen Gesellschaften. In: Soziologie und Anthropologie Bd. 2, Frankfurt/M., 9–144.

Polanyi, Karl, 1978. The Great Transformation. Frankfurt/M.

Rüstow, Alexander, 1950/57. Ortsbestimmung der Gegenwart. Eine universalgeschichtliche Kulturkritik. Erlenbach-Zürich.

Smith, Adam, 1978. Lectures on Jurisprudence. Report of 1762/63. Oxford.

Turgot, Anne Robert Jacques, 1844. Plan de Deux Discours sur l'Histoire Universelle (1750), in: Œuvres, Paris.

LÁSZLÓ VAJDA

Greuelmärchen und Wunderland
Geschichten im Dienste des Fernhandels in vorindustrieller Zeit

Voltaires Spruch von der »Notwendigkeit des Überflüssigen« ist nicht nur ein geistreiches Witzwort, er wird von der Geschichte – namentlich von der Geschichte des Fernhandels – voll bestätigt. Von der Steinzeit bis zur Gegenwart, von der Arktis bis Australien traten und treten materielle Güter auf, die in bestimmten Kulturen höchst begehrt waren oder sind, obwohl sie nicht lebenswichtig sind – wenigstens nicht im engsten, physiologischen Sinne. Ob Bernstein oder Diamant, Zobelpelz oder Seide, edle Perlen, Elfenbein oder sündhaft teure Tulpenzwiebeln: Jede Gesellschaft, jede Epoche traf ihre eigene, rational kaum begründbare Wahl, welche »Luxusartikel« ihr als besonders hochwertig (weit über ihren »Nutzwert« hinaus wertvoll) galten. Dabei sind so scheinbar nüchterne Begriffe wie »Luxus« oder »Nutzwert« irreführend; sie entspringen der Verständnislosigkeit gegenüber der geschichtlichen Erfahrung, daß der Wert bestimmter Güter letztlich von gesellschaftlichen Konventionen abhängt, die wiederum nicht (nur) von den biologischen Bedürfnissen der Menschen und auch nicht durch die physikalischen Eigenschaften der Sachen bestimmt sind.

Es ist beispielsweise ethnographisch und archäologisch reichlich belegt, daß Schmucksachen aus Schnecken- und Muschelschalen bei vielen Völkern äußerst beliebt waren oder sind. Dies ist keineswegs selbstverständlich – Schlagwörter wie Schmuckbedürfnis, Eitelkeit und ähnliches sind wahrhaftig keine Erklärungen. Besonders auffallend ist aber die Tatsache, daß man sich in vielen Kulturen nicht damit begnügte, die im eigenen Land mühelos zu findenden Molluskenschalen als Kleidungs- und Körperzier zu verwenden, sondern ganz bestimmte, aus weit entfernten Gegenden stammende bevorzugte. So hatten die Völker Südost- und Mitteleuropas in der frühen Jungsteinzeit (5.–4. Jahrtausend v. Chr.) eine besondere Vorliebe für die Schalen des Spondylus gaederopus, einer Klappmuschelart, die im östlichen Mittelmeer und im Roten Meer heimisch ist; aus Spondylus-Schalen gefertigte Armringe, Anhänger, Perlenschnüre finden aber die Ausgräber in Regionen, die von der Mittelmeerküste Hunderte von Kilometern entfernt liegen. Vermutlich ist die Spondylus-»Mode« durch eine aus dem Südosten ins Innere des Kontinents eingewanderte frühneolithische Gruppe eingeführt und dort so populär geworden, daß die Menschen von der mittleren Donau und der Weichsel bis zum Rhein und Mittelfrankreich sie übernahmen und Jahrhunderte hindurch behielten (Clark 1952, 241 ff.).

Ob sie regelrechte Spondylus-Expeditionen etwa an das Ägäische Meer schickten oder die begehrten Stücke durch eine Art Etappen- oder Kettenhandel erwarben, wissen wir nicht; ebensowenig ist bekannt, was die eingeführten Muschelschalen weit vom Meer im Tauschhandel »einbrachten«. Fest steht nur, daß die »nutzlosen« Muschelwaren – teils in unbearbeitetem Zustand, teils als Fertigprodukte – weite Reisen machten, über Gebirge, Flüsse und durch weglose Wälder, obwohl dem interregionalen Verkehr keine Reit- oder Lasttiere und Wagen zur Verfügung standen. Wer die in Flomborn (Rheinland-Pfalz) gefundene Spondylus-Ware (Müller-Karpe 1968, 494) zu den dortigen Käufern brachte, mußte wohl wochenlang, wenn nicht noch länger zu Fuß marschieren, und seinen gesamten Vorrat schleppte er auf dem Rücken.

Ein gutes Jahrtausend später, in Mitteleuropa von etwa 1800 v. Chr. an, begann das schnelle Aufblühen des Bernsteinhandels. Auch in diesem Fall ging es um eine Ware, die im Naturzustand ausschließlich in einem begrenzten Gebiet, im Baltikum, zu finden war und die »nur« als Schmuck und magisches Amulett verwendet wurde. Die verkehrs- und transporttechnischen Verhältnisse waren allerdings schon erheblich günstiger für den Handel als in der Jungsteinzeit, sie ermöglichten einen schnelleren und mit größeren Lieferungen operierenden Güterverkehr; außerdem vermochte der Bernsteinhandel in vielen Gegenden den Wegen des Zinnhandels zu folgen. (Übrigens dienten auch die Bronzeprodukte, zu deren Herstellung man das Zinn brauchte, lange Zeit nur als Schmuck- und Prestigeobjekte!) Die oft auch mengenmäßig beachtlichen bronzezeitlichen Bernsteinfunde in England, den Mittelmeerländern und im Nahen Osten zeugen von der Intensität dieses Handels (Bohnsack 1976, 289 f.; Kopcke 1990, 43 ff.).

Gerade der wirtschaftliche Erfolg schuf jedoch ein neues Hindernis: Die allein oder in kleinen Gruppen reisenden Kaufleute waren unterwegs ständig von Raubüberfällen bedroht. Wohl deshalb bezogen z. B. die mykenischen Kleinstaaten den Bernstein größtenteils nicht direkt vom Norden, sondern mit riesigem Umweg vom Westen her (England-Südfrankreich-Italien); der Seeweg, trotz der auch dort drohenden Piratengefahr, war nämlich noch immer sicherer als der über die Donauländer und Nordgriechenland führende Landweg, wo die Kaufleute den Räubern kaum ausweichen konnten (Bouzek 1969, 19 f.; Helck 1979, 42). Wenn aber manche Schiffe oder Karawanen schließlich den mykenischen oder syrischen Markt doch erreicht hatten, wurden die Händler von heute auf morgen reich, um so mehr, als die Gefährlichkeit der Handelsfahrten die Preise in enorme Höhen trieb. Sowohl der archäologische Befund als auch die in die mykenische Zeit weisenden griechischen Heldensagen lassen erkennen, daß es manchen Menschen – nicht nur Königen – durchaus gelungen ist, Schätze anzuhäufen und ein luxuriöses Leben zu führen. Die Aussicht auf fabelhafte Gewinne veranlaßte freilich so manche Glücksjäger zu abenteuerlichen Unternehmen.

Die Beispiele, deren Zahl sich vervielfachen ließe, zeigen also, daß sogenannte Luxuswaren im Fernhandel vielerorts und längere Zeit hindurch bevorzugt wurden. Der Import ausgesprochen nützlicher, schwer entbehrlicher Güter spielte dagegen eine geringere Rolle. Man bedenke, daß etwa die bewundernswerten archaischen Hochkulturen Mesopotamiens sich in einer Landschaft entfaltet haben, in der es an Bauholz und Stein mangelte. Die sumerischen und babylonischen Tempelbauten sind aus luftgetrockneten Lehmziegeln errichtet, Möbel wurden aus Ton hergestellt, hölzerne Türen waren seltene Wertobjekte, die man vererbte und als Mitgift gab. Die Staaten des Zweistromlandes verfügten zwar über ein weitgespanntes Handelsnetz, das bis Indien und Ägypten reichte, ihre Handelskarawanen und Schiffe trugen – in königlichem Auftrag oder auf private Initiative hin – Mengen von Edelsteinen, Elfenbein und Weihrauch in die Städte, aber nur selten wird in den Quellen oder Ausgrabungsberichten ein Import von Baumaterial erwähnt. Daß man dieses durchaus zu schätzen gewußt hätte, ist deutlich belegt.

Eine berühmte Episode der Gilgamesch-Epik beschreibt ein abenteuerliches Unternehmen des Helden: Von seinem Diener Enkidu und einer Truppe ausgewählter Krieger begleitet, zieht Gilgamesch in ein fernes Land (vielleicht Libanon), besiegt den dämonischen Hüter des berühmten Zedern(?)waldes, fällt die Bäume und bereitet deren Transport in seine Heimatstadt Uruk vor (Edzard 1993, 9 f., 23 f., 38). Friedlicher verfuhren ägyptische Libanon-Expeditionen: Für jeden einzelnen Baumstamm entrichteten sie einen Kaufpreis an die Einheimischen (Müller-Karpe 1980, 428). Archäologische Funde beweisen, daß man Holz und Stein, soweit sie vorhanden waren, auch in Mesopotamien auf recht kundige Weise zu verwenden verstand. Warum hat man also nicht auch diese Mangelwaren in genügender Menge aus bewaldeten fremden Ländern importiert? Die Antwort ist einfach: Selbst die am sorgfältigsten organisierten Eselskarawanen oder Handelsflottillen wären nicht imstande gewesen, die mesopotamischen Städte Jahr für Jahr mit Tausenden von Baumstämmen und entsprechenden Mengen von Stein zu beliefern. Beim gegebenen Stand des Transportwesens wäre es aussichtslos gewesen, schwere Massengüter (Baumaterial, Heizstoff und dgl.) aus entfernt liegenden Ländern systematisch und in ausreichender Menge besorgen zu wollen.

Technisch machbar und äußerst lohnend war dagegen der Fernhandel mit Luxusgütern, besonders wenn diese aus Gegenden stammten, deren Bewohner die fraglichen, in ihrem Land vorkommenden Stoffe wenig schätzten, dafür aber bestimmte, in den Heimatstädten der Kaufleute billige Produkte (Glasperlen, Metallwaren, Textilien) gerne erwerben wollten. Die Schilderung der Bernstein-Beschaffung im Baltikum, die Tacitus den Erzählungen der Kaufleute im ausgehenden 1. Jahrhundert n. Chr. entnahm, ist zwar in manchen Punkten unzutreffend (Much 1959, 513), sie zeigt aber, welche Wunschvorstellungen die Dynamik das Fernhandels bestimmten: Die Bewohner der baltischen Küste »sammeln im Umkreis seichter Stellen und am Strande selbst den Bernstein. Woraus er besteht oder wie er entsteht, das haben sie, wie das bei Barbaren nicht anders zu erwarten ist, weder zu wissen verlangt noch in Erfahrung gebracht; ja er lag sogar lange Zeit [unbeachtet] zwischen dem sonstigen Auswurf des Meeres, bis ihm unser Schmuckbedürfnis seine Bedeutung verlieh. Sie selbst verwenden ihn überhaupt nicht: roh, [wie er anfällt], wird er aufgelesen, unverarbeitet in den Handel gebracht, und staunend nehmen sie den Kaufpreis entgegen.« (Germania, Kap. 45, Übers. A. Mauersberger)

Die Berichte von konkreten Einzelfällen sind teils glaubwürdig, teils übertrieben, doch das Modell blieb im wesentlichen gültig für viele Situationen des Güteraustausches zwischen hochkulturlich geprägten urbanen Zentren und den entfernten, von technisch rückständigen Populationen bewohnten Randgebieten. Ein risikofreudiger Kaufmann, der – trotz Transportproblemen und Räubergefahr – mit einer Last von bunten Kunstperlen und ähnlichem Tand, dazu einigen goldenen Schmucksachen und Prunkwaffen in eines der mit Lapislazuli, Weihrauch oder Elfenbein gesegneten »wilden« Länder zu ziehen wagte, hatte die Hoffnung, dort für seine Billigware so viel von den in seiner Heimat hochbezahlten Sachen zu bekommen, daß er bei geglückter Rückkehr mit märchenhaftem Gewinn rechnen konnte.

Gewinnsucht und Verwegenheit waren jedoch allein nicht genug: Die fernen Länder, in denen man wertvolle Güter möglichst billig zu erwerben hoffte, mußten entdeckt werden. Wir werden nie erfahren, welche Zufälle und/oder wieviel gezielte Suche etwa die mykenischen Griechen zur Entdeckung der reichen Erzvorkommen Siebenbürgens (Kopcke 1990, 42) geführt haben. Erfuhr man aber, wie auch immer, von solchen Naturschätzen, dann mußte der Weg dorthin und zurück gefunden werden. Dies war nicht leicht, denn die geographischen Kenntnisse in den Hochkulturen waren, nach dem Inhalt der jeweiligen gelehrten Schriften zu urteilen, äußerst dürftig – nicht nur in mykenischen Zeiten, sondern auch später, bis ins 19. Jahrhundert hinein. Dies steht aber in offensichtlichem Widerspruch zu der Tatsache, daß zwischen den Hochkulturen und vielen weit entfernten Gegenden nachgewiesenermaßen seit langem Handelsbeziehungen bestanden.

Man lese etwa die Schilderungen der baltischen Länder und der weiter nördlich gelegenen Gebiete in der eben erwähnten, wahrscheinlich 98 n. Chr. verfaßten »Germania« des Tacitus (Kap. 45 f.). Das Gebiet war im damaligen Rom praktisch unbekannt; Tacitus hat in älteren Schriften wie dem eine Generation früher verfaßten Werk des Plinius nichts über das Baltikum, Finnland und Skandinavien gefunden, und er selbst hat die Gegend auch nicht besucht, sondern er verschaffte sich Informationen durch mündliche und briefliche Befragung von Kaufleuten, die ja den Norden hätten kennen müssen (Norden 1959, 441 ff.). Daß sie einiges zu berichten wußten, überrascht nicht, handelte es sich doch um die Länder, die den damaligen »Weltmarkt« seit der Bronzezeit mit Bernstein und Pelzwaren belieferten (Much 1959, 392, 395, 405 ff.). Merkwürdigerweise sind aber die Auskünfte, die Tacitus von den Teilnehmern des Nordhandels erhielt, recht kümmerlich. Was dem empirischen Wissen der Händler entstammen dürfte, das sind – außer einigen Volksnamen und dem oben zitierten Hinweis auf den Bernsteinhandel – wenige vage Bemerkungen über Lebensweise und Kultur der Bevölkerung; der Rest besteht aus kosmologischen Spekulationen und philosophischen Reflexionen, die unter den Gebildeten in Rom mehr oder weniger Allgemeingut waren.

Auch andere Berichte über fremde Länder und Völker sind, soweit sie auf kaufmännischen Informationen fußen, auffallend arm an sachlichen Einzelheiten. Die Ursache liegt oft darin, daß die Handelskontakte in vielen, möglicherweise in den meisten Fällen indirekt waren: Die Kaufleute aus dem Hochkulturbereich – oder ihre Agenten – drangen nicht bis zum eigentlichen Produktionsgebiet der gesuchten Ware vor. Der in Mesopotamien und Ägypten sehr geschätzte Lapislazuli stammt zwar letztlich aus Ost-Afghanistan (Müller-Karpe 1980, 428), der Nephrit sogar aus dem Kun-lun-Gebirge (Mellaart 1966, 168), aber diese Güter gingen höchstwahrscheinlich durch die Hände mehrerer Zwischenhändler; der letzte Kaufmann, der die Ware nach Memphis oder Babylon einführte, hatte wohl nur verschwommene Vorstellungen von deren Herkunft. Jene Händler, die Tacitus über die Bernsteinländer befragte, zogen wohl höchstens bis zum Nordrand der römischen Besitzungen, an den dortigen Handelsplätzen übernahmen sie die Ware von ihren germanischen oder keltischen Geschäftspartnern, die ihrerseits auch Zwischenhändler waren, denn sie besuchten wohl einen Umschlagplatz im Süden der baltischen Region. Mit den eigentlichen Produzenten, der einheimischen baltischen Bevölkerung, hatten die Teilnehmer dieser Kette fast keinen Kontakt.

Die räumliche Untergliederung des Handelsablaufs hat also dazu geführt, daß der Fernhandel nur in beschränktem Maße die geographischen und ethnographischen Kenntnisse erweitern konnte. Aber die mangelhaften Kenntnisse der Kaufleute sind nicht der einzige Grund dafür, daß die geschichtlichen Quellen – keineswegs nur im Altertum! – in Dingen des Handels im allgemeinen höchst verschwiegen sind. Die Etappenhändler, vor allem jene am Rande des Produktionsgebiets, waren bestrebt, ihren Besuchern den unmittelbaren Zugang zum Herkunftsort der begehrten Produkte zu versperren, deshalb waren die von ihnen gelieferten Informationen äußerst dürftig. Eventuelle Fragen haben sie oft sogar absichtlich falsch beantwortet.

Solche falschen Antworten waren oft aus dem Motivschatz halbmythischer Traditionen zusammengebastelt. Bei diesen ging es um Erzählungen über phantastische, nicht-existierende Länder (wie das lichtlose »Land der Finsternis«, das Reich kriegerischer, männerfeindlicher Frauen oder ewig lachender Toter), sonderbare Völker (Hundsköpfe, Kopflose, Einbeinige) oder andere absonderliche Wesen (mehrköpfige Drachen, Löwen mit Menschenkopf, Riesenvögel) – Vorstellungen, die man weit in die Urgeschichte zurückverfolgen kann und die ohne Unterbrechung bis zur Neuzeit überliefert wurden. Wir haben also kein Recht, uns über die Leichtgläubigkeit der Alten oder Hinterwäldler lustig zu machen: Noch im 19. Jahrhundert haben führende europäische Gelehrte darüber diskutiert, ob es die seit der Antike in wissenschaftlichen Werken und Reiseberichten erwähnten Völker mit Schwanz tatsächlich gibt (Pénel 1982, 85 ff.), und auch unserer Zeit sind »parageographische« und »paraethnographische« Themen wie das »Bermuda-Dreieck«, das »Ungeheuer« von Loch Ness, das Volk der »Yeti« und dergleichen nicht ganz fremd.

Es handelt sich also im wesentlichen um Phantasieprodukte, die aber größtenteils keine Improvisationen sind: Man kann von Generation zu Generation tradierte Typen und Motive nachweisen, die in bestimmten Epochen und Kulturen von der überwiegenden Mehrheit der Menschen ernst genommen wurden. Es gab zwar schon immer kritische Geister, die den Wahrheitsgehalt einschlägiger Erzählungen bezweifelten oder wenigstens, wie etwa der Kirchenvater Augustinus, mit Vorbehalt behandelten, die meisten – auch Gebildete – waren aber eher geneigt, den zu ihrer Zeit und in ihrer Gesellschaft kursierenden Nachrichten über Wunderwesen Glauben zu schenken. Vermutlich hat einer, der bewußt lügend behauptete, ein bestimmtes Land sei von hundsköpfigen Kynokephalen bewohnt, gar nicht daran gezweifelt, daß solche Monstren – irgendwo, in einem unbekannten Land – existierten.

Der »Stoff« dieser parageographischen und paraethnographischen Überlieferungen ist in seiner Vielfalt kaum zu überblicken. In manchen Fällen dürfte die spontan-naive Auslegung von Beobachtungen eine Rolle gespielt haben, wie bei Personifikationen des Echos oder »Post hoc, propter hoc«-Erklärung von Zufällen. Viele Motive gehen auf echte Mythen (z. B. Paradies- und Totenreich-Beschreibungen) zurück, andere auf archaische »wissenschaftliche«, etwa kosmographische Ansichten, wie etwa bei Spekulationen über Landschaften und deren Bewohner am Rande der scheibenförmigen Erde. Auch Visionen (z. B. im Rauschzustand), Traumbilder und ähnliches können die Quellen einzelner Ideen gewesen sein. Ebenso bunt ist die Palette der sozialen Funktionen, die solchen phantastischen Traditionen zukommen. Manche dürften schon immer hauptsächlich der Unterhaltung gedient haben, wie die Münchhauseniaden; Erzählungen von riesigen Seeschlangen oder vom Fliegenden Holländer werden wohl nicht zu Unrecht als »Seemannsgarn« bezeichnet. Häufig sollen sie auch erzieherisch wirken, das heißt die gesellschaftliche Ordnung sowie die damit verbundenen Vorschriften und Verbote festigen – dies mag etwa die Funktion der Rede von Ungeheuern sein, die vielleicht das richtige Benehmen während der Jagd kontrollieren sollen.

Was den Zusammenhang mit dem Fernhandel anbelangt, so können ihrer Tendenz nach zwei Hauptkategorien einander gegenübergestellt werden: In der ersten dominieren die positiven Aspekte des Händlertums, vor allem die Aussicht auf leicht erwerbbaren Reichtum. Charakteristisch für die zweite Kategorie ist die einseitige, meistens stark übertriebene Darstellung der Gefahren. Berichte der ersten Gruppe sollen verlockend, diejenigen der zweiten abschreckend wirken. Wie oben geschildert, war die aktive Teilnahme am Fernhandel tatsächlich von der

Abwägung beider entgegengesetzter Motive – Profit und Gefahr – bestimmt; die Doppelwertigkeit gehörte zu den Wesenszügen eines jeden Unternehmens. Diese kaum auflösbare Ambivalenz wird in der Folklore übertüncht, das »Sowohl-Als-auch« wird durch das »Entweder-Oder« ersetzt.

Die wahrscheinlich allgemein-menschliche Sehnsucht nach sorglosen, vollkommenen Zuständen hat vielerlei Gestaltungen. Man erzählt voller Nostalgie von glücklichen, längst vergangenen Zeiten – klare Beispiele sind die Paradiesmythen oder die Lehre von einer goldenen Urzeit als erstem Glied in der Kette von Weltaltern. In anderen Fällen projiziert man diesen glücklichen Zustand in eine ferne – oft jenseitige – Zukunft: Die mittelalterliche Sekte der lombardischen Patarener versprach sich ein Himmelreich ohne Kälte und Hunger, mit ewigem Frühling und ewiger Obsternte. Die böhmischen Taboriten des 15. Jahrhunderts holten dieses Paradies als direktes Ziel auf die Erde herunter: Man müsse die herrschenden gesellschaftlichen Schichten vernichten, die sündhaften Städte niederbrennen, dann werde die Epoche des irdischen Paradieses eintreten (Kardos 1953, 39). Die Geschichte dieser und vieler anderer militanter Bewegungen, die man als ketzerisch zu bezeichnen pflegt, zeigt, daß die Wunschträume, wenn sie sich unter Umständen in mehr oder weniger detaillierte Utopien verwandelten, zu Ideologien von Massen werden und diese bewegen konnten.

Dies gilt auch für jene Wunschvorstellungen, die sich nicht um eine vergangene oder als Zukunft erhoffte Zeit, sondern um die Idee eines wunderbaren fernen Landes kristallisierten. Die zur Sprachfamilie der Tupî-Guaranî gehörenden Indianerstämme Südamerikas vollzogen seit dem 16. bis zum Beginn des 20. Jahrhunderts mehrere großräumige, über Tausende von Kilometern reichende Massenwanderungen. Ausgelöst wurden diese jahrelang dauernden, verlustreichen Exodus-Versuche teils durch die Härte der portugiesischen Herrschaft, teils durch den hartnäckigen Glauben an die Existenz eines »Landes ohne Übel«, das über dem Ostmeer (das heißt jenseits des Atlantischen Ozeans) oder westlich, im Innern des Landes, beziehungsweise unter der Erdoberfläche lokalisiert wurde. In jenem mythischen Land sollte alles, Früchte und Wild, ohne Arbeit zu erlangen sein und den Menschen ewige Jugend zuteil werden (Métraux 1927).

Die Geschichte der Ideen von fernen, oft auf Inseln oder Berghöhen gedachten Ländern, deren Bewohner keine Not, keine Knechtschaft, keine Krankheiten kennen, läßt ein weites Spektrum von Inhalten erkennen. Die Werte, um die es geht, reichen von moralischer, sozialer und politischer Vollkommenheit (Beispiel: die Utopia von Thomas Morus, 1516) bis zu vulgären Träumereien vom mühelosen Leben mit dauernden Freß- und Sauforgien (Schlaraffenland-Schilderungen; vgl. Richter 1984). Eine inhaltlich ziemlich einheitliche Gruppe bilden dabei jene Erzählungen, die eine offensichtliche Beziehung zum Fernhandel aufweisen: Sie vermitteln die Kunde von einem Land, das zwar fern liegt und schwer zu erreichen ist, aber märchenhaft reich an wertvollen Gütern (Gold, teuren Gewürzen, Elfenbein, edlen Pelzen), und dessen sanftmütige Bewohner den Wert dieser Naturschätze gar nicht kennen. Wer denkt bei diesem Thema nicht an die berühmt-berüchtigten El-Dorado-Geschichten?

Schon Columbus war beim ersten Betreten amerikanischen Bodens (auf der von ihm San Salvador genannten Antillen-Insel am 12. Oktober 1492) nicht nur von der Üppigkeit der Natur, die wertvolle Gewürze versprach, sondern auch von der Gutmütigkeit der Indianer beeindruckt: »... ich schenkte einigen von ihnen rote Mützen, andern aber Glasperlen, die sie sich um den Hals hängten, sowie viele Dinge von geringem Wert, worüber sie sich sehr freuten ... Sie gaben im Tausch gutwillig alles her, was sie hatten ... Sie tragen keine Waffen, die sie nicht einmal kennen ... Ich verbot, ihnen so wertloses Zeug wie Scherben, Glasstücke oder Schnurspitzen zu geben, obgleich sie dachten, sie hätten die schönsten Juwelen der Welt.« Der ganze übrige Teil von Columbus' erster Reise war aber in Wirklichkeit eine einzige Suche nach Naturschätzen, vor allem nach Gold, von dem der spanische Hof nicht viel genug haben konnte (vorgeblich zur Befreiung Jerusalems). Columbus war glücklich, als ein alter Indianer ihm dann von goldreichen Inseln berichtete: »Er erzählte ihm [in welcher Sprache?] sogar von einer Insel, die ganz aus Gold sei, von anderen, wo es so viel Gold gäbe, daß man es aufsammele und aussiebe, dann schmölze und Barren und viele Kunstgegenstände daraus mache.« Auf Hispaniola gab es tatsächlich Gold – wenn auch nicht in Mengen – und die Indianer erwiesen sich auch dort als geradezu traumhafte Tauschpartner: Ein Häuptling gab »vier Stücke Gold von der Größe einer Hand« für ein Glöckchen (Morison 1948, 226 f., 287, 298 f.).

Die furchtbare Fortsetzung der Geschichte ist bekannt: Die bei Columbus noch wirksame Vorstellung von den Indianern als unschuldigen Naturkindern ist sehr bald verschwunden, dafür sind Goldhunger und Goldrausch zum einzigen Motor der Conquista, einer langen Kette von Genoziden, geworden. Die unstillbare Goldgier machte die Conquistadoren leichtgläubig, sie folgten allzugern den wirrsten Gerüchten. Exemplarisch sind die Wirkungen einer unkontrollierten Kunde vom Ritual des sakralen Häuptlings eines Chibcha-Stammes im heutigen Kolumbien: Der »Kazike« soll sich in vor-spanischer Zeit alljährlich (oder sogar allmorgendlich!) den Körper mit wohlriechendem Öl gesalbt, nackt in Goldstaub gewälzt und im heiligen Guatavita-See zunächst Gold und Smaragde als Opfer an eine in der Tiefe wohnende Gottheit versenkt haben, um zum Schluß vom eigenen Körper den Goldstaub abzuspülen. Der Ruhm des »vergoldeten Menschen« (el dorado) gab Anlaß zur Legende vom Goldland El Dorado. Gonzalo Pizarro, der Bruder des Eroberers von Peru, soll 1539 der erste gewesen sein, der mit einer militärischen Expedition auszog, um den vergoldeten Kaziken zu finden. Der Mißerfolg wirkte nicht ernüchternd: Die Phantasiestadt Mano, ihre mit reinem Gold gepflasterten Straßen und den ungeheuren Hort suchte man in den Urwäldern des Orinoco und Rio Negro, am Ufer eines mythischen Sees irgendwo östlich der Anden, im südlichen Venezuela und in Guyana. Die Kosten der erfolglosen El-Dorado-Expeditionen des 16. und 17. Jahrhunderts verschlangen den gesamten Gewinn aus den südamerikanischen Besitzungen der Spanier (Antkowiak 1976, 137 ff., 385 ff.; Langegg 1888, 9 f., 53 ff.).

Doch begleitet die Mär vom Goldland nicht ausschließlich die Geschichte Südamerikas. Schon das Unternehmen von Columbus war direkt oder indirekt durch Vorbilder aus dem mittelalterlichen Europa geprägt. So gab es ein Bündel von Traditionen orientalischer Herkunft: das biblische Land Ophir, woher König Salomo seine Schätze an Gold und Juwelen besorgt haben soll, das fiktive, an allerlei Wunderdingen reiche Land des Priesterkönigs Johannes (anfangs in Innerasien, später in Äthiopien vermutet), das märchenhafte Goldland irgendwo in Westafrika, an einem Goldenen Fluß (spanisch: Rio Doro), von dem die Bewohner der nordafrikanischen Städte durch Teilnehmer der maurischen Transsahara-Karawanen erfuhren und dessen Ruhm unter anderen durch den arabischen Geographen Idrisi (1100–1165) auch nach dem christlichen Europa vermittelt wurde (Penrose 1962, 16 ff.). Dies alles gehörte spätestens seit dem 13. Jahrhundert zum geographischen Weltbild der gebildeten Europäer. Von entscheidender Bedeutung für Columbus war der Bericht von Marco Polo (1254–1324) über Zipangu, das ist Japan, dessen Goldreichtum der Venezianer, der nie in Japan gewesen war, geradezu begeistert schilderte: »Der König der Insel hat einen mächtigen Palast, mit feinstem Gold bedeckt, wie die Kirchen bei uns Dächer aus Blei haben; alle Fenster dieses Palastes sind mit Gold verziert; der Boden der Hallen und vieler Zimmer ist mit goldenen Platten belegt, und jede Platte ist zwei Finger dick ...« (Lanza 1982, 167). Columbus, der Marco Polos Werk gründlichst studierte, war bekanntlich überzeugt, daß man nach Überquerung des Atlantiks Asien erreichen würde: Stolz meldete er also seinen königlichen Auftraggebern, Nachbarinseln von Zipangu in Besitz genommen zu haben. Als Beweis dienten ihm und dem Hof Goldstücke aus Hispaniola, also von Haiti! (Morison 1948, 233 ff.).

Da zeichnet sich eine bemerkenswerte Traditionskontinuität ab: Wesenszüge des mit Reichtümern gesegneten alttestamentlichen Ophir tauchen auch in den spätmittelalterlichen und frühneuzeitlichen Schilderungen der Goldländer West- und Ostafrikas, Westindiens, Südamerikas auf. Die Entsprechungen führen aber noch weiter: In verschiedenen Weltteilen und Zeiten wurden durchaus ernstgenommene Nachrichten über Länder kolportiert, die ebenfalls märchenhaft reich sein sollten – nicht an Gold, sondern an anderen, vom Fernhandel gerade bevorzugten Naturschätzen.

Als Beispiel seien die Erzählungen vom Elefantenfriedhof erwähnt. Sie behaupten, daß die Elefanten, wenn sie die Nähe ihres Todes spüren, sich an einen bestimmten, keinem Menschen bekannten Ort begeben, um dort zu sterben. Die auf den ersten Blick harmlos-sentimental wirkende Legende, die von Zoologen als reiner naturgeschichtlicher Aberglaube bezeichnet wird, besagt eigentlich, daß es einen Ort gibt, wo die Knochen aller seit Jahrtausenden verendeten Elefanten, also auch Berge der wertvollen Stoßzähne, herumliegen. Es geht also um ein Elfenbein-Eldorado, dessen Idee unverkennbar eine Begleiterscheinung des afrikanischen Elfenbeinhandels war. Elfenbein als edler Werkstoff wurde von Afrika schon seit dem Altertum exportiert, im ausgehenden 18. und im 19. Jahrhundert nahm aber die europäische, asiatische und amerikanische Nachfrage nach Elfenbein in gewaltigem Maße zu. Abertausende von Elefantenstoßzähnen sind Jahr für Jahr an den Elfenbeinbörsen in London, Antwerpen, Bombay versteigert worden (Hahner-Herzog 1990, 339 ff.). Die nunmehr mit Feuergewehren ausgerüsteten einheimischen Jäger rotteten die Elefantenbestände im küstennahen Hinterland in kürzester Zeit aus, da aber die Nachfrage nicht nachließ, mußte man immer weiter in die damals noch kaum bekannten, nicht befriedeten Regionen im Innern des Kontinents vordringen, um möglichst viele Tiere erlegen oder Elfenbein zu Spottpreisen erwerben zu können (Alpers 1992, 356 ff.). Die Notwendigkeit, das Elfenbein dann bis zu den

Häfen an der Küste zu transportieren, führte auch zum »Aufblühen« des Sklavenhandels: Die billigen Sklaven haben das billige Elfenbein auf wochenlangen Märschen bis zur Küste geschleppt, wo man beiderlei »Waren« gut verkaufen konnte.

Was nun das Thema des Elefantenfriedhofs anbelangt, so ist auffallend, daß es in älteren Quellen überhaupt nicht vorkommt, obwohl das Tier die Phantasie der Menschen seit der Antike beschäftigt hat und dementsprechend viele Mythen, Fabeln, magische Praktiken und dergleichen mit ihm verbunden sind. Auch in der überaus reichen Elefanten-Folklore der Afrikaner kommt der Elefantenfriedhof nicht vor – einige verstreute Erwähnungen gehen eindeutig auf europäischen Einfluß zurück (Gutmann 1909, 4; Henninger 1968, 171, 184). Alles spricht dafür, daß das Thema höchstens zweihundert Jahre alt ist und aus kulturhistorischer Sicht ein Wellenreiter der allmählichen europäischen Invasion nach Innerafrika war. Jene europäischen Glücksjäger und Abenteurer, die sich zu dem ebenso gefährlichen wie einträglichen Geschäft des Elfenbein-Besorgens entschlossen und sich in unbekannte Bereiche des Kontinents vorwagten, waren – ohne es zu ahnen – Bahnbrecher der kolonialen Besitznahme der von ihnen schlecht und recht zugänglich gemachten Gebiete. Dienten die Gerüchte vom ungeheuren Elfenbein-Schatz dazu, möglichst viele Europäer zu dieser Wegbereiter-Funktion anzuregen?

Wir wissen nicht, wer den Elefantenfriedhof erfunden und wie sich dessen Kunde verbreitet hat. Berücksichtigt man aber die geschichtliche Rolle so mancher vergleichbarer Ideen, dann erhärtet sich der Verdacht, daß das Gerücht letztlich dazu diente, Menschen zu manipulieren, um sie im Dienste geplanter Eroberungen nützlich zu machen. Ziemlich klar läßt sich dies verfolgen in der Geschichte des Pelzhandels.

Dieser Zweig des Fernhandels war vor allem für die Waldländer Eurasiens und Nordamerikas, wo Biber, Zobel, Hermelin, Marder, Eichhörnchen usw. ihre Heimat hatten, viele Jahrhunderte hindurch von größter Wichtigkeit. Die Ausfuhr von

Pelzen von Nord nach Süd und deren Weitervermittlung von Ost nach West läßt sich bis in die Bronzezeit zurückverfolgen, und dieser Warenverkehr hat, mit Schwankungen und räumlichen Verschiebungen, bis heute nicht aufgehört. Auch in diesem Fall handelte es sich um sogenannte Luxuswaren, denn die Pelze dienten in erster Linie als Prestige-Objekte und symbolträchtige Repräsentationsmittel. Die Menge und der hohe Wert der Pelze sind am besten durch mittelalterliche Quellen belegt; die Gesellschaft des westeuropäischen Mittelalters war eine »société de la fourrure« (Le Goff 1981, 72). In den Ausfuhrländern – Nordrußland, Sibirien – kann man den alten Tribut- und Steuerlisten entnehmen, welche enormen Mengen von Pelzen der mongolische Khan oder der russische Zar von den Völkern der eroberten Gebiete forderten. Die ständige Nachfrage und die hohen Preise, zusammen mit immer ergiebigeren Jagdmethoden, haben freilich dazu geführt, daß der Bestand an den jeweils wertvollsten Pelztieren sehr bald dezimiert, in mancher Gegend sogar ausgerottet worden ist.

Mächtig beschleunigt wurde dieser Vorgang durch das Auftreten eines mit den spanischen Conquistadoren und den afrikanischen Elfenbein-Unternehmern vergleichbaren Abenteurer-Typs, der die ganze Geschichte des Pelzhandels begleitete und unabsichtlich zum Bahnbrecher der russischen (in Sibirien) und der französisch-britischen Expansion (in Kanada) wurde. In Sibirien haben diese »Waldläufer« und die nicht weniger räuberischen, dem Zaren unterstehenden Kosaken-Truppen die einheimische Bevölkerung mit den brutalsten Methoden zu ständig erhöhten Pelzlieferungen gezwungen. Die rasche Lichtung der Pelztierbestände hat die russische Regierung schwer getroffen, war doch Rußland der Hauptlieferant des Pelz-Weltmarktes; die Kolonisation Sibiriens war für die Zaren anfangs nichts anderes als Eroberung eines an Pelzen besonders reichen Gebiets. Jetzt mußten also neue, relativ intakte Gebiete gewonnen werden: zunächst zwischen Ob und Jenissei, dann Regionen immer weiter östlich, bis Kamtschatka und darüber hinaus in Alaska. Bei der ersten Erschließung der endlosen Taiga fiel nun neben den wenigen Kosaken-Truppen den allein oder in kleinen Gruppen tätigen Pelzjägern und -händlern eine wichtige Rolle zu. Damit sie, enttäuscht und entmutigt, das Waldläufer-Leben nicht aufgaben, und um den Pelzhunger auch in weiteren Menschen zu wecken, kam auch diesmal das probate Mittel zur Verwendung: das Märchen vom phantastischen Pelzreichtum der weiter östlich liegenden Gegenden, in denen es von Zobeln wimmelt, so daß die Einheimischen die Pelze überhaupt nicht schätzen. Solche verlockenden Gerüchte tauchten immer auf, wenn eine Gegend leergejagt war und es galt, die weiter östlich liegenden Flächen zu erkunden (Fisher 1943, 27 ff.; Vajda 1968, 282 f., 306 ff.).

Wagemutige Bahnbrecher des Fernhandels, denen es geglückt war, den Weg zu einer ergiebigen Quelle wertvoller exotischer Waren zu entdecken, haben ihre Erfahrungen meistens für sich behalten. Oft dürften sie sogar – wie oben im Zusammenhang mit den letzten Kapiteln von Tacitus' »Germania« erwogen wurde – absichtlich Falsches erzählt haben. Auffallend ist dabei die Häufigkeit von Berichten, nach denen der Reisende in den fraglichen Gegenden entsetzlichen Gefahren ausgesetzt sei. Hinter diesen oft recht phantasiereichen Schilderungen verbarg sich nicht nur Prahlsucht, sondern auch kaufmännische Taktik: Die beeindruckenden Erzählungen von überstandenen Gefahren dienten einerseits dazu, den Preis der Ware in die Höhe zu treiben, andererseits sollten die Schrecklichkeiten der Reise mögliche Konkurrenten von vornherein abschrecken.

Eindeutige Beispiele liefert die Geschichte des ostafrikanischen Elfenbein- und Sklavenhandels in der ersten Hälfte des 19. Jahrhunderts. Der Handel – genauer dessen erste Phase: der Erwerb von Elfenbein und Sklaven im Innern des Kontinents und der Transport der »Ware« bis zu den Umschlagplätzen an der Ostküste – lag in den Händen von geschäftstüchtigen Personen aus der Suaheli-Bevölkerung sowie Angehörigen der küstennahen Nyika-Stämme. Als der deutsche Missionar Krapf in den

1840er Jahren unter den Nyika tätig war, erfuhr er viele Details von der haarsträubenden Grausamkeit der weiter westlich lebenden Völker, die alle Kannibalen seien: »Es soll einen Stamm im Innern geben, wo Menschen gemästet werden, um sie hernach schlachten zu können. Ein Mnika soll einmal aus einem Hause entflohen seyn, wo er zum Mittagessen hätte geschlachtet werden sollen.« Als dann der Mitarbeiter von Krapf, der Missionar Rebmann, 1842 todesmutig das Küstenhinterland in westlicher Richtung verließ, mußte er feststellen, daß er überall mit Mißtrauen, ja mit Furcht empfangen wurde, weil die Suaheli überall verbreitet hatten, die Europäer seien Menschenfresser (Krapf 1858, I, 337; II, 21). Was schon Krapf und Rebmann durchschaut hatten, wurde ein halbes Jahrhundert später von einem dritten Missionar als handelspolitischer Trick erkannt: »Suahelihändler und Mohammedaner [von der Küste] hatten zu den Zeiten von Rebmann den ganzen Handel in Händen und boten auf ihren Fahrten ihr ganzes Lügentalent auf, vor den Europäern zu warnen, deren Wettbewerb sie fürchteten. Die Weißen wurden als Menschenfresser und große Hexenmeister dargestellt« (Gutmann 1909, 30).

Greuelmärchen mit genüßlich detaillierten Kannibalen-Szenen, Schlachthaus ähnlichen Betrieben, besonders aus Westafrika, sind schon Jahrhunderte früher veröffentlicht worden, aber ohne deutliche handelspolitische Konnotation. Der von einem portugiesischen Händler (!) stammende besonders hübsche Bericht über den Negerkönig, der seine Konkubinen nach einer nicht vollständig glücklich verlaufenen Liebesnacht getötet und verzehrt habe, wurde allerdings schon von R. Madox (1582) bezweifelt und auf die Absicht zurückgeführt, die Engländer vom Handel fernzuhalten (Höllmann 1994, 16). Auch Gerüchte unter Afrikanern, die Europäer seien Kannibalen, sind mehrfach belegt. Man wollte sie auf grausame Scherze schwarzer Begleiter der Sklavenhändler zurückführen (von den Decken 1869, I, 79) – keine überzeugende Erklärung; der kausale Zusammenhang mit den Sklavenjagden hat aber große Wahrscheinlichkeit (vgl. Schurtz 1891, 302).

Wertvolle Belege für antike, eindeutig mit dem Fernhandel verbundene Greuelmärchen findet man bei Herodot. Über Südarabien schreibend, erwähnt er selbstverständlich den Weihrauchbaum (Boswellia sacra), dessen Harz das wichtigste Exportprodukt des Landes war. Er gehörte – spätestens seit der Bronzezeit, wahrscheinlich schon früher – zu den hochwertigsten Handelswaren: Der Baum wächst nämlich nur in Südarabien und im somalischen Grenzgebirge, das aromatische Harz dagegen spielte in allen alten Hochkulturen des Orients und des Mittelmeergebiets eine immense Rolle, sowohl im Tempel- und Hofzeremoniell (als Opfergabe) als auch in Medizin und Magie (als Abwehrmittel). Seit urgeschichtlichen Zeiten verlief von Südarabien aus ein lebhafter Karawanenverkehr (Historiker sprechen von »Weihrauchstraßen«); die Stadt Mekka scheint – längst vor dem Auftreten des Propheten – eine Art Monopolstellung als Verteilungszentrum im Weihrauchhandel gehabt zu haben. Es ist also verständlich, daß man in Südarabien die Weihrauchbestände vor fremden Eindringlingen mit allen Mitteln zu schützen suchte. Das Herkunftsland selbst ließ sich nicht mehr verheimlichen, deshalb wurden abschreckende Hüter eingesetzt.

Herodot erwähnt nicht nur das mühsame, von rituellen Handlungen begleitete Verfahren der Harzgewinnung, sondern betont auch, daß die Weihrauchbäume »von geflügelten Schlangen bewacht (werden), die klein und buntfarbig sind und sich in Mengen in der Nähe jedes Baumes aufhalten« (III, Kap. 107, Übers. J. Feix). Im Frühling fliegen sie in ungeheuren Mengen nach Ägypten, wo sie zum Glück von den heiligen Ibis-Vögeln getötet werden; in der Nähe von Buto (im nordwestlichen Nildelta) »erblickte ich Schlangenknochen und Skelette, mehr als ich beschreiben kann« (II, Kap. 75). Die Gefährlichkeit dieser fliegenden Schlangen könne bei deren Menge sogar kosmische Maße erreichen: »Die Araber meinen auch, die ganze Welt wäre bald voll von diesen Schlangen«, und dann »könnten die Menschen nicht mehr leben« (III, Kap. 108 f.). Die geradezu apokalyptische Assoziation erinnert den heutigen Leser an die grimmige Zivilisationskritik des jüdischen Propheten Jesaja, der – vier- oder fünfhundert Jahre vor Herodot und über 2000 Kilometer weit von den südarabischen Weihrauchpflanzungen entfernt – sich über den Karawanenhandel der »Südländer« empörte: »Durch ein Land der Not und Bedrängnis, der Löwen und knurrenden Leuen, Ottern und fliegenden Drachen, führen sie auf Eselsrücken ihr Vermögen und auf Kamelhöckern ihre Schätze zu einem Volke, das nichts nützt« (Kap. 30, 6). Die geflügelten Schlangen / Drachen als Hüter von Naturschätzen werden auch aus anderen Ländern erwähnt (vgl. Gregor 1964, 68); die Erdpechquellen, Kupfergruben und Edelsteinvorkommen Numidiens wurden nach Strabo (zweite Hälfte des 1. Jahrhunderts v. Chr.) unter anderem von geflügelten Skorpionen bewacht (XVII, Kap. 11 = p. 831).

Ein berühmter Exkurs in Herodots Geschichtswerk berichtet von einer Handelsstraße, die sich von der Nordküste des Schwarzen Meeres bis weit ins Innere Eurasiens erstreckte. Griechische und skythische Kaufleute, die diesen Weg einschlagen, brauchen schon für die erste, »sehr genau« bekannte, das heißt relativ oft bereiste Strecke »sieben Dolmetscher für sieben fremde Sprachen zu ihren Geschäften« (IV, Kap. 24). Schon die letzten dieser als bekannt geltenden Völker, die Argippaier und Issedonen, werden mit mythisch-paraethnographischen Zügen ausgestattet. Jenseits dieser Völker erheben sich »hohe, unzugängliche Berge, die niemand übersteigen kann« (IV, Kap. 25), und von den hinter diesen Bergen liegenden Ländern weiß man nur das, was die Issedonen den Kaufleuten erzählen: Völker mit Ziegenfuß oder mit nur einem Auge und dergleichen – Wunderdinge, die Herodot pflichtgetreu erwähnt, ohne ihnen Glauben zu schenken (III, Kap. 116; IV, Kap. 16, 25). Diese »Informationen« gipfeln darin, daß es im weiten, extrem unwirtlichen Lande der einäugigen Arimaspen Gold gibt, das von Greifen, also geflügelten Fabeltieren, gehütet wird und um dessentwillen die Arimaspen und die Greife gegeneinander Kriege führen (IV,

Kap. 18). Letzteres Detail wird später, um 77 n. Chr., eingehender geschildert von Plinius: Die einäugigen Arimaspen »sollen wegen der Erzgruben in ständigen Kriegen mit den Greifen leben, wie die volkstümliche Überlieferung besagt, einer Art wilder Vögel, welche Gold aus den Gängen scharrt, wobei es die Tiere mit erstaunlicher Gier bewachen, während die Arimaspen es ihnen rauben« (Historia Naturalis VII, Kap. 10; Übers. R. König).

Will man diesen Berichten nicht jede Glaubwürdigkeit absprechen, dann ist folgende Interpretation die plausibelste: Irgendwo hat ein Volk – man nennt es Arimaspen – Gold gewonnen, vielleicht im Bergbau oder als Flußgold; dies wurde an fremde Kaufleute (Issedonen?) verkauft, denen man wohl überhaupt keinen Zutritt zur eigentlichen Goldquelle gewährte. Die Käufer haben das Gold an ihre (skythischen?) Handelspartner vermittelt, und von diesen gelangte es – zusammen mit merkwürdigen Erzählungen und vermutlich unter Einschaltung weiterer Zwischenhändler – zu den am Schwarzen Meer ansässigen Griechen. Die Produzenten hatten insofern Erfolg, als es ihnen gelang, die genaue Lage ihres Landes und die Quelle des Goldes zu verheimlichen, beziehungsweise mit einem dichten Nebel abschreckender Fabeln zu umgeben: Unzugänglichkeit und für Fremde fast unerträgliches Klima des Gebiets, unheimliches Aussehen der Bewohner, aggressive Ungeheuer als Goldhüter. Vermutlich haben auch die Kaufleute das Ihre getan und das Lügennetz mit weiteren Motiven bereichert.

Diese Handelstaktik, die im Falle der Herodotschen Arimaspen nur erschlossen werden kann, erscheint deutlicher im Lichte der mit dem mittelalterlichen Pelzhandel verbundenen Geschichten. Das Handelsnetz war von transkontinentaler Ausdehnung: Die wertvollsten Pelze stammten aus Skandinavien und Nordrußland (auch östlich des Ural), die Kaufleute waren – in der ersten Etappe des Nord-Süd-Verkehrs – Normannen und Slawen; sie reichten die Ware an türkische, arabische und persische Händler weiter, deren Agenten dann den Markt von Spanien bis China mit Pelzen belieferten (Jacob 1891, 10 ff.). Die beträchtlichen Mengen arabischer Münzen in den archäologischen Funden des Nordens lassen die Intensität der Handelsbeziehungen zu den Städten des Kalifats ahnen, sind aber fast nie Visitenkarten moslemischer Reisender, die sich selbst etwa zum Weißen Meer begeben hätten. Die einzelnen, wie Glieder einer Kette miteinander verbundenen Etappenhändler haben wahrscheinlich wenig vom gesamten Weg der Pelze gewußt; vor allem die eigentliche Quelle – die Fallensteller und Jäger am Ladoga-See, in Karelien und anderswo – wurde möglichst abgeschirmt. Tatsächlich ist die sonst reichhaltige arabischsprachige geographische Literatur des Mittelalters auffallend arm an Informationen über den hohen Norden: Geschildert wird immer wieder die menschenfeindliche Natur im »Lande der Finsternis« und die Furchtbarkeit der dort wohnenden Riesen, halbtierischen Kannibalen und dergleichen.

Dieses schreckliche Volk erhielt sehr bald auch eine eschatologische Bedeutung: Man identifizierte es mit Yadschudsch und Madschudsch, dem islamischen Pendant des biblischen Gog-Magog-Begriffs. Nach der alttestamentlichen Prophezeiung wird der Fürst Gog aus dem Lande Magog in der Endzeit mit den Völkern des Nordens Israel überfallen (Hesekiel, Kap. 38 f.); in der Johannes-Apokalypse (Kap. 20, 8) sind Gog und Magog zwei Völker am Rande der Erde, die in der Endzeit zum letzten Kampf antreten werden. Diese biblische Tradition ist schon in spätrömischer Zeit kombiniert worden mit der Sage von einer mächtigen, mit einem eisernen Tor versehenen Mauer (meistens wird Alexander d. Gr. als Erbauer genannt), hinter der die entsetzlichen Völker eingesperrt sind, um dann eines Tages auszubrechen und die Welt zu überrennen (Pfister 1976, 301 ff.). Diese aus jüdischen Quellen auch in den Koran (Sure 18) aufgenommene Legende ist ein stereotyper Bestandteil der islamischen Greuelgeschichten über den Norden geworden. Wie sich der Fernhandel ihrer bediente, das zeigt z. B. der Bericht, den Ibn Fadlan von seiner im Jahre 991 zu den Wolga-Bulgaren unternommenen Reise verfaßt hat. Das türkische Volk der Bulgaren gehörte zu den tüchtigsten Teilnehmern des Pelzhandels; der Marktplatz in der Nähe der Mündungsstelle der Kama war einer der wichtigsten Umschlagplätze. Ibn Fadlan, aus Bagdad kommend, wurde dort freundlich empfangen, durfte aber nicht in nördlicher Richtung weiterfahren; dafür bekam er Erzählungen über die menschenfressenden Riesen des Nordens zu hören (Zeki Validi Togan 1939, 67, 69 ff.).

Vom Gesichtspunkt der Erzähltradition aus war der Fernhandel, so scheint es, wenig kreativ. Daß er zahlreiche Legenden – nicht nur solche von Wunderländern oder den Greueln kommerziell erschlossener ferner Gebiete – verwendet und eifrig kolportiert hat, ist bewiesen. Der Stoff stammte aber größtenteils nicht von den Händlern selbst, sie haben meistens nur längst bekannte Themen aufgegriffen und Motive zusammengeflickt. Eine Ausnahme könnte die Kunde vom Elefantenfriedhof sein, deren Entstehung nicht geklärt ist.

Trotzdem stellt der wandernde Kaufmann vorindustrieller Zeiten einen auch für die Geschichte der Ideen und der Dichtung wichtigen Faktor dar. Er hat so manche alten Traditionen aktualisiert, mit neuem Leben erfüllt und damit Zuhörern oder (seltener) Lesern zu intensiveren Empfindungen verholfen; er vermittelte auch einfachen Menschen, die arm an Gedanken dahinlebten, interessante Ideen und Vorstellungen, die die Phantasie beschäftigen konnten. Vor allem aber hat er Erzählstoffe, die nur in wenigen Gegenden oder nur in engen Kreisen bekannt waren, über Länder, Völker und Kulturen verbreitet und damit kaum bekannte oder fast in Vergessenheit geratene Traditionen zu Allgemeingut gemacht. Man braucht nur in einem der großen Typen- und Motivkataloge der Erzählforschung zu blättern, um erstaunt festzustellen, wie weit bestimmte, zum Teil nur mündlich überlieferte Märchen und Sagen gelangt sind. In der Verbreitung vieler Stoffe quer über Sprachgrenzen kommt dem wandernden Kaufmann eine Schlüsselrolle zu.

Freilich hat er diese folkloristische Transmissionsaufgabe nicht nur aus Freude am Erzählen übernommen, sondern auch an seine eigenen Interessen gedacht. Aber er hat Güter – in diesem Falle Erzählgut – an Menschen vermittelt, Anspruch auf Neues, Fesselndes, unter Umständen Wertvolles geweckt. Und was will ein Kaufmann mehr?

Literatur

Alpers, Edwards A. 1992. The Ivory Trade in Africa. In: Doran H. Ross (ed.): Elephant. The Animal and its Ivory in African Culture, S. 349–363. Los Angeles.

Antkowiak, Alfred 1976. El Dorado. Die Suche nach dem Goldland. Berlin.

Bohnsack, D. 1976. Bernstein und Bernsteinhandel. In: Reallexikon der Germanischen Altertumskunde, 2. Aufl., Bd. II, S. 288–295. Berlin.

Bouzek, Jan 1968. Homerisches Griechenland. Praha.

Clark, J. G. D. 1952. Prehistoric Europe. The Economic Basis. London.

Decken, C. von den 1869–79. Reisen in Ostafrika 1858–71. Heidelberg.

Edzard, Dietz Otto 1993. »Gilgames und Huwawa«. Zwei Versionen der sumerischen Zedernwaldepisode nebst einer Edition von Version »B«. München.

Fisher, R. H. 1943. The Russian Fur Trade. Berkeley, Los Angeles.

Gregor, Helmut 1964. Das Indienbild des Abendlandes (bis zum Ende des 13. Jahrhunderts). Wien.

Gutmann, Bruno 1909. Dichten und Denken der Dschagga-Neger. Leipzig.

Hahner-Herzog, Iris 1990. Tippu Tip und der Elfenbeinhandel in Ost- und Zentralafrika im 19. Jahrhundert. München.

Helck, Wolfgang 1979. Die Beziehungen Ägyptens und Vorderasiens zur Ägäis bis ins 7. Jahrhundert v. Chr. Darmstadt.

Henninger, Joseph 1968. Primitialopfer und Neujahrsfest. In: Anthropica. Gedenkschrift zum 100. Geburtstag von P. Wilhelm Schmidt, S. 147–189. St. Augustin bei Bonn.

Höllmann, Thomas O. 1994. A la mode des cannibales? Anmerkungen zur Anthropophagie im westlichen Afrika (16.–18. Jahrhundert). In: Münchner Beiträge zur Völkerkunde 4, S. 9–20.

Jacob, Georg 1891. Welche Handelsartikel bezogen die Araber des Mittelalters aus den nordisch-baltischen Ländern? 2. Aufl. Berlin.

Kardos, Tibor 1953. A Huszita Biblia keletkezése. Budapest.

Kopcke, Günter 1990. Handel. Archaeologia Homerica, M. Göttingen.

Krapf, J. L. 1858. Reisen in Ostafrika, ausgeführt in den Jahren 1837–55. Korntal-Stuttgart.

Langegg, Gerdinand Adalbert Junker von 1888. El Dorado. Geschichte der Entdeckungsreisen nach dem Goldlande El Dorado im 16. und 17. Jahrhundert. Leipzig.

Lanza, Antonio 1982. Marco Polo, Il Milione. A cura di Roma.

Le Goff, Jacques 1966. Moyen Age: »De la fourrure pour tous!«. In: L´Histoire No. 39, S. 70–74.

Mellaart, James 1966. The Chalcolithic and Early Bronze Ages in the Near East and Anatolia. Beirut.

Métraux, Alfred 1927. Les migrations historiques des Tupi-Guarani. In: Journal de la Société des Américanistes NS. 19, S. 1–45.

Morison, Samuel Eliot 1948. Admiral des Weltmeeres. Das Leben des Christoph Columbus. Bremen-Horn.

Much, Rudolf 1959. Die Germania des Tacitus. 2. Aufl. Darmstadt.

Müller-Karpe, Hermann 1968. Handbuch der Vorgeschichte. Bd. II: Jungsteinzeit. München.

Müller-Karpe, Hermann 1980. Handbuch der Vorgeschichte, Bd. IV: Bronzezeit. München.

Norden, Eduard 1959. Die germanische Urgeschichte in Tacitus' Germania. 4. Aufl. Darmstadt.

Pénel, Jean-Dominique 1982. Homo caudatus. Les hommes à queue d´Afrique Centrale: un avatar de l´imaginaire occidentale. Paris.

Penrose, Boies 1962. Travel and Discovery in the Renaissance, 1420–1620. New York.

Pfister, Friedrich 1976. Kleine Schriften zum Alexanderroman. Meisenheim am Glan.

Richter, Dieter 1984. Schlaraffenland. Geschichte einer populären Phantasie. Köln.

Schurtz, Heinrich 1891. Die Milderung des menschlichen Charakters vom Standpunkte der Ethnologie. In: Globus 59, S. 299–303.

Vajda, László 1968. Untersuchungen zur Geschichte der Hirtenkulturen. Wiesbaden.

Zeki Validi Togan, A. 1939. Ibn Fadlan's Reisebericht. Leipzig.

WOLFGANG RÖLLIG

Phönizier und Griechen im Mittelmeerraum

Der Orient ist uns heute nahegerückt. Israel und die Palästinenser, Syrien und der Libanon-Konflikt, Algerien und die islamischen Fundamentalisten sind Themen, die fast alltäglich die Schlagzeilen der Presse füllen. Das war nicht immer so. Noch im letzten Jahrhundert schien das Mittelmeer zwei Welten voneinander zu trennen, den islamischen Orient und das christliche Abendland. Aber auch das war bereits eine Gegenbewegung. Das Mittelalter sah arabische Staaten in Spanien und auf Sizilien; die Römer hatten ihre Kornkammer in Nordafrika und ihre Grenze gegen die Perser am Euphrat. Und Alexander der Große errichtete von Makedonien aus ein Reich, dessen Grenze am Indus lag und dessen Hauptstadt Babylon war. Aber er strebte weiter, suchte die Enden der Welt zu finden, bereitete noch kurz vor seinem Tode eine Umsegelung Arabiens vor. Tat er das nur aus wissenschaftlicher Wißbegierde? Sehr wahrscheinlich ist es nicht, folgte er doch einem Expansionsstreben, das schon Jahrhunderte vor ihm im Mittelmeerraum seinen Ausgang genommen hatte.

Doch die Griechen waren nicht die ersten, die versuchten, ihre Grenzen zu überschreiten, in Neuland vorzudringen, den Seeweg auch als Verkehrsweg über weite Distanzen hin zu erschließen. Vor ihnen waren es bereits die Phönizier, die ganz neue Wege gingen und damit eine neue Zeit einläuteten, die weit über ihre angestammten Wohnsitze hinaus in zunächst unbekannte Regionen vordrangen, die für sich eine »neue Welt«

eroberten – vergleichbar einem Christoph Columbus 2500 Jahre später.

Wir fragen:

- Was war der Anlaß zu einer solchen Expansion?
- Welche Ziele wurden mit der gewagten Seefahrt verfolgt?
- Welche Verhältnisse traf man in den Ländern an, die man ansteuerte?
- Wie organisierte man die Präsenz in diesen Ländern?
- Was bedeutete dieser Kulturkontakt für die Besucher, für die Besuchten?
- Welche Konkurrenz hatte man zu fürchten und wie reagierte man auf sie?

Wir wollen versuchen, auf diese und andere Fragen Antworten zu finden, müssen aber erst einige Vorklärungen treffen.

Das historische Umfeld: Zeit, Raum und Quellen

1. Die Zeit: Das historische Geschehen, das uns im folgenden beschäftigen soll, liegt weit zurück. Es beginnt um die Wende vom 2. zum 1. Jahrtausend v. Chr. und endet etwa um 500 v. Chr. Das ist eine Zeit, die in Westeuropa noch Vorgeschichte bedeutet, die im Vorderen Orient aber schon fast eine Spätzeit ist, die – archäologisch gesprochen – Eisenzeit, die auf die Bronzezeit folgte. Genaue Daten anzugeben ist dennoch schwierig, denn die Überlieferung hält für uns kaum schriftliche Zeitzeugnisse bereit.
2. Die Quellen: Originale Inschriften gibt es nur in ganz geringer Zahl und häufig ohne Aussagekraft für unsere Fragen. Meist sind es nur sehr kurze und kaum verwertbare Notizen auf Scherben, die wenig mehr besagen, als daß sich an diesem Ort einmal Leute befunden haben, die diese Schrift – in jedem Falle die phönizische – verwendet haben. Deshalb müssen wir von Angaben im Alten Testament, in assyrischen Kriegsberichten und späten griechischen Zeugnissen auf die Ereignisse schließen, die selbst nicht in originaler Form aufgeschrieben und überliefert sind.

Und diese Zeugnisse sind – wenigstens zum Teil – erst in überarbeiteter Form auf uns gekommen, sind ihrerseits bereits Interpretationen. Daneben gibt es archäologische Hinterlassenschaften: Reste von Bauwerken und Gräbern, Produkte des Kunsthandwerks und Gefäße bzw. Gefäßscherben, die offenbar an der Stelle, wo sie gefunden wurden, fremd sind, die aber – in den rechten Kontext gebracht – Deutungen erlauben. Ferner sind äußere Einflüße nachweisbar: Einheimische Produkte werden modifiziert, mit fremden, importierten Techniken und Motiven versehen, die Kulturkontakte kenntlich machen.

3. Der Raum: Die Region, in der sich die Kulturen begegnen, ist uns als Mittelmeerraum recht gut bekannt. Das ist aber kein einheitliches Gebilde, sondern ist heute und war bereits in der Antike recht uneinheitlich. Das Mittelmeer ist ein Binnenmeer, das heißt, es ist ein ziemlich geschlossenes System, das Zuflüsse und einen Abfluß nur über die Dardanellen und die Straße von Gibraltar hat. Beides sind sehr schmale Schiffahrtsstraßen mit starken Strömungen, die der antiken Schiffahrt beträchtliche Probleme machten und eine Durchfahrt fast ausschlossen. Meeresströmungen einerseits, jahreszeitlich wechselnde Windverhältnisse andererseits gaben bestimmte Routen vor, die es Schiffen erst nach zum Teil langen Wegen ermöglichten, ihre Bestimmungsorte zu erreichen. Küstenschiffahrt war normal, doch wurden im 1. Jahrtausend auch schon größere Distanzen auf dem offenen Meer zurückgelegt. Inseln als Zwischenstationen, so Zypern und Kreta, Malta, Gozzo, Sizilien und Sardinien sowie Ibiza waren schon zur Verproviantierung und zum Schutz bei Unwettern unentbehrlich. Die wichtigen Siedlungen, die angesteuert wurden, lagen oft auf oder an Vorgebirgen oder Inseln in Sichtnähe zur Küste. Es zählt zu den Eigenheiten phönizischer Stadtgründungen, daß solch vorgeschobene Positionen bevorzugt wurden. Stadtanlagen, die ihren Zugang hauptsächlich vom Meer her hatten, gegen das Hinterland leicht abzuschirmen und zu verteidigen waren, sind die Regel, wenn sie auch nicht ausschließlich so angelegt wurden. Andere Faktoren

spielten offenbar ebenfalls eine Rolle. Wichtig waren jedenfalls die Häfen, die vor Sturm geschützte Ankerplätze bieten mußten. Da die Schiffe meist nur geringen Tiefgang hatten, war ein Anlanden nicht schwierig, wurden die Boote auch an Land gezogen. Mit der Anlage der Siedlungen verband sich aber auch ein politisches Programm. Das heißt: Die Distanz zum Festland will Unabhängigkeit und wahrscheinlich auch das Fehlen einer Absicht zur Kolonisierung demonstrieren.

Handwerk und Handel der Phönizier

Was aber war nun der Anlaß zur Expansion? Was bewog plötzlich einzelne Städte, vielleicht auch ganze Landstriche dazu, die eigenen Grenzen zu überschreiten und in die Ferne aufzubrechen? Und wie haben wir uns diesen Aufbruch vorzustellen? Antwort gibt eine uns wohlvertraute Quelle, das Alte Testament. König Salomo, so wird im 1. Buch der Könige, Kapitel 10, berichtet, baute eine Flotte in Ezion-Geber am Roten Meer, um aus Ophir – das ist Südwestarabien – Gold, wertvolle Hölzer und Steine zu holen. Gleichzeitig aber »hatte der König eine Tarschisch-Flotte auf dem (Mittel-)Meer zusammen mit einer Flotte Hirams; einmal in drei Jahren kam die Tarschisch-Flotte und brachte Gold und Silber, Elfenbein und Affen und Pfauen«. Hier hat der König Israels also Anteil an einem Handel, den Hiram, König von Tyros zu seiner Zeit, also etwa in der Mitte des 10. Jh. v. Chr., im Mittelmeerraum trieb. Man holte Edelmetall, Elfenbein und seltene Tiere auf langen Schiffsreisen mit einer Flotte, die offenbar bereits nach dem Bestimmungsland genannt war – so wie die Ostindienschiffe britischer Handelskontore im 18. Jahrhundert. Der Leser des Textes, der ähnlich mehrfach in den historischen Büchern des Alten Testaments vorkommt, wußte jedenfalls, worum es sich handelte. Wir haben es heute mit der Zuweisung schwerer. Wie aber kam Salomo zu diesen Handelsverbindungen? Kurz vor der Erwähnung der gemeinsamen Unternehmungen werden die Beziehungen zu Hiram von

Tyros, die übrigens schon in die Zeit Davids zurückreichen, ausführlicher geschildert: Die beiden Könige hatten ein Abkommen getroffen, das den Phönizier zur Lieferung von Bauholz für den Jahwe-Tempel in Jerusalem und zur Gestellung von Handwerkern verpflichtete – natürlich nicht ohne entsprechende Gegenleistungen. Salomo hatte nämlich alljährlich große Mengen an Weizen und Öl zu liefern. Auch für die besonders anspruchsvolle Arbeit an bronzenen Kultgeräten und an den Säulen Jachin und Boas, die vor dem Tempel aufzustellen waren, verpflichtete der König einen Fachmann aus Tyros.

Es gibt keinen Grund, an dieser Darstellung zu zweifeln, die uns demonstriert: Phönizische Städte exportierten Bauholz und besaßen Handwerker, die mit den anspruchsvollen Techniken des Metallgusses wohlvertraut waren. Sie hatten andererseits offenbar Mangel an Grundnahrungsmitteln wie Getreide und Öl. Wie ist das zu erklären? Der Holzreichtum ist schnell belegt. Das Libanon-Gebirge, auch heute noch dank der großen Feuchtigkeit vom Meer her reich begrünt, war in der Antike mit dichten Wäldern von Zedern, Buchsbaum und Wacholder bestanden – einem in allen angrenzenden Ländern begehrten Baumaterial. Das war der Exportschlager von Städten, die sich am Rande der schmalen Küstenebene gebildet hatten und deren Ursprung weit zurückreicht. Schon im 3. und 2. Jahrtausend v. Chr. hatte hier der Handel mit diesem kostbaren Rohstoff floriert, hatte den Städten Tyros und Sidon, Byblos, Beirut und Arwad Reichtum und politische Selbständigkeit gebracht. Eine Welle neuer Völker, die etwa um 1180 v. Chr. über Land und über See in das südöstliche Mittelmeergebiet einströmte und in vielen Gebieten zum Zusammenbruch der blühenden Kultur der Spätbronzezeit führte, hatte diese Städte offenbar weitgehend verschont. Zwar gab es Rückschläge, wichtige Märkte wie das Hethiterreich in Anatolien, die Herrschaften auf Zypern und Kreta waren zusammengebrochen, die Zufuhr an Rohstoffen stockte. Aber man hatte offenbar eigene Strategien zur Überwindung entwickelt. An die Stelle des Handels mit Hilfe von

Zwischenhändlern und über kurze Distanzen war jetzt der Fernhandel getreten.

Das belegt uns auch noch eine andere Quelle, fast ebenso prominent wie das Alte Testament: die Dichtungen Homers, die »Ilias« und die »Odyssee«. Zwar sind diese Gesänge erst im 8. Jahrhundert v. Chr. entstanden, doch gehen manche Partien auf ältere Erzählungen zurück, sind einzelne Charakteristika darin enthalten, die sicher eine längere Tradition haben. Da kommen nun auch Phönizier vor oder auch Sidonier, das heißt Bewohner von Sidon, der wahrscheinlich zeitweise vorherrschenden Stadt an der libanesischen Küste. Und sie werden recht deutlich charakterisiert durch ihre Produkte und die Art ihres Handels.

Als Hekabe, die Mutter des Hektor, in höchster Not eine kostbare Weihgabe an Athene heraussucht (Ilias VI 288 ff.):

»... stieg sie in die Kammer hinab, die duftende,
wo die Gewänder ihr waren, die allgemusterten, Werke von Frauen
Sidons, die Alexandros selbst, der gottgleiche,
von Sidon hatte gebracht, als er über das Meer fuhr,
auf dem Weg, auf welchem er Helena mitgebracht, die Gutgeborene.
Von denen nahm Hekabe eines auf und brachte es zum Geschenk für Athene,
und es leuchtete wie ein Stern; es lag zuunterst unter den anderen.«

An anderer Stelle (Ilias XXIII 740 ff.) wird bei den Leichenspielen für den gefallenen Patroklos von Achilleus ein Preis ausgesetzt:

»Doch der Pelide setzte sogleich für die Schnelligkeit andere Preise aus:
Einen silbernen Mischkrug, einen gefertigten, und sechs Maß
faßte er, doch an Schönheit ragte er hervor auf der ganzen Erde
bei weitem. Denn Sidonier, kunstreiche, hatten ihn gut gearbeitet,

doch Phönikische Männer brachten ihn über das dunstige Meer und legten im Hafen an und gaben ihn zum Geschenk dem Thoas ...«

Recht ähnlich heißt es in der Odyssee (IV 612 ff.), als Menelaos von Sparta dem Telemachos, Sohn des Odysseus, bei seinem Besuch ein Gastgeschenk gibt:

»Von den Geschenken, die in meinem Haus als Kleinode liegen, geb' ich dir jenes, das das schönste ist und seinem Wert nach höchste:
Ich geb' dir einen Mischkrug, schön gefertigt, ist von Silber
ganz durch und durch, jedoch der Rand dran ist vergoldet:
Ein Werk Hephaists! Und zugeeignet hat mir's Phaidimos, der edle,
der König der Sidonier, als sein Haus mich bergend hüllte ...«

Das bedarf keiner weiteren Erklärung: Sowohl in der Herstellung kostbarer und besonderer Stoffe als auch bei der Produktion von Silbergeräten war die Meisterschaft der Sidonier anerkannt. Was für sie galt, dürfte für die anderen phönizischen Städte ebenfalls zutreffen, war doch die Herstellung von Purpurstoffen eine besondere Spezialität dieser Manufakturen. Noch heute zeugen Berge von Muschelschalen der Murex trunculus an den Außenbezirken der alten Städte von einer blühenden und aufwendigen Industrie, die die begehrte Farbe herzustellen und auf feine Stoffe aufzutragen wußte. Wenig wissen wir allerdings bisher von phönizischer Toreutik, der besonderen Gußtechnik. Silberkannen der erwähnten Art sind bisher nicht gefunden worden, wohl aber sind zahlreiche Silberschalen überliefert, die uns die Kunstfertigkeit und den Motivreichtum der Handwerker und Künstler erahnen lassen.

Wenn in dem »Ilias«-Text davon die Rede ist, daß zwar Sidonier den Silberkrug fertigten, daß aber »phönikische Männer« ihn übers Meer brachten, so wird eine ungewöhnliche Unterscheidung gemacht. Da Sidon ja eine der großen und bedeutenden phönizischen Küstenstädte ist, hätte Homer ja auch die Sidonier übers Meer fahren lassen können. Er wollte aber offenbar unterscheiden, und das wohl mit gutem Grund. Denn die »Phönizier« werden auch in der Odyssee mehrfach genannt – und durchaus nicht rühmlich. Der Schweinehirt Eumaios erzählt im 15. Gesang seine Lebensgeschichte: Er war eigentlich ein Königssohn, der aber schon als kleines Kind entführt wurde, denn »es kamen Phöniker, schiffsberühmte Männer, Halunken, und führten zehntausendfachen Tand bei sich in ihren schwarzen Schiffen« (XV 415 f.). Sie blieben ein ganzes Jahr und handelten Waren ein. Dabei betörten sie die sidonische Magd, die sich am Hofe befand, und veranlaßten sie, bei Abfahrt des Schiffes den Knaben zum Hafen zu bringen, während noch im Palast um eine Gold-Bernstein-Kette gefeilscht wurde.

Diese Phönizier sind also Menschenhändler. Und ganz ähnlich ist das Bild, das Odysseus selbst von ihnen entwirft: Nachdem er sich – angeblich! – sieben Jahre in Ägypten aufgehalten hat, »kam ein phönikischer Mann an, der Betrügerisches im Sinn hatte, ein Gauner, der den Menschen schon viel Übles angetan. Der nahm mich mit, nachdem er mich schlau beschwätzt hatte, daß wir nach Phönikien gelangten, wo seine Häuser und Besitztümer lagen«(XIV 288–291). Ein ganzes Jahr bleibt Odysseus dort, dann will ihn sein Gastgeber mit nach Libyen, das heißt nach Afrika nehmen, angeblich um ihn an seinen Geschäften zu beteiligen, tatsächlich aber um ihn dort in die Sklaverei zu verkaufen. Es kommt anders. Das Schiff wird vom Wind über Kreta hinausgetrieben, kentert in einem Sturm, und nur Odysseus selbst wird, an den Mastbaum geklammert, nach 9 Tagen im Meer an Land getragen und gerettet.

Die Phönizier sind also für den Dichter der »Odyssee« andere als die Sidonier. Wahrscheinlich sind es ganz allgemein die Bewohner der syrisch-libanesischen Küste und ihres Hinterlandes, der Levante. Diese waren es wohl, die den Mittelmeerhandel beherrschten. Und über diesen Handel wird auch einiges gesagt. Nicht nur, daß er auch Menschenhandel war, sondern vor allem war es ein Tauschhandel. Die Schiffe brachten die verschiedensten Güter, landeten an den Inseln und Küstenstädten an und versuchten, ihre Waren an die Frau und an den Mann zu bringen. Gleichzeitig handeln sie Produkte des jeweiligen Landes ein, um sie mit Gewinn andernorts wieder zu verkaufen. Es ist also das typische Szenario des Zwischenhandels, den die Phönizier nicht erfunden hatten, sondern den sie aus den Gebräuchen der letzten Jahrhunderte des 2. Jahrtausends übernahmen. Schiffswracks, wie sie am Kap Gelidonya oder bei Ulu Burun vor der türkischen Südküste gefunden worden sind, lassen sehr schön erkennen, wie gemischt die Ladung eines solchen Kauffahrteischiffes sein konnte: Barren von Kupfer und Zinn, Rohlinge aus Glasschmelze, Elfenbein und Zähne von Flußpferden, Straußeneier und Ebenholz, Gefäße mit Terebinthenharz, Oliven, Feigen, Sumach und Koriander, aber auch Tafelgeschirr, Bronzespiegel, babylonische Siegelzylinder, ägyptische Skarabäen, Perlen und Teile von Goldschmuck gehörten dazu. Dieses Angebot von Gemischtwaren wird nicht immer die Ladung gewesen sein, aber es kennzeichnet doch einen Teil der Handelsaktivitäten dieser Zeit und ganz analog der späteren »Phönizier«.

Wenn sich in der »Odyssee«, die erst am Ende des 8. Jahrhunderts v. Chr. entstanden ist, ein so negatives Bild der Phönizier findet, ganz im Gegensatz zu dem der »Sidonier« der »Ilias«, so muß man nach den Gründen fragen. Diese liegen wohl in der Konkurrenzsituation, die in dem Augenblick entstehen mußte, als die Griechen selbst sich daran machten, das Mittelmeer für sich zu erobern, ihre eigenen Märkte zu erschließen. Damit werden die verständigen und kunstfertigen Sidonier zu Konkurrenten und die Phönizier allgemein zu Gaunern und Betrügern. Das schließt natürlich nicht aus, daß es faktisch auch Besitzer von Kauffahrteischiffen gegeben haben wird, die betrügerische Geschäfte machten.

Ursachen der phönizischen Expansion

Doch ist die Frage noch nicht beantwortet, die lautete: Was war eigentlich der Anlaß zur Expansion der Phönizier im Mittelmeerraum? Häufig ist die Antwort zu hören: Die Assyrer bedrängten die phönizischen Städte, die daraufhin nach Westen auswichen. Aber diese Antwort kann keinesfalls befriedigen. Wir haben schon aus dem Alten Testament gelernt, daß bereits zu Salomos Zeiten, also im 10. Jahrhundert v. Chr., die Schiffe von Tyros aus zu langen Seefahrten aufbrachen. Die antiken Traditionen über phönizische Gründungen in Nordafrika und andernorts verlegen diese ins 10. bis 9. Jahrhundert v. Chr. Auch erste Schriftzeugnisse, z. B. aus Nora auf Sardinien, stammen bereits aus dem 9. Jahrhundert v. Chr. In dieser Zeit kann aber keinesfalls von einem Druck Assyriens auf phönizische Städte die Rede sein. Dieser setzte nämlich tatsächlich erst unter Tiglatpileser III. (745–727 v. Chr.), das heißt in der zweiten Hälfte des 8. Jahrhunderts v. Chr., ein. Wir müssen also nach anderen Gründen Ausschau halten.

Oben war bereits die Rede davon, daß eines der Hauptexportgüter der phönizischen Städte das Holz des Libanon war. Im Gegenzug dazu konnten Grundnahrungsmittel importiert werden, die der schmale Küstenstreifen am Fuße des Libanon-Gebirges offenbar nicht in ausreichender Menge lieferte. Allmählich scheint aber das leicht erreichbare Holz selbst Mangelware geworden zu sein. Wir hören davon, daß man auf Zypern Schiffe bauen ließ. Außerdem wuchs offenbar die Bevölkerung der Städte recht schnell, so daß neue Einkommensquellen erschlossen werden mußten. Hier setzte die Veredelungsindustrie ein, die die phönizischen Städte kennzeichnet. Neben Keramik waren es vor allem Purpurstoffe, Bronze-, Silber- und Goldgefäße, Gläser und Elfenbeinarbeiten, die zu den Qualitätsartikeln gehörten, für die Phöniker berühmt waren. Aber die Rohstoffe für diese Produkte mußten weitgehend importiert werden.

Schon der Reisebericht des Wen-Amun, eines ägyptischen Beamten, der um 1076 v. Chr. nach Byblos fuhr, um Bauholz einzuhandeln, erwähnt als Entgelt 10 goldene und silberne Gefäße, die eingeschmolzen werden konnten, 10 Ballen von oberägyptischem Leinen, 500 Rollen glatte Matten, 500 Rinderhäute, 500 Seile, die neben Lebensmitteln angeliefert werden. Andere Rohmaterialien, so vor allem Kupfer, Zinn und Eisen waren, wenn überhaupt, im Libanon nur in geringen Lagerstätten vorhanden und mußten ebenfalls importiert werden. Das gilt selbstverständlich auch vom Elfenbein, denn auch der syrische Elefant, der übrigens bereits im 8. Jahrhundert v. Chr. ausgerottet war, stand den Phöniziern nicht direkt zur Verfügung. Lediglich der Rohstoff für die Glasindustrie, der Quarzsand, wurde – wie uns der Geograph Strabo berichtet – in den Dünen zwischen Akko und Tyros selbst abgebaut. So ist es in hohem Maße wahrscheinlich, daß die Suche nach Rohstoffen einerseits, die Notwendigkeit der Erweiterung der Subsistenzbasis andererseits die Phönizier dazu zwang, sich auf das Wagnis der Seefahrt einzulassen.

Man kann natürlich fragen, ob dazu tatsächlich der Seeweg erforderlich war, ob es nicht andere Wege gegeben hätte, um an die begehrten Erze und Rohmaterialien zu kommen. Schließlich wurde der Handel im Vorderen Orient von den Phöniziern nicht erfunden, standen sie in einer langen Tradition, die wir bis ins Neolithikum, das heißt bis ins 7. Jahrtausend v. Chr. zurückführen können. Schon damals war es möglich, Rohstoffe auf dem Tauschwege über lange Distanzen hin zu verhandeln. Zu Beginn des 2. Jahrtausends v. Chr. blühte ein reger Handel zwischen Assur am Tigris und dem zentralen Anatolien. Kupfer, Zinn, Blei und Stoffe wurden damals bereits über Hunderte von Kilometern und durch schwer passierbare Gebirgsregionen transportiert. Regelrechte Handelskontore waren im Fremdland eingerichtet worden, und komplizierte Transaktionen wurden mit den einheimischen Fürsten und Händlern vollzogen. War dieser Weg nicht mehr gangbar? Und was waren die Gründe dafür?

Wege des Handels

1. Der Landweg über Kleinasien

Tatsächlich scheinen die Phönizier auch versucht zu haben, diese traditionellen Wege weiterhin zu beschreiten. Wir hören von einer Hafenstadt namens Myriandos, die in der Region des Golfes von Alexandrette gelegen haben muß und in der es eine bedeutende phönizische Kaufmannschaft gegeben haben soll. Von dort aus konnte man den Weg über die kilikische Pforte nach Inneranatolien einschlagen. Es ist wohl auch kein Zufall, daß sich sowohl in Zincirli am Fuße des Amanos-Gebirges als auch auf dem Karatepe im Rauhen Kilikien und in Ivriz in Kappadokien noch phönizische Inschriften finden, obgleich in diesen Regionen ganz andere Landessprachen heimisch waren. Tyros soll nach dem Propheten Ezechiel (Tyros-Orakel, Kap. 27,23) mit Assur und Kilmad (lies Kulmari) Handel getrieben haben, das im südöstlichen Anatolien lag. So verweisen also einige Quellen auch auf den Landweg – aber warum wurde er nicht weiter genutzt? Das hat seinen Grund wahrscheinlich darin, daß das zentrale Anatolien eine große politische Umwälzung erlebte, die sich hinter einem Wall von noch einigermaßen konsolidierten Staaten im Mittleren Taurus und in Kappadokien vollzog: Der Aufstieg des Phrygerreiches einerseits, die Ansiedlung dorischer Griechen am Westrand von Lydien, Karien und Lykien andererseits. Hier endeten Marktinteressen an politischer Instabilität oder an den Interessen eines Konkurrenten.

2. Der Seeweg im Mittelmeer

Zypern

Sehen wir uns zunächst an den Orten im Mittelmeerraum um, an denen phönizische Präsenz nachgewiesen oder wahrscheinlich ist und fragen wir gleichzeitig, was dort zu holen war.

Der syrischen Küste am nächsten, nämlich nur rund 85 Kilometer entfernt, liegt Zypern. Auf dieser Insel sind an der Südküste unter anderem in Orten wie Kition, Larnaka, Limassol und Paphos, im Inneren in Tamassos, Idalion und Golgoi Funde phönizischer Inschriften gemacht worden, die beweisen, daß dieser Teil über Jahrhunderte unter phönizischem Einfluß stand, teilweise wohl auch direkt von phönizischen Städten aus verwaltet wurde. Der älteste monumentale phönizische Tempel aus dem 9. Jahrhundert v. Chr., der der Göttin Astarte geweiht war, ist nicht etwa aus einer phönizischen Stadt bekannt, sondern wurde in Kition ausgegraben. Er bezeugt also intensiven und sicher schon langen Kulturkontakt, vielleicht sogar zeitweilige politische Vorherrschaft. Dieser Kontakt blieb jahrhundertelang erhalten. So wissen wir, daß 701 v. Chr. Luli, König von Sidon, vor dem Assyrerkönig Sanherib nach Zypern ins Exil flieht, wo er schließlich stirbt. Auf Details kann hier nicht eingegangen werden, doch kann die Bedeutung der Insel nicht hoch genug veranschlagt werden:

- Zypern war mit zahlreichen Häfen eine ideale Zwischenstation auf dem Weg von der syrisch-phönizischen Küste in den Mittelmeerraum;
- Zypern war damals noch ziemlich dicht bewaldet, also auch als Werft für Kauffahrteischiffe ideal;
- Zypern besaß alte und ertragreiche Kupferminen, hier wurde auch Eisenerz gefunden. Die antike Adonis-Mythe läßt diesen Gott dort als Sohn des Kinyras aufwachsen, der wiederum mit dem Schmiede- und Handwerkergott Chusor identisch ist. Zypern war also schon lange als Zentrum der Metallurgie berühmt.

Die Insel war somit Stützpunkt und als Rohstofflieferant außerordentlich wichtig für die Phönizier – aber nicht nur für sie. Auch die Griechen haben die Bedeutung der Insel früh erkannt und sind hier ebenfalls präsent, nutzen sie als Sprungbrett zur syrischen Küste. Es entsteht also direkt vor den Toren der phönizischen Städte eine Konkurrenzsituation.

Inseln der Ägäis

Andere Inseln der Ägäis wurden ebenfalls angelaufen. Auf Kreta waren Phönizier präsent, wie ein Heiligtum in Kommos, dem

Hafen von Phaistos im Süden der Insel, und ein künstlicher, in den Felsen geschnittener Hafen mit einem Kanal als Zugang in Phalasarna im Nordwesten unter Beweis stellen. In Itanos im Nordosten, nach ihrem Namen vielleicht einer phönizischen Gründung, lebte nach Herodot (IV 151) ein Fischer von Purpurmuscheln – folglich hat man vielleicht auch von hier den Rohstoff für die Färbereien bezogen. Auf Cythera sollen Phönizier ein Heiligtum der Aphrodite Urania, also einer Astarte-Gottheit, gegründet haben. Von Lindos, Kamiros, Samos und Anavyssos, aus Athen, Tiryns, Eleusis und Lefkandi sind Funde oder Überlieferungen bekannt, die auf frühen Kontakt zwischen der griechischen und orientalisch-phönizischen Welt schließen lassen.

Hier ging es wohl hauptsächlich um Zwischenhandel, das heißt, es wurden orientalische Waren verkauft und dafür einheimisch griechische eingehandelt – wie Homer das beschreibt. Aber es konnte auch anderes erworben werden: Gold an den Küsten Thrakiens, Silber an verschiedenen Stellen im griechischen Mutterland.

Malta

Wichtiger jedoch als dieser Zweig des phönizischen Handels wurde derjenige, der sich nach Westen hin ausstreckte. Hier traf man zuerst auf Malta, das mit natürlichen Häfen, vor allem in der Bucht von Marsaxlokk, Schutz und Verpflegung, natürlich auch Wasser, bot. Heiligtümer wie das der Astarte in Tas Silg und das des Melqart zeugen von der Intensität phönizischer Besitznahme auf Teilen der Insel, die aber, soweit unsere Quellen das erkennen lassen, durchaus friedlich und in Abstimmung mit der einheimischen Bevölkerung erfolgte. Auch mit griechischen Seefahrern, die sicher häufig auch diese Häfen aufsuchen mußten, scheint es nicht zu Auseinandersetzungen gekommen zu sein – denn es gab keinen echten Interessenkonflikt. Rohstoffe scheint die Insel nicht angeboten zu haben.

Sizilien

Etwas anders verlief die Entwicklung in Sizilien. Es ist nicht ganz klar, wann diese Insel in die Expansion Phöniziens einbezogen wurde. Wahrscheinlich geschah das erst zu einem verhältnismäßig späten Zeitpunkt, etwa gegen Ende des 8. Jahrhunderts v. Chr., und auch nur an der Nordwestküste der Insel in Solunt und Palermo, im Westen bei Trapani und auf der Insel Mozia und in Lilibäum. Offenbar waren auch hier allein der Zwischenhandel und die Stützpunkte für die Seefahrt von Interesse, waren Bodenschätze nicht zu erwarten. Auf dieser Insel aber kam es im Laufe der Zeit zu Auseinandersetzungen mit den Griechen. Diese nämlich hatten sich im Osten der Insel festgesetzt, und zwar in ganz anderer Absicht als die Phönizier. Ihre Präsenz auf der Insel und in Unteritalien zielte von Anbeginn auf Landgewinn, auf Siedlungsflächen, auf Expansion und Selbständigkeit. Deshalb weiteten sie ihr Territorium systematisch aus, am Ende des 7. Jahrhunderts v. Chr. z. B. mit der Gründung von Himera und Selinunt. Damit rückten sie ganz in die Nähe der später punischen Besitzungen auf der Insel. Noch blieben die Beziehungen friedlich, wie die Funde von griechischer Keramik in punischen Siedlungen, von phönizischen Produkten im griechischen Siedlungsgebiet beweisen. Erst als Griechen im 6. Jahrhundert Teile des von den Puniern beanspruchten Territoriums besetzen wollten, setzten diese sich zur Wehr. Dabei ging es aber nicht mehr um Anteile am Markt, vielmehr standen ganz handfeste Machtinteressen im Hintergrund. Die brauchen uns hier nicht zu beschäftigen, da sie zu einer Zeit ausgefochten wurden, die bereits eine völlig veränderte Mittelmeerwelt sah.

Sardinien

Sardinien ist ein weiteres Beispiel intensiver Handelsaktivitäten ohne erhebliche territoriale Ansprüche. Vor allem an der Süd- und Westküste sind an Orten wie Tharros, Antas, Monte Sirai, Sulcis, Bitia und Nora Zeugnisse langanhaltender Seßhaftigkeit gefunden worden, die sicher in der Nachfolge schon älterer Han-

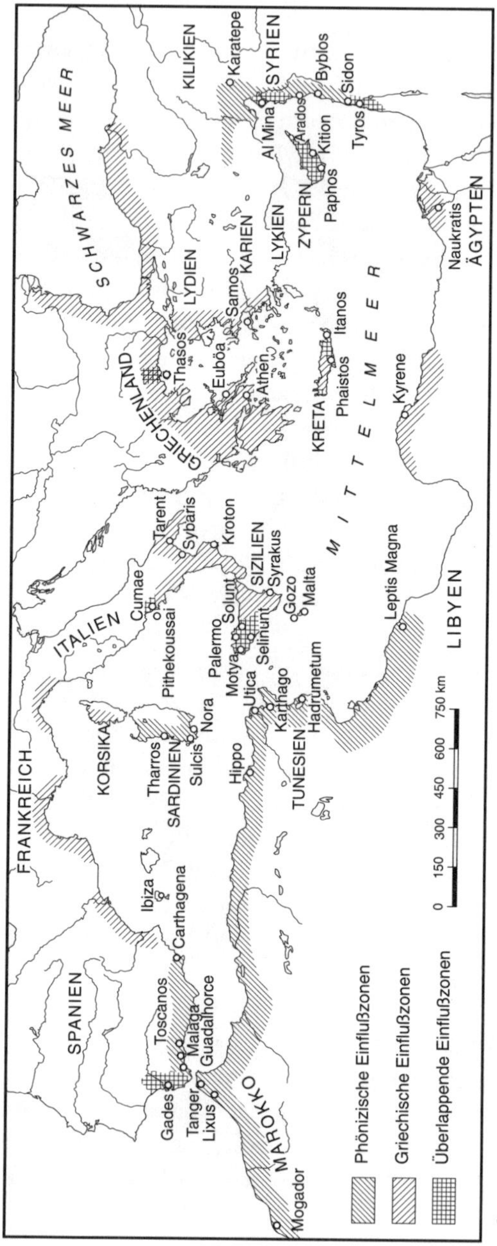

Phönizische und griechische Einflußzonen im Mittelmeerraum

delskontakte steht, die auf die Bodenschätze der Insel – Eisen, Silber, Blei und Kupfer – gerichtet war. Die einheimische Nuraghen-Kultur zeigt deshalb schon früh fremde Einflüße, die bis in mykenische Zeit zurückgehen, an die von den Phöniziern offenbar angeknüpft werden konnte. Auch wenn inschriftliche Zeugnisse ihre Anwesenheit schon im 9. Jahrhundert v. Chr. erweisen, setzt die kontinuierliche Besiedlung der genannten Orte erst in der Mitte des 8. Jahrhunderts v. Chr. ein, wohl im Zuge der Intensivierung des Tarschisch-Handels als Verstärkung der Infrastruktur für diese Kauffahrer. Es ist nicht recht klar, inwieweit auch hier später, das heißt in der Phase der Konsolidierung phönizischer (danach auch punischer) Präsenz auf der Insel ab der Mitte des 8. Jahrhunderts v. Chr., eine Konkurrenz zu griechischen Interessen entstand. Angeblich »erwogen die Ionier unter dem Druck der Perser mehr als einmal, ob sie nicht nach Sardinien auswandern sollten« – aber mit Sicherheit nachweisen lassen sich griechische Kolonien in Sardinien nicht.

Italien

Anders ist es im benachbarten Italien. Zahlreiche Funde belegen, daß in Pithekoussai/Ischia und auch in Cumae auf dem benachbarten Festland schon früh griechische Siedler aus Euböa saßen, vielleicht zusammen mit einer kleinen Schar orientalischer Händler oder Handwerker. Weiter im Norden, an der Küste Etruriens, waren aber offenbar phönizische Händler aktiv. Es fällt auf, daß in etruskischen Nekropolen wie Vetulonia, Vulci, Cerveteri und Palestrina und anderen nordsyrische Bronzekessel mit Untersätzen, phönizische Silber- und Bronzeschalen, Elfenbeinarbeiten usw. gefunden wurden, daß weiterhin Originale und Nachahmungen von phönizischen Metallkannen dort zu finden sind und als Exportartikel bis nach Mitteleuropa hinein Verbreitung fanden. Es ist sicher kein Zufall, sondern unterstreicht nur die Intensität dieser Kontakte, daß noch am Anfang des 5. Jahrhunderts v. Chr. in einem Tempel in Pyrgi/S. Severa nordwestlich von Rom eine Weihinschrift nicht nur in etruskischer, sondern auch in phönizischer Schrift und Sprache angebracht wurde. Wieder aber waren es Rohstoffe – Silber, Kupfer, Eisen und Blei – , die den Phöniziern als Handelsgut vor allem willkommen waren.

Spanien

Der Handel mit Tarschisch war, wie oben bereits anhand des Zeugnisses aus dem Alten Testament belegt, eine Spezialität der Phönizier. Die spanische Süd- und Westküste wurde angefahren, ein wahrhaft gewagtes Unterfangen mit den nautischen Mitteln dieser Zeit. Ein Jahr dauerte die Hinfahrt, ein weiteres Jahr der Tauschverkehr vor Ort, ein drittes Jahr die Rückfahrt – wenn sie gelang. Herodot und Thukydides berichten nicht selten von vergleichbaren Fahrten griechischer Kolonisten, die infolge widriger Winde an ganz anderen Stellen endeten, als sie geplant hatten. Jedenfalls aber gelangten phönizische Seefahrer nicht nur an die Südküste Spaniens, nach Almuñecar, Morro de Mezquitilla, Toscanos Malaka und Guadalhorce, sondern sie stießen durch die Straße von Gibraltar bis in die weite Mündungsebene des Guadalquivir vor. Das heutige Cádiz erinnert mit seinem Namen, der von einem phönizischen Gadir »die Einschließung«, das heißt der befestigte Platz, abzuleiten ist, noch an diese frühe Siedlung. Sie war, wie bei den Phöniziern üblich, auf einem Vorgebirge angelegt, das einen guten Hafen schützte. Hier traf man auf tartessische, das heißt iberische Händler, die offenbar weit aus dem Hinterland heranzogen und die leicht übertölpelt werden konnten. Der griechische Historiker Diodor aus Sizilien berichtet – jedenfalls nicht ohne eine antiphönizische Tendenz, – darüber (V 35,4f.):

»Es gab da große Wälder an die ... die Hirten Feuer gelegt hatten ... Nachdem das Feuer viele Tage gewütet hatte, versengte es auch den Boden ... Da tröpfelte viel Silber aus dem heißen Boden und die silberführenden Metalladern bildeten, nachdem sie geschmolzen waren, zahllose kleine Bäche aus reinem Silber. Die Eingeborenen wußten nicht, wie sie es ausbeuten sollten. Aber kaum daß die Phönizier davon hörten, so erwarben sie das Silber im Tausch gegen wertlose Dinge. Die Phönizier brachten das Silber nach Griechenland, nach Asien und zu allen damals bekannten Ländern und erwarben sich damit großen Reichtum. Man erzählt sich, daß die Händler so gierig waren, daß sie sogar die Bleianker ihrer Schiffe durch solche aus Silber ersetzten, nachdem es sonst keinen Platz mehr in den Schiffen fand, und auch dann noch blieb eine Menge des Metalls übrig. Dieser Handelsverkehr war lange Zeit die Quelle einer zunehmenden Macht der Phönizier, die viele Kolonien gründeten, einige in Sizilien und den benachbarten Inseln, andere in Libyen, Sardinien und Spanien.«

Natürlich wird hier ein Märchen erzählt. Die iberischen Einwohner der Sierra Morena und des Argantonio wußten sehr wohl, das Silber zu schmelzen und in Barren zu verhandeln, wie Funde von Schmelzöfen in dieser Region beweisen. Aber der Reichtum an Edelmetall hat offenbar zur Ausweitung des Handels geführt, von dem auch die Griechen profitieren konnten. So weiß Herodot (IV 152) von einem Mann namens Kolaios aus Samos, der bei einem Sturm durch die »Säulen des Herkules«, das ist die Straße von Gibraltar, verschlagen wurde – nach Tartessos. »Das war damals noch ein wenig besuchter Handelsplatz, so daß sie nachher zu Hause meines Wissens mit ihren Waren bessere Geschäfte machten als alle anderen Griechen.« Der Gewinn des Kolaios, nicht die Masse des transportierten Silbers, betrug schließlich 60 Talent, das heißt ca. 1600 Kilogramm Silber, für damalige Verhältnisse eine gewaltige Summe. Wie man dieser Nachricht aber entnehmen kann, war der Handel der Region durchaus nicht auf Phönizier allein eingestellt, sondern Griechen konnten offenbar frei an ihm partizipieren. Das hatte seinen Grund wohl darin, daß es zwar zeitweilige Stationen für die Abwicklung der Geschäfte gab, im Fall von Gadir auch durchaus befestigte, daß aber Dauerpräsenz und Siedlungstätigkeit damit nicht verbunden sein mußte.

Nordafrika

Schließlich Nordafrika. Hier ging es offenbar nicht in erster Linie um Bodenschätze, sondern um die merkantile Erschließung eines großen Hinterlandes und um die Sicherung von Häfen auf der langen und beschwerlichen Route nach Spanien.

Es ist wohl kein Zufall, daß sehr frühe Gründungsdaten sowohl für Gades (Cádiz) in Spanien wie für Utica in Tunesien und Lixus in Marokko überliefert sind. Diese Orte gehörten in einen gemeinsamen Kontext des Fernhandels – Lixus ja ebenso wie Gades jenseits der Straße von Gibraltar am Atlantik. Ja selbst in Mogador, einer Insel weit unten im Süden, nahe der heutigen Grenze zu Mauretanien, sind Spuren einer phönizischen Handelsstation aus der Mitte des 7. Jahrhunderts v. Chr. gefunden worden.

Hier mag sich der Handel tatsächlich so abgespielt haben, wie es der griechische Historiker Herodot in der 2. Hälfte des 5. Jahrhunderts v. Chr. beschreibt (IV 196): »Weiter sagen die Karthager, daß es auch jenseits der Säulen des Herkules (der Straße von Gibraltar) zu Libyen gehöriges Land und Menschen darin gäbe. Wenn sie zu denen kämen, brächten sie ihre Waren ans Land und legten sie Stück für Stück am Strand aus; darauf gingen sie wieder auf ihre Schiffe und machten Rauch. Wenn die Einwohner den Rauch sähen, kämen sie an den Strand, legten dort Gold hin für die Waren und gingen dann wieder weg. Alsdann kämen die Karthager wieder von ihren Schiffen, um nachzusehen, und wenn sie das Gold für einen angemessenen Preis hielten, nähmen sie es mit und führen nach Hause. Wäre es ihnen aber nicht genug, so gingen sie wieder an Bord und warteten die Sache ab. Dann kämen die anderen wieder und legten immer noch mehr Gold hin, bis sie, die Karthager, zufrieden wären. Auf beiden Seiten ginge es dabei ehrlich zu; denn sie nähmen das Gold nicht mit, bevor sie die Waren damit beglichen, und jene die Waren nicht, bis sie das Gold an sich genommen hätten.«

Diese primitive Art des Tauschhandels, die aber offenbar einen Teil des Bedarfs an Gold decken konnte, wird hier den Karthagern zugesprochen, die in der Zeit Herodots längst die Phönizier in der Erinnerung der Völker verdrängt hatten. Waren sie es doch, die sich in der Bucht von Tunis eine dauerhafte und expansive Siedlung geschaffen hatten. Anders als bei den übrigen Handelsfaktoreien war hier der Gründungsprozeß verlaufen. Die antike Legende besagt, daß ein Teil der Bevölkerung von Tyros unter Führung der Königstochter Dido/Elissa ausgewandert sei und in Nordafrika eine »Neustadt«, das bedeutet nämlich der Name Karthago (phön. Qart-chadascht), gegründet habe. Das sei 814 v. Chr. geschehen. Die Legende berichtet weiter, daß die Königin von den Eingeborenen ein Stück Land erwarb, das von einer Kuhhaut bedeckt werden konnte. Da sie die Haut in ganz schmale Streifen schnitt, schloß sie ein großes Territorium ein, die frühe Siedlungsfläche der Stadt. Karthago war also von vornherein als eine echte Kolonie angelegt, vergleichbar den Gründungen der Griechen, und hat auch sofort mit seiner Administration andere Funktionen übernommen als die sonstigen phönizischen Gründungen.

Karthago war nicht nur eine Station auf dem Wege von oder nach Tartessos, sondern stieg bald zum Zentrum eines eigenen Wirtschaftsimperiums auf, das Teile des Netzes der ehemals phönizischen Faktoreien übernahm. Die Rückbindung an Tyros blieb zwar lange Zeit nominell erhalten, aber politisch wie wirtschaftlich spielte sie keine Rolle mehr. Sowohl in der Auseinandersetzung mit den Griechen – vor allem in Sizilien – als auch mit den Römern (in drei verlustreichen Kriegen) blieb Karthago allein und wußte sich auch lange Zeit zu behaupten. Wirtschaftlich konnte es sich auf den Markt stützen, den die Phönizier vorher aufgebaut hatten, und auf ein agrarisches Hinterland, das allmählich in den Stadtstaat integriert worden war. Aber das geschah erst zu einer Zeit, die für unsere Fragen nicht mehr relevant ist.

Die griechische Kolonisation und ihre Schwerpunkte

Zwar war die griechische Expansion ähnlich wie die phönizische zunächst auf die Erschließung von Märkten gerichtet, die versuchte, sich Rohstoffquellen zu erschließen und zu erhalten; sie lief aber letztlich darauf hinaus, echte Kolonien zu gründen, das heißt Siedlern Land zu verschaffen, das dann nicht nur landwirtschaftlich genutzt, sondern zur Basis weiterer Expansionen gemacht wurde. Deshalb beschränkte sich diese Kolonisation nicht auf das Küstengebiet, war nicht lediglich auf die Errichtung von Stützpunkten für Seefahrer und von Handelsfaktoreien ausgerichtet, sondern drang ins Landesinnere vor und war auf Dauer angelegt. Da aber dieser Prozeß erst im 7. Jahrhundert voll einsetzte, als die phönizischen Kaufleute ihren Markt bereits im wesentlichen gesichert hatten, siedelten die Neuankömmlinge meist in Regionen, die noch – oder wieder – frei waren: Griechen aus Euböa in Mittelitalien, in Ostsizilien und in der Straße von Messina; Dorer, Rhodier und Kreter in Sizilien, Achäer, Spartaner und andere in Süditalien. Der Zinnhandel, der von der Britischen Insel herab durch Frankreich kam, lockte Rhodier in die Rhonemündung und nach Marseille, das Phokäer gründeten.

Von hier aus wurde um 600 v. Chr. Emporion, das heutige Ampurias in Nordspanien gegründet, das ebenfalls eine wichtige Station im Metallhandel darstellte. Auch in der Cyreneika setzten sich griechische Siedler aus Thera fest, im Nildelta mit Zentrum in Naukratis. Vor allem aber erschlossen sich die Griechen offenbar neue Märkte im Schwarzmeergebiet, also in einer Region, die völlig außerhalb des Interessenbereiches der Phönizier blieb. Man hat fast den Eindruck, daß mit einer gewissen Absicht auch bei der griechischen Westexpansion Regionen bevorzugt wurden, die nicht in erster Linie von Phöniziern als Interessensphären deklariert waren. Hier wurden also Machtstrukturen respektiert, die sich aus dem Markt der ersten Jahrhunderte des 1. Jahrtausends v. Chr. herausgebildet hatten.

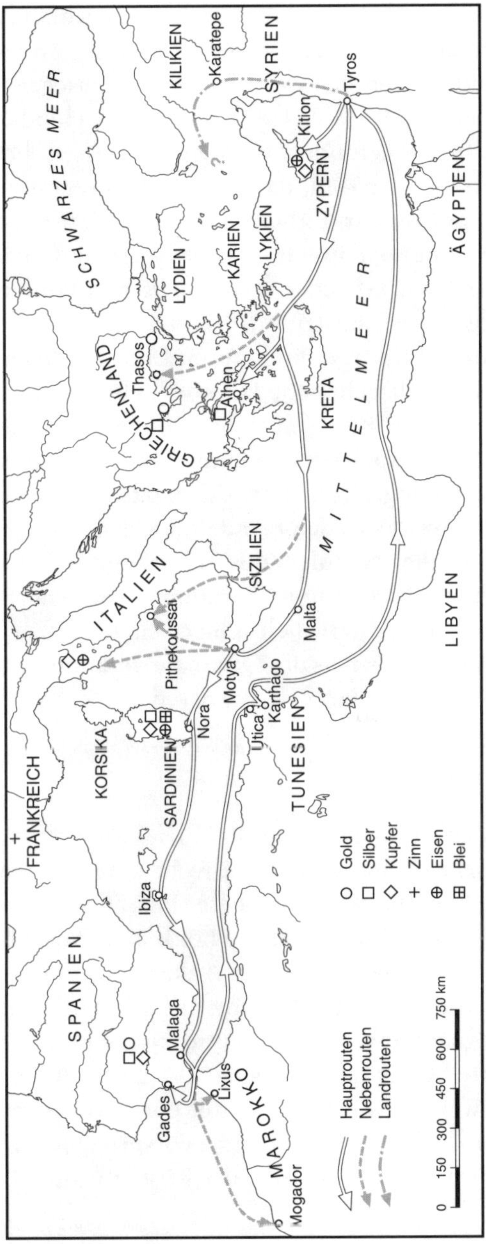

Phönizische Handelsrouten und Bodenschätze im Mittelmeerraum

Das schließt aber keinesfalls aus, daß es Konkurrenz einerseits, Kooperation andererseits geben konnte. An vielen Orten der Kolonien, gelegentlich sogar in den phönizischen Städten des Mutterlandes, sind Produkte griechischer Handwerker, vor allem Keramiken gefunden worden. Sie lassen sich ziemlich exakt datieren und zeigen, daß gelegentlich schon im 10. Jahrhundert v. Chr., verstärkt aber im 8. und 7. Jahrhundert solche Becher, Schalen und Töpfe importiert wurden. Ob diese Funde auf die Präsenz von Griechen im phönizischen Mutterland selbst schließen lassen, ist umstritten. Zumindest für die Hafenstadt al-Mina an der Orontesmündung und für Tell Sukas wird das für wahrscheinlich gehalten. Da aber sehr häufig griechische Töpferwaren gemeinsam mit typisch phönizischer Keramik an bekannten Handelsplätzen rund ums Mittelmeer gefunden werden, kann wohl angenommen werden, daß diese Produkte griechischen Handwerks zu den Handelsgütern gehörten, mit denen auch phönizische Händler ihre Geschäfte machten. Dafür spricht auch, daß nicht selten Nachahmungen solcher Töpfe verhandelt wurden, die natürlich billiger eingekauft, wahrscheinlich aber gleich teuer wie die Originale verkauft wurden. Hier befruchtete also ein Markt den anderen.

Phasen der phönizischen Expansion

Die geschilderte Expansion der Phönizier im westlichen Mittelmeerraum scheint überall in zwei recht unterschiedlichen Phasen verlaufen zu sein. Die erste dieser Phasen ist gekennzeichnet durch temporäre Ansiedlungen. Man könnte von Handelskontors sprechen, die bei günstigen Ankerplätzen an den Küsten errichtet wurden und eine Zeitlang für den Handel mit den Einheimischen genutzt wurden. Der griechische Historiker Thukydides beschreibt das für Sizilien so (VI 2.6): »Auch die Phönizier hatten wegen ihres Handels mit den Sikelern rings um die Insel ihre Niederlassungen, wozu sie vorspringende Landspitzen und kleinere Inseln in der Nähe der Küsten wählten.« Von hier aus wurden die Rohstoffe nach dem Mutterlande verschifft, hierher kehrte man in gewissem Rhythmus wieder zurück. Vielleicht wurde jeweils eine kleine Gemeinschaft von Händlern hier zurückgelassen, um den Handel in der Zwischenzeit nicht einschlafen zu lassen. Sie mögen sich dabei auch in einheimischen Siedlungen niedergelassen haben, in einer Art Enoikismus, das heißt Mitbewohnung. Am Rande der Orte wird man sich seine eigenen Behausungen errichtet haben, ohne in vorgefundene Besitzverhältnisse einzudringen. Wir kennen ähnliche Verhältnisse von den assyrischen Handelskolonien des 19./18. Jahrhunderts v. Chr. in Kleinasien.

Die zweite Phase ist gekennzeichnet durch eine echte Kolonisierung; die Stützpunkte wurden ausgebaut, bekamen auch äußerlich den Charakter von heimischen Siedlungen, also wohl schon bald städtischen Charakter. Diese Ansiedlungen waren aber, wenn uns nicht alles täuscht, ebenfalls nur lokale Erscheinungen. Zwar hatten sie eine interne Organisation, waren mit einer Art Administration ausgestattet, wurden aber nicht raumgreifend zu größeren Territorien zusammengefaßt. So bildeten sich zunächst keine selbständigen Staaten. Vielmehr blieben auch diese Siedlungen recht klein und in ihrer Wirtschaft auf das Hinterland angewiesen, das weiterhin von den Einheimischen bewirtschaftet wurde. Ohne die Rückbindung an das Mutterland waren auch diese frühen Kolonien nicht lebensfähig. Eine Ausnahme scheint Karthago gewesen zu sein, das schon gemäß seiner Gründungslegende auf territoriale Ausdehnung hin angelegt war.

Erst in einer dritten Stufe, und das auch verhältnismäßig spät, kam es an manchen Orten zu echten Kolonien bzw. eigenen Gründungen mit territorialer Ausweitung. Hier wurde also die Macht, die der Markt den Kolonisten verschafft hatte, zu einem politischen Instrument umfunktioniert. Auch dieser Prozeß scheint aber, soweit die Quellen das erkennen lassen, zunächst im wesentlichen friedlich verlaufen zu sein.

Orientalisierung und die Wurzeln unserer Kultur

Diese friedliche Durchdringung der unterschiedlichen Kulturen hat den Nährboden für die Kultur gebildet, die letztlich für Europa bestimmend geworden ist. Drei Elemente kamen dabei zusammen:

1. Das einheimische Element der Handelspartner, das heißt der über Jahrhunderte oder Jahrtausende gewachsenen Kulturen in den Räumen, in denen Phönizier und/oder Griechen mit ihrem Handel Einfluß nahmen: Sardische und sizilische, etrurische und iberische, berberische und libysche Traditionen, viele noch mit unterschiedlichen lokalen Ausprägungen, wurden von den Ankömmlingen vorgefunden und schon deshalb wahrgenommen und adaptiert, weil nur so der Erfolg des Handels auf Dauer gesichert werden konnte. Zwar wird das Exotische der Handelsgüter für die »Eingeborenen« einen gewissen Reiz ausgeübt haben. Mit Erfolg verkaufen ließ sich aber erst das, was bestimmte vertraute Motive aufnahm und in modifizierte und natürlich »wertvollere« Formen transformierte. Musterschutz gab es nicht. Folglich florierte ein Markt von Nachahmungen der verschiedensten Art – und damit einer wechselseitigen Übernahme fremder Techniken, Formen und Motive. Auch im Mutterland der Händler, in Phönizien also, wird es einen gewissen Markt für Exotica gegeben haben, für Produkte ferner Völker mit ihren besonderen Techniken und Motiven.
2. Das griechische Element, das heißt die im griechischen Mutterland entwickelten spezifischen Exportgüter, vor allem Keramiken mit ihrem so eigenartigen und sich klar vom sonst im Mittelmeergebiet Üblichen abhebenden Motivinventar, dazu aber auch Werke der Bronzekunst und – nicht zu vergessen – ein besonderes handwerkliches Geschick.
3. Das phönizisch-orientalische Element, das sicherlich zu Beginn der Expansion im Mittelmeerraum das bestimmende war, das seinerseits auch das griechische beeinflußte, ja zum Teil sogar maßgeblich bestimmte. Und das ist es ja, was uns diese

Art der Expansion, diese Durchdringung der Kulturen so wichtig macht: Der Formenschatz orientalischer Kunst wurde zu denen getragen, die formbar waren, die diese Anregungen aufgriffen und weitertrugen. Natürlich taten sie das nicht blind. Vielmehr werden sie gefragt haben, welche Geschichten hinter den Bildern standen, was die Szenen auf Silberschalen eigentlich bedeuteten. So erklärt es sich, daß die Göttergeschichten des Hesiod so enge Verwandtschaft zum Orient haben, daß auch viele andere griechische Sagen und Erzählungen nicht nur einzelne Motive, sondern fast vollständige Themen aus dem Orient übernehmen – wohl aber in griechischer Form modifiziert.

Die Überlieferung solcher Traditionen erfolgt natürlich nicht kurzfristig, läßt sich nicht aus dem vorübergehenden Treffen von Händlern an ihren Landeplätzen erklären. Vielmehr muß längere gegenseitige Kenntnis, möglicherweise zeitweiliges Zusammenwohnen, Zusammenarbeiten im Hintergrund stehen. Bestimmte Techniken wie der Bronzeguß, die Elfenbeinschnitzerei, die zunächst von Phöniziern ausgeübt wurden, werden nun auch von Griechen angewandt und verbessert. Das setzt aber längere Kontakte mit Handwerkern voraus – in der Fremde oder im Mutterland. Die Übernahme des Fremden erfolgte aber auch nicht sklavisch, sondern ging rasch Hand in Hand mit einer Umformung, einem Verfeinerungsprozeß, der die jahrtausendealten orientalischen Motive zwar benutzte, aber bald modernisierte.

Das geschah sogar mit dem Kulturgut, das auch bei den Phöniziern noch recht jung war: der Schrift. Wahrscheinlich schon im 9. Jahrhundert v. Chr., sicher aber gegen Ende des 8. Jahrhunderts war das phönizische Konsonantenalphabet den Griechen bekannt geworden. Sie übernahmen diese semitische Schrift aber nicht nur, wie manche andere Völker, um ihre Sprache damit behelfsmäßig wiederzugeben, sondern sie veränderten sie so, daß sie zur Wiedergabe ihrer indogermanischen Sprache geeignet wurde. Zusätzliche Zeichen wurden hinzugefügt, nicht benötigte Konsonantenzeichen zur Wiedergabe von Vokalen benutzt. Dadurch wurde die semitische Konsonantenschrift bei den Griechen zu einer Vollschrift und trat von hier aus ihren Siegeszug an, so daß sie heute fast auf dem ganzen Erdball in Gebrauch ist.

Die griechische Schrift blieb aber nicht der einzige Exportschlager. Die Märkte, die sich die Phönizier vom 10. bis zum 7. Jahrhundert v. Chr. erobert hatten, gingen – zumindest im östlichen Mittelmeerraum – bald verloren. Griechische Handwerker hatten bald nicht nur orientalische Techniken und Motive übernommen, sondern weiterentwickelt, verbessert, origineller gemacht. Das sicherte ihnen den Absatz in ihren Besitzungen einerseits, in den angrenzenden Provinzen – so etwa in Unteritalien – andererseits. Phönizische Produzenten blieben offenbar auf ihrem Standard stehen, machten Neuerungen nicht mit und verloren dadurch nicht nur Marktanteile, sondern bald auch Einfluß bei ihren traditionellen Handelspartnern – und damit die Macht. Der Prophet Ezechiel, der zu Beginn des 6. Jahrhunderts schreibt, faßt diese Situation am Ende seines Tyros-Orakels (Kap.27, 34 ff.) treffend zusammen: »Nun bist du zerschmettert, vom Meere hinweg in die Tiefen der Wasser verschwunden; deine Waren und all dein Volk sind mitten in dir versunken. Alle Bewohner der Meeresgestade sind entsetzt ob deines Geschicks, und alle ihre Könige schaudern; verstört ist ihr Antlitz. Die Handel treiben unter den Völkern, zischen dich aus; jähem Ende bist du verfallen, bist dahin auf immer.«

Literatur

Aubet, Maria Eugenia 1993. The Phoenicians and the West, Politics, Colonies and Trade. Cambridge.

Baurin, Claude/Bonnet, Corinne 1992. Les Phéniciens. Marins des trois continents. Paris.

Boardman, John 1981. Kolonien und Handel der Griechen. München.

Bunnens, Guy 1979. L'expansion phénicienne en Méditerranée. Essai d'interpretation fondé sur une analyse des traditions littéraires. Bruxelles/Rome.

Burkert, Walter 1984. Die orientalisierende Epoche in der griechischen Religion und Literatur. Sitzungsberichte der Heidelberger Akademie der Wissenschaften, phil.-hist. Kl. 1984/1. Heidelberg.

Gehrig, Ulrich/Niemeyer, Hans Georg (Hrsg.) 1990. Die Phönizier im Zeitalter Homers. Katalog der Ausstellung Hannover 1990. Mainz.

Kopcke, Günter/Tokumaru, Isabelle 1992. Greece between East and West: 10th–8th Centuries B.C. Mainz.

Krings, Veronique (Hrsg.) 1995. La civilisation phénicienne et punique. Manuel de recherche. Handbuch der Orientalistik 1. Abtlg. Bd. 20. Leiden.

Moscati, Sabatino 1989. Tra Tiro a Cadice. Temi e problemi degli studi fenici. Studia Punica 5. Rom.

Niemeyer, Hans Georg (Hrsg.) 1982. Phönizier im Westen. Madrider Beiträge 8. Mainz.

Niemeyer, Hans Georg 1984. Die Phönizier und die Mittelmeerwelt im Zeitalter Homers. Jahrbuch des Römisch-Germanischen Zentralmuseums 31, Mainz 1984, 3–94.

Niemeyer, Hans Georg 1994. Die Phönizier im Mittelmeerraum: Expansion oder Kolonisation? Hamburger Beiträge zur Wissenschaftsgeschichte 15, 321–347.

Ridgway, David 1992. The First Western Greeks. Cambridge.

Röllig, Wolfgang 1982. Die Phönizier des Mutterlandes zur Zeit der Kolonisierung, in: Niemeyer 1982, 15–30.

Röllig, Wolfgang 1983. On the Origin of the Phoenicians, in: Berytus 31, 79–93.

WOLFGANG SCHULLER

Die Organisierung der Volksmacht
Verfahrensregeln in der athenischen Demokratie

I.

Es ist früh am Morgen in Athen. Männer jeden Alters strömen zur Volksversammlung auf der Pnyx westlich von Areopag und Akropolis. Sie haben die Hände voll. Jeder trägt zwischen Daumen und Zeigefinger einer jeder Hand ein Stäbchen, das in einem durch eine Scheibe gebohrten Loch steckt. An den Zugängen stehen Urnen, in welche die Männer ihre merkwürdigen Stäbchen werfen, worauf sie hineingehen und Platz nehmen. Die Volksversammlung beginnt.

An einem anderen Morgen versammeln sich nicht mehr ganz junge Männer auf der Agora, dem großen Marktplatz nördlich des Fußes des Akropolis-Hügels. An zehn Stellen bietet sich das gleiche Bild: Es sind jeweils zwei große marmorne Steine aufgestellt, die mit je fünf senkrechten Reihen von Schlitzen versehen sind, und über jeder Reihe ist ein Buchstabe angebracht. Es stehen also insgesamt zehn senkrechte, mit Buchstaben gekennzeichnete Reihen nebeneinander, deren Schlitze ihrerseits waagerechte Reihen bilden. Daneben stehen jeweils zehn Kästen, und in diese werfen die Männer jeweils ein Täfelchen, das sie mitgebracht haben. Dann mischen Hilfskräfte die Täfelchen, ein würdevoller Herr nimmt aus jedem Kasten eines heraus, drückt es je einem Mann in die Hand, und dieser steckt die restlichen Täfelchen seines Kastens in die jeweiligen senkrechten Schlitze. Dann wirft der würdige Herr schwarze und weiße Kugeln wahllos in eine in den Stein gebohrte Röhre, so daß sie unten einzeln wieder hervorkommen. Wenn eine weiße Kugel herauskommt, werden die Täfelchen aus der jeweiligen waagerechten Reihe herausgezogen, und jedes wird seinem früheren Besitzer zurückgegeben. Ist es eine schwarze Kugel, bleiben die Täfelchen der betreffenden waagerechten Reihe erst einmal stecken. Die Männer, die ihre Täfelchen zurückerhalten haben, bekommen verschiedenfarbige Stäbe in die Hand, und jeder von ihnen nimmt gemeinsam mit denjenigen Platz, deren Stab die gleiche Farbe aufweist. Währenddessen werden diejenigen Täfelchen herausgezogen, die in Reihen mit schwarzen Kugel staken. Sie werden an die übriggebliebenen Männer zurückgegeben, die sich daraufhin entfernen.

Im Dionysos-Theater am Südosthang der Akropolis werden auf der Bühne zehn versiegelte Urnen aufgebaut, die man zuvor von der Akropolis heruntergebracht hat. Auch diesmal entnimmt ein würdiger Herr jeder Urne ein Täfelchen und liest einen Namen vor. Die so Benannten verfolgen die nun aufgeführten Stücke besonders aufmerksam. Nachdem das letzte Stück beendet wurde, kritzelt jeder von ihnen etwas auf ein Täfelchen. Alle zehn Täfelchen werden vermischt, der würdige Herr zieht fünf von ihnen heraus und verliest, was auf ihnen steht. Daraufhin gibt es Beifalls- und Mißfallenskundgebungen.

Was ist hier vorgegangen? Die athenische Demokratie war in Aktion, doch um das zu verstehen, müssen wir weiter ausholen.

II.

Politische Macht in Verfassungsstaaten muß kanalisiert werden. In einer absoluten Monarchie oder gar in einer illegitimen Diktatur – die Griechen nannten sie Tyrannis – findet zwar faktisch auch Machtverteilung statt, doch ist sie dort ungeregelt, prekär, jederzeit disponibel. Das gilt übrigens auch für die Parteidiktaturen unseres 20. Jahrhunderts. Ein verfaßter Staat jedoch, dessen Verfassung nicht notwendigerweise in einem zusammenhängenden Text schriftlich niedergelegt sein muß, zeichnet sich durch Regeln aus, nach denen das öffentliche Leben abzulaufen hat. Diese Regeln sollen verhindern, daß sich illegitime Machtzusammenballungen herausbilden, oder, positiv ausgedrückt, sie sollen gewährleisten, daß alle Berechtigten gleichmäßig am Staatsleben teilhaben. Diese Berechtigung kann unter den Staatsangehörigen durchaus unterschiedlich verteilt sein. Sie kann alle ohne Unterschied betreffen, dann sprechen wir von Demokratie; sie kann die Berechtigung nach der gesellschaftlichen und wirtschaftlichen Stellung abgestuft verteilen, dann haben wir eine Zensusverfassung vor uns; oder sie kann überhaupt nur einen bestimmten Teil der Bevölkerung umfassen, dann ist diese Verfassung eine Oligarchie. Immer aber gibt es feste Regeln innerhalb der berechtigten Gruppen, die garantieren sollen, daß keiner der Berechtigten mehr Macht gewinnt als die anderen, die mit ihm auf derselben Ebene stehen.

Seit ihrem Hinaustreten ins Licht der Geschichte in der früharchaischen Zeit haben die Griechen über ihre geregelte staatliche Organisation nicht nur abstrakt nachgedacht, sondern sie haben sie auch konkret verwirklicht. Wir hören davon aus späteren Berichten, vor allem aus den staatstheoretischen Schriften Platons und Aristoteles', aber auch aus zeitgenössischen Texten. So können wir heute noch große Teile der Gedichte des athenischen Staatsreformers Solon vom Beginn des 6. Jahrhunderts v. Chr. lesen, in denen er seine Vorstellungen und Maßnahmen darstellt, und fast noch eindrucksvoller sind die zahlreichen Steininschriften, in denen auch kleinste griechische Städte Verfassungs- und Rechtsprechungsvorschriften niedergelegt haben. Jenseits aller Romantik und Griechenbegeisterung ist es bewundernswert und letzten Endes unerklärlich, wie in diesen kleinen Gemeinschaften – wahren face-to-face-societies – Ämter, Zuständigkeiten, Verfahrensvorschriften, kurz, abstrakte Organisationsformen und Regelungen entstanden, also Macht kanalisiert wurde, wo doch Häuptlingswesen oder ad-hoc-Verhalten genügt hätte.

Daß das so geschah und daß das bei ihnen so ist, war den Griechen im allgemeinen selbstverständlich. Zugleich waren sie sich aber dessen bewußt, daß es ihre eigene Erfindung war und daß sie sich dadurch von den Barbaren abhoben, worauf sie sehr zu Recht stolz waren. Über das Wie aber machten sie sich Gedanken, und diese Gedanken kreisten, ebenfalls ganz allgemein gesprochen, in der Staatstheorie der klassischen Zeit darum, wie die jeweiligen Berechtigungen zugeteilt werden und wie sie sich zueinander verhalten sollten. Am berühmtesten und am wirkungsmächtigsten ist die durch Aristoteles endgültig gefaßte Systematik, wonach es drei Grund-Staatsformen mit drei entsprechenden Entartungsformen gebe: Monarchie, Aristokratie und Politie, mit den Entartungen Tyrannis, Oligarchie und Demokratie, und daß zwischen ihnen dergestalt ein Kreislauf stattfinde, daß extreme Demokratie in Tyrannis umschlagen könne. Am besten fanden die Griechen eine aus Demokratie, Aristokratie und Monarchie gemischte Verfassung, und sie waren tief beeindruckt, sie bei den sehr untheoretischen, dafür um so praktischeren Römern zu entdecken: kein Wunder, daß Rom die Weltherrschaft erringen konnte. Wie sehr die Analyse des Aristoteles bis heute zutrifft und wirkt, ist beispielsweise aus der neuzeitlichen Erfahrung der Nähe zwischen unkanalisierter Demokratie und Diktatur zu ersehen oder daran, daß zwei so gegensätzliche politische Denker wie Carl Schmitt und Dolf Sternberger mit ihren Begriffen der »konstitutionellen Demokratie« und der »Politie« direkt und indirekt auf Aristoteles zurückgehen.

Neben dieser Typologie von Staats- oder Verfassungsformen in Griechenland gibt es die Ebene der institutionellen Staatsorganisation, das heißt einige Grundtypen von staatlichen Organen, die in der Antike überall vorkamen – sogar in Rom – und in denen und mittels derer sich das jeweilige staatliche Leben verwirklichte. Allen diesen Stadtstaaten war gemein, daß sie eine Volksversammlung für grundlegende Entscheidungen aufweisen, daß ein Rat leitende Funktionen hat, und daß ehrenamtliche Magistrate so etwas wie die Exekutive darstellen; überall ist die Bevölkerung in verschiedene Personenverbände eingeteilt, und überall gibt es eine territoriale Aufteilung der jeweiligen

Stadt und ihres Territoriums. Die Unterschiede liegen in dem jeweiligen Ausmaß des Kreises der politisch Berechtigten, im je verschiedenen Zusammenspiel der Institutionen und in der sehr variantenreichen Ausgestaltung im einzelnen.

Die athenische Demokratie insbesondere, von der man am meisten weiß und mit der wir uns hier beschäftigen wollen, war kurz gesagt institutionell folgendermaßen aufgebaut. Die Volksversammlung, Ekklesía, die die höchste Gewalt im Staat verkörperte, kam vierzigmal im Jahr zusammen. Jeder der rund 25000 männlichen erwachsenen Vollbürger konnte ohne Rücksicht auf Vermögen oder sonstige Qualifikationen an ihr teilnehmen, und es ist nachgewiesen worden, daß 6000 und mehr die übliche Teilnehmerzahl war. Jeder hatte das Recht zu reden und Anträge zu stellen, und hiervon wurde auch ausgiebig Gebrauch gemacht.

Freilich gingen alle Anträge zunächst durch das zweite wichtige Organ, durch den Rat der 500, die Bulé. Er bestand aus 500 Abgeordneten, die unter Personen über dreißig jährlich aus allen Gemeinden Attikas ausgelost wurden, wobei man dieses Amt nur zweimal im Leben bekleiden durfte. Der Rat fungierte außer als Vorbereitungsorgan für die Debatten der Volksversammlung als eine Art geschäftsführenden Gremiums, das alle die Staatsgeschäfte ausführte, die nicht in der Kompetenz der Volksversammlung oder der Beamten standen oder die ihm, was häufig vorkam, ad hoc durch die Volksversammlung zugewiesen wurden.

Drittens gab es zahlreiche ehrenamtlich je ein Jahr lang amtierende Beamte, die jeweils ganz bestimmte Funktionen hatten. Die neun Archonten, früher traditionellerweise gewählt und jetzt erlost, hatten eher Verwaltungsfunktionen und amtierten in der Rechtsprechung; nach ihrem Amtsjahr kamen sie in den Rat vom Areopag, der jetzt kaum noch wirkliche Kompetenzen hatte. Jährlich gewählt mit der Möglichkeit der Wiederwahl wurden die zehn Strategen, die im Felde kommandierten und sonstige Exekutivaufgaben wahrnahmen. Darüber hinaus gab es noch eine Menge weiterer Funktionen; Aristoteles zählt rund 700. Die Gerichte bestanden aus Laienrichtern; jedes Jahr wurden 6000 Männer über dreißig als Richter erlost und vereidigt, und aus diesem Reservoir wurde für jeden einzelnen Zivil- oder Strafprozeß der jeweilige Spruchkörper erlost, der je nach Bedeutung des Falles aus 201, 301 bis 1501 Richtern bestand.

Ferner gab es spezielle Institutionen für besondere Bevölkerungsgruppen beziehungsweise für besondere Sachverhalte: Auf den Wehrdienst wurde man durch die zweijährige Ephebie der Achtzehn- bis Zwanzigjährigen vorbereitet, danach war man Teil des nach Phylen gegliederten und aus Infanterie, Kavallerie und Marine bestehenden Bürgerheeres mit gewählten Kommandeuren. Die männliche Bevölkerung war weiter nach Vermögensklassen eingeteilt, die weniger für die Besetzung staatlicher Ämter als vielmehr durch teilweise Einteilung der Betreffenden in Symmorien für die Heranziehung zu finanziellen Sonderleistungen, Liturgien, dienten, so für die Abgabe der Eisphora, für die Ausrüstung eines Kriegsschiffes (Trierarchie) oder einer kultischen Theateraufführung (Choregie). Schließlich gab es eine große Zahl religiöser Kulte und staatlich organisierter religiöser Feste, kein Berufspriestertum, sondern öffentlich eingesetzte Priester und Priesterinnen (freilich in manchen Familien erblich) sowie staatliche Kultbeamte.

Dies war die zentrale Ebene. Aber auch unterhalb davon war Attika minuziös durchorganisiert. Wenn wir von den Personenverbänden der Phratrien absehen, treffen wir auf der untersten lokalen Ebene zunächst auf die Demen, was man am besten mit Gemeinden übersetzt. Das Staatsgebiet Attikas war in 139 Demen aufgeteilt, die vielfältige Aufgaben hatten. Die wichtigste stand im Zusammenhang mit dem Bürgerrecht, denn in den Demen wurde für jeden einzelnen mit der Vollendung des 18. Lebensjahres darüber entschieden, ob er in die am Ort geführte Bürgerliste aufgenommen und damit vollberechtigter und -verpflichteter Staatsbürger wurde. Im übrigen waren ihre Aufgaben zahlreich, besonders wichtig war die Bestimmung der Abgeordneten in den Rat der 500, dann rechtliche Funktionen sowie die Verwaltung des Demenvermögens, das, wenn aus Grundbesitz bestehend, verpachtet wurde. Größere Demen hatten eigene Theater, was für vierzehn Demen bezeugt ist. Entsprechend ausdifferenziert waren ihre Institutionen. Neben den Priestern für die eigenen Demenkulte gab es den für jeweils ein Jahr gewählten Demarchen sowie weitere Beamte unterschiedlichen Typus, besonders natürlich Schatzmeister. Nach dem Muster der zentralen Ekklesía arbeitete die Demenversammlung, Agorá genannt. Die meisten dieser Versammlungen tagten wohl in der Stadt Athen, doch ist die Häufigkeit ihres Zusammentretens wie auch ihr Verfahrensmodus (außer der Tatsache, daß geheim abgestimmt wurde) nicht gut belegt. Immerhin gibt es eine nicht geringe Anzahl inschriftlicher Zeugnisse, darunter zahlreiche Versammlungsdekrete.

Sehr viel weniger Inschriften, ganze zwei, besitzen wir dagegen von der inneren Organisation der Trittyen, der nächsthöheren Einheit. Wir müssen daher wohl annehmen, daß sie kein intensives Innenleben hatten, sondern eher rechnerische Einheiten waren. Den Grenzsteinen ist zu entnehmen, daß sie auch territoriale Einheiten bildeten, da mehrere Demen so zusammengefaßt waren, daß das gesamte Staatsgebiet in 30 Trittyen aufgeteilt war, doch scheinen sie vor allem Funktionen für die militärische Organisation gehabt zu haben. Wichtig waren die Trittyen weiter dadurch, daß sie jeweils ein Drittel – 17, 17 und 16 Mann – der 50 Abgeordneten einer jeden Phyle stellten.

Damit sind wir bei den politisch gewichtigen zehn Phylen, das heißt Personenverbänden, in die die gesamte Bevölkerung eingeteilt war. Dadurch, daß ihre jeweils 50 Abgeordneten im Rat als Prytanen die Geschäfte für ein Zehntel des Jahres führten, waren sie ein zentrales Organ der gesamten Stadt; und dadurch, daß das Heer nach den zehn Phylen gegliedert war, bildeten sie die entscheidende organisatorische Einheit der Landesverteidigung. Auch sie hatten in Gestalt von Phylenheroen ihre eigenen Kulte; auch sie hatten ihre eigenen jährlich bestellten Beamten sowie zahlreiche Beamte für besondere Aufgaben, und sie hatten ihre eigenen Versammlungen, wieder Agorai genannt, wohl in der Nähe der Akropolis. Hinreichend viele Inschriften mit Versammlungsbeschlüssen der Phylen sind erhalten, und aus ihnen sowie aus literarischen Erwähnungen können wir entnehmen, daß auch die Phylen eigenes zu verwaltendes Vermögen hatten und daß sie rechtsprechende Funktionen ausübten.

III.

So eindrucksvoll hier bereits die außerordentlich intensive Organisation der athenischen Demokratie zu sehen ist, so hat diese Schilderung – im Einklang mit der bisherigen Forschung – eher statischen Charakter. Vernachlässigt wurde in der Forschung bisher das dynamische Element, das heißt also die Verfahren, mit denen die Staatsorgane arbeiteten. Diese Sichtweise überrascht nicht; wenn eine Parallele zur Rechtswissenschaft gezogen werden darf, dann ist bekannt, daß in Ausbildung und Forschung die inhaltliche Seite, also das materielle Recht im Vordergrund steht, während das Prozeßrecht erst in zweiter Linie Beachtung findet – also vor allem BGB und StGB, und dann erst ZPO und StPO. Das ist insofern naheliegend, als es natürlich auf die jeweilige objektive Rechtslage ankommt; jedoch ist die Art und Weise, wie im konkreten Fall diese Rechtslage überhaupt bestimmt wird und aus ihr praktische Folgerungen gezogen werden, von ganz vitalem Interesse. Was nützt die beste Rechtslage, wenn sie nicht in die Praxis umgesetzt werden kann, oder anders ausgedrückt: Was nützt die höchste Verfeinerung in der Bestimmung des materiellen Rechts, wenn es die prozessualen Praktiken wegen ihrer Unausgefeiltheit nicht erlauben, die Subtilitäten des materiellen Rechts zur Geltung kommen zu lassen? Wie wichtig gerade Verfahrensfragen bei der Rechtsfindung sind, zeigt die historische Erfahrung, nach welcher gerade Prozeßfragen politische Fragen waren; es sei in der neuzeitlichen Strafrechtsgeschichte an den sich über Jahrhunderte erstreckenden Vorgang der Ablösung des Inquisitionsprozesses durch die

Schaffung der unabhängigen Richter und der Staatsanwaltschaft als Anklagebehörde erinnert.

Ähnliches gilt auch für das öffentliche und gerichtliche Leben der antiken Verfassungsstaaten. Natürlich war es von herausragender politischer Bedeutung, wer welche politischen Mitwirkungsrechte hatte und welche lokalen und zentralen Institutionen es gab, doch zeigen die Diskussionen um politische Verfahren und das Ausgeklügelte vieler von ihnen, welche Bedeutung gerade ihnen beigemessen wurde. Im folgenden soll daher erstmals versucht werden, verschiedene Verfahrensarten der athenischen Demokratie im Zusammenhang vorzustellen und sie aus ihrem jeweiligen Sinn für diese spezifische Staatsform zu erklären.

Ein Grundprinzip der athenischen Demokratie ist schon von Aristoteles kurz erwähnt, jetzt aber erst durch den dänischen Gelehrten Mogens Herman Hansen in seiner ganzen Bedeutung erkannt worden. Es handelt sich um das Prinzip »Initiative und Entscheidung«, eine spezifisch antike Form der Gewaltenteilung. Die moderne Form der Gewaltenteilung, in der ersten Hälfte des 18. Jahrhunderts durch Montesquieu in seinem »Esprit des lois« mit überwältigender Wirkung endgültig formuliert, besteht darin, daß die Staatsgewalt in die drei Komponenten der gesetzgebenden, ausführenden und rechtsprechenden Gewalt zerlegt wird, in die Legislative, Exekutive und Judikative. Carl Schmitt spricht sich in seiner »Verfassungslehre« übrigens dafür aus, diese Gewaltenteilung besser Gewaltenunterscheidung zu nennen. Mit dieser Unterscheidung oder Aufteilung der öffentlichen Gewalt auf verschiedene Organe wird unter anderem erreicht, daß der Mißbrauch staatlichen Handelns vermieden wird: Der Gesetzgeber kann nur Bedingungen setzen, aber nicht handeln, der Ausführende kann nur handeln, aber keine allgemeinen Bedingungen setzen, und beide entgehen so der Gefahr, allgemeine Prinzipien an vordergründigen und ephemeren Utilitätsgründen auszurichten. Dadurch, daß beide kein Recht sprechen, also die Gesetze nicht auf Streitfälle anwenden dürfen, entgehen sie der Gefahr, das Recht zugunsten augenblicklicher Zweckmäßigkeiten zu opfern, also es zu beugen, und der Richter seinerseits kann durch seine Trennung von der Exekutive das Recht unabhängig anwenden.

Wenn, allgemein resümierend gesagt, durch diese Gewaltenteilung Machtzusammenballungen oder die Vermischung von Machtinteressen und Gemeinwohlorientierung vermieden werden sollen, so wurde dieses Ziel in Athen auf andere Weise erreicht. Ein genaues Hinsehen auf die Funktionsweise der demokratischen Organe zeigt nämlich eine eigenartige Trennung: Diejenigen, die berechtigt waren, Anträge zu stellen, also das Initiativrecht hatten, hatten keinerlei Entscheidungsbefugnisse, und umgekehrt waren die Entscheidungsträger darauf angewiesen, daß von anderer Seite Anträge gestellt wurden, erst dann konnten sie entscheiden.

Eine weitere allgemeine Verfahrensfrage, die schon in der Antike ausgiebig besprochen wurde, war der Modus der Auswahl von Personen für die staatlichen Ämter. In der Diskussion standen die Wahl und das Los, und eindeutig wurde in der athenischen Demokratie das Los bevorzugt. Die Wahl begünstigte nach athenischer Vorstellung die Tyrannis, denn derjenige, der gewählt werden wollte, mußte ja Wahlkampf betreiben, Anhänger sammeln und war also bestrebt, persönliche Macht zu akkumulieren. Das konnte nur durch das Los verhindert werden. Wie sehr sich diese Vorstellung von unserer unterscheidet, erhellt aus einem Vorfall aus dem Jahre 1983. Im Oberlandesgerichtsbezirk Frankfurt am Main waren Schöffen ausnahmsweise nicht gewählt, sondern erlost worden. Dieses Verfahren wurde wieder abgeschafft mit der Begründung, nur die (auch vom Gerichtsverfassungsgesetz vorgesehene) Wahl sei demokratisch. Ein Athener hätte den Kopf geschüttelt.

Das Prinzip »Initiative und Entscheidung« sowie das Losverfahren sind allgemeine Prinzipien, die auf verschiedene Arten der politischen Entscheidungsfällung angewandt wurden. Betrachten wir daher einzelne besondere Verfahren etwas näher. Wir beginnen mit der Volksversammlung. Ihre Tagesordnung (sie wurde fünf Tage vorher schriftlich durch Aushang bekanntgegeben) konnte sehr umfangreich sein (neun Punkte und mehr). Nun waren alle Tagesordnungspunkte vorher durch den Rat der 500 gegangen, der nach Möglichkeit für die vorliegenden Anträge ausformulierte Beschlußvorlagen ausgearbeitet hatte (konkrete probuleúmata) oder aber die Sache ohne Beschlußvorlagen zur Debatte stellte (offene probuleúmata). Bei konkreten probuleúmata wurde in der Volksversammlung eine Vorabstimmung (procheirotonía) mit der Frage veranstaltet, ob überhaupt eine Debatte stattfinden sollte. Wurde auch nur eine Stimme für eine Debatte abgegeben, fand sie statt; erhob sich keine Hand für eine Debatte, war das Probúleuma ohne Diskussion einstimmig angenommen, und da viele Tagesordnungspunkte Routineangelegenheiten betrafen, war das sehr oft der Fall.

Die Abstimmungen selbst erfolgten durch Handaufheben (cheirotonía), aber die Stimmen wurden nicht ausgezählt, sondern abgeschätzt. Eigene Überlegung und tatsächliche Beobachtungen in den schweizerischen Landgemeinden zeigen, daß bei einer mehrtausendköpfigen Menge ein Auszählen nicht nur sehr zeitraubend ist, sondern faktisch eine Unmöglichkeit darstellt. In einigen Fällen, etwa bei einem erforderlichen Quorum, kam es freilich auf die genaue Anzahl der Stimmen an, und hier mußte mit Stimmsteinen (pséphoi) abgestimmt werden. Da es sich nun in diesen Fällen immer um die zweite Lesung eines Antrages handelte, der schon in einer vorhergehenden Sitzung debattiert und angenommen worden war, brauchte nur noch mit ja oder nein abgestimmt zu werden. Dies geschah in der Weise, daß die Volksversammlungsteilnehmer beim Betreten der Pnyx ihre Stimmsteine abgaben, die dann während der Sitzung ausgezählt wurden. Jeder Teilnehmer erhielt zwei Plättchen, von denen das eine mit einem massiven Stäbchen, das andere mit einem hohlen Röhrchen durchbohrt war. Das Stäbchen bedeutete Zustimmung, das Röhrchen Ablehnung, und das von ihm gewählte Plättchen warf er in die Urne, die für die Abstimmung vorgesehen war. Während der Volksversammlung wurde dann ausgezählt. Da es bei diesen Dingen auf jede einzelne Stimme ankam, bestand ein Bedürfnis nach geheimer Abstimmung. Sie wurde durch ein Verfahren von raffinierter Einfachheit gewährleistet: Der Abstimmende hielt das Stäbchen und das Röhrchen zwischen Daumen und Zeigefinger einer jeden Hand, so daß niemand sehen konnte, welchen Stimmstein er in die Urne der gültigen Stimmen warf – das ist der Vorgang, der hier einleitend als erster erzählt wurde.

Ingeniös und scharf durchdacht war das Verfahren der Richterlosung – unser zweites Beispiel zu Beginn des Textes. In jedem Jahr wurden aus den über dreißig Jahre alten Bürgern 6000 als potentielle Richter ausgelost. Jeder von ihnen bekam ein Richtertäfelchen, auf dem Name, Vatersname, Gemeinde (demos) und ein Buchstabe von A bis K verzeichnet waren. Aus dem Demos ergab sich seine ererbte Phylenzugehörigkeit, und innerhalb der Phyle gehörte er (ebenfalls durch Los) einer der zu diesem Zweck gebildeten zehn Abteilungen an, die durch die eben genannten ersten zehn Buchstaben des Alphabets gekennzeichnet waren. Für die Auslosung wurden zu Beginn des Gerichtstages zehn Losungsstellen, eine pro Phyle, vor dem Gerichtsgebäude auf der Agora errichtet, je eine unter der Leitung eines der neun Archonten und des Sekretärs der sechs Thesmotheten – das waren die würdigen Herren unserer Erzählung. Die Richter, die für den zu bildenden konkreten Spruchkörper ausgelost werden wollten, warfen an ihrer jeweiligen Auslosungsstelle ihr Richtertäfelchen in den jeweils zugehörigen Kasten von zehn aufgestellten Kästen, die mit den Buchstaben A bis K gekennzeichnet waren. Der Archon bestimmte durch das Herausnehmen je eines Täfelchens aus jedem Kasten, die vorher gemischt worden waren, zehn mit der weiteren Prozedur Betraute, die damit gleich ausgelost waren. Diese steckten die Täfelchen in zwei Apparate, die mit je fünf senkrechten Reihen von Schlitzen versehen waren; die senkrechten Reihen trugen die Buchstaben A bis E beziehungsweise Z bis K. Waren die Täfelchen eingesteckt, warf der

Archon eine vorher errechnete Anzahl weißer und schwarzer Kugeln in eine im Apparat angebrachte Röhre, die eine Vorrichtung hatte, durch die man immer nur eine Kugel herausfallen lassen konnte. Die Reihenfolge des Herausfallens der Kugeln wurde nun auf die waagerechte Reihe von A bis K bezogen: Eine schwarze Kugel bedeutete, daß die betreffende Reihe nicht zum Zuge kam, eine weiße, daß die Athener, deren Tafeln in der betreffenden Reihe steckten, zu Richtern für die anstehenden Verfahren bestimmt waren.

Für die Zuteilung zu den einzelnen Spruchkörpern waren weitere Marken mit Buchstaben von Λ an vorbereitet, die ebenso zufällig gegriffen wurden, und für jeden durch einen solchen mit Buchstaben symbolisierten Spruchkörper gab es Stäbe unterschiedlicher Farbe, die der Richter gegen seine Marke eintauschte: So war auch äußerlich die Zuteilung sichtbar und eine Manipulation war verhindert. Da nun dieses Losverfahren nach Phylen, also aufgrund der Zehnteilung der Bürgerschaft an zehn Stellen gleichzeitig vonstatten ging, und da die Angehörigen jeder einzelnen Phyle noch einmal in die Abteilungen von A bis K gezehntelt worden waren, war dieses an sich umfängliche Geschäft schnell abgetan – wir kommen noch darauf zurück.

Ähnliches gilt für das Gerichtsverfahren selbst. Zunächst einmal wurden die Volksgerichte nur nach einem Vorverfahren tätig, das auch dazu gedacht war, möglicherweise den jeweiligen Rechtsstreit jetzt schon endgültig zu beenden. Unter der Leitung eines der neun Archonten wurde in diesem Vorverfahren oft durch einen erlosten Schiedsrichter zur Sache verhandelt, es wurden Beweise erhoben, Zeugen vernommen usw., und den Parteien wurde nach Abschluß dieses Verfahrens ein Vorschlag zur Beilegung ihres Streites gemacht. Nur wenn eine der Parteien nicht einverstanden war, kam die Sache an das Volksgericht. Vor dem Volksgericht nun fanden ausschließlich die – mittels einer Wasseruhr zeitlich begrenzten – Parteivorträge statt, in die die Ergebnisse der Beweisaufnahme eingebaut waren. Das Gericht verhandelte nicht, beriet auch nicht, sondern stimmte sofort durch Stimmsteine über die alternativen Anträge der Parteien ab. Dieses Verfahren ist gewiß teilweise aus dem Prinzip der Demokratie selbst zu erklären: Es gab ja keinen Juristenstand, kein wissenschaftlich durchgebildetes Recht, sondern das zu Gericht sitzende Volk sollte ohne Zwischenschaltung anderer Instanzen unmittelbar selbst Recht sprechen. Gleichzeitig bestand aber die Notwendigkeit, das Verfahren zeitlich nicht ausufern zu lassen, sondern durch straffe Durchführung jedem in Betracht Kommenden zu ermöglichen, ohne großen Zeitverlust Richter zu sein.

Schließlich sei noch auf das Verfahren hingewiesen, das bei der Auswahl der Theaterstücke und bei ihrer Bewertung angewandt wurde. Obwohl es nicht zum politischen Bereich im engeren Sinne gehört, soll es hier aus schierer Bewunderung und deshalb erwähnt werden, weil ja auch die Theateraufführungen inhaltlich hochpolitische Angelegenheit waren – es ist unsere dritte Geschichte. Bemerkenswert ist bereits, daß entgegen der üblichen Praxis die Auswahl der Stücke bei einem einzigen Mann lag, bei dem obersten Archon (epónymos). Er bestimmte die aufzuführenden Stücke und vergab ihre Einstudierung an die Choregen. Dann mußten die Männer bestimmt werden, die nach der Aufführung als Preisrichter die Reihenfolge der Stücke festlegen sollten. Dazu wurden vom Rat aus jeder Phyle (nach einem bislang noch ungeklärten Verfahren) mehrere Männer bestimmt. Die Namen der Ausgesuchten kamen nach den zehn Phylen in zehn Urnen, die dann versiegelt wurden. Aus ihnen zog der Archon vor Beginn der Aufführungen je einen Namen, die Ausgesuchten wurden auf Unparteilichkeit vereidigt und schrieben nach den Vorstellungen die von ihnen prämierten Stücke auf ein Täfelchen. Diese zehn Täfelchen kamen in eine Urne, aber aus ihr zog der Archon nur fünf, und das Ergebnis entschied dann die Reihenfolge der Stücke.

Auf diese Weise war also für mehreres gesorgt: Hinsichtlich der Auswahl der Stücke vertrauten die Athener in einer so unmeßbaren Angelegenheit dem Judiz eines einzigen Mannes, und die griechische Literaturgeschichte zeigt, daß sie dabei gut gefahren sind. Über die Rangordnung der Qualität der aufgeführten Stücke urteilten Leute, denen man Kompetenz zutraute, und das Urteil war Massenstimmungen entzogen. Andererseits zeigt das Verfahren, daß man nicht dem Glauben anhing, die Qualität eines Stücks könne objektiv festgestellt werden, sondern man ließ dem persönlichen Ermessen und wohl auch dem Zufall angemessenen Raum; und drittens konnte keiner der Richter wegen seines Spruches unter Druck gesetzt werden, denn niemand konnte wissen, wessen Stimmen gezählt waren und wessen nicht.

IV.

Wenn wir nun versuchen, aus diesen Beobachtungen einige allgemeine Prinzipien ausfindig zu machen, nach denen diese Demokratie konstruiert war, dann fällt zunächst ins Auge, daß die konkreten Verfahren ungeheuer praktisch waren; das muß nicht näher ausgeführt werden. Sie gewährleisteten aber auch, daß die Entscheidungsvorgänge zügig abliefen. Das mußte ja auch so sein. Eine direkte Demokratie mit rund 25000 Berechtigten, die Wert darauf legt, daß so viele wie möglich auch wirklich an ihr teilnehmen, kann es sich nicht leisten, dem einfachen Bürger zu viel Zeit wegzunehmen. Auch eine Diätenzahlung für die Tätigkeit im Rat, bei den Gerichten und später auch in der Volksversammlung führte nicht dazu, daß man nun glaubte, sinnlos herumsitzen zu können. Einer praktischen Abkürzung dienten etwa die geheime Abstimmung bei Betreten der Volksversammlung und die Richtererlosung – ich habe sie mit einem. Modell des Losapparats mit Studenten nachgespielt und komme auf etwa zehn Minuten.

All diese Vorkehrungen hatten nicht nur zur Folge, daß keine überflüssige Zeit verschwendet wurde, sondern sie trugen dazu bei, daß die Dauer einer Volksversammlung auch wirklich kürzer war, als allgemein angenommen wird. Ohne weitere Überlegung wird ja davon ausgegangen, daß – auch wegen einer unbefragt vorausgesetzten ungehemmten Debattierlust der Athener – eine Volksversammlung einen ganzen Tag dauerte, und da im Jahr 40 Volksversammlungen stattfanden, liegt der Schluß nahe, daß sich eher wenige Athener oder jedenfalls nur die, die keinen längeren Anmarschweg hatten, einen regelmäßigen Besuch der Volksversammlung leisten konnten. Demgegenüber kann festgestellt werden, daß die überlieferten Volksversammlungsreden kürzer sind als die Gerichtsreden, vor allem aber, daß eine Volksversammlung in der Regel nicht länger als bis zum Mittag gedauert hat; danach hielt regelmäßig der Rat der 500 noch am selben Tag seine Sitzung ab. Wenn das so war, dann war der Besuch der Volksversammlung sehr viel eher auch denjenigen zumutbar, die es sich nicht leisten konnten, ganze Tage diskutierend oder zuhörend zu verbringen. Nachmittags konnte man nämlich Geschäften nachgehen, und somit war auch auf diese Weise die Beteiligung vieler an der Demokratie leichter gemacht worden.

Wenn wir noch weiter abstrahieren wollen, dann kann das bisher Gesagte mit dem Begriffspaar Offenheit und Einschränkung charakterisiert werden. Das Lebenselement der athenischen Demokratie war es, jedem einzelnen Bürger unmittelbare, ja spontane Mitwirkung zu ermöglichen. Bestimmende Zwischeninstanzen waren ausgeschaltet, und obwohl Gleichheitsvorstellungen anscheinend nie auf die wirtschaftlichen Verhältnisse bezogen wurden, gab es doch hinsichtlich des Lebensstils egalitäre Tendenzen, die etwa in der Komödie oder auch in den neuentdeckten Typenhäusern zu fassen sind. Hinzu kommt – als gesellschaftlich-politisches Faktum –, daß es weder Klientelbeziehungen wie in der römischen Republik noch auch politische Gruppierungen gegeben hat, die auch nur von ferne an Parteien oder ähnliches erinnerten.

Dem entsprachen die politischen Verfahrensweisen und – im Rahmen des unter ungleichen und ungleich erzogenen Menschen Möglichen – auch die politische Realität. Mit Recht ist der Protagonist der athenischen Demokratie als ho bulómenos, das heißt als »jeder der will« bezeichnet worden. Jeder, der wollte, hatte das Initiativrecht für Beschlüsse der Volksversammlung, und jeder, der wollte, konnte in der Volksversammlung das Wort ergreifen – der jeweilige Tagesordnungspunkt wurde durch die Frage des Herolds eingeleitet: Tis agoreúein búletai? Wer will sprechen? Eine Sitzordnung nach irgendwelchen Stimmkörpern oder Gruppierungen gab es nicht, und die Abstimmungen gingen ohne irgendwelche wesentlichen Vorstrukturierungen oder irgendeinen organisierten Meinungsdruck vor sich. Jeder, der wollte, stellte sich auch als Kandidat für die Auslosung der Abgeordneten im Rat und die Auslosung der Richter zur Verfügung, ja es wird heute sogar nicht ohne Grund die Meinung vertreten, daß einen das Los treffen konnte, auch ohne daß man eigens kandidierte, Ratsherr mußte danach also sogar jemand werden, der nicht wollte. Wem dieses Bild zu rosig erscheint, der sei auf die Tatsache verwiesen, daß dieses Idealbild nicht nur wegen der hohen Teilnehmerzahl, sondern auch deshalb der Wirklichkeit entsprochen haben muß, weil die Gegner der Demokratie gerade das, nämlich die so ausgeübte Herrschaft des Demos, anprangerten. Wer allerdings meint, ganz ohne Strukturierung könne es doch wohl nicht abgegangen sein, der hat recht.

Der athenische Staat hatte nämlich eine Fülle von Restriktionen und Beschränkungen erfunden, die den spontan auftretenden Volks- oder Einzelwillen kanalisierten, so daß er sich in einem gewissen Ausmaß doch nur mittelbar auswirkte; freilich nie so sehr, daß er behindert worden wäre. Die bekannteste Regelung ist das schon erwähnte Probúleuma, die Vorberatung durch den Rat der 500. Der Zweck war – neben dem der Beschleunigung – offensichtlich die Verhinderung des Überfahrens der Volksversammlung durch unangekündigte Anträge, nicht jedoch eine Entscheidungsanmaßung durch den Rat. Zum einen nämlich stand es jedem frei, während der Sitzung Zusatz- und Abänderungsanträge zum Thema zu machen (und das geschah auch), und zum anderen wissen wir von keinem einzigen Fall, in dem der Rat etwa einen Antrag abgelehnt hätte. Schließlich konnte die Volksversammlung den Rat verpflichten, zu einem bestimmten Thema ein Probúleuma zu erlassen, das dann in der Volksversammlung zur Debatte und Abstimmung gestellt wurde.

Charakteristisch ist weiter das im 4. Jahrhundert eingeführte Gesetzgebungsverfahren. Möglicherweise aufgrund negativer Erfahrungen mit hastigen Gesetzgebungsbeschlüssen der Volksversammlung entdeckten die Athener nicht nur den ja auch heute grundlegenden Unterschied zwischen Gesetzen und Einzelfallentscheidungen, sondern sie bestimmten, daß der Volksversammlung das Gesetzgebungsrecht entzogen und auf die Nomotheten übertragen wurde. Diese Nomotheten rekrutierten sich aus den 6000 jährlich ausgelosten Geschworenen, aus denen von Fall zu Fall eine Anzahl wiederum erlost wurde, die bestimmte Gesetzesvorhaben zu beraten und zu verabschieden hatte. Die Demokratie litt durch dieses Verfahren keinen Schaden. Einmal waren ja die Nomotheten demokratisch erlost, und zum anderen wurden sie durch die Volksversammlung nach deren Gutdünken jeweils ad hoc eingesetzt.

Von weiteren Regelungen, die allzu rasche Volksbeschlüsse verhindern und eine ruhige Beratung garantieren sollten, seien nur noch die Aufhebungsverbote, die Doppelbehandlungen und die Quoren erwähnt. Bei Volksbeschlüssen, die für besonders wichtig erachtet wurden, konnte in den Text eine Bestimmung eingefügt werden, die schon den Antrag auf Aufhebung unter schwere Strafe, oft Todesstrafe, stellte. Freilich war eine Änderung oder Aufhebung doch möglich: Es mußte zunächst das Aufhebungsverbot aufgehoben werden, und dann konnte man zur Sache beantragen.

Damit war zur Aufhebung des Beschlusses bereits implizit eine Doppelbehandlung vorgesehen. Eine weitere Doppelbehandlung – man könnte auch sagen zwei Lesungen – war vorgeschrieben bei der Bürgerrechtsverleihung an einen Ausländer. Hier mußte die Verleihung auf einer Versammlung durch Cheirotonía angenommen und auf der nächstfolgenden mit Stimmsteinen bei einem Quorum von 6000 Athenern (beim

Hineingehen) noch einmal bestätigt worden sein. Ein solches Quorum war noch in zwei weiteren Fällen erforderlich. Zum einen dann, wenn die Nomotheten mit der Aufgabe eingesetzt werden sollten, kein abstraktes und allgemeines Gesetz, sondern einen Beschluß zu fassen, der nur eine Einzelperson betraf, und zum anderen dann, wenn gegen eine Entscheidung des Volksgerichts Straffreiheit (ádeia) gewährt werden sollte.

V.

Unsere Übersicht hat Prinzipien für die athenische Staatsorganisation ergeben, die die bisher seit Aristoteles beschriebenen und entdeckten ergänzen. Um sie richtig zu würdigen, müssen wir uns vergegenwärtigen, was Aristoteles festgestellt hat. Er hat im 6. Buch der Politik einige Prinzipien formuliert, indem er aus den beiden Grundsätzen der Freiheit und Gleichheit eine ganze Anzahl institutioneller Folgerungen ableitet: Für die Besetzung der Ämter gilt aktives und passives Wahlrecht für alle, wobei das passive nach Zensusgesichtspunkten nur leicht eingeschränkt werden darf. Ohnehin ist das Losverfahren am demokratischsten und soll nur da durch Wahl ersetzt werden, wo besondere Fähigkeiten erforderlich sind. Ein einzelner soll ein Amt möglichst nur einmal im Leben innehaben (außer den militärischen Ämtern, die Sachkunde erfordern), und die Amtsdauer muß kurz gehalten werden. Richter müssen alle sein und über alles richten dürfen. Die Volksversammlung muß über alles entscheiden dürfen, die Ämter über nichts. Für die politische Betätigung in den Organen der Demokratie hat es Diäten zu geben.

Diese aristotelischen Grundsätze und Regelungen sind uneinheitlichen Charakters. Derjenige Teil von ihnen, der interne Gleichheit garantieren soll, ist nicht spezifisch demokratisch, sondern er ist überall da anzutreffen, wo überhaupt Machtzusammenballungen verhindert werden sollen und bezieht sich daher auf alle anderen Städte auch. So sind die Prinzipien der Kürze der Amtsdauer und des Verbots der Iteration natürlich auch in aristokratischen oder oligarchischen Verfassungen wie in Rom anzutreffen, und ebenso ist das Prinzip, daß jeder zu allem berechtigt ist, auf beliebig große und auch kleine Gruppen anzuwenden und angewendet worden. Selbst das erzdemokratische Losverfahren muß nicht notwendigerweise auf die Demokratie beschränkt sein, sondern garantiert für jede Gruppengröße das Prinzip der absoluten Gleichheit. Ja selbst die Regelung, daß die Volksversammlung das Entscheidungsmonopol hat, läßt sich auch in nichtdemokratischen Verhältnissen denken, nämlich dann, wenn die Mitglieder einer Oligarchie der Verselbständigung ihrer Organe entgegenwirken wollen und auf ihrer eigenen alleinigen Entscheidungsgewalt bestehen. Genuin demokratisch, nämlich die organisierte politische Herrschaft der großen Masse aller Vollbürger betreffend, ist danach nur die Übertragung dieser Grundsätze auf das gesamte Volk und die Sicherstellung der Beteiligung aller durch Diätenzahlung.

Bei aller Ehrfurcht vor Aristoteles haben wir versucht, vor allem aus den Verfahrensregeln weitere Prinzipien zu erschließen. Sie sind teilweise sehr abstrakt, teilweise sehr konkret, aber alle erklären sie sich aus der praktischen Notwendigkeit, die Bevölkerung so unter den Gesichtspunkten der Gleichheit und Freiheit an der politischen Gemeinschaft zu beteiligen, daß jeder, der dies wollte, ungehinderten Zugang hatte. Dazu war zunächst eine Gesamtorganisation nötig, die die Bürgerschaft so einteilte, daß einerseits kleine überschaubare Einheiten Nähe und Geborgenheit garantierten, daß aber andererseits lokale oder sonstige Loyalitäten kein Übergewicht bekamen, sondern daß die Gesamtheit der Bürger das letzte Wort erhielt – relativiert und gebremst wieder durch die kleineren Einheiten. Diese Integration geschah durch die Demen auf der einen und die Zentralinstitutionen auf der anderen Seite; und die entscheidende Vermittlung und Verzahnung geschah über die Mittelinstanz der Phylen.

Diese Integration und Verzahnung machte es notwendig, scharf zu kalkulieren und zu rechnen, und dieses rationale Kalkül der Staatsorganisation ist ein Charakteristikum, das überall in den griechischen Städten anzutreffen ist. Das Ergebnis solchen Durchrechnens ist oft sehr kompliziert gewesen, und diese Kompliziertheit von Organisationsformen und Verfahrensregelungen hätte, wenn sie wirklich überhand genommen hätte, das Gegenteil von Integration und Mitwirkung erreichen können. Nötig waren ja im Gegenteil Übersichtlichkeit und Einfachheit, und bei näherem Hinsehen waren sie auch gegeben. Zunächst muß gesagt werden, daß unsere Sichtweise die Sachverhalte komplizierter erscheinen läßt, als sie in Wirklichkeit waren. Vor allem schiebt sich unsere oft mühsame Rekonstruktionstätigkeit dazwischen, die an sich einfache Sachverhalte nachträglich schwieriger aussehen läßt. Hinzu kommt der ganz anders geartete historische Kontext, der den Zeitgenossen auch in seiner historischen Entwicklung selbstverständlich war. Selbst ein so verzwickt erscheinendes und so mühsam rekonstruiertes Verfahren wie die Richterauslosung ist im konkreten Vollzug glasklar, und die komplexe Interaktion von Demen, Trittyen, Phylen und zentralen Institutionen ist schließlich so logisch und einsichtig, daß sie heute bequem in übersichtlichen Schaubildern dargestellt werden kann.

Diese Praktikabilität der Organisation ist nicht nur den sozusagen groß dimensionierten Institutionen zu verdanken, sondern eine entscheidende Konstituante sind rein technische Detailvorkehrungen, von denen ich diejenigen hervorgehoben habe, die der Schnelligkeit der Verfahren dienten und zu denen auch die zu zählen sind, die Unparteilichkeit und Ungehindertheit der freien Entscheidung garantierten. In der Mitte zwischen Groß- und Detailvorkehrungen liegen schließlich die Regelungen, die die Offenheit und Spontaneität der politischen Betätigung durch einschränkende und kanalisierende Bestimmungen ermöglichten.

All das führt schließlich zu einem letzten Prinzipien-Paar, nämlich zu dem von Bewußtheit und Anonymität. Man kann sich den Grad des hellen Bewußtseins, der klaren Zielgerichtetheit bei den Institutionen der athenischen Verfassung nicht hoch genug vorstellen. Überliefert ist diese Zielrichtung bei dem Reformer Kleisthenes am Ende des 6. Jahrhunderts, der das

System der Demen, Phylen und des Rates der 500 geschaffen hat – ironischerweise ist unklar, welche es konkret gewesen ist, aber daß hier jemand planmäßig ans Werk gegangen ist, ist selbstverständlich. Über dieser Selbstverständlichkeit macht man sich selten klar, was dabei alles getan werden mußte. Man mußte die Bevölkerung ganz Attikas aufnehmen und durchrechnen, also eine Art angewandte Demographie betreiben, um die Quoten der Abgeordneten im Rat zu bekommen, man mußte die Grenzen zwischen den Demen festlegen und die Detailkombinationen durchkalkulieren, bis hin zur Aufstellung von Grenzsteinen. Dasselbe gilt für die zahllosen Einzelregelungen der athenischen Verfassung, vom globalen Grundsatz »Initiative und Entscheidung« bis hin zum Austüfteln des Verfahrens bei der Bewertung der Theaterstücke oder bei der Richterauslosung. Hinter allem steht ein starker, rationaler, konstruktiver Wille.

Und dieser Wille war anonym. An sich scheut man sich nach all den Ideologien, die wir im 20. Jahrhundert erlebt haben, sich allzusehr in die Nähe eines Kultes anonymer Massenprozesse zu begeben, aber eindrucksvoll ist der Sachverhalt doch. Einige wenige Namen an einigen Stationen der athenischen Verfassungsentwicklung sind zwar bekannt, aber die große Mehrheit der Institutionen, Verfahren, Detailregelungen, die ja teilweise erst heute erschlossen und nachgewiesen werden mußten, hat keine bekannten Väter – von den Verfahren angefangen, die die schwierige Balance zwischen Offenheit und Spontaneität einerseits und übersichtlicher, kanalisierter Geregeltheit andererseits herstellten, bis hin zu den technischen Vorkehrungen, die den praktischen Vollzug des demokratischen Prozesses so zügig und mit so wenig Aufwand wie möglich gestalteten.

Literatur

Den Hintergrund für den gesamten Gegenstand findet man bei Wolfgang Schuller, Griechische Geschichte, 4. Auflage, München: Verlag Oldenbourg 1995; Christian Meier, Athen. Ein Neubeginn der Weltgeschichte. Berlin: Siedler 1993 – ein Werk, das einem größeren Publikum in mustergültiger Weise das erregend Neue der Antike vermittelt, behandelt nur das 5. Jahrhundert. Über die athenische Demokratie informieren Jochen Bleicken, Die athenische Demokratie, 3. Auflage, Paderborn u. a.: Verlag Schöningh 1994 sowie Mogens Herman Hansen, Die athenische Demokratie im Zeitalter des Demosthenes, Berlin: Akademie Verlag 1995; speziell zur Volksversammlung: derselbe, Die athenische Volksversammlung im Zeitalter des Demosthenes, Konstanz: Universitätsverlag 1984 (Xenia, Heft 13). Die frühen griechischen Rechtsinschriften mit Text, deutscher Übersetzung und Kommentar bei Reinhard Koerner, Inschriftliche Gesetzestexte der frühen griechischen Polis, Köln u. a.: Verlag Böhlau 1993. – Die »Politik« des Aristoteles erscheint jetzt in der deutschen Übersetzung von Eckard Schütrumpf mit ausführlichem Kommentar im Akademie Verlag Berlin, bisher die Bücher 1–3, 1991; ebenfalls dort 1990 in der Übersetzung und mit dem Kommentar von Mortimer Chambers Aristoteles' kleine Schrift über den »Staat der Athener«; bequem zugänglich jetzt die Übersetzung des »Staates der Athener« als Reclam-Heft (Nr. 3010, 1993), von Martin Dreher.

Zum Weiterwirken: Carl Schmitt, Verfassungslehre, 8. Auflage. Berlin: Duncker & Humblot 1989 (zuerst 1928) und Dolf Sternberger, Der Staat des Aristoteles und der moderne Verfassungsstaat. Bamberg: Verlag Buchner 1985 (Thyssen-Vorträge).

Zu Strafprozeßentwicklung: Wolfgang Schuller, Gedanken zum Rechtsstaat, in: Im Namen des Volkes? Über die Justiz im Staat der SED. Wissenschaftlicher Begleitband zur Ausstellung des Bundesministeriums der Justiz. Leipzig: Forum Verlag 1994, S. 307–318 (leicht verändert auch in: Deutschland Archiv 1994).

»Initiative und Entscheidung«: Mogens Herman Hansen, Initiative und Entscheidung. Überlegungen über die Gewaltenteilung im Athen des 4. Jahrhunderts. Konstanz: Universitätsverlag 1983 (Xenia, Heft 6). Alle konkreten Sachverhalte zum athenischen Theater bei Sir Arthur Pickard-Cambridge, The dramatic festivals of Athens. Oxford 1988, 2. Auflage, zur Auswahl und Bewertung der Stücke S. 95–99 (allgemein Christian Meier, Die politische Kunst der griechischen Tragödie, 1988). Zu den Typenhäusern und ihrer Problematik im Hinblick auf die Frage der Gleichheitsvorstellungen in der Demokratie Wolfgang Schuller, Wolfram Hoepfner und Ernst Ludwig Schwandner (Hrsg.), Demokratie und Architektur. Der hippodamische Städtebau und die Entstehung der Demokratie. Konstanzer Symposion vom 17. bis 19. Juli 1987. München: Deutscher Kunstverlag, 1989.

JÜRGEN LÜTT

Eurozentrismus?
Der europäische Sonderweg und der Orient

Eurozentrismus ist eines der häufig gebrauchten Schlagworte unserer Zeit, und anscheinend besteht Einigkeit darüber, daß es sich um etwas handelt, das man ablehnen muß. Das Wort wird im Sinne des Vorwurfs, der Anklage verwandt. Eurozentrismus bedeutet dann soviel wie Beschränktheit im Denken, Fühlen, Handeln auf Europa, statt die ganze Welt im Blick zu haben. Der Vorwurf des Eurozentrismus ist eigentlich erstaunlich angesichts der Tatsache, daß die außereuropäische Welt heutzutage in unser aller Leben ständig präsent ist. Nicht nur geben die Medien den Ereignissen und Problemen der »Dritten Welt« – und das ist der größte Teil der außereuropäischen Welt – breiten Raum, sondern jeder von uns kann mit dem Flugzeug selbst in wenigen Stunden jeden Teil der Welt erreichen, und viele machen von dieser Möglichkeit Gebrauch, sei es beruflich, sei es als Tourist. Umgekehrt kommen Menschen aus allen Teilen der Welt nach Europa und bringen ihre Probleme mit, so daß sie inzwischen Teil unserer Innenpolitik geworden sind. Kurz: die ganze Welt ist ein Dorf. Wie kann man da noch von Eurozentrismus reden? Gegen wen soll sich der Vorwurf richten?

»Eurozentrismus« als Schlagwort kam in den fünfziger Jahren auf. Damals traten die aus den Kolonien hervorgegangenen neuen Staaten der »Dritten Welt« auf die politische Weltbühne und damit ins Bewußtsein einer breiteren Öffentlichkeit. Ihre wirtschaftliche und technische Rückständigkeit wurde als Verpflichtung der »entwickelten« Welt angesehen. Es entstand geradezu ein Wettlauf um die Gunst dieser neuen Staaten zwischen dem »Westen« und dem »Ostblock«. Von Eurozentrismus im Sinne einer Einengung des Gesichtskreises Europas kann also eigentlich schon seit den fünfziger Jahren nicht mehr gesprochen werden.

In dem Begriff Eurozentrismus schwingt die Bedeutung eines Überlegenheitsbewußtseins mit, also einer Überlegenheit im Sinne von höherer Zivilisation oder gar Kultur. Danach stehe Europa an der Spitze des Fortschritts, und die übrige Welt hinke mehr oder weniger weit hinterher. Der Rest der Welt sei dementsprechend rückständig, wenn nicht überhaupt unzivilisiert, barbarisch. Aber schon in den fünfziger Jahren zeigte sich das schlechte Gewissen der Europäer darin, daß sie jedem Verdacht eines solchen eurozentrischen Überlegenheitsgefühls vorbeugen wollten, indem sie den Begriff »Entwicklungsländer« und »Entwicklungshilfe« prägten: Es sollte nicht mehr »rückständige Länder« heißen; schon das Wort »Unterentwicklung« war zuviel des Eurozentrismus. Die Absicht, die anderen nicht zu verletzen, spielte eine Rolle, aber auch die selbstkritische Erkenntnis, daß nach den Greueln der beiden Weltkriege von einer allgemeinen, also vor allem auch kulturellen oder gar moralischen Überlegenheit Europas keine Rede sein konnte. Der Vorwurf des Eurozentrismus ist also auch in diesem Sinne überholt.

Im Gegenteil: Seit etwa 20 Jahren hat sich im öffentlichen Bewußtsein eher eine totale Kehrtwende ergeben. Große Teile der westlichen Öffentlichkeit befassen sich mit Außereuropa in einer Weise, die man geradezu als Obsession bezeichnen kann. Diese Kreise erstrecken sich von den Kirchen und ihren Hilfsorganisationen bis weit ins linksextreme Lager. Und ihr Einsatz reicht von Hilfe für Mutter Theresa bis zur Unterstützung der »nationalen und sozialen Befreiungsbewegungen« in der Dritten Welt, findet sich aber auch zu Hause im Eintreten für die Belange der Asylanten und anderer Migranten aus der Dritten Welt. So lautstark machen sich diese Kreise bemerkbar, daß man in Frankreich schon spöttisch von »Tiers-Mondisme« spricht, was man frei mit »Dritte-Welt-Kult« übersetzen könnte. Alles das könnte man auch als eine Art »Anti-Eurozentrismus« bezeichnen.

Seit einigen Jahren macht sich in den USA eine neue Spielart des Anti-Eurozentrismus bemerkbar, und zwar im Streit um bestimmte Lehrinhalte (Curricula) an den Universitäten. Sprecher sogenannter ethnischer Minderheiten, also etwa Afro-Amerikaner, Indianer, Hispanics, solche japanischer, chinesischer oder sonstiger asiatischer Herkunft fordern, die Curricula der geisteswissenschaftlichen Fächer vom »Eurozentrismus« zu befreien. An der Stanford University mußte früher jeder Student der Geisteswissenschaften einen Grundkurs über die Philosophie, Literatur und Geschichte des »Westens« absolvieren, das heißt Autoren wie Platon und Aristoteles, Dante, Thomas von Aquin, Machiavelli, John Locke, Voltaire, Marx und Freud lesen. Im Fach Geschichte mußte man den Aufstieg Griechenlands, den Untergang Roms, das christliche Mittelalter, die Renaissance und Reformation, die französische und die schottische Aufklärung und die Entstehung der modernen Nationalstaaten durchnehmen. Das sei eine Diskriminierung der nichtwestlichen Kulturen, so lautete das Argument der ethnischen Minderheiten. Warum sollen Studenten nicht-europäischer Herkunft die Ideen von »dead white males«, das heißt von weißen Männern studieren, die schon seit Jahrhunderten tot sind? Auf dem Campus der Stanford University versammelte sich im Frühjahr 1988 eine Menge von ärgerlichen Studenten nicht-europäischer Herkunft und skandierte: »Hey, hey, ho, ho, Western culture's got to go.« (D'Souza 1991, 59 ff.)

Tatsächlich wurden in Stanford ab Herbst 1989 statt des beanstandeten »eurozentrischen« Curriculums sogenannte CIV-Kurse (= Cultures, Ideas and Values) eingerichtet, in denen bestimmte Themen kulturvergleichend behandelt werden. Ein solcher Kurs berücksichtigt zwar westliche Gesichtspunkte, aber eben auch afrikanische, japanische, indische und vorderorientalische. Besonderes Augenmerk wird darauf gerichtet, daß keine Spur von Überlegenheit westlicher Ideen oder der westlichen Kultur insgesamt durchscheinen darf, alle Kulturen müssen absolut gleichrangig behandelt werden.

Im Zusammenhang mit dieser Debatte ist auch die große Popularität von Martin Bernals Buch »Black Athena: The Afroasiatic Roots of Classical Civilization« in Amerika zu sehen, in dem behauptet wird, nicht die Griechen seien die Urheber der griechischen und damit der europäischen Kultur, sondern es seien Schwarzafrikaner gewesen, von denen die Griechen sie übernommen hätten. Der Autor sagt im Vorwort ausdrücklich, Zweck seines Buches sei es, der europäischen Kulturarroganz einen Dämpfer zu geben. Er sei überzeugt, daß die altägyptische Kultur grundsätzlich afrikanisch sei und daß viele der ägyptischen Dynastien aus Pharaonen bestanden, die man mit Fug und Recht schwarz nennen könne.

Einen anderen Ausdruck von Anti-Eurozentrismus finden wir in der sogenannten Orientalismusdebatte. Diese Debatte wurde durch ein 1978 in New York erschienenes Buch von Edward Said mit dem Titel »Orientalism« ausgelöst. Sein Autor ist ein christlicher Palästinenser, der seit vielen Jahren in den USA englische Literatur lehrt. Er versteht unter Orientalismus die Gesamtheit der Vorstellungen, die sich Europa im Laufe der Jahrhunderte vom islamischen Orient gemacht hat. Laut Said werde der Orient in den Vorstellungen der Europäer als fremd, exotisch, rückständig, statisch dargestellt. Er sieht im Orientalismus ein weitgehend negatives Bild, das sich Europa vom Orient gemacht habe. Selbst vordergündig positive Züge dieses Bildes dienten der Betonung eines unüberbrückbaren Gegensatzes. Said zitiert zum Beleg seiner Thesen zunächst Äußerungen britischer und französischer Kolonialbeamten des späten 19. und frühen 20. Jahrhunderts, aber er verallgemeinert dann seine Befunde für die ganze europäische Geschichte, indem er Äußerungen hauptsächlich literarischer Art seit der griechischen Antike zusammenträgt.

Saids Schlußfolgerung lautet, kurz zusammengefaßt: Das europäische Interesse am Orient habe der Bildung und Abgrenzung der europäischen Identität gedient, der »Orient« sei zu diesem Zwecke regelrecht erfunden oder »konstruiert« worden, und schließlich seien besonders im Zeitalter des Imperialismus das Wissen und die Vorstellungen vom Orient zu Zwecken der Beherrschung und Ausbeutung benutzt worden. Die ungeheure Wirkung dieses Buches, die bis heute anhält, schlug sich zunächst weltweit in Besprechungen und Kommentaren nieder. In den USA entzündete sich daran eine lebhafte, zum Teil leidenschaftliche Debatte. Die Thesen wurden weltweit von anderen Autoren aufgegriffen und in verschiedenen Einzelstudien vertieft.

Curriculum-Streit und Orientalismus-Debatte werfen die Frage nach der Vorgeschichte unserer heutigen Situation auf. Also: Welche historischen Faktoren haben zu der Welt geführt, wie wir sie heute vorfinden und die wir die moderne nennen? Ist die Vorstellung, daß die moderne Welt Ergebnis der europäischen Geschichte ist, aber zugleich von universeller Gültigkeit, nur ein eurozentrisches Vorurteil? Oder soll man sich die Geschichte so vorstellen, daß grundsätzlich verschiedene Kulturen nebeneinander existiert haben und weiterhin existieren und daß das Spezifische an der Moderne nur darin besteht, daß diese Kulturen in engeren Kontakt und Austausch miteinander geraten sind, ansonsten aber weiterhin ihre eigene Identität bewahren? Die Vorherrschaft der westlichen Zivilisation während der letzten zwei bis drei Jahrhunderte wäre dann nur eine vorübergehende Phase in der Menschheitsgeschichte gewesen, die von einer neuen Pluralität abgelöst wird.

Das eurozentrische Geschichtsbild

Die Curriculum-Streiter wenden sich gegen ein Geschichtsbild, das uns hier in Europa in Fleisch und Blut übergegangen ist: Die Geschichte habe in Griechenland und Rom begonnen (nach gewissen Vorstufen in den altorientalischen Reichen) und sei dann – über das christliche Mittelalter bei den romanischen und germanischen Völkern – in der frühen Neuzeit in Nordwesteuropa in die Moderne eingemündet. Die Klassiker der Philosophie und Geschichte haben dieses Bild im 19. Jahrhundert entworfen, wobei die altchristliche Lehre von den Weltzeitaltern im Hintergrund stand. Bei Hegel etwa entfaltet sich der Weltgeist erst in Griechenland. Die alten Hochkulturen Chinas und Indiens sind nur Vorstufen, »Kindheitsstadien« und stehen daher außerhalb der eigentlichen Geschichte. Der Ploetz, dessen erste Auflage 1863 erschien, hat dieses Geschichtsbild in vereinfachter Form Generationen von Schülern und Studenten vermittelt – bis heute, nur daß seit der 30. Auflage (1986) die »außereuropäische Welt von ihren Anfängen bis zum Ende des Zweiten Weltkriegs« in einem eigenen Kapitel angehängt worden ist.

Dagegen fühlte man schon im späten 19. Jahrhundert, als immer mehr Kulturen außerhalb dieses Schemas entdeckt und erforscht wurden, das Bedürfnis, auch diese in eine Gesamtdarstellung der Menschheitsgeschichte miteinzubeziehen. In diversen »Weltgeschichten« hat man versucht, diesen anderen Kulturen historisch gerecht zu werden. Aber alle Versuche führten doch immer nur zu einer Addition, einer Aufreihung der verschiedenen »Geschichten«, ohne sie sinnvoll in den Prozeß eingliedern zu können, der zur modernen Welt geführt hat.

Ein bemerkenswerter Versuch dieser Art aus jüngerer Zeit soll kurz erwähnt werden: Die weit verbreitete Propyläen-Weltgeschichte, erschien zwischen 1960 und 1964. Im Vorwort zum sechsten Band bekunden die beiden Herausgeber Golo Mann und August Nitschke ausdrücklich ihren »guten Willen zur universalgeschichtlichen Objektivität«, also zur Überwindung des Eurozentrismus. Um es gleich zu sagen, auch dieser gutgemeinte Versuch ist gescheitert. In großen Zügen verläuft die Darstellung eben doch nach dem vertrauten Schema, nur der 6. Band fällt aus diesem Rahmen. Er heißt »Weltkulturen, Renaissance in Europa«. Zwei Kapitel handeln von China, eins von Indien, eins von den Mongolischen Reichen. In der Einleitung von Golo Mann und August Nitschke heißt es: »War der 5. Band unserer

Weltgeschichte überwiegend der ›Entstehung Europas‹ gewidmet, und wird der 7. ausschließlich jenen Schicksalen Europas gewidmet sein, die es für eine kurze Zeit an die Spitze brachten, so erfüllt dieser 6. recht eigentlich das Versprechen, ›neue Universalgeschichte‹ zu bieten: denn er handelt von Kulturen hier und dort, im alten Amerika, im mittleren und östlichen Asien, und dann auch von Europa als einer unter anderen ....« Daß das Europa der Renaissance dann doch wieder den größten Raum einnimmt, wird so kommentiert: »... das heißt nicht eine bestimmte Überlegenheit (Europas) behaupten. Von einem zivilisatorischen Voransein der Europäer konnte in diesem 15. Jahrhundert nur gegenüber Amerika die Rede sein.« (Propyläen-Weltgeschichte 1960–1964, Bd. 6, 13) Die außereuropäische Welt kommt immerhin im 10. Band wieder zur Sprache mit dem Titel »Die Welt von heute«. Das Kapitel »Neue Staaten in Asien und Afrika«, etwa 60 Seiten, ist von dem indischen Historiker K. M. Panikkar geschrieben.

Die Propyläen-Weltgeschichte hat also erneut gezeigt, daß es nicht möglich ist, die zentrale Position Europas in der Weltgeschichte zumindest seit dem 16. Jahrhundert zu leugnen, wenn man nicht die Geschichte grob verdrehen will. In dem schon zitierten Vorwort zum 6. Band wird das auch an einer Stelle fast schamhaft zugestanden: »Es würde also unser Band in seinem letzten Kapitel wirklich von einem Aufbruch – Ausbrechen Europas handeln: seinem langsamen Ausbrechen aus dem Bann, in dem alle Menschheitskulturen seit Anbeginn existiert haben.« (Propyläen-Weltgeschichte, Bd. 6, 15).

Was hier mit »Ausbrechen Europas im 16. Jahrhundert« bezeichnet wird, ist der Epochenumbruch, den wir spätestens seit Max Weber als Beginn der Moderne verstehen. Im 16. Jahrhundert hat sich in Nordwesteuropa, zunächst in Holland und England, eine Veränderung angebahnt, die alle bisherigen Veränderungen an Qualität und Intensität übertraf. Hier entstand etwas grundlegend Neues, das schließlich zur modernen Welt geführt hat, wie wir sie heute kennen. Die im späteren Verlauf aufkommende Industrialisierung ist nur der augenfälligste Ausdruck einer allgemeineren und tieferen Veränderung der europäischen Kultur gewesen. Um ihre Bedeutung zu ermessen, müssen wir zunächst fragen, was vorher war.

Die agrarische Gesellschaft

Als sich im 16. Jahrhundert in Nordwesteuropa tiefgreifende Veränderungen anbahnten, die wir nur aus der Rückschau als solche erkennen können, herrschte die christliche Hochkultur des Mittelalters noch scheinbar unangefochten. Grundlage dieser Hochkultur war die agrarische Produktionsweise. Es handelte sich um eine Agrargesellschaft, die ganz bestimmte Charakteristika mit allen Hochkulturen gemeinsam hatte, die seit etwa 3000 v. Chr. zwischen China und dem Atlantischen Ozean bestanden. Die wichtigsten Charakteristika seien kurz genannt:

Die Landwirtschaft war die hauptsächliche Quelle des gesellschaftlichen Wohlstandes, daher die Bezeichnung Agrargesellschaft. In dieser Gesellschaft waren praktisch alle Menschen Bauern, Hirten oder Fischer, mit Ausnahme der regierenden Eliten sowie einigen Handwerkern, Händlern, Soldaten, Bediensteten und Priestern. Die Eliten machten gewöhnlich weniger als 2 Prozent der Bevölkerung aus und lebten in den wenigen Städten, die es gab und die entsprechend geringe Bevölkerungszahlen hatten. In der Regel waren es nicht mehr als 10 Prozent der Bevölkerung, die nicht mit der Nahrungsmittelproduktion beschäftigt waren. Die Produktivität in der Landwirtschaft und im Handwerk war sehr niedrig, so daß in allen agrarischen Gesellschaften Knappheit herrschte. Jedes Dorf war mehr oder weniger autark, das Geld war rar und der Handel äußerst begrenzt. Meistens war der Fernhandel mit Luxusgütern für die kleine Elite wichtiger als der Binnenhandel. Die Mehrzahl der Menschen lebte auf Subsistenzweise und konsumierte die eigene Produktion, anstatt sie zu vermarkten. Die Bevölkerungsentwicklung verlief zyklisch, das heißt, die Population wuchs so lange, wie der Boden sie trug. War ein bestimmtes Maximum erreicht, kam es immer wieder zu Katastrophen durch Kriege, Epidemien und Hungersnöte, in denen die Bevölkerung auf das Maß reduziert wurde, das vom Boden dauerhaft ernährt werden konnte (Crone 1992, 31 ff.).

So verschieden die altorientalischen Hochkulturen Ägypten, Mesopotamien, Industal und China und ihre späteren Nachfolger einschließlich des mittelalterlichen christlichen Europas gewesen sein mögen, so ist ihnen doch allen eines gemeinsam: ihre agrarische Produktionsweise und die Existenz eines religiösen Weltbildes. Auch in den Reichen der Griechen und Römer blieben trotz technischer und administrativer Verbesserungen die Grundbedingungen gleich. Die Landwirtschaft bot die materielle Basis; einige kleine Residenzstädte lebten parasitär vom Surplus und lieferten den »geistigen Überbau«, die Sinngebung und Herrschaftslegitimation. Die Art dieses »Überbaus« ist aber wichtig. Das Individuum und alle Lebensbereiche waren metaphysisch verankert, religiös gebunden, sie standen in einem größeren kosmischen Zusammenhang. Alles hatte seinen festen Platz in einer allgemeingültigen ewigen Weltordnung. Abweichungen jeder Art wurden rigoros und letztlich auch erfolgreich unterdrückt.

Von diesem Muster der agrarisch fundierten und religiös bestimmten Gesellschaftsordnung begannen sich seit dem 16. Jahrhundert bestimmte Teile Nordwesteuropas zu lösen. Die Veränderungen, die damals weitgehend unbemerkt begannen, waren in ihrem Ausmaß so fundamental und umwälzend, daß wir sie heute zu Recht als eine Revolution bezeichnen, an Bedeutung nur der Umwälzung am Anfang der agrarischen Gesellschaftsordnung vergleichbar, der sogenannten Neolithischen Revolution, die vor 8000 bis 10000 Jahren im vorderasiatischen Gebiet des sogenannten Fruchtbaren Halbmonds zu den ersten agrarischen Gesellschaften geführt hat (vgl. Hansen 1978).

Verschiedene Erklärungen für den europäischen Sonderweg

Bei den Veränderungen, die die moderne Zivilisation hervorbrachte, handelt es sich um einen langfristigen und komplexen Vorgang, und es ist kaum möglich, hierfür eine allgemein akzeptierte Erklärung zu finden. Viele Einsichten in Charakter und Ursprung der Moderne verdanken wir einer Literatur, die seit den sechziger Jahren unter dem Sammelbegriff »Modernisierungstheorien« erschienen ist. Doch hatten diese Ansätze ein anderes Erkenntnisinteresse und verfolgten andere Ziele als die vorliegenden Überlegungen.

Die moderne Zivilisation kann nicht auf die Industriegesellschaft reduziert werden, wenn auch vielleicht erst die Industrialisierung die Moderne unumkehrbar gemacht hat. Die Industrialisierung ist vielmehr ein Symptom tiefgreifender und längerfristiger kultureller Prozesse, das heißt, die vormoderne Gesellschaft ist etwas anderes als nur eine industrielose Gesellschaft. Auch Patricia Crone spricht in einem die neuere Diskussion zusammenfassenden Buch in Hinblick auf die in Europa entstehende Moderne von einer »Abweichung vom Muster« und von der »Sonderstellung Europas«. Worin bestand nun diese Abweichung? Die Wurzeln sieht sie letztlich in dem Scheitern des europäischen Feudalismus vom 10. bis 12. Jahrhundert, also in der Unfähigkeit des Staates, seine Lehen wieder zurückzufordern und frei über sie zu verfügen. »Die Einzigartigkeit der europäischen Entwicklung liegt in dem Ausmaß, in dem der Staat die Kontrolle über diesen Prozeß verlor« (Crone 1992, 165 f., 174). Durch die zunehmende Schwächung der zentralen Regierung konnten sich zahlreiche Freiräume und Partikulargewalten bilden, die sich dann verselbständigten und nach eigenen Gesetzen weiterentwickelten.

Ich würde das Schwergewicht mehr auf geistige Prozesse legen, nämlich auf den Zusammenbruch der zentralen religiösen Autorität, der durch Renaissance und Reformation endgültig wurde – dem lag allerdings wiederum die Zersplitterung der politischen Gewalt zugrunde. Was man früher »geistige Befreiung aus den Banden kirchlicher Knechtschaft« nannte, ist in dieser Sicht eher eine Auflösung der religiösen und damit letztlich jeglicher Weltordnung. Als die zentrale Autorität geschwächt bzw. zerstört war, gab es langfristig kein Halten mehr für die Auseinanderentwicklung der verschiedenen Lebensbereiche. Vor allem die Wissenschaften und die Wirtschaft gingen ihre eigenen Wege, das heißt, die Wissenschaften konnten ungehindert Ergebnisse verkünden, die dem biblischen Weltbild widersprachen, und die Wirtschaft konnte sich gegen die Politik durchsetzen und sie schließlich beherrschen.

Erst als dieser Prozeß einer Autonomisierung aller Lebensbereiche in vollem Gange war, begann die Industrialisierung. Sie war eine Steigerung, nicht der Beginn der Moderne. Allerdings wurde sie zu ihrem spektakulärsten Ausdruck. Erst durch die Industrielle Revolution wurden Ausmaß und Charakter der Moderne jedem sichtbar. Schließlich gab die Verbindung von Wissenschaft und Technik im 19. Jahrhundert den Europäern nie gekannte Machtmittel an die Hand, mit denen sie sich in wenigen Jahrzehnten den ganzen Erdball unterwerfen konnten.

Beurteilung des europäischen Sonderwegs

Es muß noch einmal ausdrücklich gesagt werden: Die europäische Entwicklung folgte nicht einer geschichtlichen Gesetzmäßigkeit, das heißt, es gibt keinen Determinismus, nach dem die übrige Menschheit sich zwangsläufig, nach inneren Gesetzen, genauso hätte entwickeln müssen, sondern der europäische Fall war ein Abweichen von der Norm der agrarischen Gesellschaft, ein singulärer Fall, ein Sonderweg, um nicht zu sagen ein Abweg. Um es in der provokativen Zuspitzung Roger Garaudys zu formulieren: occident = accident. Accident bedeutet sowohl Zufall als auch Unfall.

Die Fragestellung Max Webers hatte noch gelautet: Warum sind die anderen Kulturen nicht den europäischen Weg gegangen? Wir fragen heute: Warum ist Europa vom Modell der agrarischen Gesellschaft abgewichen? Was ist hier aus der Perspektive der »normalen « agrarischen Hochkulturen schief gelaufen? Früher stellte sich diese Abweichung als beispielloser Aufstieg, als menschlicher »Fortschritt« dar. Heute erscheint uns dieser Vorgang durchaus auch in einem anderen Licht: nicht als Fortschritt im Sinne von Progreß, sondern als Wegschritt, Wegschreiten von einer seit Jahrtausenden geltenden Norm.

Nun könnte ein Einwand lauten, daß die Besonderheit Europas schon bei den alten Griechen angefangen habe, und damit wären wir wieder beim eurozentrischen Geschichtsschema. Darauf könnte man antworten: Zwar beriefen sich die Europäer der Renaissance und beginnenden Neuzeit auf das antike Griechenland und auf Rom, doch ist damit noch keine Kontinuität gegeben. Die griechisch-römische Entwicklung war in der Völkerwanderungszeit abgebrochen, es war keineswegs vorherbestimmt, daß sie im 15. Jahrhundert nach Christi Geburt wieder aufgegriffen werden würde. Die griechisch-römische Kultur hätte durchaus auch ein folgenloses Kapitel der Weltgeschichte bleiben können.

Indem in Europa seit dem 16. Jahrhundert die zentrale Kontrolle durch die religiöse Bindung wegfiel, konnten die einzelnen Bereiche ungehemmt auseinanderwachsen, geradezu wuchern. Das Bild des Wucherns beschwört die Krankheit Krebs herauf: Krebs als das unkontrollierte Wuchern der Zellen, bis der gesunde Körper von ihnen aufgefressen wird. So könnte man die moderne Zivilisation auch sehen. Wie ein Krebsgeschwür breitet sie sich anscheinend unaufhaltsam über die Erde und die Menschheit aus, frißt alle gesunden Lebensgrundlagen auf und zerstört sich auf diese Weise schließlich selbst.

Dieses düstere Szenario hat sich uns erst seit etwa 20 Jahren in voller Schärfe aufgetan. Die negativen Folgen der modernen Zivilisation werden erst in jüngster Zeit richtig erkennbar, da Umweltzerstörung und geistige Orientierungslosigkeit bedrohliche Ausmaße angenommen haben. Bis weit in dieses Jahrhundert hinein erschien dagegen die moderne Zivilisation Europas als der großartigste Triumph der menschlichen Entwicklung. Heute ist es schon fast vergessen, von welchem Optimismus und Kraftgefühl die westliche Menschheit des 19. und frühen 20. Jahrhunderts erfüllt war. Sie lebte in einem Bewußtsein unendlichen Aufstiegs und Fortschritts, der Überlegenheit über alle früheren Zeitalter und anderen Kulturen. Dieses Überlegenheitsgefühl war in den Jahrzehnten vor dem Ersten Weltkrieg am stärksten, als nämlich der Abstand zwischen Europa und dem Rest der Welt am größten war. Damals besaß Europa das Monopol der modernen technischen Entwicklung, und außerhalb Europas bzw. Amerikas war offenbar kein Ansatz zu vergleichbaren Möglichkeiten zu entdecken. Daher fühlte sich der »Westen« oder das »Abendland« als die stärkste aller Kulturen, als schlechthin unschlagbar.

Was Wunder also, daß schlichtere Gemüter diese Überlegenheit auf angeborene Eigenschaften der weißen Rasse zurückführten! Aus rassischem Dünkel erwachsene Äußerungen über die Überlegenheit der europäischen Kultur gegenüber den anderen sind uns von Edward Said wieder in Erinnerung gebracht worden. Seine krassesten Belege stammen gerade aus dieser Zeit und meistens von Kolonialbeamten, doch liegt eine der Schwächen seines Buches darin, daß er sie für ganz Europa verallgemeinert.

Die Reaktionen Außereuropas auf den europäischen Sonderweg

Nichts deutet darauf hin, daß irgendeine der außereuropäischen Kulturen von sich aus (endogen) den europäischen Weg der »Modernisierung « gegangen wäre – entgegen der Behauptung marxistischer Historiker. Warum sollten sie auch? Sie funktionierten ja in ihren einmal eingeschlagenen Bahnen, und es gab keinen zwingenden Grund, davon abzuweichen. Die europäische Entwicklung kann hingegen ihrerseits gerade als Ergebnis eines Versagens (nämlich der zentralen Kontrolle) interpretiert werden. Daß einzelne isolierte technische Erfindungen noch keine technisch-industrielle Zivilisation in die Wege leiten müssen, zeigt das chinesische Beispiel. Schon früh wurde hier das Schießpulver erfunden, sowie Papier, Druck, Raketen, der Kompaß und anderes mehr. Doch wurden diese Erfindungen nur als Kuriositäten, als Spielzeug benutzt.

Es ist daher nicht verwunderlich, wie spät die asiatischen Hochkulturen auf die neue, aus Europa kommende »moderne« Zivilisation reagierten. Schon im 16. Jahrhundert kamen sie mit den jetzt überall auftauchenden Europäern in näheren Kontakt und hätten die Chance gehabt, bei gründlichem Studium das Potential dieser neuen Zivilisation zu erkennen und zu übernehmen. Doch erst im Laufe des 19. Jahrhunderts begannen sie – die meisten langsam und zögerlich –, sich ernsthaft mit dieser neuen Erscheinung auseinanderzusetzen, und zwar vor dem Hintergrund, daß deren technisch-militärische Überlegenheit allzu augenfällig wurde.

Bemerkenswert in diesem Zusammenhang ist das Beispiel Japans, das von Anfang an eine Ausnahme war. 1543 betraten die ersten Europäer – Portugiesen – japanischen Boden. 1548/49 begann eine Phase intensiven Austausches mit einigen europäischen Nationen, zuerst mit Portugal, dann mit Spanien, später mit den Niederlanden und England. Bereits 1582 reiste eine Delegation japanischer Edelleute, die erste japanische Delegation überhaupt, nach Europa, erreichte 1585 Lissabon, besuchte später Rom und traf 1590 wieder in Japan ein. Das erste Jahrhundert der Begegnung zwischen Japan und Europa fand reichen Niederschlag in der japanischen Kunst und Wissenschaft. Aber dieser Austausch wurde im Jahre 1638 mit einem Schlag abgebrochen. Der Shogun untersagte den Portugiesen das Betreten japanischen Bodens und verbot allen seinen Bewohnern, Japan zu verlassen (das Verbot sollte erst 1866 aufgehoben werden). Seit 1639 wurde allein Holländern und Chinesen erlaubt, Handel mit Japan zu treiben, und zwar seit 1641 nur von der kleinen künstlich aufgeschütteten Insel Dejima im Hafen von Nagasaki aus.

Die Epoche der Abschottung dauerte von 1640 bis 1866, also knapp 230 Jahre. Doch ist auch diese Epoche scheinbar hermetischer Abgeschlossenheit gekennzeichnet von wissenschaftlichem und künstlerischem Austausch mit dem Westen. So gelangten damals medizinische und astronomische Lehrbücher und optische Geräte nach Japan. Holzschnitte, Bücher und Drucke beeinflußten japanische Künstler (vgl. Japan und Europa, 1993, 20–22). Trotzdem konnte Japan in der Mitte des 19. Jahrhunderts nur gewaltsam von den Amerikanern geöffnet werden. Daß es sich aber dann so schnell und intensiv der europäischen Moderne angeschlossen hat, hat sicher mit der früheren engen Beziehung zu tun, deren Resultate unterschwellig weitergewirkt haben müssen.

In Rußland, wo man sich während der religiösen Auseinandersetzungen des 16. und 17. Jahrhunderts noch vehement gegen das Eindringen westlichen Gedankenguts gewehrt hatte, versuchte Peter der Große Anfang des 18. Jahrhunderts, das Land von oben, mit Gewalt zu modernisieren, das heißt, die Zivilisation, die er in Holland kennengelernt hatte, seinem Staat aufzuoktroyieren. Es ist, soweit ich sehe, der erste Versuch, die moderne Zivilisation in einem außereuropäischen oder zumindest halbeuropäischen Land per Dekret einzuführen – mit zweifelhaftem Erfolg. Die Bolschewiki versuchten dann ab 1917 noch einmal – sozusagen mit der Brechstange und dem Vorschlaghammer – Rußland an die Spitze der Modernität zu zwingen. Das Bemerkenswerte am russischen Beispiel ist nun, daß alle diese Versuche gescheitert sind. Bis heute hat Rußland, wie wir vor Augen haben, den Anschluß an die westeuropäische Entwicklung trotz aller Anstrengungen nicht geschafft.

Von diesen beiden Sonderfällen einmal abgesehen, beginnt der Versuch einer ernsthaften Auseinandersetzung mit der modernen Zivilisation außerhalb Europas zuerst in Bengalen. Man kann diesen Beginn genau datieren, es war im Jahre 1815, als die erste Schrift Raja Ram Mohan Roys in Kalkutta erschienen ist. Die meisten anderen außereuropäischen Länder folgten diesem Beispiel erst seit Anfang dieses Jahrhunderts.

Im Jahre 1815 herrschten die Briten schon 50 Jahre lang über Bengalen. Erst jetzt begann aber auf indischer Seite eine grundsätzliche geistige Auseinandersetzung mit der neuen Zivilisation aus Europa, die einerseits in Gestalt des britischen Kolonialismus, andererseits in Gestalt der Ideen der Aufklärung und des modernen Protestantismus in Indien auftrat. Bis etwa 1870 war diese Auseinandersetzung gekennzeichnet durch Staunen und Bewunderung. Man war geradezu überwältigt. Ram Mohan Roy forderte von der britischen Regierung die Einführung englischer Bildung. Als die Briten diesem Wunsch 1835 entsprachen, strömten Tausende von Bengalen und anderen Indern in die englischen Bildungseinrichtungen. Am spektakulärsten drückten die Vertreter des »Jungen Bengalens« ihre Verachtung für jegliche hinduistische Tradition aus. Sie schleuderten Kuhknochen in die Häuser der orthodoxen Hindus.

Kennzeichnend für diese Phase sind zwei Äußerungen von führenden Indern ihrer Zeit, die heute in ihrer Maßlosigkeit geradezu peinlich wirken. Sir Sayyid Ahmed Khan, der Führer der modernistischen Muslime in Indien, einer der geistigen Väter Pakistans, unternahm Ende der sechziger Jahre des vorigen Jahrhunderts eine Reise nach England. In einem Brief nach Hause schrieb er, daß ein Engländer und ein Inder in einem Verhältnis zueinander stünden wie ein »fähiger und gutaussehender Mensch zu einem schmutzigen Tier« (Lütt 1970, 62).

Sein Antipode auf der Hindu-Seite, der heute vergessene Raja Siva Prasad, schrieb etwa zur gleichen Zeit: »Solange Licht und Finsternis sich unterscheiden, solange können Engländer und Inder unter den gegebenen Bedingungen nicht gleich sein« (Lütt 1970, 62). Beide Inder waren radikale Aufklärer und Modernisten, die erkannt hatten, daß ihre Landsleute nur überleben konnten, wenn sie die moderne Zivilisation so weit wie nötig übernahmen. Um ihnen das akzeptabel zu machen, deutete Sir Sayyid Ahmed Khan den Koran und den Islam generell im modernistischen Sinne um, nach dem Vorbild der modernen christlichen Theologie. Seine Botschaft lautete, daß Islam und westlicher Rationalismus, Islam und moderne Naturwissenschaften grundsätzlich miteinander vereinbar seien.

Im zweiten Stadium der Auseinandersetzung mit Europa traten Reformer auf, die die Werte und Einrichtungen, die vom Westen her auf Indien eindrangen, in der eigenen Tradition »wiederfanden«, wobei es oft zu willkürlichen und bizarren Interpretationen der alten Schriften kam. Einer der Reformer entdeckte Feuerwaffen und Flugzeuge in den alten vedischen Texten. Andere glaubten, in der altindischen Staatsform Demokratie und Republikanismus nachweisen zu können. Einige gingen schließlich so weit, einen altindischen Imperialismus zu feiern, um stolz sagen zu können: Auch wir konnten einst erobern, wir waren nicht immer Unterworfene.

Im Jahre 1885 wurde der Indische Nationalkongreß gegründet, eine politische Bewegung englisch gebildeter Inder, die von der britischen Regierung britische Werte und Einrichtungen auch für Indien einforderten wie Demokratie, nationale Selbstbestimmung, Hebung des Lebensstandards der breiten Massen durch Industrialisierung. Der Kolonialregierung warfen sie letztlich vor, daß sie die Modernisierung Indiens nicht aktiv betreibe oder gar verhindere. Bezeichnenderweise lautet einer der Schlüsseltexte der indischen Nationalbewegung: Poverty and Un-British Rule in India (Naoroji 1901).

Die indische Elite hat die Modernisierung Indiens durch Umdeutung und Neuinterpretation der alten Traditionen energisch vorangetrieben, so daß man sich heute fragen muß, wie indisch Indien eigentlich noch ist, oder anders formuliert: Was heißt eigentlich heute »indisch«? Diese Frage gilt sogar für die scheinbare Ausnahme von der Regel, für Mahatma Gandhi. Entgegen der allgemein verbreiteten Vorstellung, er sei die Verkörperung des traditionellen Hindu-Indiens, ist auch er stark von europäischen Vorstellungen geprägt (Conrad 1983).

Selbst seine Kritik an der modernen Zivilisation steht unter dem Einfluß der europäischen und amerikanischen Kulturkritik des 19. Jahrhunderts. Wie tief der Wandel der indischen Kultur auch bei ihm gegangen ist, zeigt ein weniger bekannter Aspekt. Als seine Schrift »Hind Swaraj or Indian Home Rule«, in der er die moderne Zivilisation kompromißlos verdammt, kurz nach Erscheinen in Südafrika von der dortigen Regierung verboten wurde, machte er sich daran, sie in seine Muttersprache Gujarati zu übersetzen, um sie in Indien zu verbreiten. Dabei stieß er auf unerwartete Schwierigkeiten: Für den Begriff Zivilisation gab es kein Wort im Gujarati. Er mußte es erst selbst prägen. Ein ganzes Lexikon der Gujarati-Sprache geht auf Gandhi zurück. Ein literarischer Prosa-Stil entsteht überhaupt erst im 19. Jahrhundert. Man könnte noch viele solche Beispiele für alle indischen Sprachen und vermutlich nicht nur für sie nennen.

Als Ergebnis der Modernisierung der indischen Kultur hat sich in Indien etwas Neues, eine neuartige Kultur gebildet. Diese Mischung aus alt und neu kennt viele Grade der gegenseitigen Durchdringung, abhängig von Stadt oder Land, sozialer Schicht und Bildungsgrad. Oft ist das anscheinend Traditionelle nur noch eine leere Hülle mit modernem Inhalt. Ein Beispiel für diese Diskrepanz zwischen Form und Inhalt ist die Kaste bzw. das Kastensystem. Das Kastensystem war eines der wesentlichen Elemente des traditionellen Hinduismus. Man kann den Hinduismus fast mit dem Kastensystem gleichsetzen. Schätzungsweise 98 Prozent der Hindus heiraten wie eh und je innerhalb ihrer Kaste. Neue politische Parteien bilden sich auf der Grundlage von Kasten. Dennoch wäre der Schluß, das Kastensystem sei ungebrochen lebendig, falsch. Das Wesentliche des Kastensystems, Max Weber würde sagen: sein »Geist «, ist heute verschwunden. Er bestand in der religiösen Sanktionierung, in der Geburtsgebundenheit und einer funktionalen Hierarchie. Großstadtleben, durch moderne Berufe bedingte Mobilität und nicht zuletzt jahrzehntelange Propaganda gegen den Kastengeist durch die Reformer haben das Kastensystem weitgehend ausgehöhlt.

Die Rolle des Marxismus

Zur Modernisierung der außereuropäischen Kulturen gehört die besondere Attraktivität, die der Marxismus unter außereuropäischen Eliten heute noch genießt. Ein Grund dafür ist, daß der Marxismus ein allgemeingültiges Gesetz der Geschichte postuliert, dem zufolge der Kapitalismus bzw. die »bürgerliche Gesellschaft« ungeachtet des historischen Ursprungs in Europa als bislang fortgeschrittenste Grundformation für die gesamte Menschheit gilt, bevor diese zum Sozialismus übergehen wird. Ein außereuropäischer Marxist braucht keine europäische Überlegenheit anzuerkennen, um modern zu sein bzw. zu werden, denn die Modernisierung, sprich die Übernahme des Kapitalismus als Voraussetzung für den Sozialismus, wird als allgemeines Menschheitsgesetz gesehen. Eine Zeitlang konnte sich ein außereuropäischer Sozialist Europa gegenüber sogar prinzipiell überlegen fühlen, denn er repräsentierte mit dem anvisierten Übergang zum Sozialismus ein überlegenes historisches Entwicklungsstadium, so daß der einstige Nachzügler einen Vorsprung gewonnen hat. Man erinnere sich an den sowjetischen Slogan vom »Einholen und Überholen« oder gar seine verschärfte Variante vom »Überholen ohne Einzuholen«. Mit dem Postulat einer universellen Gesetzmäßigkeit der Geschichte bot der Marxismus den außereuropäischen Unabhängigkeitskämpfern die Möglichkeit, sowohl modern als auch anti-kolonialistisch zu sein.

Diese Auffassung von Marxismus stimmt allerdings nicht mit den Ansichten von Karl Marx überein. Er nämlich stellte sich, nachdem er die gesetzmäßige Abfolge der gesellschaftlichen Grundformationen entdeckt zu haben glaubte, die Frage: Warum ist die außereuropäische, speziell die asiatische Welt nicht denselben Weg gegangen wie Europa? Warum gibt es dort nicht die Abfolge Sklavenhaltergesellschaft – Feudalismus – Kapitalismus? Für Asien sah er sich genötigt, eine eigene Grundformation einzuführen, die er »Asiatische Produktionsweise«

nannte. Als deren wichtigstes Kennzeichen sah er die Stagnation an, das heißt ihre Unfähigkeit, aus sich selbst heraus die nächsthöhere Gesellschaftsformation hervorzubringen. Daher schrieb er dem Kolonialismus die geschichtliche Aufgabe zu, diese Formation zu zerstören, um die asiatische Stagnation aufzubrechen.

Im Grunde war mit der Verlegenheitskonstruktion einer besonderen Asiatischen Produktionsweise die gesamte materialistische Geschichtsauffassung widerlegt. Wenn es sich denn um ein historisches Gesetz handeln soll, warum hat es dann eine Entwicklung zum Kapitalismus nur in Europa gegeben und nicht auch in der übrigen Welt? Marx hat sich seit den fünfziger Jahren des 19. Jahrhunderts bis zu seinem Tode mit dem Konzept der Asiatischen Produktionsweise abgequält. Seine sporadischen und teilweise widersprüchlichen Aussagen dazu in den späteren Schriften zeigen, daß das Problem für ihn ungelöst blieb.

Es ist nun bezeichnend, daß seine Nachfolger, angefangen schon bei Friedrich Engels, das Konzept der Asiatischen Produktionsweise über Bord warfen und daß Stalin, nachdem in den zwanziger Jahren in Sowjetrußland noch einmal darüber diskutiert worden war, es endgültig per Dekret verwarf. Fortan galt für die ganze Menschheit die historische Abfolge: Urgesellschaft – Sklavenhaltergesellschaft – Feudalismus – Kapitalismus. Auch die modernen indischen Historiker, von denen viele Marxisten sind, sprechen nur von Feudalismus, niemals von der Asiatischen Produktionsweise. Die Existenz einer Asiatischen Produktionsweise würde ja implizieren, daß Asien, und das gälte für die ganze außereuropäische Welt, vom historischen Gesetz abgewichen sei. Das Geschichtsbild des marxistischen indischen Historikers sieht daher, etwas vereinfacht, so aus: Auch die asiatischen Gesellschaften hatten die Grundformationen: Urgesellschaft – Sklavenhaltergesellschaft – Feudalismus. In dem Augenblick, als sie in gesetzmäßiger Weise im Begriff waren, den Kapitalismus hervorzubringen, kam der europäische Kolonialismus und verhinderte diese Entwicklung, würgte den »Fortschritt« regelrecht ab. Die Rückständigkeit der Dritten Welt konnte daher als Ergebnis bzw. »Schuld« des Kolonialismus angesehen werden.

Nun ist ja ein besonderes Engagement für die Dritte Welt ein Kennzeichen der gesamten Linken. Dieses »antiimperialistische« Motiv geht auf das Jahr 1920 zurück, als auf dem 2. Kongreß der Kommunistischen bzw. Dritten Internationale der indische Revolutionär M. N. Roy die These vorbrachte, der Kapitalismus in den Metropolen verdanke sein Überleben nur der Ausbeutung der Kolonien. In den imperialistischen Metropolen werde die sozialistische Revolution dadurch verhindert, daß die Führer der Arbeiterschaft – durch einen Wohlstand korrumpiert, welcher aus den Kolonien fließt – zu Kollaborateuren des Kapitalismus geworden seien. Nur durch einen Aufstand der Kolonialvölker könne die Weltrevolution ausgelöst werden. Roys Thesen waren damals auch innerhalb der Komintern-Führung umstritten. Lenin schloß sich ihnen nur zögerlich und halbherzig an und bezeichnenderweise erst zu einem Augenblick, als klar wurde, daß eine sozialistische Revolution in den »fortgeschrittensten« Ländern Deutschland und England nicht stattfinden würde.

Der Slogan: »Der Weg der Weltrevolution verläuft über Kalkutta«, oft Lenin zugeschrieben, manchmal auch Trotzki, stammt zumindest dem Sinne nach von M. N. Roy (vgl. Haithcox 1971, 42). Karl Marx hätte sich vermutlich im Grabe herumgedreht, hätte er diesen Spruch eines ehemals hindu-chauvinistischen Terroristen gehört, der sich in den USA etwas Marxismus angelesen hatte, ehe er zufällig einige Jahre in die Nähe Lenins kam und in die Spitze der Komintern aufsteigen konnte. Doch haben sich die Thesen Roys als marxistischer Mythos über die Jahrzehnte gehalten und dazu geführt, daß die Dritte Welt heute als eine Art Ersatzproletariat angesehen wird.

Der neue Anti-Eurozentrismus

Der Marxismus ist eine extrem eurozentrische Geschichtslehre, denn er erklärt eine ausschließlich europäische Entwicklung zu einem welthistorischen Gesetz. Der neue Anti-Eurozentrismus, wie er im Curriculum-Streit und in der Orientalismus-Debatte zum Ausdruck kommt, argumentiert hingegen ganz anders. Er setzt die Moderne stillschweigend voraus, das heißt, er fragt nicht nach ihrem historischen Ursprung, sondern betont die Besonderheit und eigenständige historische Entwicklung der verschiedenen Kulturen, wobei die europäische nur eine unter vielen sei. Said und seine Anhänger behaupten, daß die Beurteilung der verschiedenen Kulturen aus der Sicht der Moderne nichts anderes sei als der letzte Rest des europäischen Kolonialismus, der auch noch zu verschwinden habe.

Also vom einheitlichen Gang der Menschheitsgeschichte nach marxistischer (und liberaler) Auffassung zum getrennten (und exklusiven) Weg der verschiedenen Kulturen, wie es die Anti-Eurozentristen sehen? Allerdings gehören diejenigen, die so argumentieren, zu den außereuropäischen Eliten, die selbst völlig modernisiert sind, also die europäische bzw. amerikanische Kultur übernommen und internalisiert haben. Die Kultur, die sie gegen den angeblich geistigen Kolonialismus Europas verteidigen zu müssen glauben, haben sie selbst längst abgelegt. Der Vorwurf des Eurozentrismus erweist sich als Ressentiment derjenigen, die sich dem Objekt ihres Ressentiments schon völlig ergeben haben. Geradezu schlagend erscheint dieser Befund bei den Curriculum-Streitern an den amerikanischen Universitäten. Dinesh D'Souza beschreibt die Studenten, die »Hey, hey, ho, ho, Western culture's got to go« skandierten, so: Sie trugen Blue Jeans, T-shirts, Oxford-buttondowns, spiegelnde Sonnenbrillen, Baseball-Mützen, Timex- und Rolex-Uhren. Keine Stammestracht, keine orientalischen Schleier, keine japanischen Samurai-Schwerter waren zu sehen (D'Souza 1991, 59).

Eurozentrismus ist bei näherem Hinsehen ein mehrdeutiger Begriff. Wer vor Eurozentrismus warnt, muß aufpassen, in welcher Bedeutung er den Begriff gebraucht. Als Vorwurf der Beschränkung auf Europa und entsprechend Ignorierung der übrigen Welt ist er überholt. Niemand kann heutzutage ernsthaft in diesem Sinne einen Eurozentrismus vertreten. Wer es dennoch tut, den bestraft das Leben. Der Vorwurf eines Überlegenheitsgefühls, der dem Eurozentrismus unterstellt wird, ist ebenfalls überholt, da wir inzwischen gelernt haben, daß die Moderne, sprich die europäische Zivilisation eine sehr ambivalente Angelegenheit ist, die nicht nur große geistige und technische Leistungen erbracht hat, sondern auch höchst destruktive, vor allem selbstzerstörerische Seiten in sich birgt. Wenn es für die Europäer keinen Grund mehr gibt, sich überlegen zu fühlen, sollte es für die anderen auch keinen Grund mehr geben, gegen diese angebliche Überlegenheit Ressentiments zu hegen.

Nicht Eurozentrismus ist heute das Problem, sondern ein ins andere Extrem überschäumender Anti-Eurozentrismus, wie wir ihn am ausgeprägtesten bei den Curriculum-Streitern und bei Edward Said und seinen Anhängern finden. Er verkennt nämlich die welthistorische Bedeutung der europäischen Geschichte seit dem 16. Jahrhundert und damit die Bedeutung der Moderne für die ganze Welt. Aus dem europäischen Sonderweg ist längst eine universell herrschende Zivilisation geworden, der sich kein Winkel der Erde mehr entziehen will und kann, nicht weil sie besser wäre oder ein höheres Entwicklungsstadium darstellte, sondern weil sie ohne Zweifel attraktive Seiten hat, vor allem aber, weil man sie übernehmen muß, wenn man sich politisch und militärisch behaupten will.

Wer also die heutige Welt historisch erklären und verstehen will, muß einerseits die moderne Zivilisation in ihren europäischen Ursprüngen studieren, gleichgültig wo auf der Welt er lebt und welcher Abstammung er ist. Andererseits muß er erkennen, daß die außereuropäischen Kulturen durch die moderne Zivilisation tiefgreifend verwandelt worden sind. Durch gut 200 Jahre

Auseinandersetzung mit der modernen europäischen Zivilisation sind neue Gebilde entstanden, die zwar äußerlich viel von der vormodernen Kultur beibehalten, den »Geist« der alten Kultur aber weitgehend verloren haben. Eurozentrismus in diesem Sinne ist die einzige Möglichkeit, die verschiedenen Grade der Durchdringung und Verschmelzung zu begreifen. Nur er liefert die Maßstäbe, die heute als allgemein gültig angesehen werden und an denen sich alle übrigen Kulturen selbst messen.

Die Anti-Eurozentristen leugnen diese Tatsache. Die Curriculum-Streiter wollen in der westlichen Zivilisation nur eine Kultur unter anderen sehen, deren zeitweilige Dominanz allein auf Aggression und militärischer Überlegenheit beruhte. Edward Said und seine Anhänger behaupten, daß die Feststellung des grundsätzlichen Unterschiedes zwischen modernem Europa und vormodernem Außereuropa eine »Konstruktion des anderen« durch Europa sei, ein bloßer »Diskurs«. Mit dieser Argumentation wird die Bedeutung der Moderne für die Welt von heute völlig mißverstanden. Die Moderne ist, ob gut oder schlecht, für alle zum Schicksal geworden.

In ganz neuer Bedeutung wird somit ein Goethe-Zitat aus dem West-östlichen Divan wieder gültig:

> Wer sich selbst und andere kennt,
> wird auch hier erkennen,
> Orient und Okzident
> sind nicht mehr zu trennen.

Literatur

Bernal, Martin 1987/91. Black Athena: The Afroasiatic Roots of Classical Civilization, London.

Conrad, Dieter 1983. The Influence of Western Liberal Ideas on Gandhi's Constitutional Philosophy. In: Internationales Asienforum, 14, 363-380.

Crone, Patricia 1992. Die vorindustrielle Gesellschaft. Eine Strukturanalyse. München.

D'Souza, Dinesh 1991. Illiberal Education. The Politics of Race and Sex on Campus. New York.

Erdmann, Karl Dietrich 1970a. Die asiatische Welt im Denken von Karl Marx und Friedrich Engels. In: Karl Dietrich Erdmann: Geschichte, Politik und Pädagogik. Aufsätze und Reden zum 60. Geburtstag, herausgegeben von seinen Schülern und Mitarbeitern. Stuttgart, 149–182.

Erdmann, Karl Dietrich 1970 b. Die geschichtliche Situation des Kommunismus in Indien. In: dito, 274–308.

Hansen, Reimer 1978. Neolithische und Industrielle Revolution als universalgeschichtliche Zäsuren. Zur Genesis und Beurteilung einer neueren Periodisierung der Weltgeschichte. In: Actio Formans. Festschrift für Walter Heistermann, herausgegeben von Gerd Heinrich, Michael-Sören Schuppan und Friedrich Tomberg. Berlin, 83–102.

Hansen, Reimer 1993. Die Periodisierung der Geschichte bei Karl Marx und Friedrich Engels. In: Forschungen zur osteuropäischen Geschichte. Stuttgart. (= Historische Veröffentlichungen des Osteuropa-Instituts an der Freien Universität Berlin, Bd. 48, herausgegeben von Hans-Joachim Torke), 45–82.

Haithcox, J. P. 1971. Communism and Nationalism in India. M. N. Roy and Comintern Policy 1920-1939. Princeton.

Japan und Europa 1543–1929, (1993). Eine Ausstellung der »43. Berliner Festwochen« im Martin-Gropius-Bau Berlin, herausgegeben von Doris Croissant, Lothar Ledderose unter Mitwirkung von Hendrik Budde, Gereon Siernich. Berlin.

Lütt, Jürgen 1970. Hindu-Nationalismus in Uttar Prades 1867–1900. Stuttgart. (= Kieler Historische Studien, Bd. 9).

Naoroji, Dadabhai 1901. Poverty and Un-British Rule in India. London.

Ploetz 1986. Der Große Ploetz. Auszug aus der Geschichte. Begründet von Dr. Karl Julius Ploetz. 30., aktualisierte Auflage. Würzburg.

Propyläen-Weltgeschichte – Eine Universalgeschichte (1960–1964), herausgegeben von Golo Mann, Alfred Heuß und August Nitschke. 10 Bände. Frankfurt am Main.

Said, Edward 1978. Orientalism. New York. Deutsch: Orientalismus. Frankfurt, Berlin, Wien 1981.

EUGEN WIRTH

Fernhandel und Exportgewerbe im islamischen Orient
Risikobereite Unternehmer zwischen Markt und Macht

Vorbemerkung
Markt und Macht in der Neuen Politischen Ökonomie

Seit dem Zweiten Weltkrieg hat sich in den Wirtschaftswissenschaften die Gegenüberstellung von zwei grundlegend unterschiedenen Ordnungssystemen der Wirtschaft durchgesetzt: Zentralverwaltungswirtschaft und Marktwirtschaft. Beide Systeme sind allerdings nur Idealtypen und theoretische Modelle; in der empirischen Wirklichkeit unserer Wirtschafts- und Gesellschaftsordnungen herrschen Mischformen vor (z.B. soziale Marktwirtschaft, Kolchosmärkte); außerdem wissen wir heute, daß das Wechselspiel von Angebot und Nachfrage einerseits (Marktwirtschaft) und Befehlsgewalt von oben andererseits (Zentralverwaltungswirtschaft) nicht die einzigen Faktoren sind, die das wirtschaftliche Geschehen steuern. Auch gibt es neben der gewissermaßen automatischen Steuerung durch den Markt und der bewußten, gezielten Steuerung durch planerischen Machtspruch viele weitere Beeinflussungen des Wirtschaftslebens als unbeabsichtigte Nebeneffekte.

Die Wissenschaftler der »Neuen Politischen Ökonomie« haben ein sehr flexibles Instrumentarium zur Erfassung dieser vielfältigen Steuerungsmechanismen moderner Volkswirtschaften entwickelt: Sie befassen sich mit der Institution unserer Verbände, mit Gruppenverhandlungen und Kompromißfindung, sowie mit Steuerung durch Wahlen, durch Zu- oder Abwanderung, durch die Netze der sozialen Sicherung und der Gesundheitsfürsorge, durch die Artikulation schlagkräftiger Interessengruppen, durch Bürokratie, durch die Massenmedien und durch Institutionen des Finanzwesens. Dabei sind die politischen, die sozialen und die wirtschaftlichen Kräfte und Leistungen in einem engen Netzwerk miteinander verknüpft, aufeinander bezogen und voneinander abhängig. Jeder Versuch, einen Faktor zu ändern, muß mit ungewollten Auswirkungen in vielen ganz anderen Bereichen rechnen (vgl. Herder-Dorneich 1988, 1992).

Der *Wirtschaftsgeschichte* obliegt damit die Aufgabe, die Forschungsperspektiven und Konzepte der Neuen Politischen Ökonomie auch auf die sozioökonomischen Strukturen und Prozesse vergangener Jahrhunderte zu übertragen. Schon immer lag Macht nicht nur in den Händen des Herrschers oder des Staates, sondern auch bei dem, der über seltene, teuer bezahlte Rohstoffe verfügte; auch wer im Besitz von hochgeschätztem Knowhow war, übte Macht aus. Andererseits war immer schon Markt nicht nur ein Gütermarkt von Rohstoffen, Halbfertigwaren und Fertigprodukten, sondern auch Arbeitsmarkt, Immobilienmarkt, Austausch von Währungen oder Angebot und Nachfrage von Dienstleistungen. Schließlich wurden schon immer Waren in weltweiten Handelsverflechtungen über viele Tausende von Kilometern transportiert; seltene oder sehr begehrte Güter aus Süd- und Südostasien erzielten in Europa hohe Preise. Bis zur Errichtung riesiger Zuckerrohrplantagen auf den tropischen Inseln der Neuen Welt war Zucker im christlichen Abendland ein Luxusgut, das sich nur wenige leisten konnten. Die tropischen Farbstoffe Indigo und Cochenille mußten vom Textilgewerbe Europas teuer eingekauft werden, und orientalisches Kunstgewerbe, Brokat, Teppiche oder chinesisches Porzellan füllten die Schatzkammern europäischer Fürstenhöfe und der Kirche. Die überwiegend von Ost nach West gerichteten Güterströme mußten mit gemünztem oder ungemünztem Gold und Silber bezahlt werden, das aus Europa in den Orient und von da nach Süd- und Ostasien floß.

Am Beispiel dieses interkontinentalen Fernhandels zwischen dem christlichen Abendland einerseits und Süd- sowie Ostasien andererseits wollen wir zeigen, in welcher Weise Markt und Macht im späteren Mittelalter und in der frühen Neuzeit das weltwirtschaftliche Geschehen steuerten, und wie daneben noch viele andere Formen der Steuerung eingesetzt werden konnten. Auch damals schon waren staatliche, gesellschaftliche und wirtschaftliche Kräfte und Prozesse in enger und vielfältiger Wechselwirkung miteinander vernetzt. Schließlich werden wir sehen, daß schon damals – vielleicht sogar stärker als heute – dynamische, risikobereite Unternehmerpersönlichkeiten mit ihren Entscheidungen das Wirtschaftsleben beeinflußten.

Das Märchen vom wirtschaftsfeindlichen Islam

In vielen gelehrten Abhandlungen westlicher Wissenschaftler kann man lesen, daß der Islam als Religion entweder grundsätzlich wirtschaftsfeindlich eingestellt sei, oder daß er in seinem Lehrgebäude die Wirtschaft fast sträflich vernachlässige. Damit versucht man sogar zu erklären, warum der islamische Orient im wirtschaftlichen Wettlauf mit dem christlichen Abendland seit dem späten Mittelalter immer weiter zurückgeblieben ist. Das Zinsverbot des Koran müßte, so wird behauptet, Sparen und Kapitalbildung blockieren, im Fastenmonat Ramadan sollen Arbeitskraft und Arbeitsleistung für vier Wochen erheblich reduziert sein und die nach Meinung vieler Autoren fatalistische Grundeinstellung des Muslim würde alle wirtschaftlichen Initiativen von vornherein aussichtslos erscheinen lassen und damit im Keime ersticken.

All das sind Vorurteile des 19. Jahrhunderts, als man noch glaubte, die christlich-abendländische Welt Europas und Nordamerikas sei allen anderen Hochkulturen der Erde in jeder Hinsicht überlegen – gewissermaßen als höchste Stufe einer stetig nach oben gerichteten Entwicklung. Inzwischen hat die moderne Islamwissenschaft überzeugend nachgewiesen, daß der Islam als

Religion nicht mehr und nicht weniger wirtschaftsfeindlich oder wirtschaftsfreundlich ist als das Christentum. Vom Siegeszug des Islam im 7. nachchristlichen Jahrhundert bis in die Zeit der Kreuzzüge hinein war der islamische Orient dem christlichen Abendland sogar eindeutig überlegen, insbesondere hinsichtlich Wirtschaftskraft und technologischem Know-how, Wissenschaft und Medizin.

Diese Wirtschaftsblüte der frühen islamischen Welt hängt sicherlich auch damit zusammen, daß dem Markt absoluter Vorrang gegenüber der Macht eingeräumt wurde. Der berühmte arabische Historiker und Geschichtsphilosoph Ibn Chaldun (1332–1406) betont sehr nachdrücklich, die wirtschaftliche Betätigung müsse auf jeden Fall der Privatinitiative von Unternehmern und Kaufleuten überlassen bleiben. Wenn der Herrscher selbst Handel und Wirtschaft betreibe, dann sei dies sowohl für die städtische Zivilisation als auch für die Dynastie selbst verderblich. Der Staat fahre immer am besten, wenn er sich nicht in die Wirtschaft einmischt, sondern nur deren Erträge abschöpft.

Damit wird die tatsächliche Situation in der islamischen Welt treffend nachgezeichnet. Nicht nur in der abendländischen, sondern auch in der orientalisch-islamischen Stadt beruhen Wirtschaft, Handel und Gewerbe überwiegend auf dem Gewinnstreben und der Eigeninitiative von freien Unternehmern. Diese privatwirtschaftliche Basis städtischen Lebens und damit verbunden das Primat der Wirtschaft gegenüber herrschaftlich-administrativem Machtspruch hat entscheidend zur Blüte der großen *Fernhandelsstädte Vorderasiens* beigetragen. Sie waren die entscheidenden Schaltzentralen für die Waren- und Geldströme zwischen Europa und Asien, und hier saßen die dynamischen, risikobereiten und innovativen Fernhändler und Gewerbeunternehmer als die maßgeblichen Akteure und Entscheidungsträger. In vielschichtiger, flexibler Interaktion verstanden sie es vorzüglich, sich immer wieder an den Markt und an die Macht anzupassen. Sie waren es auch, die die mannigfachen Varianten wirtschaftlicher Organisation zwischen Markt und Macht, von denen schon die Rede war, ausformten. Mit Hilfe dieses Instrumentariums waren sie in der Lage, Gewerbeproduktion, Fernhandel und Geldkreislauf selbst bei ungünstigen äußeren Bedingungen zu steuern.

Venedig und das vorderasiatisch-mediterrane Welthandelssystem

Max Weber (1964, 923 f.) hat in der *Marktfunktion* das letztlich entscheidende Kennzeichen einer *Stadt* gesehen: »das Bestehen eines nicht nur gelegentlichen, sondern regelmäßigen Güteraustausches am Ort der Siedlung«. So waren, wie im christlichen Europa, auch im islamischen Orient die großen Städte zunächst einmal als Markt und Handelszentrum von Bedeutung. Die damit verbundenen Funktionen übten sie aber nicht nur im Rahmen von kleinräumigen Stadt–Umlandbeziehungen oder zur Versorgung eines regionalen oder nationalen Hinterlandes aus. Fast ein Jahrtausend lang, von den Kreuzzügen bis zum Ende des Osmanischen Reiches, zählten viele der großen Städte des Orients als gut organisierte Knotenpunkte des Levantehandels zu den maßgebenden Umschlagplätzen im Fernhandel zwischen Europa und Asien. In Perioden wirtschaftlicher Blüte waren diese Städte – insbesondere Aleppo und Alexandria – darüber hinaus *Schaltzentralen des Welthandels,* und sie erscheinen seit der Entdeckung Amerikas voll in das System der Weltwirtschaft integriert. Katastrophale Mißernten in Westindien beeinflußten ihre Wirtschaft ebensosehr wie starke Schwankungen im Wertverhältnis zwischen Gold- und Silberwährung nach der Entdeckung der reichen Goldlagerstätten in Kalifornien. In Aleppo wußte man genau Bescheid, wo weltweit jeweils die günstigsten Einkaufsmöglichkeiten für Indigo oder für Seide waren. Die Städte kauften in Bordeaux mexikanische Cochenille als Farbstoff für die heimische Textilindustrie auf, und wenn in schlechten Erntejahren der Jemen nicht genügend Kaffee für den Bedarf des Osmanischen Reiches liefern konnte, beschafften sich Aleppo, Alexandria, Smyrna den Kaffee aus Haiti.

Im 17. Jahrhundert deckten sich armenische Kaufleute im Aleppiner Suq mit Wolltuchen der britischen Levant Co. ein; sie brachten diese Tuche dann nicht nur nach Persien oder Rußland, sondern bis Kaschmir und Tibet zum Verkauf (Fig. 1). Sogar in Gibraltar gab es kleine Kolonien jüdischer Kaufleute aus Alexandria und aus Aleppo; denn dieser Hafen wurde als Zwischenstation vorzugsweise dann von Schiffen aus Lateinamerika (insbesondere Brasilien) angelaufen, wenn die Ladung an Bord noch nicht verkauft war und wenn es deshalb erforderlich wurde, sich über die jeweils günstigsten Absatzmöglichkeiten in Europa und im Mittelmeerraum zu informieren. Barcelona, Marseille, Mallorca, Florenz, Livorno, Pisa, Genua standen in ständigem engen Kontakt mit den Fernhandelsstädten der Levante.

Der wichtigste Handelspartner sowohl Aleppos als auch Alexandrias im christlichen Mittelmeergebiet war jedoch Venedig. Unter allen ober- und mittelitalienischen Seestädten war die Inselrepublik im Fernhandel und Fernverkehr besonders eng mit der Levante verknüpft. Diese Vermittlerrolle kommt nicht von ungefähr. Seit seinen frühen Anfängen steht ja Venedig in engem politischen, wirtschaftlichen und kulturellen Kontakt mit dem *Byzantinischen Reich*, das im 11. Jahrhundert noch Teile Unteritaliens, die ganze Balkanhalbinsel und das Ägäische Meer, Kreta, Zypern sowie das westliche und nördliche Anatolien umfaßte. Im 10. und 11. Jahrhundert waren Venedig und Byzanz durch »besondere Beziehungen« miteinander verbunden; gelegentlich wird Venedig fast noch als Bestandteil des Oströmischen Reiches angesehen. Durch die Verträge der Jahre 992, 1082 und 1147 wußte sich die Lagunenstadt weitreichende Handelsprivilegien in Byzanz zu sichern (Heynen 1905). Auf der Grundlage solcher Verträge konnte Venedig sein Handelsimperium im östlichen Mittelmeer aufbauen und bald auch schon die Levante in dieses Imperium mit einbeziehen. Sklavenhandel,

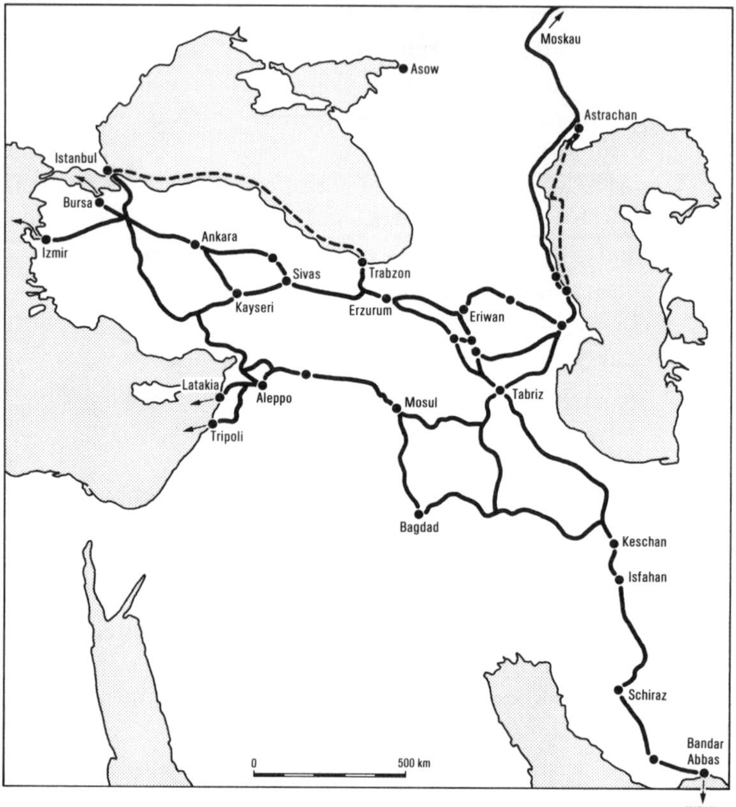

Fig. 1: Reiserouten armenischer Kaufleute im 17. Jahrhundert (nach K. Kévonian 1975, S. 205/206)

Seeräuberei und Diebstahl christlicher Reliquien dienten als lukrative Einnahmequellen.

Zu Beginn der Kreuzzüge waren Ägypten und Syrien in vielen Bereichen gewerblicher Technologie dem Abendland noch weit überlegen. Hellenistisch-römische Verfahren des Einfärbens von Tuchen und Textilwaren, der Herstellung von Gläsern, der Metallurgie sind hier von den Arabern übernommen worden, und erst der venezianische Levantehandel hat seit dem 12. Jahrhundert die Erzeugnisse des syrischen Gewerbes und die dabei verwandten Techniken nach Europa gebracht. Im Kontakt mit Byzanz wurden die venezianischen Kaufleute aber auch mit den – teilweise noch aus der Antike stammenden – altbewährten Instrumentarien und Regeln der byzantinischen Organisation von Handel und Schiffahrt vertraut gemacht. Sie übernahmen wichtige Elemente dieses Instrumentariums, brachten sie in den frühkapitalistischen Handelsverkehr der oberitalienischen Städte ein und entwickelten sie weiter.

Durch die Eroberungen der Kreuzfahrer im Heiligen Land war das östliche Mittelmeer noch um 1200 ein christliches »mare nostrum« (Fig. 2). Aleppo lag im frühen Mittelalter außerhalb dieses christlich-ostmediterranen Wirtschaftsraumes. Es wurde dann aber bald in ihn einbezogen, so daß Cahen (1940, 481) schon für das 12. Jahrhundert einen gemeinsamen Grundstock von Spielregeln und Rechtsvereinbarungen im Handelsverkehr zwischen Abendland und Morgenland feststellen kann: »Il existe un ensemble de coutumes méditerranéennes communes aux Syriens, aux Byzantins, aux Italiens.« So konnte die frühkapitalistische Organisation der städtischen Wirtschaft Oberitaliens im späteren Mittelalter auch die großen Fernhandelszentren der Levante nachhaltig prägen.

Die überlegene Position Venedigs und der anderen italienischen Seestädte im Levantehandel beruhte vor allem darauf, daß die Schiffahrt im Mittelmeer ganz in den Händen dieser Stadtstaaten lag. Damit erfolgte der eigentliche Warenumschlag aus der Hand des europäischen in die des levantinisch-orientalischen

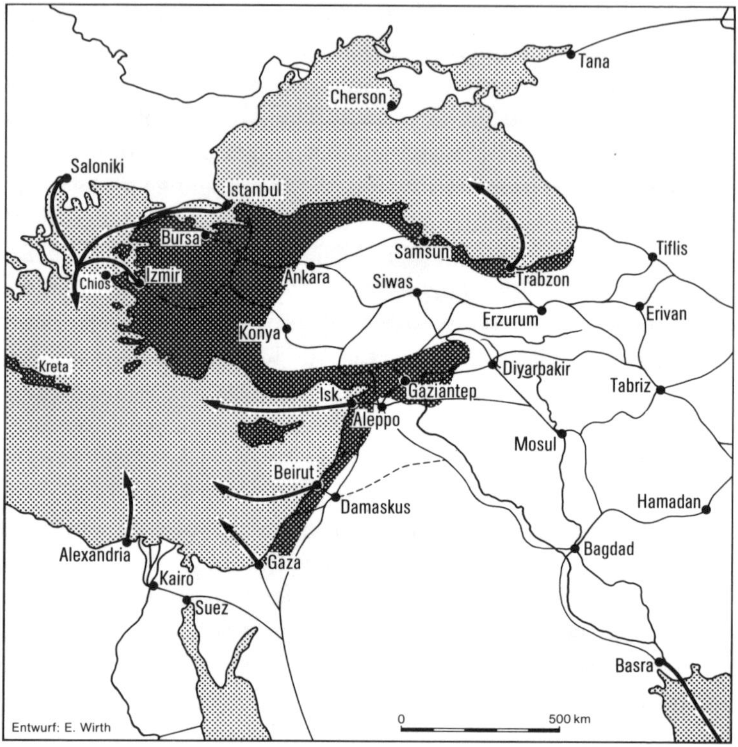

Fig. 2: Die christlichen Territorien Vorderasiens um 1200

Kaufmanns erst auf dem Boden Vorderasiens bzw. Ägyptens – in den Faktoreien und Handelsniederlassungen der Europäer in Smyrna, Aleppo oder Alexandria. Entsprechende Faktoreien der großen orientalischen Städte oder Staaten in Europa gab es nicht. Das hängt sicher in erster Linie damit zusammen, daß sich die in den Levantestaaten ansässigen muslimischen Handelshäuser auf die in den europäischen Städten lebenden jüdischen, griechischen und armenischen Minderheiten als Partner und Vermittler stützen konnten und daß die stärkere wirtschaftliche Dynamik auf seiten der italienischen Seestädte lag. Das östliche Mittelmeer gehörte eben nicht zum Reich der Mamluken, sondern zum Handelsimperium Venedigs. Nicht außer acht lassen sollte man aber auch die Regelungen des islamischen Rechts, denen zufolge zwar Nicht-Muslime in der islamischen Welt leben dürfen und können, nicht aber Muslime in der nicht-islamischen Welt; denn in der Diaspora ist für einen gläubigen Muslim keine gesetzestreue Lebensführung möglich.

Nachdem der Warentransport auf dem Mittelmeer bis zu den Levantehäfen ganz in den Händen der europäisch-mediterranen Seemächte lag, hatten deren orientalische Handelspartner häufig nur untergeordnete Umschlags-, Zubringer- und Verteilerfunktionen zu erfüllen. Die Kaufleute des osmanischen Saloniki oder von Famagusta übernahmen einerseits den Ankauf und den Transport von Waren aus dem weiteren Hinterland zur europäischen Faktorei in Hafennähe, andererseits die Verteilung der dort eingekauften Waren wieder ins Hinterland. Die Kaufleute von Chios oder Mallorca waren nicht einmal solcherart sammelnd oder verteilend für ein agrarisch-gewerbliches Hafenhinterland tätig; sie besorgten nur Einkauf, Verkauf oder Umschlag am Ort. So verwundert es nicht, daß die meisten der am Mittelmeer gelegenen orientalischen Handelsplätze bei weitem nicht die Bedeutung und das Gewicht erlangen konnten, welches Städten wie Venedig, Genua oder Livorno zugemessen werden muß.

Aleppo und Alexandria

Aleppo und Alexandria machen hier eine Ausnahme; in den Blütezeiten des Aleppiner und Alexandriner Fernhandels kann die Rolle und Bedeutung dieser Städte durchaus mit der von Venedig verglichen werden: Wie die oberitalienischen Seestädte einerseits Waren aufkauften und diese andererseits zum Verkauf weit übers Meer transportierten, so waren auch die Kaufleute Aleppos und Alexandrias nicht nur im Ankauf und Verkauf von Waren tätig, sondern sie organisierten und besorgten zusätzlich einen ähnlich weit ausgreifenden Landtransport. Dieser war sogar erheblich beschwerlicher und risikoreicher als die Mittelmeerfahrt; er ging quer durch die Wüsten und Steppen Vorderasiens bis zu den Handelspartnern in Mekka, Bagdad, Ostanatolien und Iran oder bis zu den Küsten des Persischen Golfes zur Verschiffung nach Südasien oder über Nil und Rotes Meer zum Indischen Ozean.

Im Karawanenhandel quer durch Vorderasien konnte dementsprechend ähnlich viel verdient werden wie im Schiffsverkehr über das Mittelmeer. Diese Chance hat Aleppo immer wieder zu nutzen verstanden. Die Lage im Grenzsaum zwischen dem Küstenbergland und den weiten, eintönigen Ebenen Innerarabiens ließ die nordsyrische Metropole gewissermaßen zu einem Hafen- und Umschlagplatz des Wüstenverkehrs werden: Aleppo war Ausgangspunkt oder Zielort der großen Karawanenrouten quer durch die Wüstensteppe; hier wurden die Kamelkarawanen nach Osten zusammengestellt und ausgerüstet. Auch alle Waren mußten hier umgeladen oder gestapelt werden; denn die Saumpfade der gebirgigen Strecke zwischen Aleppo und der Küste waren für Kamele wenig geeignet. Der Warentransport wurde hier mit Kolonnen von Lasteseln und Maultieren bewältigt. Obwohl es nicht am Meer liegt, können wir demzufolge Aleppo ebenso zu den großen Umschlagplätzen des östlichen Mittelmeergebiets zählen wie Alexandria, Smyrna oder Istanbul.

Alexandria hatte allerdings von der Kreuzzugszeit bis zum Beginn des 19. Jahrhunderts als Umschlagplatz des Fernhandels zeitweise sogar noch größeres Gewicht als Aleppo. Man würde eben der Bedeutung dieses Fernhandelszentrums nicht gerecht werden, wenn man Alexandria nur als Ausgangspunkt einer Handels-Trasse zum Roten Meer und nach Aden betrachtete: Die Stadt ist darüber hinaus auch mediterraner Ausgangs- und Endpunkt der Handelsstraßen, die nilaufwärts in den Sudan, nach Abessinien und ins tropische Ostafrika führen. Starke wirtschaftliche Impulse erhielt Alexandria auch in seiner Eigenschaft als der große mediterrane Umschlagplatz für die Weltstadt Kairo und das reiche Hinterland des ägyptischen Niltals (Fig. 3). So hatten die Venezianer und die Genuesen schon in der Zeit vor den Kreuzzügen einen regen Handel mit Alexandria, und noch in der Mitte des 12. Jahrhunderts war der Umschlag hier bedeutender als in den christlichen Fürstentümern der Levanteküste. 1215 wurden in Alexandria schon etwa 3000 Europäer gezählt.

Viele Indizien sprechen dafür, daß Alexandria in den Jahrhunderten der Kreuzzüge und der Mamlukenherrschaft als ein zentraler Umschlagplatz zwischen dem christlich-mediterranen Wirtschaftsraum Südeuropas und dem orientalisch-kontinentalen Wirtschaftsraum Vorderasiens und Südasiens eine Pionierrolle bei der Organisation von »Faktoreien« gespielt hat. Venedig, Genua und Pisa hatten in allen größeren Hafenstädten der Kreuzfahrerstaaten seit deren Eroberung durch die Christen halbautonome Handelskolonien. Solche Kolonien finden wir später in abgewandelter Form in Alexandria wieder. Vermutlich sind dabei viele Formen und Regeln abendländisch-islamischer Interaktion und Kommunikation in den Geschäftsvierteln der orientalischen Stadt zum erstenmal geprägt worden; das muß sich auch in der räumlichen Organisation intra muros niedergeschlagen haben. Leider sind aber in Alexandria keinerlei städtebauliche Zeugnisse aus dem späteren Mittelalter oder der frühen Neuzeit mehr erhalten. Damit kann man mit geographi-

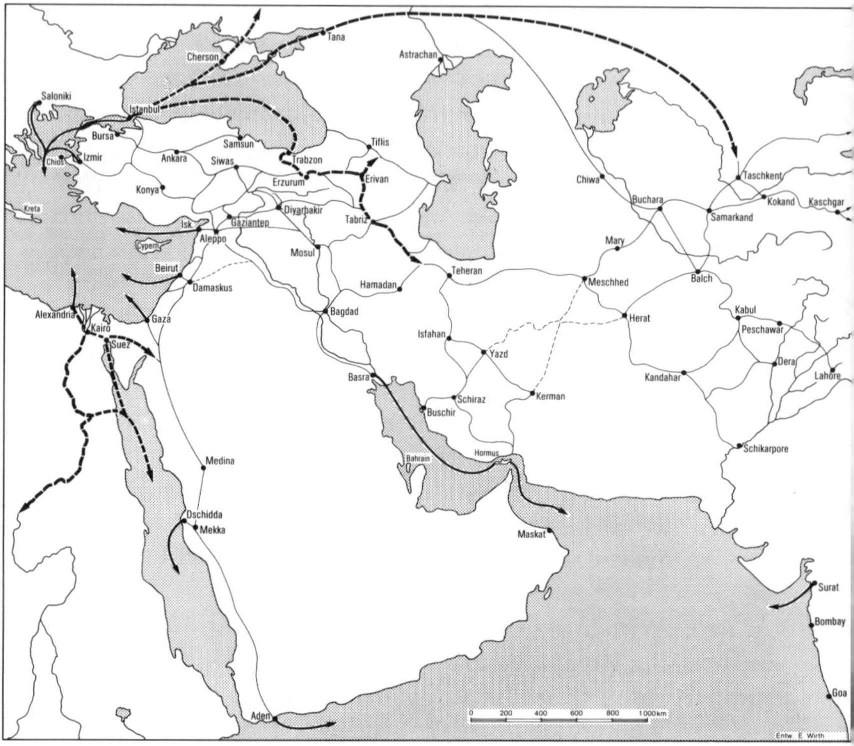

Fig. 3: Die von Istanbul und von Alexandria ausgehenden Fernhandels-Trassen

schen, archäologischen und bauhistorischen Feldforschungen zu keinen gesicherten Ergebnissen kommen.

Im Gegensatz zu Alexandria, das im Mittelalter und in der frühen Neuzeit von schweren Schicksalsschlägen weitgehend verschont geblieben ist, wurde *Aleppo* mehrmals in Asche gelegt, zerstört, geplündert. Die Bewohner wurden dabei teilweise deportiert oder niedergemetzelt. Auch schwere Erdbeben und Seuchenkatastrophen haben die städtische Bausubstanz und Bevölkerung häufig erheblich dezimiert. Wenn die Stadt trotz all dieser Rückschläge und Katastrophen immer wieder zu neuem, kraftvollem Leben erwacht ist, so verdankt sie das in erster Linie dem unbeugsamen Willen und dem unerschütterlichen Unternehmungsgeist sowie der hohen Flexibilität und Anpassungsfähigkeit ihrer Bewohner. Es ist aber nicht zuletzt auch der unvergleichlich günstigen Lage Aleppos zuzuschreiben, daß die Bemühungen der Aleppiner um Wiederaufbau und Neubeginn fast stets von Erfolg gekrönt waren.

Was die Lage innerhalb der Region Nordsyrien anbetrifft, so liegt Aleppo etwa in der Mitte zwischen der Levanteküste und derjenigen Stelle, wo sich der Euphrat bei Meskene der Mittelmeerküste am meisten nähert. Die Verbindungen nach Mesopotamien wie zum Mittelmeer, nach Anatolien wie nach Südsyrien, Palästina und Arabien sind gleichermaßen günstig und durch Geländeschwierigkeiten allenfalls geringfügig gehemmt. Für viele Jahrhunderte lag Aleppo darüber hinaus im Grenzbereich zwischen dem seßhaften Siedlungsgebiet im Westen und dem Nomadenland im Osten. Dies machte die Stadt auch zu einem wichtigen Umschlagplatz für den Handel zwischen Nomaden und Seßhaften.

Nicht weniger vorteilhaft ist die Lage Aleppos im Rahmen der nächst größeren Raumdimension, das heißt innerhalb Vorderasiens (Fig. 4). Als wichtige Etappenstation des Überlandverkehrs liegt Aleppo etwa halben Weges an der für das Osmanische Reich stets besonders bedeutsamen Landverbindung von Istanbul nach Kairo, halben Weges auf der Route von Istanbul

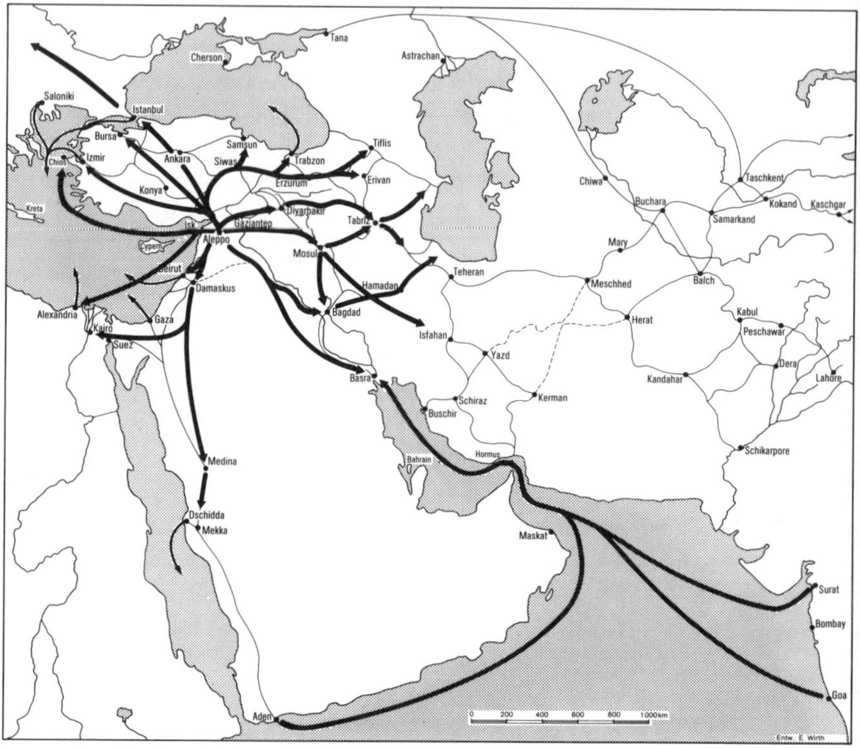

Fig. 4: Handelsbeziehungen Aleppos zu Beginn des 19. Jahrhunderts

nach Bagdad und knapp halben Weges an der für den Pilger- und Warenverkehr wichtigen Landverbindung von Istanbul nach Mekka. Dazu kommt eine Scharnierfunktion im Handel, Personen- und Warenverkehr zwischen Europa und Indien. Hierbei wurde bis zur Entdeckung des Seewegs nach Indien, für eiligere Transporte und für die schnelle Personen- und Postbeförderung aber noch bis zur Eröffnung des Suezkanals, ein doppelt gebrochener Schiffsverkehr mit einer zwischengeschalteten Überlandstrecke bevorzugt: Westlich der Levanteküste ermöglichten die Schiffahrtsrouten des Mittelmeers und östlich vom Schatt al-Arab diejenigen des Arabisch-Persischen Golfes und des Indischen Ozeans einen verhältnismäßig schnellen und billigen Transport. In den syrischen Levantehäfen und in Basra wurde die Fracht dann vom Schiff zum Landtransport durch Syrien und Mesopotamien auf Tragtiere umgeladen (vgl. Fig. 4).

Die Organisation des Verkehrs zwischen Europa und Indien auf der nordsyrisch-mesopotamischen Landbrücke zwischen der Levanteküste und dem Golf weist bereits auf die Lagegunst Aleppos im Rahmen einer nochmals übergeordneten räumlichen Dimension hin. In den Jahrhunderten des späteren Mittelalters und der frühen Neuzeit wurde Aleppo zum *Knotenpunkt vieler transkontinentaler Verkehrsströme:* Vom Westen kamen Güter, Menschen, Geld und Informationen aus Istanbul, Genua, Venedig, den französischen Mittelmeerhäfen, den Häfen am Schwarzen Meer und den europäischen Atlantikhäfen. Diese in Aleppo gebündelten Verkehrsströme fächerten sich dann in östlicher Richtung wieder auf nach Zentral- und Ostanatolien, nach Mosul und Bagdad und von da entweder nach Iran oder zum Arabisch-Persischen Golf, sowie in südlicher Richtung nach Palästina und Arabien. Auch ein Strang der Weihrauchstraße von und nach Südarabien, die Seidenstraße von der Levante über Iran – Mittelasien nach Zentralasien und China sowie die bis 1869 rascheste Kurier-, Reise- und Postverbindung zwischen London und dem indischen Kolonialreich gingen über Aleppo (vgl. Fig. 4).

Chancen, Risiken und Volumen des Fernhandels

Die Tatsache, daß Aleppo, Smyrna, Bursa, Mosul, Tabriz, Herat oder Alexandria schon im Spätmittelalter und in den Jahrhunderten vor der Industriellen Revolution in das System der Weltwirtschaft integriert waren, führt zu einer interessanten Konsequenz: Blüte und Krisen von Welthandel und Weltverkehr haben das Geschick der Fernhandelsstädte im Orient offensichtlich stärker beeinflußt, als man bisher angenommen hatte. Die herkömmliche Geschichtsschreibung orientalischer Philologen, die meist den Erklärungsmustern der arabischen bzw. persischen Autoren folgt, geht im allgemeinen davon aus, daß Aufstieg und Niedergang von Städten durch politische und militärische Ereignisse innerhalb der jeweiligen Staaten, meist sogar im Nahbereich der betreffenden Stadt ausgelöst werden; man nennt als Ursachen des Niedergangs z. B. Krieg, Plünderung und Brandschatzung, verheerende Seuchen, Hungersnöte und Erdbeben oder eine rücksichtslose Finanz- und Steuerpolitik.

Bei Städten wie Aleppo, Smyrna, Tabriz, Herat spricht aber vieles dafür, daß räumlich oft sehr ferne Entwicklungen von Welthandel und Weltverkehr mehr auf die wirtschaftliche Situation rückwirken als lokale oder regionale Ereignisse; man sollte also viel stärker als früher auch auf internationale Währungskrisen und Wirtschaftsdepressionen achten oder auf die Sperrung ferner Seeverkehrswege durch Kriege ganz woanders. Die Blockade des Levantehandels durch das Mamlukenreich um 1300 verschob die Handelswege weit nach Norden auf das Territorium des christenfreundlichen Il-Chanats (Fig. 5). Alexandria und Aleppo fielen für den Transithandel aus, Tabriz hingegen blühte als Fernhandelszentrum auf.

Kriege und Eroberungen waren aber nicht der einzige Risikofaktor für den Levantehandel; immer wieder drohten im späteren Mittelalter und in der frühen Neuzeit auch viele andere Gefahren. Deshalb waren die Transaktionen der Kaufleute hochspekulativ: Eine kleine risikobereite Unternehmerschicht

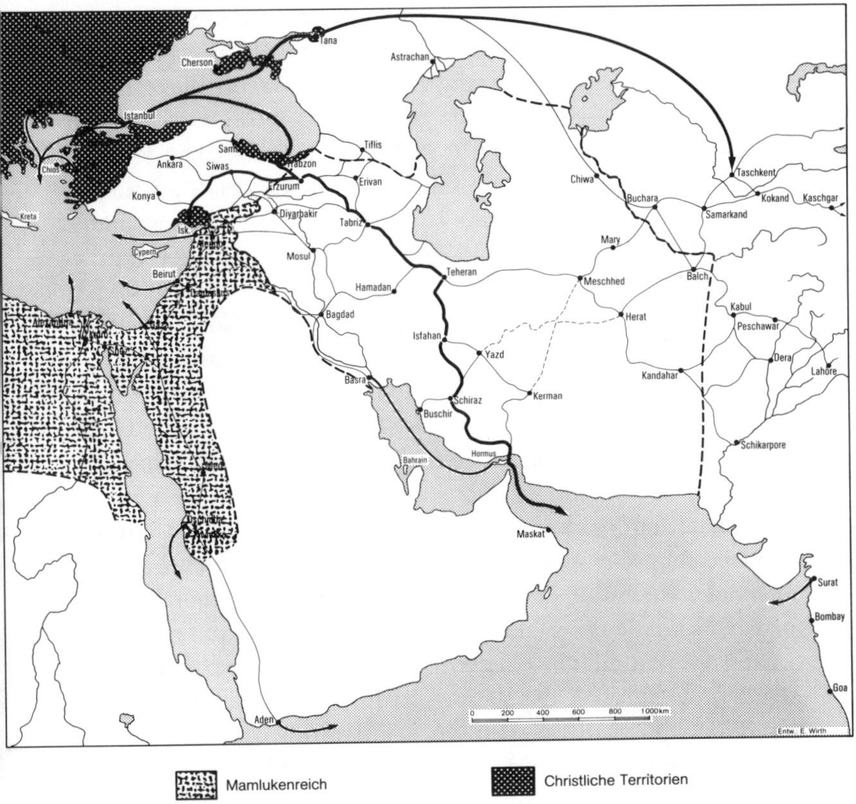

Fig. 5: Die Handelsrouten vom Mittelmeer nach Osten um 1300 (nach der Eroberung des Heiligen Landes durch die Mamluken)

betrieb gleichzeitig und nebeneinander Fernhandel, Finanzierung und Geldleihe, Umwechseln und Verrechnen verschiedenster Währungsparitäten im Exportgewerbe. Wenn alles gutging, winkten hohe Gewinne. Gegen Ausgang des Mittelalters kostete beispielsweise ein Kilogramm Pfeffer in den indischen Produktionsgebieten 1 bis 2 Gramm Silber, in Alexandria und Aleppo 10 bis 14 Gramm, in Venedig 14 bis 18 Gramm, in Deutschland 20 bis 30 Gramm (Braudel 1979, 357). Es konnte aber auch alles schiefgehen.

Schon wegen der im Wechselspiel von Angebot und Nachfrage stark schwankenden Preise und Umrechnungskurse war jedes Geschäft mit erheblichen Risiken belastet. Die Handelsgüter wurden über Agenturen oder Geschäftsfreunde auf eigene Rechnung und eigenes Risiko aufgekauft, wenn man den Preis für akzeptabel hielt. Der Transport dauerte dann aber Wochen, ja Monate, und während dieser Zeit konnten die Preise an dem Ort, wo man die Waren wieder zu verkaufen gedachte, massiv ansteigen, aber auch katastrophal abfallen. Seeräuberei, Schiffbruch, Nomadenüberfälle, willkürliche Konfiskation oder unerwartet aufflammende kriegerische Auseinandersetzungen führten oft zum Verlust der ganzen Ladung; auch das Risiko, daß Kredite nicht zurückgezahlt wurden, war hoch.

Im System des mediterranen Frühkapitalismus sind zwar gewisse Sicherungen eingebaut, um existenzbedrohende Verluste zu vermeiden, und man verstand es meisterhaft, die staatliche Autorität für eigene Interessen einzuspannen. Die wirtschaftlich und sozial tonangebende Oberschicht von Fernhändlern, Großkaufleuten, gewerblichen Unternehmern und Bankiers mußte aber auch selbst viel einbringen – nicht zuletzt Intelligenz, Wagemut, Unternehmungsgeist, rasche Entschlußkraft und Anpassungsfähigkeit an die jeweilige Situation. Gelingen konnte ein Unternehmen nur, wenn ihm auch das Glück zur Seite stand. Waren diese äußeren Umstände allerdings günstig, dann konnte man im Fernhandel übers Mittelmeer wie über die Karawanenrouten Vorderasiens hinweg hohe, teilweise sogar außerordentlich hohe Gewinne erzielen: »Le commerce au loin, ce sont des risques, mais plus encore des profits exceptionnels. Souvent, très souvent, c'est gagner à la loterie« (Braudel 1979, 357).

Unabdingbare Voraussetzung für solche guten und vom Glück begünstigten Geschäfte im Fernhandel war ein weitgespanntes, kontinentübergreifendes *Informationssystem.* Man brauchte zuverlässige und schnelle Nachrichtenverbindungen zu allen wichtigeren Handelsplätzen, um über Angebot und Nachfrage, über Preise und Umrechnungskurse, über Sicherheit oder Unsicherheit der Land- und Seeverbindungen Bescheid zu wissen. Deshalb finden wir Handelsagenten aus der Levante an fast allen wichtigen Umschlagplätzen des Mittelmeergebiets, deshalb sitzen in Aleppo oder Alexandria Kaufleute vieler Handelsfirmen eben dieses mediterranen Großwirtschaftsraums, und deshalb sind auch Juden und Armenier stark in den Fernhandel eingeschaltet; denn deren Glaubensbrüder waren mit kleinen Kolonien in allen größeren Handelsstädten Europas, Rußlands und Vorderasiens präsent. Deshalb befinden sich aber auch viele Kaufleute fast ununterbrochen auf Reisen, und sie legen dabei erstaunliche Strecken zurück (Fig. 1).

Bis zur Entdeckung des Seewegs nach Indien, mit geringen Abstrichen aber auch noch bis zum Siegeszug der verkehrstechnischen Innovationen Dampfschiffahrt und Eisenbahn, war der Fernhandel auf verhältnismäßig wenige, hochwertige Güter geringen Gewichts und geringen Volumens beschränkt – z. B. auf Gold, Edelsteine, Perlen und Elfenbein, auf Heilkräuter, Essenzen und Gewürze, auf Kaffee, Tee und Opium, auf Seide, hochwertige Tuche und Textilwaren, auf pflanzliche oder tierische Farbstoffe, auf seltene Mineralien (Alaun) sowie auf Porzellan, Teppiche und kostbare Erzeugnisse des Kunsthandwerks (Metall- und Emaille-Arbeiten, Glas und Keramik, Prunkwaffen und Kunstschreinerei). Die außerordentlich hohen Transportkosten insbesondere im Tragtier- und Karawanenverkehr, aber auch noch im Verkehr mit Ochsenkarren oder Pferdewagen und im Segelschiffsverkehr verboten jeden längeren Transport von Massengütern und von geringerwertigen Waren verhältnismäßig hohen Gewichts oder Volumens.

Städte wie Aleppo, Smyrna, Alexandria, Tabriz zogen ihren Gewinn also nicht aus der Menge oder aus dem Gewicht, sondern aus dem hohen Wert der im Fernhandel umgeschlagenen Waren. Über eine Distanz von Hunderten, ja Tausenden von Kilometern war bei knappen und begehrten Gütern der Endabnehmer oft bereit, für die Ware ein Vielfaches desjenigen Preises zu zahlen, der beim Einkauf im Ursprungsland gefordert wurde; am Beispiel des Pfeffers haben wir das bereits aufgezeigt. Die Räume zum Feilbieten und zum Verkauf solcher wertvoller Handelsartikel, aber auch die zur Lagerung erforderlichen Magazine und Gewölbekeller kamen dementsprechend mit verhältnismäßig bescheidenen Nutzflächen aus. So sind die zentralen Suqs (Bazare) von Aleppo, Damaskus, Mosul, Bagdad oder die von Tabriz, Isfahan, Kerman, Yazd als die Hauptgeschäftsviertel der Stadt zwar in ihrer Jahrhunderte überspannenden baugeschichtlichen Abfolge sowie in ihren unterschiedlichen Funktionen vielfältig differenziert und in räumlicher Kleinkammerung fein gegliedert (vgl. Wirth 1975/76). Trotzdem ist alles noch leicht überschaubar; die Wegstrecken und Entfernungen bleiben in einem bescheidenen, für die alltäglichen Handlungszusammenhänge günstig zugeschnittenen Rahmen.

Die Organisation von Kunsthandwerk und Exportgewerbe durch Fernhändler und Kapitalinvestoren

Die großen Handelsstädte Vorderasiens sind nun aber seit den Kreuzzügen nicht nur bedeutende Umschlagplätze im internationalen, ja interkontinentalen Fernhandel, sondern auch wirtschaftsstarke *Zentren handwerklich-gewerblicher Fertigung*. Die hier ansässigen Unternehmer, Großhändler und Exporteure haben früh erkannt, daß der Absatz kräftige zusätzliche Impulse erhält, wenn hochwertige Gewerbeprodukte heimischer Erzeugung zusätzlich in die Handelsströme mit eingespeist werden können. Die Berichte der in Syrien oder in Persien residierenden europäischen Konsuln bestätigen diesen Export lokaler Erzeugnisse vor allem bezüglich kostbarer Produkte des heimischen Textilgewerbes und Kunsthandwerks.

In analoger Weise waren auch Venedig und Florenz, Nürnberg und Köln, Lyon und die flandrischen Städte sehr darum bemüht, Fernhandel und hochwertige Eigenproduktion miteinander zu verbinden (Endres 1977; Irsigler 1979). Sowohl im Orient wie im Okzident paßte man sich dabei in geschickter Weise den Bedürfnissen und dem Geschmack der Kunden an: Venedig exportierte nach orientalischen Mustern hergestellte und arabisch beschriftete Kupferwaren ins Mamlukenreich, der Mogulhof fertigte im 17. Jahrhundert eingelegte kleine Truhen und Kommoden für den Markt des Osmanischen Reiches, das syrische Kunsthandwerk produzierte Geräte für die Liturgie der abendländischen Christen.

In den Städten des islamischen Orients reichte diese für den Export und Fernhandel bestimmte Eigenproduktion weit über den engeren Handwerks- und Gewerbebezirk des Suqs (Bazars) hinaus. Um die Nachfrage nach Gewerbeerzeugnissen bei gutem Geschäft decken zu können, mobilisierten die Großhändler und Finanziers sowohl in den peripheren Wohnvierteln der Städte wie in den Dörfern des Umlandes die Arbeitskraftreserven eines schon im ausgehenden Mittelalter blühenden *Heimgewerbes*. Ganz ähnlich hat ja auch Florenz das ländliche Heimgewerbe der Toscana oder Venedig seit dem 15. Jahrhundert das Heimgewerbe um Bergamo und Brescia für Fernhandel und Exportproduktion organisiert. Die Arbeitskräfte der meist stark unterbeschäftigten ländlichen Bevölkerung konnten bei Konjunkturschwankungen sehr flexibel eingesetzt oder stillgelegt werden; selbst wenn Landwirtschaft und Viehhaltung nur sehr bescheidene Erträge brachten, sicherten sie doch in Perioden ohne Aufträge des städtischen Unternehmers das Überleben. Industrielle »Reservearmeen« im Sinne von Karl Marx gab es also schon Jahrhunderte vor unserem modernen Kapitalismus.

Aufgrund vieler Konsularberichte wissen wir, daß das Handwerk und Gewerbe des Osmanischen Reiches, insbesondere Syriens, bis ins 19. Jahrhundert hinein ohne weiteres mit der Fertigung Europas konkurrieren konnte; vor allem Baumwolltextilien und Seidengewebe wurden aus Aleppo und Damaskus nach Frankreich und Rußland, nach Deutschland und Österreich-Ungarn exportiert. Die Qualität syrischer Tuche war besser als diejenige vergleichbarer französischer Produkte; deshalb war deren Import nach Frankreich zum Schutz des heimischen Gewerbes verboten.

Der klassische Standort handwerklicher Fertigung in der orientalisch-islamischen Stadt ist der zentrale Suq. Hier saßen aber nicht nur die für den lokalen Bedarf tätigen Handwerker und die kleinen Einzelhändler, sondern auch die Gewerbezweige, die überwiegend für den Export produzierten. Daneben und dazwischen saßen die Großhändler sowie in den bedeutenderen Handelsstädten die Fernhändler und die Organisatoren des grenzüberschreitenden Außenhandels (vgl. Wirth 1975/76). In der Regel waren diese Händler und Finanziers wirtschaftlich stärker und einflußreicher als Handwerk und Exportgewerbe. Damit ist die handwerklich-gewerbliche Fertigung der orientalischen Stadt finanziell und organisatorisch oft in Abhängigkeit von Groß- und Fernhändlern geraten. Das gilt insbesondere für diejenigen Erzeugnisse, die nicht auf Bestellung im direkten Kontakt mit dem Kunden hergestellt wurden.

Die Finanzierung, Organisation und Überwachung des Exportgewerbes durch den Großhändler gewährleistete eine stetige, auf die Absatzmöglichkeiten ausgerichtete Produktion von Waren gleichbleibender Qualität und hoher Standardisierung. Auch die Belieferung mit kostbaren, oft über weite Entfernungen heranzubringenden Rohstoffen (z. B. Seide, Indigo, Gold für Metallfäden) konnte auf diese Weise sichergestellt werden. Schließlich wäre die für große Stückzahlen und Massenproduktion sehr vorteilhafte Arbeitsaufteilung ohne die Organisation durch Verlagsunternehmer kaum möglich gewesen.

Die zentrale Steuerung der Produktion durch wenige finanzstarke Groß- und Fernhändler schloß ja nicht aus, daß die Fertigung dabei räumlich und betrieblich oft stark aufgesplittert war. Ganz ähnlich erscheint schon im 15. Jahrhundert die kleingewerbliche Herstellung von Wolltuchen und Seidengeweben in Florenz organisiert; sie lag in Händen von Bankhäusern und großen Handelsfirmen, die den in viele Einzelschritte aufgeteilten und über viele Einzelstandorte verstreuten Produktionsprozeß steuerten.

Neben vielen Beispielen einer fast schon exzessiven Betriebszersplitterung stehen allerdings auch mannigfache Formen betrieblicher Konzentration. Vorbild hierfür waren möglicherweise die höfischen Werkstätten und Arsenale der Meriniden, Osmanen oder Safawiden in Fès Jdid, Istanbul und Isfahan. Aber auch die privatwirtschaftlich von Großhändlern und Finanziers organisierte Fertigung war oft in manufakturähnlichen Betrieben konzentriert. In Ägypten waren um 1800 Spinnerei, Weberei, Zuckerraffinerie, Herstellung von Rosenwasser vielfach in größeren Manufakturbetrieben zusammengefaßt.

Solche *Großmanufakturen* sind noch heute in vielen Städten des Orients zu finden. Am Südostrand des Bazars von Kashan sind in einer großen altertümlichen Gewerbehalle zwei bis drei Dutzend große, ungeschlachte Webrahmen aufgestellt, an denen Männer und Kinder unter primitiven Arbeitsbedingungen grobe buntfarbige Kelims herstellen. In Fès Jdid steht ein großer Gewölbehallenkomplex voll von Knüpfrahmen einer großen Teppichmanufaktur. Hier sind mindestens 500 Frauen und Mädchen beschäftigt. Die Organisation erinnert an frühkapitalistische Beispiele; Betriebsfremden ist der Zutritt streng verboten.

Die Massenfertigung dieser Manufakturen beruht darauf, daß viele gleiche Produktionseinheiten (Handwebstühle bzw. Knüpfrahmen) im Produktionsprozeß »parallelgeschaltet« werden. Daneben gibt es im Bereich von Handwerk und Gewerbe andere Fertigungsprozesse, bei denen zwar ebenfalls mehrere oder viele Handwerker in einem Betrieb räumlich zusammengefaßt sind; der Arbeitsgang ist hier aber »hintereinandergeschaltet«, das heißt fast fließbandähnlich in viele kleine Einzelschritte aufgeteilt. Das gilt beispielsweise für die Schuhmacher, die zu den dynamischen Handwerksbranchen im Orient gehören. In Aleppo werden einige Hane im Nordteil der ummauerten Innenstadt entweder ausschließlich oder überwiegend von Schuhmachern genutzt. Gelegentlich arbeiten dabei alle Schuhmacher eines Hans für einen Großbetrieb, der den ganzen Gebäudekomplex umfaßt. Betriebsinhaber ist ein Schuhgroßhändler, der für die Miete der Arbeitsräume im Han aufkommt und der auch die oft recht modernen Maschinen zur Lederverarbeitung und Schuhherstellung finanziert und bereitstellt.

Die räumliche Zusammenfassung vieler Beschäftigter in einem solchen Manufakturbetrieb ermöglicht es, den Arbeitsablauf fast beliebig aufzuteilen. Bei einem kleineren Betrieb sitzen in einem Raum vier bis sieben Schuhmacher; von ihnen schneidet einer nur die je immer wieder gleichen Lederstücke nach Schablone zu, ein anderer näht immer dieselben Lederstücke zusammen, ein dritter ist ausschließlich damit beschäftigt, die von einer Schreinerwerkstatt bezogenen Absätze festzunageln. Bei Schuhherstellung in größeren Betrieben, wie wir sie in einigen Hanen Aleppos, in Isfahan oder in der Altstadt von Fès finden, sind die in einem Raum des Hans beschäftigten Arbeitskräfte meist mit je demselben Fertigungsschritt beschäftigt.

Durch eine Aufteilung des Arbeitsablaufs in viele kleine Einzelschritte entsteht ein fließbandähnliches Verfahren mit offensichtlich nicht unerheblichen Rationalisierungseffekten. Eine ähnliche Arbeitsteilung war auch schon in einigen zunftgebundenen Handwerksbranchen des spätmittelalterlichen und frühneuzeitlichen Nürnberg üblich; nur durch die Vergabe von bestimmten Teilfertigungen an hoch spezialisierte Zulieferbetriebe konnten die Nürnberger Messerschmiede im 16. Jahrhundert jährlich bis zu 4,5 Millionen Messer herstellen.

Sowohl im vorindustriell-gewerblichen Europa als auch im Orient waren also die Aufsplitterung der Produktion auf viele Einzelschritte und Einzelbetriebe einerseits sowie die organisatorische und finanzielle Steuerung einer solchen Fertigung durch Groß- und Fernhändler andererseits weit verbreitet. Sogar im vorindustriellen Amerika des 19. Jahrhunderts finden sich durchaus vergleichbare räumliche und organisatorische Strukturen (Ward 1971, 90): »Once merchants became aware of the market potential of cheaply made goods, they encouraged local craftsmen to break the production process into stages .... In this system, the merchant functioned as the central organizing agent, assuming risks, discovering markets, and providing raw material.«

Zu Wirtschaftsgeist und Wirtschaftsdynamik im heutigen Orient

Kommen wir abschließend nochmals auf das Märchen vom wirtschaftsfeindlichen Islam zurück. Am Beispiel von Fernhandel und Exportgewerbe im islamischen Orient von den Kreuzzügen bis zum 19. Jahrhundert konnten wir wohl überzeugend aufzeigen, daß die Religion des Islam einer erfolgreichen wirtschaftlichen Betätigung in keiner Weise entgegensteht. In den großen, berühmten Fernhandelsstädten des Orients – Alexandria und Damaskus, Aleppo und Smyrma, Bagdad und Tabriz, Isfahan und Kashan, Herat und Buchara – waren dynamische, risikobereite Unternehmer tätig, die die Waren- und Geldströme zwischen dem europäischen Abendland einerseits und Süd- sowie Ostasien andererseits lenkten und vermittelten. Gleichzeitig damit förderten und finanzierten sie in ihren Heimatstädten hochqualifizierte Gewerbebranchen, deren Produkte – Teppiche, feine Seiden- und Brokatgewebe, ziselierte und tauschierte Metallarbeiten, edles Kunstgewerbe aus Elfenbein oder Holzmosaik – sie in die Handelsströme mit einfließen ließen. Sie hatten enge Verbindungen zu den ganz ähnlich agierenden Handelsherren in Venedig, Florenz, Genua, Marseille, Barcelona, Lyon, Brügge, Gent, Nürnberg, Köln und Leipzig, und sie verstanden es immer wieder, im freien Marktgeschehen von Angebot und Nachfrage bei entsprechendem Risiko hohe Gewinne einzufahren.

Diese freien Unternehmer konnten sich in der Mehrzahl aller Fälle gegen staatliche Regelungen und gegen große fürstliche Hofmanufakturen durchsetzen. Auf politisch bedingte Machtverschiebungen und auf Steuerungsversuche durch staatliche Gewalt reagierten sie äußerst flexibel. Sie waren schon erstaunlich kundenorientiert, konnten bei Absatzschwankungen rasch zusätzliche Arbeitskräfte einstellen oder stillegen, und es gelang ihnen, durch strenge Qualitätskontrollen ungeachtet aller Massenproduktion eine hohe Qualität ihrer Produkte sicherzustellen. Familienclans von Fernhändlern aus völkischen oder religiösen Minderheiten (Juden, Armenier, Parsen) ermöglichten den überregionalen Warenaustausch auch bei kriegerischen Auseinandersetzungen oder religiösen Abschottungsversuchen.

Natürlich liegt das alles schon lange zurück, und Kritiker des Islams werden auf die gegenwärtige sozioökonomische Situation in den islamischen Ländern Nordafrikas und Vorderasiens hinweisen, die in unseren Medien oft in recht düsteren Farben geschildert wird: In vielen Staaten des Orients scheint heute sozialistische Planung oder verkrustete Bürokratie wenig Platz für Markt und wirtschaftliche Dynamik zu lassen; auch hört man nur wenig von Eigeninitiative, privaten Wirtschaftsstrategien, Erfolgsorientierung, Gewinnstreben und Unternehmerpersönlichkeiten. Diese überwiegend negative Perspektive hängt damit zusammen, daß sich die Betrachtung und Analyse der Wirtschaft im heutigen Orient lange Zeit überwiegend auf die *Makroebene* beschränkte. Man befaßte sich mit staatlicher Wirtschaftslenkung, Planwirtschaft und Sozialisierung, finanziellen Engpässen, vielfältigen Wirtschafts- und Handelsrestriktionen, Fehlinvestitionen, Kapitalflucht, Inflation und Defiziten der Zahlungsbilanz. Abgestützt wurden diese Perspektiven mit deskriptiven Denkmodellen wie Rentenkapitalismus, Dependenz und »Rentierstaat«. Dabei ergab sich verständlicherweise meist ein nicht gerade ermutigendes Bild.

Um die wirtschaftlichen Zukunftschancen des Orients abschätzen zu können, ist die *Mikroebene* aber viel wichtiger – also die Betrachtung des einzelnen Wirtschaftssubjekts, des einzelnen Unternehmers und des einzelnen Betriebs. Hier läßt sich nämlich fast überall auf unterschiedlichsten Ebenen und Sektoren eine erstaunliche Dynamik mit viel Privatinitiative und Unternehmungsgeist feststellen. Das gilt für größere, kapitalkräftige Firmen und Betriebe ebenso wie für kleine, bescheidene Familienbetriebe und Kleinstunternehmen in Landwirtschaft, Handwerk, Gewerbe und Handel. Ein von Erlanger Geographen organisiertes Symposium über die sozialistischen Staaten des Orients im Februar 1994 hat gezeigt: Trotz aller sozialistischen Ideologie und aller staatlichen Planwirtschaft setzen sich selbst in den sogenannten »sozialistischen Ländern« des Orients immer mehr Tendenzen zu Privatisierung und Liberalisierung durch (Hopfinger 1994). Der Markt gewinnt gegenüber der Macht an Boden.

Es erscheint außerordentlich lohnend, die Thematik dieses Symposiums auch auf die nicht-sozialistischen Staaten und Gesellschaften im Orient auszuweiten. Dabei sind sehr interessante Differenzierungen zu erwarten. Die Chancen für Privatinitiative und Unternehmerpersönlichkeiten sind ja in den Monarchien und Republiken mit wenig Öleinnahmen anders als in den reichen Ölstaaten am Golf, bei denen die Großinvestitionen ohnehin meist vom Staat geplant und finanziert werden. Nochmals anders ist die Situation in der Islamischen Republik Iran sowie neuerdings insbesondere in den islamischen Teilstaaten des ehemals sowjetischen Mittelasien.

Schon bisher hat sich die Wissenschaft gelegentlich mit einigen wirtschaftlich besonders aktiven und dynamischen religiösen Minderheiten im Orient befaßt, insbesondere mit den jüdischen und den armenischen Gemeinschaften. Die weitgespannten fernhandelsorientierten ökonomischen und sozialen Interaktionssysteme dieser Minderheiten funktionieren seit vielen Jahrhunderten aufgrund gegenseitigen Vertrauens, engen Zusammenhalts und aufgrund der Tatsache, daß sie über fast alle bedeutenden Handelsstädte des Orients verstreut lebten.

Im Gegensatz dazu funktionieren die sozioökonomischen Interaktionssysteme im Bereich religiöser Mehrheiten (Sunniten, Christen) auf der Basis der Institution von Großfamilien. Diese bilden eng zusammenhaltende Solidargemeinschaften des Vertrauens und der loyalen Zusammenarbeit. Durch hohe Mobilität und weitausgreifende Wanderungen ist auch bei diesen Familien eine zuverlässige Interaktion über weite Distanzen hinweg gewährleistet. Die Rolle der Familie als Basis aller wirtschaftlichen Aktionen und Transaktionen wurde bisher nur wenig beachtet, da Verwandtschaft nur in seltenen Ausnahmefällen »aktenkundig« wird. Demgegenüber sind in der vorliegenden Literatur die »Zünfte« und Korporationen überbetont worden, weil darüber in den Archiven reiches Material zu finden ist.

Die in den vergangenen dreißig Jahren durchgeführten Erhebungen und Untersuchungen der Erlanger Orient-Geographie und die aktuelle persönliche Feldforschungserfahrung können beispielhaft zeigen, welch reiches Feld für die Wissenschaft hier noch offensteht:

- Die Rolle christlich-armenischer Kaufleute und Maschinenimporteure bei der wirtschaftlichen Erschließung Nordost-Syriens und des syrischen Euphrattals;
- die Schlüsselstellung libanesisch-christlicher Innovatoren und Investoren bei der Ausbreitung des Zuckerrübenanbaus, der Käfighaltung von Hühnern, des Spalierobstanbaus und des Ausbaus von Sommerfrischeorten im Libanon;
- die von Monat zu Monat wachsenden Menschen- und Warenströme zwischen den islamischen Sowjetrepubliken Asiens einerseits und Istanbul sowie den Erdölemiraten am Golf andererseits seit 1990, mit hohen Umsätzen in Blue jeans,

Lederjacken, Personalcomputern, Rundfunk- und Fernsehgeräten, Feinmechanik, Optik und Elektronik;
- die blühenden informellen Kleinbetriebe in Kairo mit ihrer handwerklichen und industriellen Produktion und mit verschiedenen Varianten des Recycling;
- die Dynamik des Sonderkulturanbaus in Nordmarokko aufgrund rückfließender Kapitalien und Initiativen marokkanischer Gastarbeiter sowie die Rolle marokkanischer Unternehmerpersönlichkeiten beim Ausbau städtischer Infrastruktur und privater Einkaufszentren;
- Wohlstand und Wirtschaftsblüte aufgrund von Initiativen und Investitionen einheimischer Innovatoren in den Bergländern Syriens;
- das Aufblühen von Gewerbebetrieben in vielen Städten des Orients, die auf den Konsum einer westlich orientierten Mittelschicht ausgerichtet sind: Möbelschreiner, Schuhmacher, Hausrat, Haustechnik und Installateure;
- der rasche Ausbau touristischer Infrastruktur an den Küsten Ägyptens, wo Angehörige der Herrscherfamilien von Saudi-Arabien und Kuwait den Aufbau von Freizeitzentren, Hotelkomplexen und Feriensiedlungen finanzieren;
- die Investitionen iranischer Kaufleute in den Vereinigten Arabischen Emiraten, die zu einer dynamischen Industrialisierung führen;
- der Umbruch der landwirtschaftlichen Produktion fast allenthalben im Orient durch das Niederlassen von Grundwasserbrunnen und die Installation von Bewässerungspumpen;
- Investitionen in der Weidewirtschaft mit Ausbau der Schafherden und Sicherung der Futterversorgung, zur Deckung der rasch anwachsenden städtischen Nachfrage nach Fleisch und Molkereiprodukten.

Für die deutsche Wirtschaft, die sich im Orient bisher überwiegend um meist staatliche Großaufträge bemühte, werden solche mittleren und kleineren Privatunternehmer als Gesprächs- und

Geschäftspartner künftig immer interessanter. Schon in den vergangenen Jahren und Jahrzehnten gab es viele überaus lukrative *kurz- und mittelfristige* Geschäftsverbindungen dieser Art, selbst wenn darüber in der Regel wenig zu hören und zu lesen war. Die Wirtschaftsbeziehungen zwischen Deutschland und den Staaten des Orients sollten nun aber vor allem auch *langfristig* nachhaltig gefördert und intensiviert werden.

Im Augenblick gelten noch die »Kleinen Tiger« – die exportintensiven Staaten Südostasiens – als Geschäftspartner der Zukunft mit künftig rasch steigender Bedeutung. Was jedoch wirtschaftliche Dynamik und Innovationspotential anbetrifft, werden die Kaufleute und Unternehmer des islamischen Orients – vor allem nach der zu erwartenden Beilegung des Konflikts zwischen Israel und den Arabern – in absehbarer Zeit gleichziehen können. Sie werden dann aber zusätzlich imstande sein, fast unbegrenzte Kapitalien in den Wirtschaftskreislauf einzuschleusen. Denn bei steigender Nachfrage und sehr begrenzten Vorräten wird der Preis der Ressource Erdöl auf längere Sicht steil ansteigen, und mehr als zwei Drittel der Welt-Erdölvorräte liegen im Orient.

Literatur

Braudel, Fernand 1979. Civilisation matérielle, économie et capitalisme, XVe-XVIIIe siècle. Tome 2: Les jeux d'échange. Paris.

Cahen, Claude 1940. La Syrie du Nord à l'époque des croisades et la principauté franque d'Antioche. Paris.

Endres, Rudolf 1977. Zur Lage der Nürnberger Handwerkerschaft zur Zeit von Hans Sachs. In: Jahrbuch für Fränkische Landesforschung 37, 107–123.

Gaube, Heinz/Wirth, Eugen 1984. Aleppo. Historische und geographische Beiträge zur baulichen Gestaltung, zur sozialen Organisation und zur wirtschaftlichen Dynamik einer vorderasiatischen Fernhandelsmetropole. Text- und Kartenband, Wiesbaden.

Herder-Dorneich, Philipp 1988. Systemdynamik. Systeme im Wandel und ihre Probleme. Baden-Baden.

Herder-Dorneich, Philipp 1992. Neue Politische Ökonomie. Eine kurzgefaßte Hinführung. Rückblick–Anwendung–Ausblick. Baden-Baden.

Heyd, Wilhelm 1879. Geschichte des Levantehandels im Mittelalter. 2 Bände, Stuttgart. (Reprint Hildesheim 1971).

Heynen, Reinhard 1905. Zur Entstehung des Kapitalismus in Venedig. Dissertationsdruck Stuttgart. (Münchener Volkswirtschaftliche Studien 71).

Hopfinger, Hans (Hrsg.) 1994. Privatization and economic liberalization in socialist Arab countries. Internationale FORAREA-Konferenz in Schloß Banz/Ofr. vom 23.–26. Februar 1994.

Irsigler, Franz 1979. Stadt und Umland im Spätmittelalter: Zur zentralitätsfördernden Kraft von Fernhandel und Exportgewerbe. – In: E. Meynen (Hrsg.): Zentralität als Problem der mittelalterlichen Stadtgeschichtsforschung. Köln-Wien, 1–19.

Kévonian, Kéram 1975. Marchands arméniens au XVIIe siècle. A propos d'un livre arménien publié à Amsterdam en 1699. Cahiers du Monde russe et sovietique 16, 2, 199–244.

Rühl, Alfred 1925. Vom Wirtschaftsgeist im Orient. Leipzig.

Ward, David 1971. Cities and immigrants. A geography of change in 19th Century America. New York, 90–100.

Weber, Max 1964. Wirtschaft und Gesellschaft. Grundriß der verstehenden Soziologie. Studienausgabe, 2 Halbbände, Köln-Berlin.

Wirth, Eugen 1956. Der heutige Irak als Beispiel orientalischen Wirtschaftsgeistes. In: Die Erde, 30–50.

Wirth, Eugen 1975/76. Zum Problem des Bazars (sūq, çarşi). Versuch einer Begriffsbestimmung und Theorie des traditionellen Wirtschaftszentrums der orientalisch-islamischen Stadt. In: Der Islam 51, 203–260; 52, 6–46.

Wirth, Eugen 1991. Alep dans la première moitié du XIXe siècle. Un exemple de stabilité et de dynamique dans l'économie ottomane tardive. In: Revue du Monde Musulman et de la Méditerranée, 62, 133–149.

JÜRGEN OSTERHAMMEL

Markt und Macht in der Modernisierung Asiens: Japan, China und Indien

I.

Die weltweite wirtschaftliche Entwicklung während des letzten halben Jahrtausends ist vor allem durch vier Innovationsschübe geprägt worden:

1. die Herstellung eines interkontinentalen Tauschzusammenhanges während der Frühzeit der europäischen Expansion (seit etwa 1480);
2. die Industrielle Revolution, also den Beginn eines durch Maschinentechnologie ermöglichten kontinuierlichen und stetigen Wachstums des durchschnittlichen Pro-Kopf-Realeinkommens in den davon erfaßten Regionen (seit etwa 1780);
3. die »corporate revolution«, also die Erfindung und Verbreitung der bürokratisch organisierten, horizontal wie vertikal integrierten, teilweise durch breit gestreute Publikumsbeteiligung finanzierten Kapitalgesellschaft, kurz: des modernen »Großkonzerns« (seit etwa 1880);
4. die elektronische Revolution, also die Steuerung von Produktion, Märkten und Kommunikationsvorgängen durch global vernetzte, den Zeitfaktor minimierende Datenverarbeitung (seit etwa 1960).

Die ersten beiden dieser vier Prozesse gingen von Europa aus, der dritte von den USA und Europa, der vierte von den USA mit starker europäischer und japanischer Beteiligung. Alle vier Prozesse hatten weltweite Auswirkungen. Durch sie wurden die »entwickelten« Weltgegenden oder, wie man in der Theorie der internationalen Beziehungen sagt, »Metropolen«, von denen die

Impulse jeweils ausstrahlten, mit »rückständigen« Empfängerregionen oder »Peripherien« verbunden. Die frühe europäische Expansion schuf einen Handelszusammenhang, der Europa, Nordamerika (Pelzhandel), Süd- und Mittelamerika (Edelmetallausfuhr, Sklaveneinfuhr), die Karibik (Sklavenimport, Zuckerexport), Afrika (Sklavenhandel) und Asien (Edelmetalleinfuhr, Export von Gewürzen, Seide, Textilien) miteinander verknüpfte. Die globalen Warenströme – auch Sklaven zählten allein als Handelsgüter – waren in der damaligen Welt unübersehbar: Sie materialisierten sich in militärisch geschützten Handelsflotten auf den Weltmeeren, in dem lebhaften Treiben in den Überseehäfen aller Kontinente, in den Kolonialwaren, die die Europäer nun konsumierten. Daneben gab es aber auch nahezu unsichtbare Zusammenhänge, die den Zeitgenossen verborgen blieben. Ein gutes Beispiel sind die Silberzuflüsse nach Ostasien, die auf unterschwellige Weise etwa die chinesische Binnenkonjunktur des 16. bis 18. Jahrhunderts regulierten und deren vorübergehendes Stocken man sogar für die terminale Krise der 1644 gestürzten Ming-Dynastie mitverantwortlich gemacht hat.

Die Industrialisierung, also der zweite Innovationsschub, führte zunächst dazu, daß die Produkte der europäischen Leichtindustrie, vornehmlich Textilien, in alle Welt verkauft wurden. In einer zweiten und folgenreicheren Phase exportierten Europa und die USA die Erzeugnisse ihrer Schwerindustrie: Fertigungsmaschinen und komplette Fabriken, Dampfschiffe, Artillerie sowie die weltgeschichtlich wichtigste Apparatur des 19. Jahrhunderts: die Dampfmaschine auf Rädern, die Eisenbahn. 1906, am Ende der heroischen Phase der Schienenerschließung des Inneren aller Kontinente, besaßen nur wenige kleine, randständige oder dünn besiedelte Länder keine Bahnen: Finnland, das Baltikum, Albanien, Britisch-Borneo, Französisch-Marokko, Neukaledonien. Nach den USA (dem nach dem Umfang seines Streckennetzes mit Abstand führenden Land), Deutschland, Rußland und Frankreich verfügte Indien über das fünftgrößte Eisenbahnsystem der Welt: ein Beispiel massiven Techniktransfers in ein »unterentwickeltes« Land. Von Technologietransfer kann allerdings weniger die Rede sein. Zwar waren indische Werke seit 1865 imstande, Lokomotiven herzustellen, doch kam es nicht zum Aufbau einer nennenswerten indischen Eisenbahnindustrie. Bis 1941 wurden nur 700 Lokomotiven in Indien gefertigt, aber 12000 aus Großbritannien importiert.

Prozesse Nr. 3 und Nr. 4 waren und sind weniger anschaulich faßbar. Die »corporate revolution« kann man, wenn man den Begriff sehr weit faßt, schon in der frühen Neuzeit beginnen lassen: Die am weitesten ausgebauten unter den europäischen »Chartered Companies«, nämlich die englische East India Company (EIC) und die holländische Vereenigde Oost-Indische Compagnie (VOC), waren auf dem Höhepunkt ihrer Entwicklung, etwa in dem Jahrhundert nach 1680, die größten und am kompliziertesten organisierten Einrichtungen des nichtstaatlichen Handels auf der Welt. Sie waren bereits bürokratisch organisiert, multinational und sogar transkontinental tätig und durch Finanzierung über Frühformen des Kapitalmarktes von Familienvermögen und politischer Gunst unabhängig. Mit anderen Worten: Sie konnten nicht ohne weiteres bankrott gehen.

Die eigentliche »corporate revolution« war jedoch diejenige, die gegen Ende des 19. Jahrhunderts zum Entstehen riesiger Industriekonzerne führte. Sie waren nicht länger Familienbetriebe, sondern wurden von angestellten Managern im Namen und Auftrag einer oft breitgefächerten Eigentümerschaft geführt. Diese Konzerne mußten nicht notwendig »multinational« sein, wurden es aber häufig im Zuge der enormen Expansion der Weltwirtschaft, die im achten Jahrzehnt des 19. Jahrhunderts einsetzte. Anders als die Charter-Kompanien in der Epoche des frühneuzeitlichen Merkantilismus, verfügten sie nicht über staatlich verbriefte Monopole, konnten sich aber oft durch schiere Marktmacht monopolartige oder oligopolistische Stellungen sichern. Im Unterschied zu EIC und VOC brachten sie nicht nur den Handel, sondern vielfach auch die Urproduktion unter ihre Kontrolle, indem sie selber in die Gewinnung und

Herstellung von Handelsgütern investierten. Mit oft erheblichem Kapitalaufwand legten sie Plantagen und Fabriken an, Bergwerke und Ölförderinstallationen. Die frühen multinationalen Konzerne der Zeit zwischen etwa 1880 und 1920 tätigten also in großem Umfang Direktinvestitionen in den Ländern, die man um die Mitte des 20. Jahrhunderts als »Dritte Welt« bezeichnen würden. Spezielle Kolonial- und Überseebanken wurden gegründet, um neben dem Handel mit Lateinamerika, Asien und Afrika auch das Anleihengeschäft mit diesen Ländern und den direkten Kapitalexport in sie zu organisieren. Schließlich waren diese multinationalen Konzerne viel besser als frühere Unternehmensformen geeignet, überseeische Märkte tiefenwirksam zu »erobern«. Zu diesem Zweck bauten sie eigene große Vermarktungsnetze auf. Dadurch wurden sie von einheimischen Händlern unabhängig und konnten zugleich durch Reklame und Serviceangebote ihre Markenartikelnamen bekannt machen und durchsetzen.

Imperial Chemical Industries (ICI) unterhielt für den Verkauf von Kunstdünger und Farben in Indien Mitte der 1930er Jahre über den ganzen Subkontinent verstreut 1500 Depots und beschäftigte 2500 Angestellte und 15000 Verteiler. Die British-American Tobacco Corporation (BAT) betrieb in China ein noch umfangreicheres Vertriebssystem für Zigaretten. Sie verkaufte auf diesem Wege in zunehmendem Maße Produkte, die sie in sieben großen Tabakfabriken in Shanghai und anderen chinesischen Städten herstellte – ein Lehrbuchbeispiel konzerninterner Importsubstitution. Die neue Gewohnheit des Zigarettenrauchens brachte sie den Chinesen in aufwendigen Werbekampagnen nahe. Mao Zedong, einer der rabiatesten Anti-Imperialisten des 20. Jahrhunderts, war ein großer Freund des Nikotins. Ob er ausländische Zigaretten konsequent verschmähte, ist nicht bekannt.

Der vierte der großen Innovationsschübe, die elektronische Revolution der letzten Jahrzehnte, bedarf keiner näheren Erläuterung und fällt auch aus dem Rahmen unserer Diskusion. Es mag aber daran erinnert werden, daß die für diesen Prozeß charakteristische Reduzierung des Zeitfaktors in der weltweiten Informationsübermittlung, die es heute ermöglicht, große Datenmengen innerhalb von Sekunden um den Globus zu schicken, einen Vorläufer hat: die Verkabelung des Erdballs durch transozeanische Tiefseeleitungen für den Telegraphenverkehr. Sie begann 1866 mit einer Verbindung zwischen Irland und Neufundland, also zwei britischen Besitzungen. Einen wichtigen Anstoß zur Einrichtung von Telegraphenverbindungen zwischen den Kontinenten gab ein offen imperiales Motiv: der Wunsch, die Verbindung zwischen London und Indien zu verbessern. Dies gelang 1870. Wenige Jahre später wurden Australien und Neuseeland, also der fünfte Kontinent, von Indonesien (Holländisch-Indien) aus an das Kabelnetz angeschlossen, nach 1879 schließlich die Zentren des europäischen Kolonialismus in Afrika.

Die Einführung der interkontinentalen Telegraphie kam einer frühen Nachrichtenrevolution gleich: Waren Briefe von London nach Hongkong 1860 noch im günstigsten aller Fälle – auf einem schnellen Teeklipper bei guten Winden – 43 Tage unterwegs, so verkürzte sich nach der Verkabelung der südchinesischen Kronkolonie im Jahre 1871 die Übermittlungszeit auf wenige Stunden. Die telegraphische Erreichbarkeit der außereuropäischen Peripherien legte eigenwillige Kolonialbeamte an die Kandare ihrer Vorgesetzten in den Hauptstädten; es war nun schwieriger, Willkürlichkeiten durch das Fehlen von Instruktionen aus London oder Paris zu entschuldigen. Sie verbesserte die Chancen aktueller Reportage: Über den gigantischen Taiping-Aufstand, der in den Jahren 1850 bis 1864 das chinesische Kaiserreich erschütterte, erfuhr man in Europa verhältnismäßig wenig; spektakuläre Ereignisse der Jahrhundertwende wie der chinesische Boxeraufstand von 1900, der Burenkrieg oder der Spanisch-amerikanische Krieg von 1898 konnten hingegen dank fleißig kabelnder Korrespondenten in den neuesten Ausgaben der Tageszeitungen mitverfolgt werden. Auch für den Wirtschaftsverkehr bedeutete die Telegraphie einen tiefen Einschnitt. Die Märkte in Übersee reagierten fortan weitaus schneller und empfindlicher auf Signale aus den Metropolen; Zahlungsmodalitäten ließen sich durch telegraphische Anweisung erheblich vereinfachen; und die Möglichkeit des raschen Bestellens beim Erzeuger verminderte die Kosten teurer Lagerhaltung und öffnete manche Geschäftszweige für gering kapitalisierte Neueinsteiger. So trug auch schon die »kleine« – die elektrische vor der elektronischen – Kommunikationsrevolution des späten 19. Jahrhunderts dazu bei, daß Europa und die USA ihren Zugriff auf Lateinamerika, Asien und Afrika um ein weiteres Stück verstärken konnten. Es gibt keine anschaulichere Illustration der Macht des britischen Empire als eine Weltkarte, die zeigt, daß am Vorabend des Ersten Weltkriegs 60 Prozent der Seekabel, darunter die wichtigsten, zwischen Stationen verliefen, die dem Schutz der Royal Navy unterstanden.

II.

Der zweite und der dritte Innovationsschub sind besonders wichtig und interessant, weil sie in engem Zusammenhang mit der Entstehung und Entwicklung eines einheimischen Kapitalismus in den größeren Ländern Asiens stehen. Unter Universalhistorikern ist es ein beliebtes Gedankenspiel darüber zu spekulieren, warum vor Nordwesteuropa nicht zum Beispiel die Region am Unterlauf des Yangzi, also das Hinterland Shanghais und Nanjings, den Durchbruch zur Industrialisierung schaffte. Oder man mag Phantasien darüber ausspinnen, was passiert wäre, wenn in den 1430er Jahren die großen See-Expeditionen des chinesischen Admirals Zheng He im Indischen Ozean fortgesetzt und zum Aufbau eines chinesischen Überseeimperiums vorangetrieben worden wären: Hätte China, nicht Europa das »moderne Weltsystem« (Immanuel Wallerstein) geschaffen? Solche Überlegungen sind reizvoll, bringen aber letztlich keinen größeren Erkenntnisgewinn. Es bleibt eine Tatsache, daß die Industrialisierung asiatischer Länder erst durch die Einwirkung

Europas während des 19. Jahrhunderts angestoßen wurde. Dies freilich geschah nicht im Kunstraum eines Laborexperiments, sondern auf der Grundlage jeweils besonderer Voraussetzungen: zum einen der Verhältnisse in den einzelnen Regionen Asiens vor dem Kontakt mit dem europäischen Kapitalismus, zum anderen der spezifischen Formen des politischen Vorgehens der Westmächte. In dieser zweiten Hinsicht finden sich große Unterschiede zwischen den historischen Erfahrungen Indiens, Chinas und Japans.

Indien (im Sinne von Südasien, also unter Einschluß der nachkolonialen Staaten Pakistan und Sri Lanka) wurde zum Prototyp der tropischen Kolonie. Es war nicht nur die bevölkerungs- und ressourcenreichste aller europäischen Kolonien, sondern auch ein besonders lange von Fremden regiertes Land. Nach einer Periode sich stetig verstärkender Handelsbeziehungen erlangten die Briten in den 1760er Jahren den unmittelbaren Zugriff auf die Reichtümer Bengalens und begannen dann von dort aus eine Politik des Krieges und der Intrige, die sie gegen 1820 zu Herren über die wirtschaftlich leistungsfähigsten Regionen des Subkontinents gemacht hatte. Sie blieben es bis 1947.

China konnte sein Territorium länger und erfolgreicher gegen die Europäer verteidigen. Bis zum Opiumkrieg von 1840 bis 1842 gestattete es den europäischen Ostindienkompanien einen regen Handel, aber zu seinen eigenen Konditionen. Die europäischen Kaufleute, die vorwiegend an Tee, Seide und Porzellan interessiert waren, mußten sich in der südlichen Hafenstadt Kanton aufhalten, durften das Landesinnere nicht betreten und hatten es mit einem halbstaatlichen chinesischen Monopol zu tun, das im allgemeinen die eigene Position zu wahren verstand. Nach seiner Niederlage im Opiumkrieg wurde China »geöffnet«, jedoch nur in kleinen Schritten. In »Ungleichen Verträgen« ließen sich die Ausländer Sonderrechte verbriefen: Zulassung ausländischer Handelstätigkeit in einigen genau festgelegten Städten, den sogenannten »Treaty Ports«; Extraterritorialität, das heißt die Immunität von Angehörigen der Vertragsmächte gegenüber chinesischem Recht und gegenüber Steuerforderungen des chinesischen Staates; Einräumung von städtischen Gebietsenklaven, den »Konzessionen« oder »Niederlassungen«, die de facto von ausländischen Behörden regiert wurden; Verzicht Chinas auf selbständige Festlegung seiner Außenzölle, also Freihandel. Dieses Privilegiensystem wurde in seinen Grundzügen bis 1860 aufgebaut. Es galt mit seinen Kernbestimmungen zumindest auf dem Papier bis 1943.

Auch wenn sich nach der Niederlage Chinas im Krieg gegen Japan 1895 der Zugriff der Ausländer festigte und man für die Zeit von da an bis zum japanischen Überfall auf das chinesische Küstenland 1937, ja, bis zum Zusammenbruch des japanischen Raubimperiums im Sommer 1945 ohne Übertreibung von der Epoche des Imperialismus in China sprechen kann, wurden nur Randgebiete des chinesischen Reiches für längere Zeit offener Kolonialherrschaft unterworfen: Hongkong (1842-1997), Taiwan (1895-1945), die Mandschurei (1905/31-1945). China war nicht, wie Indien, eine Kolonie, sondern ein eigentümliches Gebilde gemischter Souveränitäten, das man mangels einer besseren Alternative als »Halbkolonie« bezeichnen kann.

Kein Teil Japans – sieht man von den Kurilen ab, um die Rußland und Japan sich seit langem streiten – ist jemals kolonial besetzt worden. Auch eine »Halbkolonie« im chinesischen Sinne ist Japan nie geworden. Es hatte sich unter den Shogunen aus dem Hause Tokugawa (1603-1868) während der frühen Neuzeit eher noch stärker von der Außenwelt abgeschottet als das Reich der Qing-Dynastie (1644-1911) und war nach einer friedlichen Kontaktaufnahme amerikanischer Kriegsschiffe im Jahre 1853 dann 1858 ebenfalls »geöffnet« worden. Auch Japan mußte Ungleiche Verträge unterzeichnen, Treaty Ports einräumen sowie Extraterritorialität und Freihandel zugestehen. Doch schon 1895 war es dieser Bürden so gut wie ledig und konnte sich mit seinem Vorgehen gegen seinen alten kulturellen Lehrmeister China selber unter die imperialistischen Mächte einreihen. Der Chinesisch-japanische Krieg von 1894/95 war ein

Scheidepunkt in der Entwicklung *beider* Länder. Sie drifteten nun nicht mehr, wie in den Jahrzehnten zuvor, langsam auseinander, sondern gerieten auf einen Konfrontationskurs, der im Grunde erst mit der Normalisierung der diplomatischen Beziehungen 1972 beendet wurde. Die Befreiung von ausländischem Druck war Japan aus mehreren Gründen möglich: Die Westmächte erhofften sich von dem kleinen japanischen Markt weniger als von dem großen chinesischen und vertraten daher ihre Forderungen mit geringerer Nachdrücklichkeit. Die japanischen Machthaber hatten das Schicksal Chinas nach 1840 vor Augen und verhandelten deshalb von Anfang an vorsichtiger. Vor allem nutzte Japan nach einem Machtwechsel innerhalb seiner politischen Klasse, der sogenannten Meiji-Restauration von 1868, das Intermezzo eines vorübergehend nachlassenden europäisch-amerikanischen Interesses an Ostasien, um sich durch Reformen dem Westen ähnlicher zu machen und sich ihm als Partner eher denn als Unterdrückungs- und Ausbeutungsobjekt anzubieten. Diese Strategie gelang.

Drei Fälle also: eine Kolonie, eine Halbkolonie und ein im wesentlichen souverän bleibendes asiatisches Land, das selber in den Jahren seiner größten wirtschaftlichen Transformation zur Kolonialpolitik überging. Das langfristige Resultat ist bekannt: Japan, das um 1850 seine »industrielle Lehrzeit« begonnen hatte, überschritt Mitte der 1880er Jahre die Schwelle zu »modernem«, industriell angetriebenem Wirtschaftswachstum und wurde innerhalb eines Jahrhunderts zum größten industriellen Produzenten der Erde, zu einem Land, das seine »nachholende« Modernisierung längst abgeschlossen hat und inzwischen die Konkurrenz einer neuen Generation asiatischer Aufsteiger – Südkorea, Taiwan, Singapore, Malaysia u. a. – fürchten muß. Indien hat sich aus dem schlimmsten Elend befreit, kämpft aber seit den 1970er Jahren weiterhin ohne hoffnungerweckende Wachstumsperspektiven mit Problemen, die nicht mehr alle dem Erbe des Kolonialismus angelastet werden können. China – genauer: die Volksrepublik China – hat nach Jahrzehnten von Krieg, Bürgerkrieg und wirtschaftlich ruinösen kommunistischen Experimenten Wachtumsraten erreicht, die Respekt, aber noch kein Vertrauen in ihre Dauerhaftigkeit und in die Stabilität der sie tragenden Strukturen einflößen. Das relative Gewicht der Industrie innerhalb seiner Volkswirtschaft ist größer als in Indien, das Bruttosozialprodukt pro Kopf liegt geringfügig höher als dort, beträgt aber nur ein Sechzigstel des japanischen. Nach dem »Human Development Index« der Vereinten Nationen, der die Merkmale Lebenserwartung der Menschen, Bildung und materiellen Lebensstandard kombiniert, rangierte Japan 1990 auf Platz 1 der Weltliste, die VR China auf Platz 101, Indien an 134. Stelle. Seit China in erheblichem Umfang marktwirtschaftliche Elemente zugelassen hat und vom »Sozialismus« zu einer Art von fragmentiertem Staatskapitalismus übergegangen ist, unterscheiden sich die drei Länder nicht mehr grundsätzlich nach der Art ihrer wirtschaftlichen Systeme: Es handelt sich um drei Spielarten von organisiertem Kapitalismus.

III.

Es kann in einem kurzen Aufsatz nicht darum gehen, komplette Erklärungen dafür anzubieten, warum Japan die Impulse aus dem Westen nahezu umgehend verarbeitete und zur Überwindung einer Krise nutzte, in die das Ancien régime des Tokugawa-Feudalismus seit etwa dem Ende des 18. Jahrhunderts geraten war, warum hingegen in Indien und China im 19. und frühen 20. Jahrhundert für ähnliche Krisen keine konstruktiven und tragfähigen Lösungen gefunden wurden. Diese höchst diffizilen Fragen sind unter Fachleuten nach wie vor heftig umstritten. Es sollen hier allein einige vergleichende Überlegungen zum Thema »Macht und Markt« angestellt werden.

Sofern man den polyzentrischen, multikulturellen Flickenteppich Indien, das nur mit größter Anstrengung von einer kleinen Bürokratie zentralistisch regierte Kaiserreich China und den ethnisch und kulturell homogenen, relativ wohlgeordneten Inselstaat Japan mit seiner Bevölkerung von weniger als einem

Zehntel der chinesischen überhaupt miteinander vergleichen kann, läßt sich feststellen: Alle drei Länder konnten im 18. Jahrhundert ihre Bevölkerung auf demjenigen niedrigen Niveau auskömmlich ernähren, das man auch vom vormodernen Kontinentaleuropa kennt. Dem japanischen oder chinesischen Bauern ging es um 1750 nicht schlechter als dem französischen. Alle drei Länder kannten starke marktwirtschaftliche Elemente. Ein erheblicher Teil der bäuerlichen Produktion ging auf den Markt; Fernhandel wurde von leistungsfähigen Kaufmannsfamilien und -organisationen über große Distanzen erfolgreich organisiert. In Indien waren die Handelsnetze vielfach infolge der chaotischen politischen Zustände zerrissen worden, die nach dem Tod des letzten zentralisierenden Mogulkaisers, Aurangzeb, im Jahre 1707 um sich gegriffen hatten. Die indische Marktwirtschaft war daher stärker lokalisiert, während sich in den innerlich befriedeten Herrschaftsgebieten der Qing- und der Tokugawa-Dynastie (samt der ihr untertänigen Territorialfürsten) gegenläufige Tendenzen in Richtung auf die Integration eines »nationalen Marktes« abzeichneten. In allen drei Ländern kann von einem »asiatischen Despotismus«, der den Handel systematisch unterdrückt und ausgesaugt hätte, im 18. Jahrhundert keine Rede sein. Überall griff der Staat allenfalls punktuell in die Wirtschaft ein, gab es große Spielräume für die freie Entfaltung von Privatinteressen.

Innerhalb der japanischen Gesellschaft der Tokugawa-Zeit bereiteten sich zahlreiche Entwicklungen vor, die sich später beim Kontakt mit dem Westen günstig auswirken sollten. Vier davon sind besonders wichtig. Erstens erlebte Japan seit etwa der Mitte des 17. Jahrhunderts einen Urbanisierungsboom, der es nach England und den Niederlanden zu derjenigen Gegend der Welt mit dem dritthöchsten Anteil von städtischer Bevölkerung machte. Die großen Städte, besonders Edo/Tokyo und Osaka, wurden zu dynamischen Kraftpunkten des Wirtschaftslebens. In China hingegen waren die großen Städte meist primär Verwaltungssitze. Das kommerzielle Leben spielte sich eher in

Städten kleinerer Größenordnung ab, es war weniger konzentriert, breiter verteilt. Zweitens war die Kaufmannschaft, die in den Städten saß, in Japan eine stabilere soziale Schicht als in China. Die chinesischen Kaufleute waren meist Zuwanderer von auswärts. Die einzelnen Branchen des Fernhandels lagen in den Händen von Händlern aus jeweils besonderen Landesteilen: Die meisten Bankiers stammten aus der Provinz Shanxi, die meisten Salzhändler aus der Stadt Yangzhou usw. Außerhalb ihrer Heimatprovinz waren sie daher nur Gäste und konnte sich nicht zu einem ortsansässigen Patriziat entwickeln. Auch wollte der chinesische Kaufmann nicht Kaufmann bleiben. Er strebte für sich selbst, zumindest aber für seine Söhne nach Lebensstil und Prestige eines grundbesitzenden Gelehrten, der in den staatlichen Beamtenprüfungen einen Titel erlangt oder ihn sich gekauft hatte. Paradoxerweise führte das in unseren Augen moderner erscheinende chinesische Gesellschaftssystem, in dem es keine feudale Aristokratie gab und sozialer Auf- wie Abstieg an der Tagesordnung war, dazu, daß eine Kaufmannschaft kaum Profil gewinnen konnte. Sie war eine flüchtige Zwischenschicht.

Drittens war der japanische Handel ohne die vielen Zwischenhändler und Makler organisiert, die in Indien und China die Handelsketten in die Länge streckten und jede Übersicht verhinderten. In Japan hingegen gab es integrierte Systeme: Ein und dasselbe Handelshaus besorgte sich die Ware beim Erzeuger und brachte sie ohne zusätzliche Makler und Vermittler an den Endverbraucher. Die Folge war ein hohes Maß an Markttransparenz. Dies wirkte sich in der zweiten Hälfte des 19. Jahrhunderts besonders günstig auf Produktion und Export von Seide aus, einen der großen Wachstumsmotoren der Meiji-Zeit. Durch niedrige Preise, regelmäßige Lieferung und gleichbleibend hohe Qualität fegte Japan die bis dahin dominierende chinesische Seidenwirtschaft, die all das nicht bieten konnte, vom Weltmarkt. Viertens schließlich lag ein wichtiger Vorteil Japans darin, daß ein größerer Teil der bäuerlichen Bevölkerung als in China und Indien Bekanntschaft mit »proto-industriellem« Hausgewerbe gemacht hatte. Die Initiative dazu lag hauptsächlich bei eher ländlichen Händlern, die sich eine neue Betätigung als semikapitalistische »Verleger« schufen. Dadurch entstand ein Reservoir an erfahrenen Arbeitskräften, auf das die Industrie des 19. Jahrhunderts zurückgreifen konnte.

IV.

Lange Zeit herrschte die Ansicht vor, die wirtschaftliche Modernisierung Japans nach der Landesöffnung sei ausschließlich eine Leistung des Staates, also einer kleinen Gruppe weitsichtiger Ex-Samurai, die 1868 als Parteigänger des bis dahin machtlosen Kaisers die Macht ergriffen hatten. Das ist nicht falsch. Aber es muß gesehen werden, daß zum Zeitpunkt dieser »Meiji-Restauration« in Japan als einzigem Land Asiens eine soziale Schicht existierte, die starke Ähnlichkeiten mit dem westeuropäischen Bürgertum aufwies. Um überzogene Parallelen zu vermeiden, ist es vielleicht besser, sich mit der Vorsicht des Ökonomen auszudrücken: In Japan gab es eine relativ große Anzahl von Menschen, überwiegend Kaufleuten und reichen Bauern im städtischen Umfeld, die gelernt hatten, *unternehmerisch* zu handeln, sich also (im Sinne Joseph A. Schumpeters) neue wirtschaftliche »Kombinationen« auszudenken. Zugleich verfügten viele von ihnen über angehäufte Kapitalien oder über Zugang zu den Institutionen des Bankgewerbes. Es waren vornehmlich diese »bürgerlichen« Proto-Unternehmer und erst an zweiter Stelle wirtschaftlich wagemutige Mitglieder des niederen Adels, der Samurai, aus denen die erste Generation japanischer Unternehmer hervorging. Als die Landesöffnung neue Chancen des Außenhandels bot und als man in Japan direkten Kontakt mit westlicher Technologie machen konnte, die man bis dahin hauptsächlich über holländische und englische Bücher kennengelernt hatte, da war in höherem Maße als in China und Indien das unternehmerische Potential vorhanden, um eigene moderne Wirtschaftsorganisationen aufzubauen. Die Impulse des industriellen Innovationsschubs fanden daher rasch ein Echo in der japanischen Wirtschaftskultur. Ohnehin war der Staat in der letzten Phase (1853–1868) des Tokugawa-Shogunats kaum mehr handlungsfähig. Die frühesten wirtschaftlichen Reaktionen auf die Landesöffnung beruhten nahezu alle auf privaten Initiativen.

Freilich darf der Gegensatz »staatlich-privat« nicht übertrieben werden. Man neigt dazu vor dem Hintergrund der europäischen Erfahrung. Weder vor noch nach 1868 gab es in Japan eine neutral über den Niederungen der Privatgeschäfte schwebende Bürokratie. Die wirtschaftlich aktiven (Ex-) Samurai und die um politische Protektion ersuchenden Kaufleute und Finanziers brauchten einander; es kam im letzten Drittel des 19. Jahrhunderts zu einer in ganz Asien einmaligen Symbiose von Geschäft und Politik. Die für Meiji-Japan charakteristischen großen Familienkonzerne, die *zaibatsu* (der berühmteste war und ist Mitsubishi), gingen überwiegend auf politisch besonders wohlverbundene Kaufleute zurück. Ihnen übertrug der Staat zeitlich befristete Monopole. In der nächsten Phase betrieb er dann eine aktive Industriepolitik: Der Staat initiierte und finanzierte Pilotprojekte, um sie preiswert zu verkaufen, sobald sie in Gang gekommen waren und das Interesse privater Geschäftsleute gefunden hatten. Weiterhin kümmerte sich der Staat im Rahmen einer umfassenden Reform, die auch für die Modernisierung der Verwaltung, des Rechtswesens, des Militärs, des Bildungssystems und vieler anderer Bereiche sorgte, um den Ausbau der Infrastruktur. Die Meiji-Regierungen setzten zudem geld- und währungspolitische Instrumente bereits zu einer Zeit gezielt ein, als dies in Europa noch keineswegs üblich war. So wurde Anfang der 1880er Jahre das Mittel der Deflation benutzt, um die Wirtschaftsstruktur auf eine gesunde Basis zu stellen. Trotz solcher Interventionen lag der Schwerpunkt der Meiji-Reformen auf der Bereitstellung eines institutionellen Rahmens, der möglichst günstige Bedingungen für die Privatwirtschaft schaffen sollte. Die Meiji-Politik war also nicht dirigistisch im heutigen Sinne, und sie strebte nicht nach staatlicher

Wirtschaftsmacht als Selbstzweck. In China hingegen haben Regierungen immer wieder versucht, die ihnen verdächtige Sphäre des privaten Unternehmertums unter ihre Kontrolle zu bringen. Da dies vor 1949 selten mit positiven Vorstellungen von einer Entwicklungsaufgabe des Staates verbunden war, löste es unweigerlich Verwirrung aus.

Zu den erstaunlichsten Seiten Japans im 19. Jahrhundert gehört die Fähigkeit eines unkorrupten Staates, bei aller Nähe zu privaten Interessen immer wieder eine Politik zu konzipieren und auszuführen, die gemeinwohlorientiert war, also – soweit das in einer Klassengesellschaft möglich ist – den nationalen Vorteil im Auge behielt. Um dies zu erklären, muß man über die Ökonomie hinausblicken: Die Meiji-Oligarchen segelten geschickt unter dem Banner der wiederbelebten kaiserlichen Institution, konnten aber dennoch nicht vergessen machen, daß sie die Macht im Grunde ohne Mandat usurpiert hatten. Niemand hatte sie beauftragt oder gewählt, und um ihre Legitimität stand es keinen Deut besser als um diejenige der abgesetzten Tokugawa-Dynastie. Dieses Defizit versuchten die kleinen Herrscherzirkel der frühen Meiji-Zeit dadurch auszugleichen, daß sie sich als Leistungselite definierten. Ein weiteres kommt hinzu: Der japanische Nationalismus prägte sich früher aus als der indische und erst recht als der chinesische und stellte schon bald den Gedanken in den Mittelpunkt, daß die Kräfte der Nation auf den wirtschaftlichen Aufbau konzentriert werden müßten. Daher erhielt jedes staatliche Reformdekret und jede private Firmengründung die Weihe einer patriotischen Tat. Diese Verbindung von Kapitalismus und Nationalismus findet sich in keinem der anderen großen Länder Asiens.

Den ersten, den industriellen, Innovationsschub nutzte Japan um zu lernen. Ausländische Fachleute wurden ins Land geholt, aber niemals in Positionen installiert, von denen sie wirkliche Macht hätten ausüben können. Sie blieben hochbezahlte Berater. Anders als gleichzeitig die ägyptischen oder osmanischen Modernisierer hüteten sich die Meiji-Strategen vor der Abhängigkeit von ausländischen Krediten. Bis zur Jahrhundertwende finanzierte sich das japanische Wirtschaftswunder weitgehend selbst. Als die »corporate revolution« Asien erreichte, traf sie in Japan auf beträchtlichen Widerstand. Die großen *zaibatsu*-Unternehmen konnten es mit den westlichen Konzernen durchaus aufnehmen und kapitulierten keineswegs vor deren Organisationskraft. Sie fanden dabei staatliche Unterstützung. In Japan ging daher der Einfluß ausländischer Firmen während der letzten Jahrzehnte des 19. Jahrhunderts kontinuierlich zurück; sie wurden marginalisiert. In China verlief ein umgekehrter Prozeß. Erst die um die Jahrhundertwende auftretenden multinationalen Konzerne durchdrangen den chinesischen Markt in seiner Tiefe und überrollten die schwache einheimische Konkurrenz. Auf dem Höhepunkt der ausländischen Wirtschaftspräsenz in China, etwa von 1920 bis 1937, bedurften die stärksten »Multis« schon nicht mehr der Instrumente des alten Imperialismus, also der Privilegien der Ungleichen Verträge. Sie wußten ihre Interessen mittels ihrer Marktmacht selbständig zur Geltung zu bringen. Die »corporate revolution«, die an Japan abprallte, ergriff China mit Vehemenz, ohne allerdings zu nennenswerten Lerneffekten zu führen.

V.

Wie verhielten sich Markt und Macht im China des 19. Jahrhunderts zueinander? Die Macht der bewaffneten Europäer hatte den Opiumkrieg für sich entschieden, konnte aber den chinesischen Markt nicht öffnen. Mit Kanonenbooten ließ sich erzwingen, daß der chinesische Hof einen Ungleichen Vertrag nach dem anderen unterschrieb, immer neue Städte zu Treaty Ports erklärte und schrittweise wichtige Souveränitätspositionen räumte. Ein Kanonenboot im Hafen, das droht und schlimmstenfalls ein Massaker anrichtet, ist jedoch nicht unbedingt ein guter Werbeträger für europäische Exporte. Das Gegenteil war oft genug der Fall, und die chinesische Bevölkerung gewöhnte sich mit der Zeit an die Methode des Boykotts, um dies deutlich zu machen. War also erst einmal der Rahmen fremder Wirtschaftsbetätigung festgesetzt, vor allem durch die Einführung eines Freihandelsregimes mit extrem niedrigen Zöllen, dann wollte der Markt auch mit marktkonformen Mitteln erobert werden. Unter »halbkolonialen« Bedingungen gerieten außerökonomische Einwirkungsmöglichkeiten bald an ihre Grenzen.

Hier traten nun für die Europäer einige Probleme auf. Zwar wurden die wachsenden Treaty Ports, vor allem Shanghai, selbst bald zu Absatzmärkten für europäische Produkte, doch war es schwierig, Märkte im Landesinneren zu erreichen. Das Problem hatte zwei Aspekte. Auf der einen Seite blieb die Nachfrage nach Importgütern begrenzt. Es ist eine Legende, daß Importe aus Lancashire die hausgewerbliche Spinnerei und Weberei von Baumwolle in China zerstört hätten. Die Hausindustrie, die auf grenzenloser Selbstausbeutung der Bauernfamilien beruhte, konnte allemal billiger produzieren als die europäischen Anbieter. Diese fanden sichere Absatzchancen nur bei den feinsten und teuersten Qualitäten, im Prestigekonsum der chinesischen Oberschicht. Auf der anderen Seite war der Importeur, der den Fuß niemals über Shanghai, Tianjin oder Hongkong hinaussetzte, für alle Transaktionen mit Chinesen auf einheimische Vermittler, die sogenannten Kompradore, und auf binnenländische Händler angewiesen, über deren Geschäftspolitik er keine Kontrolle hatte. Kurz: Die importierten Waren wurden in den (großen) Treaty Ports an chinesische Händler verkauft, die damit machen konnten, was sie wollten. Das Resultat war aus der Sicht der Ausländer statt der erhofften offenen nur eine angelehnte Tür zum chinesischen Markt.

So weit entsprechen die Verhältnisse in China ungefähr denen in Japan. Auch dort fanden Ausländer nur schwer den direkten Zugang zum einheimischen Markt. Die chinesische Wirtschaftskultur schien aber damit zufrieden zu sein, das Fremde abzuwehren. Gewiß war Japan seit Jahrhunderten auf das Lernen vom Ausland eingestellt, hatte es doch wesentliche Elemente seiner Zivilisation – vor allem die Schrift – von dem lange bewunderten großen Bruder China übernommen. Aber das erklärt noch nicht die Lernunwilligkeit Chinas. Warum beließ man es dort bei einigen staatlichen Rüstungsbetrieben und Werften und baute nicht, wie in Japan, in Windeseile Fabriken, um die Ausländer mit ihren eigenen Waffen zu schlagen? In den Ungleichen Verträgen war dies nicht verboten worden.

In der Regel haben Interpretationsversuche kulturell-ideologische Entwicklungshemmnisse in den Vordergrund gestellt. So hat man China - sicher nicht zu Unrecht – vorgeworfen, es habe sich nur partiell modernisieren wollen und den »Paketcharakter« der Moderne übersehen. Oft wird in diesem Zusammenhang die zeitgenössische Formel »Chinesisches Wissen für die grundlegenden Dinge, westliches Wissen für die [technische] Anwendung« zitiert. Aber Meiji-Japan folgte demselben Motto. Die Meiji-Führer hielten gar nichts von einer totalen Verwestlichung, wie sie etwa zur gleichen Zeit die ägyptische Elite unter den Khediven (König) Ismail (reg. 1863–1879) unternahm, einem traditionsfeindlichen Radikal-Europäisierer. Die Anpassung des Fremden an das Eigene zeichnete die Modernisierung Japans von Anfang an aus.

Eine weiter gefaßte Erklärung macht die Erwerbsfeindlichkeit der konfuzianischen »Wirtschaftsethik« für das chinesische Desinteresse an westlicher Modernität verantwortlich. Aber auch das ist problematisch. Niemand weiß heute mehr genau zu sagen, was »Konfuzianismus« eigentlich ist: Die Worte des Meisters Kong und die Kommentare seiner Interpreten? Eine außerreligiöse Mentalitätslage, die zu Arbeitsfleiß, Genügsamkeit, Familiensinn und Gehorsamkeit gegenüber der Obrigkeit verpflichtet? Einerlei – seit man den Konfuzianismus neuerdings als das Erfolgsgeheimnis vieler ost- und südostasiatischer Schnellentwickler (Taiwan, Singapore, Korea) entdeckt hat, ist nicht einzusehen, weshalb derselbe Konfuzianismus, der heute angeblich die wirtschaftliche Entwicklung vorantreibt, sie im 19. Jahrhundert behindert haben soll.

Man wird also anderen Erklärungsfaktoren größeres Gewicht beimessen müssen: Die chinesischen Kaufleute, darunter die Gruppe der Kompradore in den Treaty Ports, wußten die neuen Chancen des erweiterten Außenhandels so geschmeidig zu nutzen, daß sie die Risiken industriellen Unternehmertums wenig anziehend fanden. Anders gesagt: handelskapitalistischer Erfolg stand einer industriekapitalistischen Neuorientierung im Wege. Auch änderte sich nichts an ihrem traditionellen Streben über das Handelsmilieu hinaus. Sie wollten auf längere Sicht nicht zu Wirtschaftsbürgern werden, sondern fühlten sich aufgehoben in einer wachsenden Nähe zu der dem kaiserlichen Beamtenapparat verbundenen landbesitzenden Oberschicht (»gentry«). Während der chancenreichen Jahre zwischen etwa 1865 und 1895 fehlte zudem in China der Wirtschaftsnationalismus, der damals Japan beflügelte. Die Idee der Sammlung aller Anstrengungen zur Rettung der Nation wurde erst durch den Kriegsschock von 1895 und die damit geöffnete Pandorabüchse des allerneuesten Imperialismus geweckt. Jetzt begann die Gentry-Kaufmanns-Elite zum Beispiel, ausländisch finanzierte Eisenbahnlinien zurückzukaufen. Doch das war eher eine Tat patriotischer Symbolpolitik als ökonomischer Zweckmäßigkeit.

Und der Staat? Zwischen 1644 und 1949 erlebte China keinen Bruch seiner politischen Ordnung – sagen wir: keine Revolution – von der Dramatik der Meiji-Restauration. Der Sturz des Kaisertums 1911 und die Errichtung einer Republik im folgenden Jahr tauschten die Spitzenetage des politischen Personals aus, führten aber nicht zu einer Zentralisierung des politischen Systems. Einen die Kräfte bündelnden, zielstrebigen, entwicklungsorientierten Staatsapparat, wie ihn Japan 1868 erhielt, gab es in China erst nach 1949 unter dem Vorzeichen sozalistischer Marktfeindschaft. Alle Regierungen Chinas – die kaiserliche einschließlich ihrer seit etwa 1850 immer selbständiger werdenden Provinzgouverneure, die der »Warlords« zwischen 1916 und 1927, dann die der Nationalpartei (Kuomintang) des Generals Chiang Kaishek in Nanjing (1928–1937) – fanden keine

Mitte zwischen zwei Extremen: Untätigkeit und willkürliche Gängelung der Wirtschaft. Niemand in China betrieb die von dem Revolutionsführer Sun Yatsen (1866–1925) in seinen letzten Lebensjahren geforderte vorausschauende Aufbaupolitik – in der Art etwa, wie Kemal Atatürk sie seit 1923 in der Türkei praktizierte. Nach 1895 verengte der wachsende Druck des Imperialismus ohnehin die Handlungsspielräume chinesischer Politik.

Sobald sich Nischen auftaten, etwa infolge des ausländischen Rückzugs vom chinesischen Markt während des Ersten Weltkriegs, machte sich im frühen 20. Jahrhundert ein vitaler einheimischer Kapitalismus neuer Industrieller und Bankiers bemerkbar. Er verband in einigen Fällen mit eindrucksvollem Erfolg importierte Technologie und Managementtechniken mit den Solidartugenden der traditionellen chinesischen Familienfirma. Aber zwischen ausländischem Kapital und einer entwicklungsindifferenten oder -feindlichen, in sich zersplitterten Staatsmacht konnte sich diese Unternehmerklasse niemals entfalten. Sie wurde durch den Krieg von 1937 und die kommunistische Revolution von 1949 aufgerieben – ein Opfer politisch-militärischer Macht. Wer sich in Sicherheit bringen konnte, trug zum Aufschwung Hongkongs und Taiwans bei. Einige der alten, auf das »goldene Zeitalter der chinesischen Bourgeoisie« (1915–1922) zurückgehenden Unternehmerfamilien spielen in der Volksrepublik seit dem Beginn der wirtschaftlichen Liberalisierung 1979 wieder eine gewisse Rolle.

VI.

Auch der indische Staat, der ein britisches Implantat war, hat sich mindestens bis zum Beginn des Zweiten Weltkriegs nicht als Entwicklungsinstanz verstanden. Neben wirtschaftlichen Interessen spielten Strategie und Prestige eine große Rolle bei Aufbau und Bewahrung der britischen Herrschaft in Indien und verhinderten, daß das Ökonomische einen zentralen Platz im Selbstverständnis der aristokratischen britischen Machthaber gewann. Der koloniale Staat hielt etwa die Mitte zwischen dem Aktivismus des souveränen Meiji-Staates und der orientierungslosen Wirrnis chinesischer Politik unter halbkolonialen Bedingungen. Wie der Meiji-Staat setzte er einen Ordnungsrahmen – ohne ihn aber durch eine konstruktive Politik zu füllen. In der Wirtschaftspolitik der Kolonialmacht standen administrative Ziele an erster Stelle; Entwicklungsinitiativen waren nachrangig. Die offiziellen Vertreter der britischen Herrschaft, des Raj, waren hauptsächlich darum bemüht, die Selbstfinanzierung ihres Apparates sicherzustellen, also einen regelmäßigen Steuerfluß von den indischen Untertanen in die Kassen von Kalkutta, Delhi und London zu gewährleisten. Wenn die Interessen britischer Privatfirmen dem entgegenstanden, wurden sie ignoriert. So nahm es die britisch-indische Regierung mit dem geheiligten Prinzip des Freihandels nicht so genau, wenn sie durch Zölle ihre Einnahmen verbessern konnte.

Überhaupt trat der koloniale Staat selten in offener Weise als Agent metropolitaner Wirtschaftsinteressen oder als Förderer und Erfüllungsgehilfe britischer Firmen, die in Indien niedergelassen waren, in Aktion. Daß er umgekehrt indische Unternehmen begünstigte, geschah noch weniger häufig. Das industrielle Musterunternehmen des modernen Indien, die 1907 gegründete Tata Iron and Steel Company, genoß Wohlwollen und Förderung der Kolonialmacht; andere Firmen und Branchen machten gegenteilige Erfahrungen. Insgesamt war der private Industriesektor in Indien vor dem Zweiten Weltkrieg größer und dynamischer als der chinesische. Der Krieg selbst war dann für die moderne chinesische Privatwirtschaft, deren Zentren entlang der Küste von der japanischen Armee überrannt und fast acht Jahre lang besetzt gehalten wurden, eine Katastrophe, während die indische Industrie, vom Kriegsgeschehen unbehelligt, prosperierte.

Der koloniale Staat sorgte in Indien immerhin für die friedlichen Umstände und den rechtlichen Rahmen privatindustrieller Tätigkeit, die in China fehlten. Der industrielle Innovationsschub führte trotz der bereits erwähnten Erfahrungen mit einheimischer Eisenbahnproduktion zu einem umfangreicheren Technologietransfer als in China. In beiden Ländern schwächte das reichhaltige und billige Angebot an Arbeitskräften den Drang, fortgeschrittene Technik einzusetzen. Immerhin: Es gab den modern ausgestatteten Stahlkonzern der Tata-Familie, dem China nichts Privatwirtschaftliches – sondern nur die staatlich-militärische Schwerindustrie in der von Japan kolonisierten Mandschurei – an die Seite zu stellen vermochte. Die »corporate revolution« machte sich in Indien noch stärker als in China bemerkbar. Zum Zeitpunkt der indischen Unabhängigkeit (1947) befand sich die Hälfte der britischen Direktinvestitionen in Indien unter der Kontrolle der Tochtergesellschaften multinationaler Konzerne. Anders als in China war aber nicht die einheimische Industrie das Hauptopfer der Konzern-Invasion, sondern die ältere Generation der britischen Kolonialfirmen. Mit den leistungsfähigeren unter den indischen Konkurrenten mußten sich die Multis arrangieren. Das kam in China vor 1937 seltener vor.

VII.

Es wäre frivol, aus den verschiedenen in diesem Aufsatz vorgestellten Beispielen aus der Geschichte eine Ergebnisformel herausdestillieren zu wollen. Die drei Fälle sind viel zu facettenreich, und die Möglichkeiten des Vergleichs konnten nur angedeutet werden. Riskiert man aber Frivolität, dann läßt sich sagen: Die leistungsfähige vormoderne Marktwirtschaft der asiatischen Gesellschaften hat sich nicht zuletzt aufgrund unterschiedlichen Eingreifens politischer Machtträger in verschiedene Richtungen entwickelt.

– In Japan, dem großen Sonderfall, der als Maßstab für Entwicklungen in anderen Ländern nur sehr bedingt taugt, konnte ein »starker«, aufgeklärter und nationalistisch-entwicklungsorientierter Staat in symbiotischer Verflechtung mit einem in der vormodernen Epoche bereits keimhaft entstandenen einheimischen Unternehmertum die relative Schwäche äußeren Drucks während der 1870er und 1880er Jahre für eine energische Industrialisierungspolitik nutzen.

– In Indien war der Staat »schwächer«; als koloniale Fremdinstanz war er in einem schwer zu bemessenden Umfang parasitär; als bürokratischer Richter über den Parteien schuf er einen Ordnungsrahmen, den er selbst nicht füllen konnte und wollte. Indische Unternehmer nutzten diese Möglichkeiten, aber in einer zufälligeren, anarchischeren Weise als in Japan.

– In China gab es seit dem schleichenden Verfall der Qing-Dynastie und erst recht nach ihrem Zusammenbruch 1911 keine handlungsfähige politische Zentralgewalt. Wenn sich Machthaber in die Wirtschaft einmischten, dann in der Regel aus Motiven des Augenblicks und mit schädlichen Folgen. Die sich später als in Japan und Indien zu so etwas wie einer modernen Geschäftsbourgeoisie herausbildenden Unternehmer waren noch stärker als die indischen der ausländischen Konkurrenz ausgesetzt. Der industrielle Innovationsschub des 19. Jahrhundert machte sich in China gedämpfter bemerkbar als anderswo, die »corporate revolution« der Jahrhundertwende dafür um so vehementer. In ihr verschmolzen die beiden Elemente unseres Gedankenspiels zu Markt-Macht. Sie wurde 1949 von revolutionären Führern gebrochen, die sich eines nicht träumen ließen: die triumphale Rückkehr der multinationalen Konzerne nach China.

DIETMAR ROTHERMUND

Staat und Markt in Indien 1757–1995

Als Robert Clive 1757 in der Schlacht von Plassey den Nawab von Bengalen schlug, legte er damit den Grundstein für einen Territorialstaat ganz neuer Art in Indien. Die Bedeutung dieses Ereignisses ergab sich freilich erst aus den Entwicklungen der Folgezeit. Die Schlacht von Plassey war im Vergleich zu anderen indischen Schlachten jener Zeit ein kleines Scharmützel, auch hatte Clive den Sieg weniger seiner militärischen Überlegenheit als dem Verrat eines Generals des Nawab zu verdanken, der während der Schlacht mit seinen Truppen zu Clive überlief. Der Überläufer wurde dann von Clive zum Nawab gemacht. Das reiche Bengalen war nun dem Zugriff der britischen Ostindienkompanie ausgesetzt, sein großes Grundsteueraufkommen ermöglichte den Briten die Konsolidierung und Expansion ihrer Herrschaft in Indien.

Der britische David bezwang den indischen Goliath nicht mit einem Schlag, sondern Schritt für Schritt. Großbritannien hatte damals eine Bevölkerung von rund 7,5 Millionen, Indien dagegen von etwa 150 Millionen. Im nachhinein erscheint es geradezu unvorstellbar, daß ein so kleines europäisches Land das große Indien bezwingen konnte, zumal die Zahl der Briten in Indien stets sehr gering war. Indien wurde von indischen Söldnern im britischen Dienst auf Kosten der indischen Steuerzahler unterworfen. Der schwache Großmogul im fernen Delhi trug auf seine Weise dazu bei, den Briten den Weg zu ebnen. Von den Nawabs von Bengalen, die eigentlich Provinzgouverneure des

Mogulreichs waren, hatte er schon lange keine regelmäßigen Zahlungen mehr erhalten, da erschien es ihm opportun, den Briten die Steuerhoheit über Bengalen zu übertragen, in der Hoffnung wenigstens von ihnen einen angemessenen Anteil des Grundsteueraufkommens der Provinz zu erhalten.

Der siegreiche Clive war der Ansicht, daß die Ostindienkompanie sich schlecht dazu eigne, die Steuerhoheit über Bengalen auszuüben und schlug vor, daß die britische Krone diese Aufgabe übernehmen solle. Dieser Vorschlag entsetzte den britischen Premierminister Pitt, der Mühe genug hatte, die Privilegien des Parlaments gegen König George III. zu verteidigen. Das Steueraufkommen Bengalens hätte die britische Krone mit großen Mitteln versehen, die nicht vom Parlament bewilligt zu werden brauchten. Pitt zog es daher vor, daß die Steuerhoheit von der Ostindienkompanie übernommen wurde und das Steueraufkommen in private britische Taschen floß. So übernahm Clive schließlich 1765 die Diwani (Steuerhoheit) von Bengalen im Namen der Kompanie. Diese wurde so zu einem Staat ganz besonderer Art. Ihre Charta verdankte sie dem britischen König, doch in Indien verwaltete sie eine Provinz im Namen des Großmogul. Als Diener zweier Herren genoß sie weitgehende Autonomie, die sie nach Kräften nutzte.

Nun müßte man eigentlich annehmen, daß ein von einer Handelsgesellschaft regierter Staat in ganz besonderer Weise die Entstehung eines umfassenden Markts begünstigte, doch das Gegenteil war der Fall. Die Ostindienkompanie ging eine parasitäre Symbiose mit dem indischen Agrarstaat ein, zog die Steuerschraube kräftig an, schaltete im Baumwolltextilhandel die indischen Mittelsmänner aus und zwang die Weber, ihr die Produktion zu billigsten Preisen zu überlassen. Die Überschüsse, die auf diese Weise erwirtschaftet wurden, transferierte die Kompanie außer Landes, statt sie wie die indischen Herrscher im Lande zu konsumieren und sie somit dem Wirtschaftskreislauf wieder zuzuführen. Damit wurde der Markt ausgetrocknet, während er zuvor im 18. Jahrhundert durchaus floriert hatte.

Indien im 18. Jahrhundert: Niedergang oder Wirtschaftswachstum?

Das Indien des 18. Jahrhunderts ist von den Historikern vielfach als Zeit des Verfalls der Staatsmacht und des Niedergangs der Wirtschaft betrachtet worden. Man brauchte dieses düstere Szenario, um erklären zu können, warum es den Briten gelang, mit geringsten Mitteln die Herrschaft über Indien zu erwerben. Eine genauere Erforschung der Wirtschaftsgeschichte Indiens hat jedoch gezeigt, daß Agrar- und Handwerksproduktion in den meisten Teilen Indiens im 18. Jahrhundert florierten. Die Zentralmacht der Großmoguln zerfiel zwar, doch dafür prosperierten regionale Herrscher, die in ihren Herrschaftsbereichen die Monetisierung der Grundsteuer vorantrieben, Marktstädte gründeten, die Handwerksproduktion förderten usw. Die europäischen Mächte, die Silber nach Indien verschifften, um damit ihre Gewürz- und Textilimporte zu bezahlen, trugen zu dieser Zunahme der wirtschaftlichen Aktivität bei. Zugleich kam es zu einer »Kommerzialisierung der Macht« (Bayly 1983). Schon in früheren Jahrhunderten hatten sich indische Händler als »Portfolio-Kapitalisten« (Subrahmanyam 1990) erwiesen, das heißt, sie hatten sich gleichzeitig als Pferdehändler, Steuerpächter, Condottieri und Finanzverwalter ihrer Fürsten betätigt. Im 18. Jahrhundert nahm diese Tendenz zu.

Die britische Ostindienkompanie konnte sich in dieses Muster einfügen. Sie hatte dabei den Vorteil besserer Organisation und größerer Reichweite. Dies zeigte sich auch bei der raschen Ausweitung des Handels mit weißen Baumwollstoffen, die in London von der aufstrebenden Zunft der Textildrucker bedruckt wurden. Diese Drucker waren Pioniere der industriellen Revolution in England (Aiolfi 1987). Sie verwendeten spezielle Tuche, die in den Faktoreien der Kompanie gebleicht und dann sozusagen als industrielle Halbfertigfabrikate nach London gesandt wurden. Die Agenten der Ostindienkompanie durchdrangen bereits im frühen 18. Jahrhundert verschiedene Teile Bengalens, um die Versorgung mit solchen Tuchen sicherzustellen. Gab es irgendwo Kriegsereignisse, die die Versorgung bedrohten, konnten schnell andere Regionen angezapft werden. Die Kompanie kannte sich also bereits Jahrzehnte vor der Schlacht von Plassey bestens in Bengalen aus und partizipierte dort an einem florierenden Markt. Auch war man auf diese Weise bestens über die Grundsteuer unterrichtet, die die Nawabs von Bengalen in Geld und nicht in Naturalien einzogen. Die Steuerhoheit über Bengalen hätte den Briten wenig genutzt, wenn die Grundsteuer noch in Naturalien entrichtet worden wäre. Es war also gerade die marktwirtschaftliche Blüte Indiens im 18. Jahrhundert, die die Briten ins Land zog. Hätte es dort nichts zu holen gegeben, wären sie bald wieder verschwunden. Die britische Ostindienkompanie herrschte mit dem Rechenstift, sie ließ sich nur selten auf kostspielige Abenteuer ein. Selbst der kühne Clive, der vom kleinen Angestellten der Kompanie zum Heerführer und Gouverneur aufstieg, mußte sich letztlich an die Anweisungen des Londoner Direktoriums halten.

Der Abfluß des Silbers und die Umkehrung der Handelsströme

Wie kam es nun dazu, daß die Konsolidierung der Herrschaft der Ostindienkompanie über weite Teile Indiens nicht zu einer Stimulierung der Marktwirtschaft, sondern zu ihrem Rückgang führte? Der wichtigste Grund dafür war zunächst einmal die Umkehrung des Silberstroms. War zuvor viel Silber durch den Außenhandel nach Indien und insbesondere nach Bengalen hineingeflossen, so hatten es die Briten durch die Grundsteuereinkünfte nach Erlangung der Steuerhoheit nicht mehr nötig, Silber nach Indien zu senden, ja sie sandten nun viel Silber von Indien nach China, um dort Tee einzukaufen, dessen Verkauf in London dann praktisch zum Reingewinn für die Kompanie wurde. Der Abfluß des Silbers aus Indien hatte eine deflationäre Wirkung und drückte die Preise, was wiederum für den Textilkauf der Ostindienkompanie nützlich war. Im frühen 19. Jahrhundert ging dann der Textilkauf zurück, weil Großbritannien im Zuge der Industriellen Revolution selbst zum Textilexporteur wurde. Der Textilwarenstrom kehrte sich also ebenfalls um, doch Indien erwies sich zunächst nicht als guter Abnehmer britischer Textilien, weil die Deflation, die die erste Hälfte des 19. Jahrhunderts in Indien kennzeichnete, die Kaufkraft beeinträchtigte. Sie bewirkte sogar, daß indische Handweber, die grobes Tuch für den Binnenmarkt herstellten, noch lange Zeit mit den Industrietextilien konkurrieren konnten, weil sie billige Rohbaumwolle und billiges Getreide zur Verfügung hatten und sich so über Wasser halten konnten (Specker 1984). Freilich bedeutete dies, daß auch kein Ansatz für die Entstehung einer indischen Textilindustrie gegeben war, die erst dann ins Leben gerufen werden konnte, als wieder Silber ins Land strömte, die Preise stiegen und die indischen Handweber ihren Wettbewerbsvorteil verloren.

Die erste Hälfte des 19. Jahrhunderts war also keine gute Zeit für die Entfaltung einer Marktwirtschaft in Indien. Der Textilexport schwand dahin, statt dessen wurde Indien nun zum Lieferanten agrarischer Rohprodukte, insbesondere Indigo und Opium. Dieser Export lag weitgehend in britischen Händen, indische Mittelsmänner konnten nur eine bescheidene Rolle spielen. Gelang es einmal einem indischen Unternehmer wie Dwarkanath Tagore, dem Großvater Rabindranath Tagores, durch geschicktes Taktieren eine Nische in dem von den Briten beherrschten Markt zu finden, dann geriet er meist bald in Bedrängnis und machte Bankrott, während die britischen Handelshäuser überlebten. Die von den Briten beherrschten Exporthäfen Bombay, Kalkutta und Madras erlebten im 19. Jahrhundert einen Aufschwung, dafür waren viele der Marktstädte im Inneren des Landes dem Untergang geweiht, es sei denn sie überlebten als Hauptquartiere der britischen Distriktbeamten.

Die Eisenbahninvestitionen nach 1850 und die indische Industrie

In Großbritannien hatten sich nach der Textilindustrie die mit dem Eisenbahnbau verbundenen Industriezweige entfaltet. Investitionen in die Eisenbahn wurden zur beliebten Anlagemöglichkeit. Hatte sich die britische Textilindustrie noch weitgehend selbst finanziert, war die rasche Expansion der Eisenbahnen ohne Kapitalaufnahme unmöglich, und dieses Kapital wurde bereitwillig zur Verfügung gestellt. Bald war Großbritannien von Eisenbahnen durchzogen, und der Blick der Industriellen und der Kapitalanleger richtete sich nach Übersee. Die weiten Räume Amerikas riefen geradezu nach einer Erschließung durch die Eisenbahn, aber auch Indien beflügelte die Phantasie der Eisenbahnbauer. Der Generalgouverneur Lord Dalhousie, der zuvor eine leitende Stellung in der britischen Eisenbahnverwaltung innegehabt hatte, entwarf 1853 ein Streckennetz von rund 5000 Meilen für Indien (Gadgil 1924, 21). Britische Investoren fanden sich rasch, und so strömte zum erstenmal nach fast hundert Jahren wieder Silber nach Indien, um den Bahnbau zu finanzieren. Karl Marx schrieb dazu im Jahr 1853, daß damit Tür und Tor für eine industriekapitalistische Entwicklung Indiens geöffnet seien, denn natürlich müßten nun auch Schienen und Lokomotiven in Indien hergestellt werden. Er konnte noch nicht ahnen, daß die Entwicklung der Dampfschiffahrt und die Eröffnung des Suezkanals dafür sorgen sollten, daß alles, was für den indischen Eisenbahnbau benötigt wurde, in Großbritannien hergestellt und nach Indien exportiert werden konnte.

Doch wenn der Eisenbahnbau Indien auch keine Industrialisierung bescherte, so stimulierte zumindest der erneute Silberstrom die indische Wirtschaft und bereitete der langen Periode der Deflation ein Ende. Nach 1876 setzte zudem weltweit eine Entwertung des Silbers ein, die sich mehrere Jahrzehnte fortsetzte, zumal einige europäische Staaten das Silber demonetisierten und zum Goldstandard übergingen. Indien absorbierte einen großen Teil dieses Silbers, denn dort standen die Münzanstalten jedem offen, der Silber ausmünzen lassen wollte. Die Gebühren dafür waren geringfügig. Die auf diese Weise in Gang gesetzte allmähliche Inflation ließ die Agrarpreise steigen (Rothermund 1970). Die Ausdehnung der Eisenbahn regte den Export von Getreide und anderen Agrarprodukten an. Dennoch blieben die rasch expandierenden Eisenbahnen bis zum Ende des 19. Jahrhunderts unprofitabel, da das Frachtaufkommen nicht mit der Expansion des Streckennetzes Schritt hielt. Dieses Netz war zudem ganz auf die großen Exporthäfen ausgerichtet und bot kaum Querverbindungen im Inland. Den britischen Investoren konnte es egal sein, ob die Eisenbahn profitabel war oder nicht, denn in der Anfangsphase wurden ihre Anlagen vom britisch-indischen Staat mit 5 Prozent verzinst, eine Rendite, die damals weit über den üblichen 3 Prozent für Regierungsanleihen usw. lag.

Die Agrarpreise wurden durch die Expansion des Bahnnetzes in die Höhe getrieben, zugleich aber auch stabilisiert. Während vor 1885 die Preise regional verschieden waren und saisonal stark schwankten, machte sich nach 1885 eine Angleichung an einen gesamtindischen Preis bemerkbar, und die saisonalen Schwankungen wurden stark reduziert. Die Getreidehändler, die zugleich auch Gläubiger der Bauern waren, zwangen diese, nach der Ernte billig zu verkaufen und dann teuer einzukaufen, wenn sich in der erntefernen Zeit Versorgungsengpässe ergaben, sie hielten aber die Großhandelspreise stabil. Die stets verschuldeten Bauern mußten unter dem Druck ihrer Gläubiger die Vorratshaltung weitgehend aufgeben, dafür unterhielten die großen Händler Getreidelager, die sie als Sicherheit für das Kreditgeschäft anbieten konnten. Diese Art der Refinanzierung verband die Geldleiher auf dem Dorf mit den Banken in der Stadt (Rothermund 1978).

Der Ausbau des Eisenbahnnetzes gab neuen Marktstädten Auftrieb, die entweder an den Endpunkten oder an den Verbindungsstellen der Eisenbahnlinien entstanden. Ein typischer Fall ist Solapur, das 1860 von der Eisenbahn erreicht wurde und dann lange Zeit Endpunkt der Linie blieb, die das Hochland, auf dem die Rohbaumwolle angebaut wurde, mit Bombay verband. Kurz darauf löste der amerikanische Bürgerkrieg einen großen Baumwollboom in Indien aus. Solapur wurde zur Handelsstadt, die dann auch den Sprung zur Textilstadt schaffte, während die Baumwolltextilindustrie in dieser Zeit noch weitgehend auf Bombay beschränkt blieb. In Bombay war bereits 1854 die erste Baumwolltextilfabrik gegründet worden. Sie begann 1856 mit der Produktion. Ihr folgten mehrere andere. Der steile Anstieg der Rohbaumwollpreise während des amerikanischen Bürgerkriegs bedeutete einen Rückschlag für diese indischen Fabriken. Erst in den 1870er Jahren gab es eine neue Welle von Fabrikgründungen. Es handelte sich meist um Spinnereien, die Garn für die indischen Handweber und für den Export nach China produzierten. Erst später wurden die Spinnereien wieder durch Webereien ergänzt, die mit den Handwebern konkurrierten. Sie produzierten fast ausschließlich grobes Tuch für den Binnenmarkt und bedeuteten daher zunächst keine ernsthafte Konkurrenz für die britische Textilindustrie.

Die indische Baumwolltextilindustrie war mit wenigen Ausnahmen in indischen Händen (Morris 1983). Förderung durch Schutzzölle konnte diese Industrie von den Briten nicht erwarten, im Gegenteil, Einfuhrzölle, die aus rein fiskalischen Gründen erhoben wurden, mußten stets durch entsprechende Besteuerung der indischen Produktion kompensiert werden (countervailing excise), um die britische Textilindustrie zu besänftigen, die am liebsten die Entstehung einer indischen Textilindustrie ganz verhindert hätte. Die britisch-indische Regierung gab sich immer betont wirtschaftsliberal (Ambirajan 1978). Sie tat nichts für die einheimische Industrie, konnte aber andererseits die Errichtung indischer Industrien nicht ausdrücklich verbieten. Ebenfalls konnte sie nicht verhindern, daß der Ausbau des Eisenbahnnetzes auch der Verbreitung indischer Industrieprodukte auf dem Binnenmarkt diente. Die Gestaltung der Frachttarife gab allerdings Möglichkeiten, die Beförderung einheimischer Produkte zu diskriminieren, indem nur die Langstreckentransporte zu den Exporthäfen in den Genuß der billigsten Tarife kamen (Hurd 1983, 756). Selbstverständlich ließ sich diese Bevorzugung bestimmter Exportgüter durch gute Argumente erklären. Man konnte sie im Sinne eines Mengenrabatts verteidigen und darauf verweisen, daß kleinere Transporte wertvollerer Güter, die dazu noch von einer Linie auf die andere umgeladen werden mußten, mehr Kosten verursachten. Die Unterschiede der Tarife waren freilich so groß, daß sich diese Argumente als fadenscheinig erwiesen.

Allgemein kann man sagen, daß der britisch-indische Staat die Anbindung Indiens an den Weltmarkt förderte, solange Großbritannien einen großen Anteil an diesem Markt hatte, und die Entwicklung des indischen Binnenmarkts nur insofern unterstützte, als er Teil des Weltmarkts war. Tendenzen zum Wachstum des Binnenmarkts durch Importsubstitution wurden dagegen nicht gefördert, sondern auf indirekte Weise behindert.

Die Enwicklung des Landmarkts und der Anstieg der Bodenpreise

Während der britisch-indische Staat in jeder anderen Hinsicht wenig für die Entfaltung des indischen Binnenmarkts tat, beförderte er auf ganz erstaunliche Weise die Entwicklung des Landmarkts und den entsprechenden Anstieg der Bodenpreise. Das Erstaunliche an dem rasanten Wertzuwachs des Agrarlandes war, daß dieser keineswegs mit einer Steigerung der Produktivität und der Flächenerträge einherging. Die Erträge gingen sogar zurück, wo die Bearbeitung des Bodens durch Teilpächter zunahm, deren wirtschaftliche Rationalität anderer Art ist als die der Besitzer von Familienbetrieben. Während der Bauer im Familienbetrieb die Arbeitskräfte seiner Familie so einsetzt, daß sie durch intensive Bewirtschaftung möglichst viel auf der Fläche des eigenen Betriebs produzieren, bearbeitet der Teilpächter das

Land extensiv, um das beste Resultat pro Arbeitskraft zu erzielen. Die Frage bleibt dann nur, warum der Besitzer des Landes, der es in Teilpacht vergibt, sich mit einem solchen Resultat zufrieden gibt. Die Antwort auf diese Frage ist, daß ein solcher Besitzer entweder anderswo wohnt oder aus sonstigen Gründen sein Land nicht selbst bearbeiten will oder kann und das, was er vom Teilpächter bekommt, ohnehin meist ein zusätzliches Einkommen für ihn ist. Mit dem Bevölkerungswachstum und der Entwicklung des Landmarkts unter britischer Herrschaft nahm die Bewirtschaftung des Landes durch Teilpächter sowie die Investition in Landbesitz zu, wobei es dem Erwerber von Landbesitz meist nur auf die Kontrolle des Landes, das im Laufe der Zeit eher teurer als billiger werden würde, ankam, als auf die intensive Nutzung des Bodens. Investitionen in Landbesitz galten als praktisch risikolos, außerdem bedeutete Landbesitz soziales Prestige.

Die britisch-indische Grundsteuerverwaltung garantierte eine weitgehende Rechtssicherheit des Landbesitzes, obwohl es ein rechtsverbindliches Grundbuch gar nicht gab, und die Eintragungen der Steuerbehörde nur dem Zweck dienten, die Steuer einzutreiben, nicht aber den individuellen Besitztitel dessen zu sichern, dem das Land gerade gehörte. Das Rechtsmittel der Zwangsversteigerung des Landes von Steuerschuldnern genügte der Steuerverwaltung, um zu ihrem Geld zu kommen, daher brauchte sie sich um die Einzelheiten des Landbesitzes gar nicht zu kümmern. Zugleich war damit der Rechstitel dessen, der zwangsversteigertes Land gekauft hatte, durch die Eintragungen der Steuerbehörde am besten gesichert (Rothermund 1978).

Natürlich waren auch die Urteile der überall vorhandenen britisch-indischen Gerichtshöfe für die Sicherung von Landbesitztiteln bedeutsam. Für diese Gerichtshöfe waren die Aufzeichnungen der Steuerbehörde zwar relevant, aber nicht verbindlich. Sie waren in ihrer Urteilsfindung autonom und stellten ihre eigenen Nachforschungen an. Ein solches Urteil war deshalb für den Landbesitzer besonders wertvoll, doch mußte er dafür auch hohe Gebühren bezahlen. Das konnten sich meist nur größere Landbesitzer leisten. Auf alle Fälle sicherte der Staat auf die eine oder anderer Weise den Landbesitz und bat die Besitzenden dafür zur Kasse. Im Jahre 1913 wurde der Gesamtwert des Landbesitzes in Indien auf 40 Milliarden Rupies geschätzt, während das gesamte in die indische Industrie investierte Kapital nur ca. 300 Millionen Rupies betrug (Goldsmith 1983, 52, 61).

Der Landmarkt stand in unmittelbarem Zusammenhang mit dem Agrarkreditmarkt, weil Land als Sicherheit bei der Kreditvergabe die Hauptrolle spielte. Hypotheken und Schuldverschreibungen waren durch das gläubigerfreundliche britische Recht ganz besonders geschützt. Wenn ein Gläubiger mit Vorlage der entsprechenden Dokumente seinen säumigen Schuldner verklagte, konnte er vom Richter ein Vollstreckungsurteil bekommen, ohne daß dieser den Schuldner überhaupt vorladen mußte. Meist ließ der Gläubiger aber dann das Urteil gar nicht vollstrecken, sondern nutzte es nur dazu, dem Schuldner neue Schuldverschreibungen abzunötigen, die ihn noch mehr vom Gläubiger abhängig machten. Dem gläubigerfreundlichen Recht lag die Annahme zugrunde, daß Schuldner und Gläubiger sich als ebenbürtige Partner gegenüberstehen. Die Wirklichkeit auf dem indischen Dorf sah jedoch anders aus. Der Schuldner war meist ein armer Analphabet, der auf Gedeih und Verderb dem gewitzten Geldleiher ausgeliefert war. Zur Verschuldung kam es meist, wenn die Grundsteuer zu entrichten war und die Zwangsversteigerung abgewendet werden mußte. Der Schuldendienst war drückend, die in den Schuldverschreibungen genannten Zinssätze waren sehr hoch, die effektive Zinszahlung lag jedoch meist unter diesen nominellen Zinssätzen. Sie richtete sich nach der Zahlungsfähigkeit des Schuldners, die der Gläubiger sehr genau einzuschätzen wußte, der dem Schuldner das Existenzminimum belassen mußte, um ihn auch in Zukunft ausbeuten zu können.

Die Dominanz der Gläubiger bedeutete zumeist auch, daß sie entschieden, was der verschuldete Bauer anzubauen hatte. Diese Gläubiger reagierten sehr rasch auf Marktsignale und zwangen ihre Schuldner, Nutzfrüchte anzubauen, für die gerade auf dem Weltmarkt eine entsprechende Nachfrage bestand. Obwohl Indien durch eine kleinbäuerliche Landwirtschaft gekennzeichnet war, konnte das riesige Land durch diese Kreditverflechtungen geradezu wie eine große Plantage geführt werden, die sich jeweils den Bedingungen des Weltmarkts anpaßte.

Die Verstrickungen der Bauernschaft in die Maschen eines unerbittlichen Agrarkreditwesens waren bereits im 19. Jahrhundert sowohl den britischen Beamten als auch den indischen Nationalisten bewußt, und die Ideen Raiffeisens fanden begeisterte Befürworter unter ihnen. Die in diesem Sinne in Indien eingeführten Agrarkreditgenossenschaften konnten aber nie die ihnen zugedachte Aufgabe erfüllen. Es fehlte der unbestechliche Dorfschullehrer, ohne den das Raiffeisensystem auch in Deutschland nicht funktioniert hätte. In Indien bemächtigten sich letztlich die Geldleiher des Genossenschaftswesens und benutzten es zur Refinanzierung ihrer Kreditgeschäfte.

Die Entwicklung eines dualen Arbeitsmarkts

Während das gläubigerfreundliche britische Recht den Landmarkt in Indien prägte, wurde der industrielle Arbeitsmarkt durch die britische Arbeiterschutzgesetzgebung zu einem dualen Arbeitsmarkt, in dem geschützte und ungeschützte Arbeiter nebeneinander existierten. Diese Spaltung des Arbeitsmarkts macht sich noch heute bemerkbar. Es wird oft fälschlich vermutet, daß sozialistische Ideen im unabhängigen Indien hierfür verantwortlich zu machen seien. Doch die Arbeiterschutzgesetzgebung (Factory Acts, 1881,1891) wurde auf Druck der britischen Industriellen in Indien eingeführt, die sich nicht von billigen Arbeitskräften in Indien unterbieten lassen wollten. Diese Gesetze galten freilich nur für Betriebe mit mehr als 100 Arbeitern (Gadgil 1924, 93).

Der duale Arbeitsmarkt zeichnete sich durch eine große Flexibilität aus. Diese war von den Unternehmern in Indien herbeigeführt worden, die zwar bei entsprechenden Befragungen immer wieder Klage darüber führten, daß in Indien keine professionellen Industriearbeiter zu finden, sondern die Arbeiter eigentlich immer noch Bauern seien, die nur gelegentlich in der Stadt erschienen, um sich dort zu verdingen, wenn sie zusätzliche Einkünfte brauchten. In Wirklichkeit war den Unternehmern aber diese Fluktuation ganz recht. Es wurden nur so viele permanente Arbeiter eingestellt, wie zur Aufrechterhaltung der Produktion unbedingt erforderlich waren. Die ständigen Schwankungen in der Auftragslage wurden dann durch die Einstellung bzw. Entlassung temporärer Arbeitskräfte kompensiert. Die Arbeiterschaft stellte sich wohl oder übel auf diese Bedingungen ein. Es entstand auf diese Weise eine Reservearmee von mehr oder weniger elementar ausgebildeten Arbeitern, auf die man jederzeit zurückgreifen konnte (Chandavarkar 1994).

In diesem Zusammhang spielte der »jobber« eine entscheidende Rolle. Er war sowohl Vorarbeiter als auch Arbeitsvermittler. Er kannte die Leute draußen vor dem Fabriktor und wählte die, die gerade gebraucht wurden, aus. Sowohl der Arbeitgeber als auch die Arbeiter, die ihm die Einstellung verdankten, entschädigten ihn für seine Bemühungen. Die Rolle des »jobbers« war in der Juteindustrie Kalkuttas ebenso bedeutsam wie in der Baumwolltextilindustrie Bombays. In den Jutefabriken war seine Stellung sogar noch stärker. Dort bestand die Praxis, daß Ersatzarbeiter jederzeit einspringen konnten. Der Schichtwechsel schuf zusätzliche Undurchsichtigkeit, so daß es dem »jobber« möglich war, Phantomarbeiter auf seinen Listen zu führen, deren Lohn er in die eigene Tasche steckte. Mitunter waren 10 Prozent der Arbeiter fiktiv (Olbrecht 1993). Die Jutefabrikanten duldeten dergleichen, weil sie ohnehin geringe Löhne zahlten und die »jobber« dafür sorgten, daß der Betrieb lief, wenn auch mit geringer Produktivität. Erst in der Wirtschaftskrise bemühten sie sich darum, die Mißstände abzubauen und die Produktivität zu steigern. Da sie wegen des Auftragsrückgangs in den 1930er Jahren viele Arbeiter entlassen mußten und die Reallöhne aufgrund der fallenden Getreidepreise stiegen, ließen sich die Arbeiter disziplinieren und produzierten mehr. Die »jobber« aber verloren in der Krise viel von ihrem Einfluß.

Weltkrieg und Wirtschaftskrise

Am Vorabend des Ersten Weltkriegs stand das britische Weltreich auf der Höhe seiner Macht. Der britisch-indische Staat war so gefestigt, daß es nichts zu geben schien, was seiner Macht ein Ende setzen könnte. Die Hungersnöte am Ende des 19. Jahrhunderts, die durch die wachsende Schuldknechtschaft und die damit einhergehende Aufgabe der Vorratshaltung durch die Bauern verursacht worden waren, hatten diesen Staat nicht erschüttert. Die Stagnation des Bevölkerungswachstums nach den Hungersnöten hatte sogar dafür gesorgt, daß das Prokopfeinkommen einen bescheidenen Anstieg verzeichnen konnte. Das Vorkriegsjahrzehnt war daher eine Zeit selbstgefälliger Stabilität in Britisch-Indien. Indien war nun weitgehend in den Weltmarkt integriert, und die Zolleinnahmen überstiegen das Grundsteueraufkommen, das im 19. Jahrhundert zusammen mit Salzsteuer und Opiummonopol das Rückgrat des britisch-indischen Staatshaushalts gewesen war.

In den Jahren von 1914 bis 1945 geriet Britisch-Indien jedoch in den Sog globaler Umbrüche, die das Fundament der Kolonialherrschaft erschütterten. Das Wechselbad von Erstem Weltkrieg, Weltwirtschaftskrise und Zweitem Weltkrieg, das eine Sequenz von Inflation, Deflation und Inflation mit sich brachte, erschütterte den britisch-indischen Staat und zugleich auch den indischen Binnenmarkt und seine Beziehungen zum Weltmarkt.

Der Erste Weltkrieg wirkte sich zunächst einmal sehr positiv für Indien aus, weil er den Binnenmarkt gegenüber dem Weltmarkt stärkte und der indischen Industrie die Protektion gewährte, die ihr die Kolonialmacht vorenthalten hatte. Das von Jamshed Tata gegründete erste indische Stahlwerk, das erhebliche Investionen gefordert hatte, die völlig von indischer Seite erbracht worden waren, wäre ohne den Krieg sicher bald wieder eingegangen. Die Kriegsaufträge brachten dann den entscheidenden Durchbruch. In ähnlichem Sinne partizipierten auch andere indische Industrien am Kriegsgewinn. Die Nachfrage nach Investitionsgütern wuchs im Krieg stark an, konnte aber wegen der Unterbrechung der Handelswege nicht befriedigt werden. Deshalb gab es unmittelbar nach dem Krieg einen bis dahin nie dagewesenen Anstieg des Imports von Investitionsgütern (Bagchi 1972). Die Zukunftserwartungen der indischen Industriellen wurden freilich enttäuscht. Sie mußten bis zum Zweiten Weltkrieg warten, bis sie wieder einen Aufschwung erlebten, wie er ihnen vom Ersten Weltkrieg beschert worden war.

Die Kriegsinflation trieb die Agrarpreise in die Höhe und brachte den landbesitzenden Bauern ein Einkommenswachstum, nicht aber den Arbeitern, die insbesondere von dem durch eine schlechte Ernte ausgelösten steilen Preisanstieg im Jahr 1918 betroffen waren. Die unmittelbare Nachkriegszeit war eine Zeit starker sozialer Spannungen und allgemeiner Unzufriedenheit, die Gandhis Kampagne der Nichtzusammenarbeit mit den Briten Auftrieb gab. Die Folgen der Kriegsinflation waren in Indien nachhaltiger als anderswo, weil die indische Währung noch weitgehend aus Silbermünzen und nicht aus Papiergeld bestand. Der Silberpreis war im Krieg beträchtlich gestiegen und blieb auch nach dem Krieg noch verhältnismäßig hoch. Um so drastischer war dann die Auswirkung der Weltwirtschaftskrise, die die Agrarpreise halbierte und damit dem indischen Agrarmarkt einen Schlag versetzte, von dem er sich lange Zeit nicht erholen konnte.

Wäre die indische Landwirtschaft in erster Linie eine Subsistenzlandwirtschaft mit geringer Marktverflechtung gewesen, dann hätte sie die Wirtschaftskrise kaum betroffen. Doch der durch die Kombination von Grundsteuer und Schuldknechtschaft geschaffene Vermarktungsdruck betraf praktisch jeden indischen Bauern. Er mußte nun bei halbem Einkommen dieselben Steuern und Schuldzinsen zahlen wie zuvor. Es kam hinzu, daß die Geldleiher, von der Krise in Panik versetzt, nicht nur ihre Zinsen forderten, sondern auch das Kapital zurückverlangten. Da blieb den Bauern nichts anderes übrig, als Land zu verkaufen und/oder ihre in Goldschmuck angelegten Ersparnisse zu veräußern. Der Landmarkt wurde durch diesen Druck sogar gestützt, die Bodenpreise sanken nicht, sondern stagnierten nur in dem Jahrzehnt der Krise. Das Gold aber wurde exportiert und bescherte so Indien selbst mitten in der Krise noch einen Exportüberschuß. Eine nationale Regierung hätte unter diesen Umständen ein Goldexportembargo verhängt und das Gold zur Reflationierung der einheimischen Währung eingesetzt. Die britisch-indische Regierung tat das nicht, sie begrüßte den Abfluß des Goldes und deflationierte die indische Währung, um den Wechselkurs hoch zu halten, denn es galt, die »Flucht aus der Rupie« zu verhindern, die einen Bankrott des britisch-indischen Staats zur Folge gehabt und damit auch Großbritannien in Mitleidenschaft gezogen hätte. Der hohe Wechselkurs bedeutete einen Importbonus, der den ausländischen Geschäftsleuten zugute kam und stand dem Export indischer Güter entgegen. Wäre nicht der Goldexport gewesen, hätte der britisch-indische Staat eine solche Politik nicht lange durchhalten können. Doch die Deflation preßte immer mehr Gold aus Indien heraus. So war es möglich, diese Politik fortzusetzen. Die Konsequenzen für die Erhaltung der britisch-indischen Staatsmacht waren freilich sehr negativ. Bauern, Händler und Geldleiher wurden gleichermaßen dem Nationalkongreß in die Arme getrieben, der es unter Gandhis Führung verstand, die allgemeine Unzufriedenheit für den Freiheitskampf gegen die Fremdherrschaft zu nutzen.

Der indische Agrarmarkt geriet durch die Krise völlig aus dem Gleichgewicht. Die Auflösung der Lagerhaltung durch Panikverkäufe der Großhändler warf den Markt in die Zeit vor 1885 zurück, als regionale und saisonale Preisunterschiede an der Tagesordnung waren. Die Stabilisierung des Markts durch

Warentermingeschäfte entfiel. Der Agrarmarkt lebte sozusagen nur noch von der Hand in den Mund. Die Preise erholten sich unter diesen Bedingungen nur sehr langsam und blieben bis zum Zweiten Weltkrieg auf einem sehr niedrigen Niveau. Der Grundsatz, daß der Preis durch Angebot und Nachfrage bestimmt wird, wurde durch die Ereignisse der Krise ad absurdum geführt. So änderte sich am Volumen der Produktion und des Konsums der Nahrungsmittel in Indien fast nichts, sie waren eben nur noch die Hälfte wert. Ein krasses Beispiel lieferte der Reis, für den es im Unterschied zum Weizen kein Überangebot auf dem Weltmarkt gab und der weder bei der Produktion noch beim Konsum durch den Weizen ersetzt werden konnte. Die Reispreise blieben daher weltweit noch stabil, nachdem die Weizenpreise bereits stark gefallen waren. Dann sank im Oktober 1930 der Reispreis in Japan um ein Drittel. Dies war ein rein lokales Phänomen, das durch eine reichliche Ernte und die deflationäre Politik der Regierung, die gerade erst 1930 Japan auf den Goldstandard festgelegt hatte, verursacht worden war. Doch kaum erreichte die Nachricht von diesem Preisfall England, fiel auch dort der Preis für indischen Reis, und als im Januar 1931 der Reis nach der Haupternte (Winterreis) in Indien auf den Markt kam, wurde er dort nur noch zum halben Preis gehandelt. Mit Angebot und Nachfrage hatte dies, wie bereits gesagt, nichts zu tun, wohl aber mit den Signalen, die um die Welt gingen und den Kredit für den Handel mit Agrarprodukten versiegen ließen (Rothermund 1992).

Der Triumph des Protektionismus

Unter dem Druck der Krise gaben die Briten ihre Freihandelsgesinnung auf und bekehrten sich zum Protektionismus. In bezug auf Indien war dies vor allem durch die japanische Herausforderung bedingt. Japan antwortete auf die Krise durch eine radikale Währungsabwertung, die die japanischen Exportwaren auf dem Weltmarkt konkurrenzlos billig werden ließ. Davon war die indische Textilindustrie betroffen, die sich nun mit der Forderung nach Schutzzöllen an die britisch-indische Regierung wandte. Diese Regierung hatte schon bald nach dem Ersten Weltkrieg ihre einstige wirtschaftsliberale Haltung teilweise aufgegeben und die indische Stahlindustrie durch Schutzzölle gegen die deutsche und belgische Konkurrenz abgesichert, dabei aber zugleich dem viel zu teuren britischen Stahl durch Vorzugszölle einen Platz auf dem indischen Markt gesichert (Adarkar 1941). Diese Strategie des »market sharing«, das heißt der Aufteilung des Markts unter britischen und indischen Produzenten bei gleichzeitiger Abschottung des Markts gegen andere Konkurrenten, wurde unter dem Einfluß der Krise und der japanischen Herausforderung nun auch auf die Textilindustrie ausgedehnt (Chatterji 1992). Kolonialstaat und Markt gingen somit ein ganz neues Verhältnis zueinander ein. Der neue Protektionismus erstreckte sich übrigens auch auf Agrarprodukte wie den indischen Weizen, der durch australische Exporte unter Druck geriet. Normalerweise hätten die Briten mit dem Hinweis auf »imperiale Interessen« dergleichen abgelehnt, aber hier gaben politische Gründe den Ausschlag, denn das Hauptweizenanbaugebiet Indiens im Panjab war zugleich die Heimat der meisten Soldaten der britisch-indischen Armee, und die galt es bei guter Laune zu halten.

Nach Stahl, Textilien und Weizen kam auch der raffinierte Zucker in den Genuß des neuen Protektionismus. Indien baute Rohrzucker in großem Maße an, doch der raffinierte Zucker wurde zumeist aus Java importiert. Da hier keine »imperialen« Interessen auf dem Spiel standen, gewährte die britisch-indische Regierung 1931 der noch sehr kleinen indischen Zuckerindustrie einen prohibitiven Schutzzoll. Danach wurden zahlreiche Zuckerfabriken geradezu aus dem Boden gestampft, der Rohrzuckeranbau ausgedehnt und bereits 1937 die Schwelle der internen Selbstversorgung überschritten. Nun drängte Indien als Zuckerexporteur auf den Weltmarkt, doch das verletzte »imperiale« Interessen. Die britischen Zuckerpflanzer in der Karibik waren betroffen. Das Weltzuckerabkommen von 1937 erklärte Indien zum Zuckerimportland, das heißt, es wurden Indien keine Zuckerexportquoten gewährt (Rothermund 1992). Auf dem indischen Binnenmarkt mochte das »market sharing« noch opportun sein, aber für den Weltmarkt galt dieses Prinzip in bezug auf Indien nicht.

Die Wende zum Interventionismus im Zweiten Weltkrieg

Nachdem Indien in der Krise den Protektionismus kennen und schätzen gelernt hatte, erlebte es im Zweiten Weltkrieg die Segnungen eines intensiven Staatsinterventionismus. Zu Beginn des Krieges war die britisch-indische Regierung noch gar nicht auf einen solchen Interventionismus vorbereitet und wiegte sich in selbstgefälliger Sicherheit. Der Vizekönig bemerkte erleichtert, daß die Agrarpreise wieder stiegen und die indischen Bauern daher keinen Grund mehr zur Unzufriedenheit haben dürften. Doch im Verlauf des Krieges stiegen die Preise derart an, daß sich die Regierung verzweifelt darum bemühen mußte, den Markt in den Griff zu bekommen. Wieder wurden die Agrarpreise nicht von Angebot und Nachfrage bestimmt. Die Kriegsjahre waren durchweg gute Erntejahre, doch Spekulanten trieben ihr Unwesen, und sie wurden durch die ersten unbeholfenen Interventionsmaßnahmen der Regierung sogar noch in ihren Machenschaften bestärkt. Die Regierung führte nämlich Preiskontrollen ein, die nichts fruchteten, sondern nur der Entstehung eines Schwarzmarkts Auftrieb gaben. Erst später begann die Regierung, Getreide aufzukaufen und sich damit eine Manövriermasse zu verschaffen, mit der sie die Preisgestaltung beeinflussen konnte (Knight 1954). Doch das konnte eine schreckliche Hungersnot in Bengalen nicht mehr verhindern, die im Jahr 1943 mehrere Millionen Menschen forderte. Die Not entstand allein durch Preistreiberei und nicht durch irgendwelchen Mangel an Getreide (Sen 1981).

Durch solche Erfahrungen klüger geworden, begann die Regierung mit der Verteilung von Lebensmittelkarten. Bis zum Kriegsende waren über 100 Millionen Inder im Besitz von Lebensmittelkarten. Das war eine große administrative Leistung, insbesondere wenn man bedenkt, daß die Regierung zu Kriegsbeginn keinerlei Interventionsinstrumentarium hatte, mit dem sie solche Maßnahmen hätte durchführen können. Das galt nicht nur für das Gebiet der Nahrungsmittelversorgung, sondern auch für den Aufkauf von Kriegsbedarf (Uniformen, Stiefel, Sandsäcke usw.), für den ein besonderer Interventionsapparat geschaffen werden mußte (Rothermund 1983). Die indische Industrie wurde zu diesem Zweck nicht enteignet, sondern es wurden ihr Aufträge erteilt, die einem staatlichen Preisdiktat unterlagen, wobei die betreffenden Behörden die Produktionskosten berechneten und den Produzenten eine gewisse Gewinnmarge einräumten. Nichtsdestoweniger konnten die indischen Unternehmer Kriegsgewinne einstreichen, die nur zum Teil durch spezielle Steuern abgeschöpft wurden.

Die Kriegsinflation war auch in diesem Krieg wieder beträchlich, zumal sie nicht durch Konsumgüter abgeschöpft werden konnte, weil die indische Industrie fast ausschließlich für den Kriegsbedarf und nicht für den Binnenmarkt produzierte. Die britisch-indische Regierung kurbelte die Notenpresse an und erlegte Indien ein Zwangssparen auf. Alles was man für die Kriegsproduktion Indien schuldete, wurde in Form von Einlagen in der Bank von England bezahlt, auf die Indien aber für die Dauer des Krieges nicht zurückgreifen durfte. Auf diese Weise wurde Indien vom Schuldner zum Gläubiger Großbritanniens. Daher konnte Indien nach dem Kriege in die Unabhängigkeit entlassen werden, während man es als Schuldner sicher noch länger hätte beherrschen wollen.

Die Planwirtschaft: Interventionismus und Protektionismus

Das unabhängige Indien konnte den Protektionismus als Erbe der Krise und den Interventionismus als Erbe des Krieges übernehmen und auf dieser Grundlage eine Planwirtschaft errichten. Ohne dieses Erbe hätte Nehru seine Ambitionen auf diesem Gebiet gar nicht verwirklichen können. Nehrus Priorität war der industrielle Fortschritt, der unter britischer Herrschaft in der Tat nicht vorangetrieben und außerdem durch Krise und Krieg beeinträchtigt worden war. Angesichts des riesigen indischen Binnenmarkts stand bei dieser Industrialisierung die Importsubstitution und nicht etwa der Ausgriff auf den Weltmarkt durch Intensivierung von Exporten im Vordergrund. Die Mittel, die Indien zur Verfügung standen, waren beschränkt, und Nehru mißtraute den Kräften des Marktes. Er befürchtete einen ruinösen Wettbewerb, der Vermögenswerte verzehren mußte – ein Luxus, den sich reiche Nationen leisten mochten, der aber für das arme Indien untragbar war.

Nehrus planwirtschaftliche Ambitionen gingen jedoch nicht so weit, daß er die bereits bestehende Privatindustrie enteignen wollte. Sie sollte bestehen bleiben, aber insbesondere die kapitalintensiven Grundstoffindustrien sollten vom Staat errichtet werden. Hierin war sich Nehru übrigens mit den indischen Industriellen einig, die lieber dem Staat die kapitalintensiven Industriezweige überließen, um sich auf Produkte zu konzentrieren, die wenig Kapital erforderten und rascheren Gewinn versprachen. Sie begaben sich dafür aber in eine Abhängigkeit vom Staat, der den Wettbewerb ausschaltete und die Investitionstätigkeit im privaten Sektor durch Lizenzen steuerte. Da solche Lizenzen für den, der sie erhielt, aber geradezu einen Freibrief für risikolose Investitionen und entsprechende Gewinne bedeutete, konnte den privaten Unternehmern dieses System nur recht sein. Sie hatten ohnehin in der Kriegszeit in einem ähnlich reglementierten System gearbeitet und dabei gut verdient.

Ausländische Entwicklungshilfegeber, auf die Indien angewiesen war, nachdem die indischen Guthaben bei der Bank von England aufgebraucht waren, sahen sich zunächst auch nicht bemüßigt, Indien den Wirtschaftsliberalismus zu predigen oder es gar mit Auflagen zu Liberalisierungsmaßnahmen zu zwingen. Sie wollten Indien Investitionsgüter verkaufen, und da war ihnen Nehrus Industrialisierungspolitik ganz recht. Die Importsubstitution machte auf diese Weise Fortschritte, doch der Anteil Indiens am Welthandel ging ständig zurück. Das wurde in Indien zunächst durchaus nicht bedauert. Die Anbindung an den Weltmarkt unter britischer Kolonialherrschaft war nämlich für Indien nicht mit guten Erinnerungen verbunden, die Abkopplung vom Weltmarkt wurde daher begrüßt und mehrere Jahrzehnte erfolgreich durchgehalten.

Die Entwicklungen auf dem abgeschotteten indischen Binnenmarkt

Dem indischen Staat gelang es weitgehend, den Wettbewerb auszuschalten und die Produktion für den Binnenmarkt seinen Vorschriften zu unterwerfen. Da es zunächst einmal um die Industrialisierung ging, wurden die Agrarpreise bewußt niedrig gehalten, um durch das Angebot billiger Nahrungsmittel die Kosten des industriellen Sektors in Grenzen zu halten. Die durchaus beachtliche Steigerung der Agrarproduktion in der Regierungszeit Nehrus wurde nicht durch eine Erhöhung der Produktivität und der Flächenerträge, sondern fast ausschließlich durch die Ausdehnung der Anbaufläche erreicht. Dabei wurden zunehmend marginale Böden unter den Pflug genommen, die bei einer größeren Dürre gar keine Erträge bringen würden. Der Rückschlag auf diesem Gebiet war geradezu vorprogrammiert. Zwei aufeinanderfolgende Dürrejahre 1965 und 1966 gaben dann den Ausschlag. Die Politik der niedrigen Agrarpreise brach zusammen, damit aber auch der gesamte Planungsprozeß. Infolgedessen gingen auch die Industrieinvestitionen zurück, die nach 1966 über ein Jahrzehnt stagnierten (Ahluwalia 1985). Die Zeit der Stagnation war aber nicht nur durch einen Rückgang der Investitionen im öffentlichen Sektor gekennzeichnet, auch der private Sektor verlor an Boden. Während sein Anteil am Sozialprodukt von 1955 bis 1965 zugenommen hatte, ging er im folgenden Jahrzehnt zurück (Chandra 1981, 361). Mit anderen Worten, die Zurückhaltung des Staates auf dem Gebiet der Investitionen wurde nicht etwa durch das Vorpreschen des privaten Sektors kompensiert. Das war charakteristisch für Indiens wettbewerbsfreie gemischte Wirtschaft, in der der private Sektor letztlich als »Trittbrettfahrer« von den staatlichen Investitionen profitierte und zurückfiel, wenn der Staat nicht mehr das Tempo vorgab. In den 1980er Jahren erhöhte der Staat das Tempo wieder und die »Trittbrettfahrer« bekamen schließlich den Mut, abzuspringen und allein voranzustürmen. Wenn man dies im positiven Sinne interpretiert, kann man sagen, daß der indische Staatskapitalismus auf diese Weise eine Entwicklung eigener Art in Gang gesetzt hat, die nicht mit der in anderen Ländern vergleichbar ist, aber sich durch eine größere Nachhaltigkeit auszeichnet. Ein besonderer Charakterzug dieser Entwicklung ist auch der Aufstieg eines »regionalen Kapitalismus« in den verschiedenen indischen Bundesländern (Baru 1994).

Die »Grüne Revolution« hat diese Entwicklung unterstützt. Sie brachte nach 1970 einen allmählichen Aufschwung der Agrarproduktion durch Intensivierung der Landwirtschaft und die Aufgabe marginaler Böden mit sich. Die gestiegenen Agrarpreise gaben den Bauern Anreize zur Produktion und zur Anwendung neuer Techniken, die für den Erfolg der »Grünen Revolution« unerläßlich waren. Zu den Anreizen der Bauern gehörte freilich auch die staatliche Politik des Aufkaufs großer Getreidemengen. Oft wurden etwa 15 Prozent der gesamten Getreideproduktion aufgekauft und dann durch ca. 400 000 »Fair Price Shops« verteilt. Diese massive staatliche Intervention stabilisierte den Agrarmarkt, wurde aber von den Bauern allmählich als Besitzstand betrachtet, den es zu wahren galt. Wenn man dabei noch beachtet, daß die Grundsteuer seit den Jahren der Weltwirtschaftskrise aus politischer Rücksichtnahme auf die Bauern nicht mehr erhöht worden ist und heute nicht einmal mehr die Kosten einbringt, die dem Staat bei ihrer Eintreibung entstehen, und daß die Bauern auch keinerlei Einkommensteuer bezahlen, dann bedeuten die durch den staatlichen Aufkauf von Getreide und die zu niedrigen Preisen zur Verfügung gestellten Düngemittel, sowie die ebenfalls nicht kostendeckend betriebene ländliche Energieversorgung einen ständigen Transfer von Ressourcen vom industriellen Sektor zum landwirtschaftlichen Sektor, der allein durch politische Gründe gerechtfertigt ist.

Zunächst bedeutete es für den Nationalkongreß einen Zuwachs an politischer Stärke, daß die Weltwirtschaftskrise ihm die Bauern in die Arme getrieben hatte. Doch im Laufe der Zeit hat sich die Tatsache, daß der Nationalkongreß eine Bauernpartei geworden ist, eher lähmend ausgewirkt. Die Produktivität der Bauernschaft ist gering, ihr politisches Gewicht dagegen sehr groß. Als Illustration der geringen Produktivität mag hier nur erwähnt werden, daß Indien zwar der zweitgrößte Reisproduzent der Welt ist, aber in bezug auf die Flächenerträge nur an 60. Stelle steht. Australien, das in dieser Rangliste an erster Stelle steht, produziert gegenüber Indien etwa das Vierfache pro Flächeneinheit. Jede Partei, die in Indien Wahlen gewinnen will, kann es sich nicht leisten, der großen Mehrheit der ländlichen Wähler irgend etwas zuzumuten, was ihren Besitzstand antastet. Bei der wachsenden Zahl der landlosen Landarbeiter kann man freilich kaum von einem Besitzstand sprechen. Diese Landarbeiter würden sicher gern höhere Löhne verdienen, doch da es sie in den meisten Teilen Indiens im Überfluß gibt und sie völlig von den Bauern als Arbeitgeber abhängig sind, müssen sie mit ihrem Los zufrieden sein. Die Abwanderung in die Industrie ist für die Landarbeiter keine Alternative, denn diese bietet kaum neue Arbeitsplätze an.

Dem Aufschwung der Agrarproduktion infolge der »Grünen Revolution« folgte erst mit großem zeitlichen Abstand ein ebensolcher Fortschritt auf dem Gebiet der Industrieproduktion. Dabei muß freilich berücksichtigt werden, daß Indien in den 1970er Jahren durch die Ölkrise empfindlich getroffen wurde. Der Ausbau der indischen Ölquellen und Kohlebergwerke war in der Zeit der niedrigen Ölpreise nicht forciert worden. Indien mußte daher nun große Mengen teuren Öls einführen und importierte damit zugleich auch eine Inflation, die den wirtschaftlichen Fortschritt beeinträchtigte. Erst in den 1980er Jahren machte sich wieder ein industrieller Aufschwung bemerkbar (Ahluwalia 1991). Dieser Aufschwung war durch Phänomene gekennzeichnet, die zuvor im Rahmen der Industrialisierung Indiens nicht beobachtet worden waren. Die Produktivität stieg, aber die Zahl der Arbeitsplätze vermehrte sich nicht mehr in gleichem Maße wie zuvor. Dies konnte freilich eine statistische Illusion sein, denn zu erfassen waren nur die Arbeitsplätze im »formellen Sektor«, während die im »unorganisierten Sektor« naturgemäß eine Dunkelziffer blieben. Wenn man aber in steigendem Maße die Produktion in kleine »unorganisierte« Zulieferbetriebe auslagert, dann läßt sich für die Arbeitskräfte im »formellen Sektor« auch eine höhere Produktivität nachweisen, weil ihnen die Tätigkeiten vorbehalten bleiben, die den größeren Teil des Mehrwerts erbringen. Der duale Arbeitsmarkt, der in früheren Zeiten durch den Unterschied von permanenten Arbeitskräften und der Reservearmee vor dem Fabriktor repräsentiert war, offenbart sich heute als modernes Verlagssystem, bei dem in den Fabriken meist nur noch die Montage stattfindet, während unzählige Einzelteile von vielen kleinen Zulieferern bezogen werden. Man könnte in diesem Zusammenhang geradezu von »diseconomies of scale« sprechen, die zur Verbreitung dieses Systems zwingen. Große Betriebe leiden nämlich unter dem doppelten Druck der Gewerkschaften und der Besteuerung. Die Schaffung von Arbeitsplätzen im »formellen Sektor« erfolgt also nur noch, wenn sie aus produktionstechnischen Gründen unbedingt erforderlich ist.

Nach neueren Berechnungen hat das industrielle Wachstum Indiens im Jahrzehnt von 1980 bis 1990 rund 8 Prozent pro Jahr betragen. Die Landwirtschaft hat damit nicht Schritt gehalten. Außerdem wird das Wirtschaftswachstum durch das Bevölkerungswachstum stets auf ein niedrigeres Niveau reduziert. Zwar ist es durchaus zu einem bescheidenen Wachstum des Pro-Kopf-Einkommens gekommen, auch die Lebenserwartung ist gestiegen, weil die Sterberate stark gesunken ist und jetzt bereits der in den europäischen Ländern entspricht. Aber die Geburtenrate hat sich der gesunkenen Sterberate bisher nicht angepaßt, und damit konnte das Bevölkerungswachstum nicht gebremst werden, das in erster Linie von den ländlichen Gebieten absorbiert wird.

Der Entwicklungsengpaß, der sich auf diese Weise zeigt, kann nur durch einen Wandel des Markts überwunden werden, der produktive Arbeitsplätze schafft. Dies ist wohl nur im Rahmen einer neuen Weltmarktintegration Indiens möglich, die sich diesmal jedoch nicht unter den Bedingungen kolonialer Herrschaft vollzieht, sondern von Indien selbst gewollt und gesteuert wird. Leider hat der indische Staat die ersten Schritte in dieser Richtung am falschen Ende begonnen und die Außenhandelsliberalisierung vor der internen Liberalisierung in Gang gesetzt.

Außenhandelsliberalisierung versus interne Liberalisierung

Als Indien zunächst noch unter Indira Gandhi und später unter Rajiv Gandhi in den 1980er Jahren mit einer Liberalisierungspolitik begann, ging man den Weg des geringsten Widerstandes und reduzierte die prohibitiven Schutzzölle und Importrestriktionen, mit denen sich Indien bisher vom Weltmarkt abgekoppelt hatte. Dabei ergab sich bald, daß die Einfuhren zunahmen und der Staat beträchtliche Zolleinkünfte hatte, die sich bei weiterer Reduktion der Zölle noch vermehrten. Diese Einkünfte führten zu einer Steigerung der Staatsquote und erlaubten die Fortführung unprofitabler Staatsbetriebe. Das war geradezu kontraproduktiv, denn man hätte statt dessen eher die Staatsquote zurückführen und verlustreiche Staatsbetriebe schließen müssen.

Nach allgemeiner Annahme steigen bei einer Anpassung an den Weltmarkt zunächst einmal die Einfuhren, danach erst folgt die Steigerung der Ausfuhren. Doch in Indien ließ das Exportwachstum auf sich warten. Daher steuerte Indien schließlich auf eine Zahlungsbilanzkrise zu, die noch dadurch verschärft wurde, daß die Auslandsinder, die aufgrund der hohen Zinsen große Beträge in Indien »geparkt« hatten, diese abzogen, sobald sie die Krise kommen sahen. Die Krise konnte schließlich nur mit der Hilfe des Weltwährungsfonds und der Weltbank gemeistert werden, die natürlich ihre altbekannten Bedingungen (Abwertung, Reduktion des Haushaltsdefizits usw.) mit dieser Hilfeleistung verknüpften. Die neue Regierung unter Premierminister P. V. Narasimha Rao und Finanzminister Manmohan Singh, der selbst im Dienste der Weltbank gestanden hatte, trat nun sozusagen die Flucht nach vorn an und nahm die Aufgabe der internen Liberalisierung in Angriff, der man zuvor ausgewichen war. Die Akzente, die die neue Regierung setzte, schufen Vertrauen und machten Indien für ausländische Investoren attraktiv. Auch die Gelder der Auslandsinder flossen in reichem Maße nach Indien zurück. Es schien, als ob Staat und Markt nun auf ganz neue Weise miteinander in Beziehung gesetzt werden sollten.

Doch das Erbe der Vergangenheit läßt sich nicht so rasch bewältigen. Die vielen Bürokraten, die sich in den unzähligen Planstellen des Interventionsapparats eingenistet haben, lassen sich nicht plötzlich mit anderen Aufgaben betrauen. Die mit Arbeitskräften überbesetzten Staatsbetriebe müßten durch Massenentlassungen schlanker gemacht werden, um für die dringend notwendige Privatisierung attraktiv zu sein. Die vielerlei Subventionen, die die Bauern als Besitzstand betrachten, können nicht reduziert werden, ohne empfindliche Verluste bei den nächsten Wahlen zu riskieren. Auch die Reduktion der Einfuhrzölle wird nur vorsichtig weitergeführt werden, weil bei einer zu raschen Öffnung des indischen Markts viele Betriebe von der internationalen Konkurrenz blitzschnell eliminiert würden. Staat und Markt werden daher in Indien noch eine geraume Zeit brauchen, um ein neues Gleichgewicht zu finden.

Literatur

Adarkar, B. P. 1941. The Indian Fiscal Policy. Allahabad, Kitabistan.

Ahluwalia, Isher Judge 1985. Industrial Growth in India. Stagnation Since the Mid-Sixties. Delhi, Oxford Univ. Press.

Ahluwalia, Isher Judge 1991. Productivity and Growth in Indian Manufacturing. Delhi, Oxford Univ. Press.

Aiolfi, Sergio 1987. Calicos und gedrucktes Zeug. Die Entwicklung der englischen Textilveredelung und der Tuchhandel der East India Company, 1650–1750. Stuttgart, Franz Steiner Verlag.

Ambirajan, S. 1978. Political Economy and British Policy in India. Cambridge, Cambridge Univ. Press.

Bagchi, Amiya K. 1972. Private Investment in India, 1900–1939. Cambridge, Cambridge Univ. Press.

Baru, Sanjaya 1994. Continuity and Change in Indian Industrial Policy. In: Industry and Agriculture in India Since Independence, herausgegeben von T. V. Satyamurthy, Delhi, Oxford Univ. Press.

Bayly, Christopher 1983. Rulers, Townsmen and Bazaars. North Indian Society in the Age of British Expansion, 1770–1870. Cambridge, Cambridge Univ. Press.

Chandavarkar, Rajnarayan 1994. The Origins of Industrial Capitalism in India. Business Strategies and the Working Classes in Bombay, 1900–1940. Cambridge, Cambridge Univ. Press.

Chandra, N. K. 1981. Monopoly Capital, Private Corporate Sector and the Indian Economy: A Study in Relative Growth,1931–1976. In: Change and Choice in Indian Industry, Hg. Amiya K. Bagchi & Nirmala Banerjee. Calcutta, K.P. Bagchi & Co.

Chatterji, Basudev 1992. Trade, Tariffs and Empire. Lancashire and British Policy in India, 1919–1939. Delhi, Oxford Univ. Press.

Gadgil, D. R. 1924. The Industrial Evolution of India in Recent Times. Madras, Oxford Univ. Press.

Goldsmith, Raymond W. 1983. The Financial Development of India, 1860–1977. New Haven, Yale Univ. Press.

Hurd, John 1983. Railways. In: The Cambridge Economic History of India, Vol. 2, herausgegeben von Dharma Kumar. Cambridge, Cambridge Univ. Press.

Knight, Henry 1954. Food Administration in India, 1939–1947. Stanford, Stanford Univ. Press.

Morris, Morris D. 1983. The Growth of Large-Scale Industry. In: The Cambridge Economic History of India, Vol. 2, herausgegeben von Dharma Kumar. Cambridge, Cambridge Univ. Press.

Olbrecht, Urs 1993. Der Alltag der bengalischen Jutearbeiter in der spätkolonialen Ära. Zürich, unveröffentl. Lizentiatsarbeit, Historisches Seminar der Univ. Zürich.

Rothermund, Dietmar 1970. India's Silver Currency. An Aspect of the Monetary Policy of British Imperialism. In: Indian Social and Economic History Review 7,

Rothermund, Dietmar 1978. Government, Landlord and Peasant in India. Agrarian Relations under British Rule, 1865–1935, Wiesbaden, Franz Steiner Verlag.

Rothermund, Dietmar 1983. Die Anfänge der indischen Wirtschaftsplanung im Zweiten Weltkrieg. In: Dritte Welt: Historische Prägung und Politische Herausforderung. Festschrift für Rudolf von Albertini, herausgegeben von Peter Halblützel u. a., Wiesbaden, Franz Steiner Verlag.

Rothermund, Dietmar 1992. India in the Great Depression, 1929–1939. New Delhi, Manohar Publishers.

Sen, Amartya 1981. Poverty and Famines: An Essay on Entitlement and Deprivation. Oxford, Oxford Univ. Press.

Specker, Konrad 1984. Weber im Wettbewerb. Das Schicksal des südin dischen Textilhandwerks im 19. Jahrhundert. Wiesbaden, Franz Steiner Verlag.

Subrahmanyam, Sanjay 1990. The Political Economy of Commerce: South India,1500–1650. Cambridge, Cambridge Univ. Press.

HERBERT FRANKE

Fromme Stifter und ihr Markt: Zum Druck religiöser Schriften im mittelalterlichen China

Es ist allgemein bekannt, daß die Chinesen den Buchdruck erfunden haben, und zwar viele Jahrhunderte, bevor in Europa Gutenberg begann, Texte mit Typen zu drucken. Die technische Anregung, die in China zum Buchdruck führte, geht zurück auf die Verwendung von Stempeln, die in China schon früh üblich war, nämlich mindestens seit der Hanzeit (206 v. Chr. – 220 n. Chr.). Eine weitere Anregung bestand darin, daß von Steininschriften Abreibungen auf Papier hergestellt werden konnten. Beides legte es nahe, Texte spiegelverkehrt in Holzplatten zu schnitzen und diese auf Papier abzuziehen. Der Holzplattendruck ist so bis in das 19. und frühe 20. Jahrhundert zur vorherrschenden Drucktechnik geworden. Der Druck mit beweglichen und wieder verwendbaren Typen, die Methode Gutenbergs also, war demgegenüber von geringerer Bedeutung, und zwar wegen der sehr großen Zahl verschiedener Schriftzeichen im Chinesischen. Während alphabetische Schriften mit ein paar Dutzend Buchstaben auskommen und Gutenbergs Offizin über das Alphabet hinaus noch eine größere Anzahl von Typen mit Ligaturen, wie sie in mittelalterlichen Handschriften üblich waren, benutzte, so kann das in keiner Weise mit einer Schrift verglichen werden, die viele tausend verschiedene Zeichen umfaßte. Trotzdem haben die Chinesen bereits seit dem 11. Jahrhundert immer wieder mit beweglichen Typen experimentiert, und zwar mit solchen aus gebranntem Ton, Holz oder Metall. Auch haben sich von Typen gedruckte Bücher, namentlich aus der Mingzeit (1368–1644), erhalten, und im 18. Jahrhundert wurde ein umfangreiches vom Kaiserhof gefördertes Sammelwerk von Typen gedruckt.

Der Holzplattendruck, der auch bei den seltenen Blockbüchern des 15. Jahrhunderts in Europa vorübergehend Verwendung fand, bot in der chinesischen Kultur bedeutende Vorteile gegenüber dem Typendruck und dies nicht nur wegen der großen Zahl der Schriftzeichen. In China galt die Kalligraphie von jeher als eine hohe Kunst, und der Holzplattendruck erlaubte eine große Variabilität der Schriftformen. Außerdem war es leicht möglich, bildliche Darstellungen in die Druckplatten zu integrieren, also illustrierte Bücher herzustellen. In der Tat enthalten bereits die frühesten erhaltenen ostasiatischen Drucke des 8. Jahrhunderts Holzschnitte. Ein weiterer Grund für die Beibehaltung des Holzplattendrucks lag darin, daß man Druckplatten fast unbegrenzt lange aufbewahren und demnach immer wieder neue Abzüge, also Bücher herstellen konnte, während die Aufbewahrung von Stehsatz in Typen wirtschaftlich gesehen unrentabel war, weil sie den Vorteil des Typendrucks durch die Festlegung im Stehsatz wieder zunichte gemacht hätte.

Es ist unbestritten, daß die Erfindung des Buchdrucks mehr als eine handwerklich-technische Zufälligkeit war, sondern ihre Entstehung dem gesellschaftlichen Umfeld verdankt. Alle Autoren sind sich darin einig, daß die Motivation zur Herstellung gedruckter Texte untrennbar mit dem Buddhismus verbunden ist, insbesonders mit dem Mahāyāna. Diese Richtung betonte, ähnlich wie der vorreformatorische Katholizismus in Europa, die Werkgerechtigkeit. Es gab viele Praktiken, mit denen man sich Tugendverdienst erwerben konnte, um die schließliche Erlösung aller Lebewesen aus dem Kreislauf der Existenzen zu befördern. Man konnte einen Stūpa, das heißt einen Reliquienschrein bauen lassen, ein Kloster gründen oder Mönche alimentieren, Sūtrenlesungen und Rituale finanzieren, vor allem aber die Lehre Buddhas durch die Herstellung religiöser Schriften zu verbreiten helfen. Das Abschreiben und Drucken von Texten sowie ihre Verteilung an die Gläubigen zur Rezitation war jedoch nur *ein* Motiv. Ein anderes mindestens genauso wichtiges war in der Vorstellung begründet, daß dem Text selbst eine religiös-magische Wirkung innewohnte, ohne daß man ihn rezitieren mußte. Ein gedruckter oder geschriebener Text hatte also gleichsam die Wirkung eines zauberkräftigen Amuletts, eine Anschauung, die im volkstümlichen Buddhismus Chinas schon seit mindestens dem 6. Jahrhundert nachweisbar ist (Zürcher 1982, 163–168). Hinzu kommt noch ein Prinzip, das man als numerisch bezeichnen kann: je mehr Texte, desto größer das Tugendverdienst.

Dies alles erklärt nicht nur, warum die ältesten Drucke in Ostasien buddhistische Texte waren, sondern auch die oft ungemein hohen Auflagen. Was die äußere Form buddhistischer Druckerzeugnisse angeht, kann man mehrere Arten unterscheiden. In der Frühzeit druckte man Blätter von den einzelnen Holzplatten und klebte sie zu einer Rolle zusammen, jedoch gab es mindestens seit dem 10. Jahrhundert auch schon Bücher, das heißt, die Einzelblätter wurden aneinandergeklebt und zu einem Buch in Hochformat gefaltet (»Leporelloalbum«). Manchmal jedoch wurden, zumal bei sehr umfänglichen Werken, die vom Holzstock abgezogenen Blätter lose zwischen Holzdeckeln aufeinandergelegt und so aufbewahrt. Diese Methode findet sich namentlich bei dem aus Indien übernommenen Querformat und wird heute noch im tibetischen Kulturkreis durchweg angewandt – die Tibeter haben ja den Buchdruck aus China übernommen, vermutlich im 15. Jahrhundert. Die Einzelblätter tragen jeweils eine Numerierung am Rande, was jedoch auch für die Buchformate gilt.

Die ältesten heute bekannten buddhistischen Drucke Ostasiens stammen aus dem 8. Jahrhundert, und zwar aus Korea und Japan. Ob sie dort oder in China verfertigt worden sind, kann nicht mehr festgestellt werden, da sie kein Impressum enthalten. Beide Drucke bieten den gleichen Text, nämlich das »Große Dhāraṇī-Sūtra des makellosen Lichts«, der im Jahre 704 ins Chinesische übersetzt wurde. Dhāraṇī sind Sanskrit-Invokationen, die lautlich in chinesischen Zeichen umschrieben wurden und die gewöhnlich in einen chinesischen Rahmentext, ein Sūtra, das die Entstehung der Dhāraṇī beschreibt, eingebettet sind. Von solchen Texten gibt es Hunderte im Rahmen des chinesischen buddhistischen Schrifttums. Veranlaßt wurde der Drucktext aus Japan von der Kaiserin Shōtoku (reg. 765–770). Sie ließ eine Million Exemplare der Dhāraṇī herstellen und die kurzen Texte jeweils in kleine hölzerne Nachbildungen eines Stūpas einlegen. Diese wurden an die zehn vornehmsten Tempel Japans verteilt. Jeder Tempel erhielt also 100 000 dieser Holzpagoden – eine wahrhaft fürstliche Segensspende (Tsien 1985, 336–338).

Der älteste heute existierende Druck eines längeren Textes wurde von Sir Aurel Stein 1908 gefunden und liegt seitdem im Britischen Museum. Man kann ihn also als das älteste gedruckte Buch der Welt bezeichnen. Der Text ist das sogenannte Diamant-Sūtra. Er ist genau datiert, nämlich auf den 15. Tag des vierten Monats im neunten Jahre Hsien-t'ung (11. Mai 868). Hier finden wir auch zum ersten Mal einen privaten Stifter genannt: ein gewisser Wang Chieh hat den Druck für seine Eltern herstellen lassen. Im Unterschied zu den etwas grob gedruckten Texten aus Korea und Japan ist er meisterhaft. Auch steht ein schöner Holzschnitt als Frontispiz dem eigentlichen Text voran (Tsien 1985, 151–152). Wie hoch die Auflage war, und wo das Buch gedruckt wurde, geht leider aus dem Kolophon nicht hervor. Dagegen kennen wir aus dem 10. Jahrhundert die Zahl der Druckexemplare eines Dhāraṇī-Sūtra genau. Als im Jahre 1924 die Donnergipfelpagode am Westsee bei Hang-chou nach einem Unwetter einstürzte, fand man in die Ziegel der Ruine eingeschlossen Papierröllchen mit einem Druck des »Dhāraṇī-Sūtra der Handgeste für den kostbaren Reliquienschrein des geheimen Körpers aller Buddha-Essenzen«. Aus dem Kolophon geht hervor, daß der Herrscher des Staates Wu-Yüeh im achten Monat des Jahres *i-hai* (975) 84 000 Exemplare des Sūtras »zur ewigen Verehrung« herstellen ließ. Hier handelt es sich also um eine vom Herrscher bzw. dem Staat organisierte Spende eines gedruckten Textes.

Die Zahl der Drucke ist durchaus nicht willkürlich gewählt worden, sondern geht zurück auf eine Legende, wonach der indische König Ashoka für die 84 000 Reliquien von Buddhas Leib je einen Stūpa habe erbauen lassen. Man weiß nicht, wo die Drucke hergestellt wurden. Vielleicht stammen sie aus dem »Tempel der geistigen Geheimnisse« (Ling-yin ssu) in Hangchou, wo zur selben Zeit weitere fromme Texte in überaus hoher Auflage hergestellt wurden, natürlich alle auf Grund von Spenden. Man hat berechnet, daß damals, also in der zweiten Hälfte des 10. Jahrhunderts, im Ling-yin ssu insgesamt etwa 400 000 Exemplare buddhistischer Schriften und Einblattdrucke hergestellt wurden (Tsien 1985, 158).

Man sieht also aus den geschilderten Textfunden, welche Bedeutung die in Stūpas, die ja eigentlich Reliquienbehälter waren, eingemauerten Dhāraṇīs als magischer Schutz und symbolische Verkörperung des Buddha-Leibes hatten. Diese Vorstellungen stammen ursprünglich aus Indien, haben sich aber dann in ganz Zentral- und Ostasien verbreitet. (Bentor 1992; Scherrer-Schaub 1994). Aber nicht nur in Bauten wie Stūpas wurden Texte deponiert, sondern auch in Statuen. Diese »Buddha-Eingeweide« waren eine unentbehrliche Zugabe, ohne die das Bildwerk nicht als religiös konsekriert galt.

Gelegentlich sind aus Statuen seltene alte Handschriften oder Drucke geborgen worden. Ich selbst hatte 1980 Gelegenheit, die Deponierung von Texten in einer Statue zu beobachten, und zwar im Kloster Tikse bei Leh (Ladakh). Der Dalai Lama hatte seinen Besuch in Tikse angekündigt. Aus diesem Anlaß errichteten die Mönche eine riesige, ca. 15 Meter hohe Buddha-Statue aus Lehm. In jedem der Finger des Bildwerks wurde ein Exemplar der tibetischen Übersetzung des »Großen Sūtra der Erlösungsweisheit«, eines überaus umfänglichen Textes, untergebracht, bevor die Finger wieder mit Lehm versiegelt und bemalt wurden. Aber auch kleine lamaistische Bronzestatuen, wie sie jedem Touristen auf dem Markt in Katmandu oder in europäischen Asienläden angeboten werden, enthalten, sofern sie einigermaßen echt und nicht in weltlicher Massenproduktion gefertigt sind, stets religiöse Schriftstücke, und sei es auch nur ein Zettel mit der Anrufung: »Om mani padme hum« (O Juwel im Lotus).

Eine Sonderstellung im gedruckten buddhistischen Schrifttum nehmen die Drucke des Kanons (Tripiṭaka) ein, in welchem die Sūtren, exegetischen Abhandlungen und Vorschriften für die Mönchsdisziplin zusammengestellt wurden. Eine solche riesige Literaturmenge zum Druck zu bringen, war ein verlegerisches und technisches Großunternehmen. Allein unter der Sungdynastie gab es sechs solcher Drucke (Pelliot 1953, 88–92), durchgeführt in Klöstern, die entweder vom Kaiserhof den Auftrag dazu erhielten und entsprechende Spendenmittel dafür bekamen oder auf eigene Initiative hin das verdienstliche Werk in Angriff nahmen und auf private Spender angewiesen waren. Es ist im übrigen für die buddhistische Gesinnung bezeichnend, daß manche Kanondrucke ungeachtet eines Dynastiewechsels weitergeführt wurden, so beim Übergang der Herrschaft von den Sung zur Mongolendynastie Yüan, zu deren Reich das Druckereizentrum Hang-chou seit 1276 gehörte. Ein wichtiger Grund für diese Kontinuität war das Streben aller Dynastien, ihre Legitimität auch religiös zu begründen und den Schutz der buddhistischen Gottheiten für Herrscherhaus, Staat und Volk durch die Ansammlung von Tugendverdienst zu erwirken.

Von den sungzeitlichen Kanondrucken sind die meisten nur ganz fragmentarisch in Einzelbänden erhalten. Man kennt aber aus den überlieferten Katalogen den Umfang von einigen Kanonausgaben. In Peking war der »Tempel zur Verbreitung der Lehre« ein wichtiges vom Kaiserhof gefördertes Zentrum für Textredaktion und Druck, das bereits unter der Chindynastie (1115–1234) existierte. Der dort zwischen 1277 und 1294 gedruckte Hung-fa-Kanon umfaßte 7182 Kapitel. Fast zur gleichen Zeit entstand ein Druck im Tempel »Umfassender Segen« in Hang-chou mit 1437 Einzelwerken in insgesamt 6010 Kapiteln. Dieser Druck, an dem rund tausend Mönche und Laien als Editoren, Plattenschneider und Drucker mitwirkten, wurde ausschließlich durch private Spenden finanziert. Man kennt auch den Gesamtbetrag des Spendenaufkommens, nämlich 100 000 Geldschnüre und 70 000 Unzen Silber, dazu noch viele tausend Zentner Reis, alles gestiftet von rund 600 verschiedenen Spendern (Overmyer 1982, 634–636). Von der Anzahl der Druckplatten, die für einen Kanondruck erforderlich waren, kann man sich einen anschaulichen Begriff machen, denn in dem koreanischen Tempel Haein-sa werden heute noch nicht weniger als 81 258 Platten aufbewahrt, geschnitzt im 12. Jahrhundert.

Ein wichtiger Kanondruck entstand zwischen 1231 und 1363 mit insgesamt 6362 Kapiteln (Pelliot 1953, 90; Paul Demiéville, ib., 133–134). Dieser sogenannte Chi-sha-Kanon, benannt nach dem Ort des »Tempels der ausgedehnten Heiligkeit« bei Suchou, ist wie der P'u-ning-Kanon durch private Spenden finanziert worden und für die Geschichte der buddhistischen Frömmigkeit besonders aufschlußreich, weil die Kolophone zu einzelnen Werken oder Kapiteln die Namen der Spender und sehr oft auch die Höhe ihrer Spende angeben. Daß der Druck des Chi-sha-Kanons nach mehrfachen Unterbrechungen um 1300 wieder aufgenommen und fortgeführt wurde, ist vor allem das Verdienst des tangutischen Mönches Kuan-chu-pa (siehe über ihn Tokiwa 1939, 1–32, sowie Demiéville in Pelliot 1953, 136–138; auch kurz bei Flug 1959, 75). In einem Gelöbnisschreiben von 1307 zählt er auf, welche Texte und in welcher Auflage er hat drucken lassen (übersetzt bei Karmay 1975, 43–45). Kuan-chu-pa muß ein überaus erfolgreicher Einwerber von Spenden gewesen sein, denn die Namen der Stifter in den Kolophonen bieten, ähnlich wie schon vorher im 13. Jahrhundert, einen Querschnitt durch die damalige chinesische Gesellschaft: Wir finden dort Chinesen und Uiguren, Beamte, schlichte Bürger und auch Frauen, aber auch immer wieder Mönche, die ihrerseits wiederum von Laien Spenden erhalten hatten, denn ein Mönch durfte ja an sich kein Vermögen besitzen.

Auch Kuan-chu-pa selbst tritt des öfteren als Spender auf, manchmal mit recht hohen Summen. 1306 gab er für den Druck eines Texts über Mönchsdisziplin 200 Scheine Chung-t'ung-Papiergeld (Motoya 1936, 120). Ein anderes Mal (1307) waren es 500 *ting* Papiergeld (ib., 160). Aber die allermeisten Spenden kamen im 13. und frühen 14. Jahrhundert von namentlich genannten Privatleuten, wobei sich gelegentlich mehrere Familien einschließlich der Frauen zu dem frommen Werk zusammenschlossen. Es waren entweder Geld- oder Sachspenden. Jemand stiftete eine Million Blatt Papier (ib., 51), ein anderer 230 Münzen für 150 Bündel Brennholz (ib., 61). Im Jahre 1306 gelobte ein Mönch, 20 Zentner polierten Reis zu spenden (ib., 110). Es gab auch Stiftungen über mehrere Jahre, so etwa wenn jemand der Klosterdruckerei den jährlichen Ertrag von 14 *mou* Ackerland (ca. 0,81 Hektar) vermachte (ib., 65). Kolophone aus der Sungzeit um die Mitte des 13. Jahrhunderts erwähnen wiederholt, wie lang das Kapitel war, für dessen Druck Geld gestiftet wurde. So lesen wir, daß von den insgesamt 100 Kapiteln der buddhistischen Enzyklopädie *Fa-yüan chu-lin* das Kapitel 68 einen Umfang von 10 920 Schriftzeichen hatte, für dessen Druck jemand 12 000 *kuan* Papiergeld zu stiften gelobte (ib., 141). Das war im Jahre 1253, als das Geld sich rapide entwertete, denn ursprünglich wurde ein Schriftzeichen mit 50 *wen* berechnet (1 *kuan* = 1000 *wen*). In der Yüanzeit erfolgten die Geldspenden in *ting* und man findet, wie oben mitgeteilt, Spenden von 500 *ting*, aber auch solche von 1 *ting*, wobei man sich an das »Scherflein der Witwe« (Markus 12, 42) erinnert fühlt. In der Tat wurde diese bescheidene Summe 1306 von einer Laienbuddhistin gespendet (ib., 165). Eine Analyse sämtlicher Kolophone des Chi-sha-Kanons ermöglicht jedenfalls viele Aufschlüsse über die Verankerung des Buddhismus in der chinesischen Gesellschaft des 13. und 14. Jahrhunderts.

Aber nicht nur in Klöstern und Tempeln wurden mit Spenden finanzierte Drucke veröffentlicht. Seit der Sungzeit gab es in China ein florierendes privates Druckgewerbe (Wu 1942 und 1950), das damals einer staatlichen, aber durchweg recht losen Kontrolle unterstand (Chan 1983, 2–22). Von privaten Auftraggebern veranlaßte Drucke religiöser Werke bei privaten Offizinen sind, soweit man das heute schon sagen kann, in der Ausführung durchaus unterschiedlich. Manchmal sind die Holzschnitte recht primitiv, und der Text ist durch zahlreiche Druckfehler verunstaltet. Es gibt aber auch private Drucke, die genauso sorgfältig hergestellt sind wie die Ausgaben der buddhistischen Klöster. Das Ganze dürfte eine Frage des Geldes gewesen sein. Man konnte bei einem guten Drucker gegen entsprechende Zahlung ein schön gedrucktes Buch drucken lassen oder aber auch einfachste, billige Ware bekommen.

Frühe kommerziell hergestellte religiöse Drucke sind selten erhalten geblieben und nur gelegentlich ans Licht gekommen. Hier ein Beispiel: Im Kölner Museum für ostasiatische Kunst befindet sich eine in Japan im 13. Jahrhundert gefertigte hölzerne Statue des Bodhisattva Ti-tsang. Als die Statue vor einigen Jahren restauriert wurde, kamen »Buddha-Eingeweide« zum Vorschein, darunter ein sehr gut erhaltener und ausgezeichnet gedruckter Text des Lotus-Sūtra. Das Impressum lautet »Gedruckt in der Sūtra-Buchhandlung von Chia Kuan-jen in der Präfektur Lin-an, südlich der Brücke des allgemeinen Friedens«. Auch ist der Name des Plattenschnitzers angegeben. Lin-an war in der Sungzeit der Name von Hang-chou. Über die genannte Brücke führte die Hauptstraße der Stadt. Die Buchhandlung des Herrn Chia befand sich also, wie man heute sagen würde, in einer guten Geschäftslage. Das gleiche gilt für ein Geschäft, das für den Chi-sha-Kanon Illustrationen hergestellt hat. Einer der insgesamt acht Holzschnitte im Kanon trägt das Impressum »Gedruckt und verteilt von der Familie Yang in Hang-chou nördlich der Brücke des allgemeinen Friedens«. Aus einer Beischrift ist zu ersehen, daß der Name des Druckers Yang Te-ch'un war (Karmay 1975, 51).

Buddhistische Drucke aus dem 15. Jahrhundert wurden auch in einer hölzernen Buddha-Statue entdeckt, die sich 1961 in Hamburg nach einer Sturmflut durch die Überschwemmung des Kellers eines Antiquitätenhändlers in ihre Bestandteile aufgelöst und dabei ihre »Buddha-Eingeweide« preisgegeben hatte. Alle

Texte sind inzwischen von der Bayerischen Staatsbibliothek erworben und gründlich restauriert worden. Darunter befand sich ein Druck des »Lotus-Sūtra vom wunderbaren Gesetz«, dessen Frontispiz-Holzschnitt von einer Familie Chu gestiftet worden war. Hinter dem Text des Sūtra ist eine leergelassene Vignette, die vermutlich den Stiftervermerk hätte aufnehmen sollen (Franke 1972, 55–56). Zwei weitere Drucke waren verschiedene aber textlich identische Ausgaben eines apokryphen Dhāraṇī-Sūtra, nämlich des »Großen Dhāraṇī-Sūtra der Essenz des Buddha-Haupts« (Franke 1972, 56–57). Jede der beiden Versionen trägt einen Stiftervermerk. Der im älteren Druck von 1440 lautet: »Auf Veranlassung des Buddha-Jüngers Ch'ien … in der Landeshauptstadt des Mingreichs, der zusammen mit seiner Gattin Miao-yüan, geborene Hu, gelobt hat, eintausend Kapitel des *Fo-ting hsin t'o-lo-ni ching* drucken zu lassen und sie dann als fromme Gabe allgemein zu verbreiten. Demütig wünschen sie, daß das ganze Reich beschützt werde, daß die Sonne des Buddha vermehrt scheine, daß oben der vierfache Segen vergolten werden und unten allen Lebewesen der Dharma-Welt Einsicht verliehen werden möge. Fünftes Jahr Cheng-t'ung, vierter Monat, achter Tag.« Das Datum entspricht dem 8. Mai 1440. Auch der Druck von 1441 entstand in der Hauptstadt Peking. Hier lautet der Stiftervermerk: »Auf Veranlassung des in der Stadt Peking des großen Mingreichs wohnenden Laienbruders Chao mit Beinamen … Dieser hat, weil sein Sohn an einer Krankheit litt und es ihm nicht besser ging, ein Gelübde getan, Geld zu stiften und den Auftrag zu geben, dieses (Buch) drucken zu lassen als fromme Gabe. Möge es oben den vierfachen Segen vergelten und unten in allen drei Daseinszuständen helfen, möge es in der Dharma-Welt Freund und Feind gleichermaßen Glück und Freude verschaffen. Sechstes Jahr Cheng-t'ung, sechster Monat, erster Tag« (19. Juni 1441).

In beiden Büchern findet sich auch ein Abschnitt mit dem Titel »Methode der Essenz des Buddha-Hauptes zur Heilung von Krankheiten und Hilfe beim Gebären« und ein weiterer mit der

Überschrift »Sūtra der Essenz des Buddha-Hauptes für Hilfe in Nöten durch göttliche Wirksamkeit«. Die beiden Ausgaben enthalten am Kopf der Seiten primitive Holzschnitte, mit denen Wundergeschichten von der übernatürlichen Kraft des Sūtra illustriert werden. Manche der erwähnten Rezepte spiegeln volkstümliche Magie wider, so etwa, wenn empfohlen wird, die Dhāraṇī mit roter Tusche auf Papier zu schreiben, in parfümiertes Wasser zu tun und dies dann zu trinken. Trotz oder vielleicht gerade wegen dieser magischen Komponente war unser Text, modern gesprochen, ein besonderer Renner im chinesischen Mittelalter, der vielfach gedruckt worden ist. Wenn allein *ein* frommer Buddhist aus Peking wie Herr Ch'ien tausend Exemplare drucken ließ, kann man sich vorstellen, wie viele insgesamt in ganz China kursiert haben und und auch wie viele Drucker von den frommen Auftraggebern profitiert haben mögen.

Unter den Buddha-Eingeweiden aus der Hamburger Statue fanden sich auch zwei taoistische Drucke des 15. Jahrhunderts. Daß zusammen mit neun buddhistischen Texten auch zwei taoistische Werke in der Statue deponiert worden sind, ist nicht weiter überraschend, da auf der Ebene der Volksreligion die beiden Religionen sich oft vermischen (Zürcher 1982, 169–170). Die beiden Werke stehen in ihrer Haltung durchaus den oben beschriebenen buddhistischen Büchern nahe: Man erwartete von ihnen Hilfe in irdischen Nöten. Der Druckvermerk des einen Werkes enthält die Angabe, daß ein gewisser Ch'üan Pin zusammen mit seiner Frau Miao-hai, einer geborenen Chu, für das Seelenheil seiner Vorfahren und der ganzen Verwandtschaft im ersten Jahre Ching-t'ai (1450) tausend Exemplare hat drucken lassen. Der Drucker war ein Herr Wang, der in Nanking in der »Straße der erreichten Harmonie« ein Geschäft für heilige Bücher betrieb. Sein Buch ist meisterhaft mit großen Schriftzeichen gedruckt, und auch die großformatigen Holzschnitte sind von hoher Qualität. Der Text enthält in Glossenform insgesamt 19 fromme Geschichten, die die übernatürliche Wirkung des Textes bezeugen sollen, alle mit Angaben von Ort und Namen der handelnden Personen. In diesen Geschichten wird des öfteren auch berichtet, wie viele Exemplare als Sühnegabe und zum Heil der Welt jemand hat drucken lassen. Man kommt dabei allein vor dem Jahr 1450 auf 29 000 Exemplare des Buchs. Eine soziale und wirtschaftliche Analyse der Geschichten ergibt, daß sie alle in, man möchte sagen, mittelständischem Milieu spielen und nicht unter Literaten und Beamten (Franke 1977, 213–214).

Eines werden die ausgewählten Beispiele für religiöse Drucktätigkeit jedenfalls gezeigt haben, nämlich die überaus hohen Auflagen der einschlägigen Texte. Sie waren mit Sicherheit sehr viel höher als die der Drucke von konfuzianischen, historischen oder literarischen Texten. Von solchen Auflagen konnten die Verleger und Drucker solcher Texte nur träumen (zu den Auflagezahlen siehe auch Wu 1942, passim). Der Grund hierfür liegt offensichtlich darin, daß diese von einer gelehrten Minderheit verfaßten Schriften sich an eben diese Minderheit richteten. Die volksreligiöse Literatur dagegen war, wie wir gesehen haben, in sehr vielen Exemplaren weit verbreitet. Sie wandte sich an alle Stände und sogar an Illiterate, weil allein schon der Besitz eines solchen Textes magischen Schutz verbürgte. Jedenfalls dürfte feststehen, daß die Laienfrömmigkeit dank der Stifter von religiösen Schriften dem Druckgewerbe einen großen Auftrieb gegeben hat und es einen florierenden privaten Büchermarkt gab.

Literatur

Bentor, Yael 1992. Sūtra-style Consecration in Tibet and Its Importance for Understanding the Historical Development of the Indo-Tibetan Consecration Rituals for Stūpas and Images. In: Tibetan Studies. Proceedings of the 5th Seminar of the International Association for Tibetan Studies Narita 1989. Narita: Naritasan Shinshoji, vol. 1, 1–12.

Chan, Hok-lam 1983. Control of Publishing in China Past and Present. The 44th George Ernest Morrison Lecture in Ethnology. The Australian National University Canberra.

Flug, Konstantin Konstantinovič 1959. Istorija kitaiskoi pečatnoi knigi sunskoi epochi X–XIII vv. (Geschichte des chinesischen Buchdrucks in der Sungzeit 10. bis 13. Jahrhundert). Moskau/Leningrad: Izdatel'stvo Akademii Nauk SSSR.

Franke, Herbert 1972. Einige Drucke und Handschriften der frühen Ming-Zeit. In: Oriens Extremus 19, 55–64.

Ders. 1977. Bemerkungen zum volkstümlichen Taoismus der Ming-Zeit. In: ebda., 34, 205–215.

Ders. 1984. Zu einem apokryphen Dhāraṇī-Sūtra aus China. In: Zeitschrift der Deutschen Morgenländischen Gesellschaft 134, 318–336.

Karmay, Heather 1975. Early Sino-Tibetan Art. Warminster: Aris and Phillips.

Motoya Masaru 1936. Ei'in Sō Sekisa zōkyō no bibatsu ni tsuite (Über die Kolophone im Faksimilenachdruck des Chi-sha Kanons der Sungzeit). In: Nikka bukkyō kenkyūkai nempō. Band 1 Tokyo: Hōzōkan, 1936 (Nachdruck 1983), 48–166.

Overmyer, Daniel L. 1982. The White Cloud Sect in Sung and Yüan China. In: Harvard Journal of Asiatic Studies 42, 615–642.

Pelliot, Paul 1953. Les débuts de l'imprimerie en Chine. Paris: Imprimerie Nationale.

Scherrer-Schaub, Cristina 1994. »Some dhāraṇī Written on Paper Functioning as dharmakāya Relics: A Tentative Approach to PT 350«. In: Tibetan Studies. Proceedings of the 6th Seminar of the International Association for Tibetan Studies. Oslo: Institute for Comparative Research in Human Culture, 711–727.

Tokiwa Daijō 1939. Seika moji daizōkyō no chōkan ni tsukite (Über den Druck des buddhistischen Kanons in Hsi-hsia-Schrift). In: Tōhōgaku 9, Tokyo, 1–32.

Tsien Tsuen-hsuin 1985. Science and Civilisation in China. Volume 5, Part I: Paper and Printing in China. Cambridge: Cambridge University Press.

Wu, K. T. 1942. Ming Printing and Printers. In: Harvard Journal of Asiatic Studies 7, 203–260.

Ders. 1950, Chinese Printing under Four Alien Dynasties (916–1368 A. D.). In: ebda., 13, 447–523.

Zürcher, Erik 1982. Perspectives in the Study of Chinese Buddhism. In: Journal of the Royal Asiatic Society of Great Britain & Ireland, 161–176.

THOMAS O. HÖLLMANN

Eine Allianz von Geld und Geist
Die Salzkaufleute von Yangzhou und die Blüte des privaten Mäzenatentums im China des 18. Jahrhunderts

Die Qing-Dynastie

Um die Mitte des 18. Jahrhunderts erreichte China (bei einer Gesamtfläche von etwa elfeinhalb Millionen Quadratkilometern) eine Ausdehnung, die es nie zuvor in seiner Geschichte erlangt hatte – und auch später nie wieder erlangen sollte. Das Reich der Mitte war die bestimmende Macht Asiens und gebot weit über die eigenen Grenzen hinaus Respekt. Im Rahmen eines umfassenden Tributsystems erkannte daher die Mehrzahl der kleineren Nachbarstaaten die Oberhoheit des chinesischen Kaisers an: darunter Birma, Siam, Vietnam und Korea.

Der Kaiser selbst war allerdings im Gegensatz zur Bevölkerungsmehrheit kein Han (»Chinese«), sondern Mandschu und somit Angehöriger einer tungusischsprachigen Gruppe. Ursprünglich in den nordöstlichen Randgebieten beheimatet, hatten seine Vorfahren rund ein Jahrhundert zuvor innerchinesische Auseinandersetzungen geschickt genützt, die »nationale« Ming-Dynastie (1368–1644) gestürzt und an ihre Stelle ein eigenes Herrscherhaus gesetzt: die Qing-Dynastie (1644–1911).

Von den Faktoren, die den Mandschu das geistige wie politische »Hineinwachsen« nach China und anschließend die Festigung der Fremdherrschaft ermöglichten, waren zwei von besonderer Tragweite: zum einen die ungeheure Anziehungskraft der chinesischen Kultur; zum anderen das Bestreben, sich der davon ausgehenden Sogwirkung in bestimmten Bereichen zu widersetzen. Hätte sich nämlich das kleine Volk der Mandschu dem enormen Assimilierungsdruck bedingungslos ausgeliefert, wäre rasch der Zusammenhalt unter den Eroberern, und damit die Voraussetzung für die Konservierung der Fremdherrschaft, verlorengegangen. So mußte denn der bewußten Anpassung in Teilbereichen die Betonung eigenständiger Normen und Werte entgegengesetzt werden. Dadurch entstand – läßt man die komplexen Beziehungen zu anderen Bevölkerungsgruppen (Mongolen, Uiguren, Tibeter, Miao usw.) einmal um der Anschaulichkeit willen außer acht – eine Art Diarchie zwischen Mandschu und Han: nicht Synthese, sondern Symbiose!

So beließ man die reine Zivilverwaltung nahezu unangetastet in chinesischer Hand; gleichzeitig war den Han aber der Zugang zu den Bannern, dem militärischen Rückgrat des Qing-Staates, weitgehend versperrt. Während sich folglich die Einheimischen insbesondere im Rahmen eines ausgeklügelten Prüfungssystems in der Administration hocharbeiteten, konzentrierten sich die Mandschu auf Erfolge im Kampf und auf die Karriere innerhalb der Banner. Beide Laufbahnen waren aber letztlich so miteinander verknüpft, daß die wichtigsten Positionen im Staatsapparat doppelt besetzt waren: mit einem Han, der über die entsprechenden fachlichen Voraussetzungen verfügte, und mit einem Mandschu, bei dem man sich eines hohen Maßes an Loyalität sicher sein konnte.

Die noch vor der Wende zum 19. Jahrhundert abbrechende Blütezeit der Qing-Dynastie ist eng an die Namen (genauer: Regierungsdevisen) dreier Kaiser gebunden: Kangxi (1662–1722), Yongzheng (1723–1735) und Qianlong (1736–1796). Ihre mehr als einhundertdreißig Jahre währende Regentschaft bildet den zeitlichen Rahmen für die folgende Darstellung.

Wirtschaftliche Eckdaten

Die frühe Qing-Zeit war für China nicht nur eine Ära der Stärke, sondern auch eine Periode relativen Wohlstands: Landwirtschaft, Handwerk und Handel befanden sich im Aufschwung.

Zahl und Umfang der Hungersnöte nahmen im 18. Jahrhundert zunächst ab.

Dies lag nicht zuletzt daran, daß sich die Einführung von Neuwelt-Pflanzen (insbesondere Mais, Süßkartoffel und Erdnuß) immer stärker auswirkte und, zusammen mit einer Erweiterung der heimischen Sortenvielfalt, häufig eine Verteilung der Ernten auf das ganze Jahr ermöglichte. Obendrein wurden die Methoden für den Obst- und Gemüseanbau, für Fischzucht und Kleintierhaltung weiter verfeinert. Zusammen mit einer Reihe weiterer Faktoren (vermehrtem Geldumlauf, Zunahme von Lohnarbeit und Vereinheitlichung der Steuern) bewirkten die gestiegene Nachfrage und die zunehmende Spezialisierung eine kleine soziale Revolution in der Landwirtschaft und insbesondere eine Besserstellung der Kleinbauern und Pächter.

Allerdings kam es dabei auch zu einer Verschiebung von der Nahrungsmittelherstellung zur Handelsgüterproduktion, und insbesondere die Tee-, Baumwoll-, Zuckerrohr- und Tabakplantagen steigerten ihre Erträge beträchtlich. Gleichzeitig verbuchte das Großhandwerk eine stetig wachsende Zahl von Aufträgen, und einige Branchen (so etwa manche Lack-, Metall-, Textil-, Papier- oder Porzellan-Manufakturen) verfügten über internationales Renommee. Ihre Produkte fanden reißenden Absatz: nicht nur im Inland und in den asiatischen Nachbarstaaten, sondern auch in Europa und in Amerika. Dementsprechend wuchs der Personalbedarf in den chinesischen Manufakturen, und so waren allein in Songjiang mehr als zweihunderttausend Beschäftigte in der Baumwollverarbeitung tätig – die zahllosen Menschen, die sich durch Heimarbeit einen Nebenverdienst sicherten, nicht mitgerechnet.

Auch unter der Qing-Dynastie wurde die Wirtschaft freilich nicht dem freien Spiel von Angebot und Nachfrage überlassen, doch vertraute man stärker als zuvor auf die Selbstregulierungskräfte des Marktes – mit allen daraus erwachsenden Risiken. So kam es in der Folge zu mancher schnellen Pleite, aber auch zu bislang kaum gekannten Dimensionen privaten Reichtums.

Gleichzeitig überzog ein immer enger geknüpftes Netz von Warenumschlagplätzen, in deren Umgebung neue urbane Lebensformen entstanden, das Land.

Yangzhou und die Salzkaufleute

Hätte man einen chinesischen Kaufmann in der ersten Hälfte des 18. Jahrhunderts gebeten, die florierenden Handelszentren am Unterlauf des Yangzi in eine hierarchische Ordnung zu bringen, dann hätte er an erster Stelle sicherlich Suzhou genannt. Darauf wären, etwa gleichberechtigt, Nanjing und Hangzhou gefolgt; den vierten Rang hätte dann aber immerhin Yangzhou eingenommen, vermutlich mit geringem Abstand vor Shanghai und Ningbo. Damit erreichte die Stadt zwar nicht mehr die herausragende Stellung, die sie einst unter den Dynastien Sui (589–618) und Tang (618–906) innegehabt hatte, im Vergleich zur direkt vorangegangenen Ming-Zeit verbuchte sie aber allemal eine Statusverbesserung.

Dabei hatte sich die Qing-Dynastie in Yangzhou zunächst nicht gerade Sympathien erworben. 1645 zerstörten Mandschu-Truppen weite Teile der Stadt und richteten unter der Bevölkerung ein Blutbad an. Allerdings erholte sich Yangzhou offensichtlich relativ rasch von diesem Schock; denn schon 1685 reihte sie Kong Shangren wieder unter »die pulsierendsten Städte jener Zeit« ein.

Entscheidend für das Florieren der Wirtschaft und den daraus abgeleiteten Anspruch an die Lebensqualität war sicherlich die Infrastruktur Yangzhous, namentlich die Anbindung an zwei wichtige Wasserstraßen: an den Yangzi (als Ost-West-Verbindung) und an den Großen Kanal (als Nord-Süd-Verbindung). Die günstige Lage war wohl auch der Grund, warum gerade in dieser Stadt eine Behörde ihren Sitz hatte, welcher die Überwachung des Salzmonopols für ganz Lianghuai oblag, für ein Gebiet also, das damals weite Teile der heutigen Provinzen Jiangsu, Anhui, Jiangxi, Henan, Hubei und Hunan umfaßte.

Das Recht auf die Herstellung und den Vertrieb von Salz war in der Lianghuai-Region bereits seit dem Beginn des 17. Jahrhunderts ein heißbegehrtes Privileg. Es wurde an eine relativ kleine Zahl vermögender Kaufleute verliehen, die in der Lage dazu waren, die damit verbundenen Abgaben bereits im voraus zu entrichten. Diese Vorleistungen setzten enorme Kapitalreserven voraus und machten unter der Qing-Dynastie lange einen beträchtlichen Anteil (neun bis siebzehn Prozent) des gesamten Steueraufkommens aus:

	Grund- und Kopfsteuer	Salzsteuer	Handelssteuer
1653	87 %	9 %	4 %
1685	88 %	9 %	4 %
1725	84 %	12 %	4 %
1753	73 %	17 %	10 %
1766	73 %	14 %	13 %

Trotz der hohen Steuern war der Salzhandel aber ausgesprochen lukrativ, und Gewinne von weit mehr als einhunderttausend Tael (Silber-Unzen) im Jahr waren zumindest für den erlesenen Kreis der Großkaufleute keine Seltenheit. Dabei wurden die Rechte für die Produktion und den Vertrieb von Salz grundsätzlich getrennt voneinander vergeben und auf zwei verschiedene Gruppen von Unternehmern verteilt, die ihre Transaktionen untereinander aber wiederum in Yangzhou durchführten. Die Stadt war also nicht nur Sitz der Aufsichtsbehörde, sondern auch Hauptumschlagplatz für das Salz auf seinem Weg von der Saline zum Konsumenten. In ihren Mauern befand sich fernerhin das Stammhaus der Gilde, welche den Salzkaufleuten mit Hilfe eines Netzes von Zweigniederlassungen (häufig mit Versammlungslokal, Hotel, Lagerhaus und Bank) logistisch zur Seite stand.

Zwar lebten die Bewohner von Yangzhou, auch die entsprechend privilegierten Kaufleute, keineswegs vom Salzhandel allein, doch trug dieser wohl mehr als jeder andere Wirtschaftszweig zum Wohlstand der Stadt bei – und zu ihrem zweifelhaften Ruf als Hort von Millionären.

Angeber und Verschwender

Die Großkaufleute aus Yangzhou fielen ihren Zeitgenossen zunächst einmal wegen ihrer Extravaganz auf, und das böse Wort von den »Salznarren« machte die Runde. Vermutlich nicht ganz zu Unrecht, betrachtet man die Schilderungen, die Li Dou 1795 in seinem populären Yangzhou-Führer (*Yangzhou huafang lu*) verewigte:

»Einst versuchten die Salzkaufleute aus Yangzhou einander in Extravaganz zu übertrumpfen. Jede Hochzeit, jede Beerdigung kostete Hunderttausende von Tael, rechnet man die Ausgaben für Verköstigung, Kleidung und Beförderung mit ein.«

»Da gab es einen Mann, der darauf bestand, bei jeder Mahlzeit mehr als zehn sorgfältig zubereitete Gerichte serviert zu bekommen (...). Es gab auch einen Pferdeliebhaber, der sich – bei Unterhaltskosten von zig Tael pro Tier und Tag – Hunderte von Pferden hielt, welche früh aus der Stadt und abends wieder zurückgetrieben wurden. Es gab schließlich einen Mann, der die Orchideen so sehr liebte, daß er sein gesamtes Anwesen damit bepflanzte: vom Eingangstor bis hin zu den inneren Gemächern. Und es gab einen Mann, der, um seine Gäste zu überraschen, mechanisch bewegte Statuen nackter Frauen vor der Empfangshalle aufstellen ließ.«

»Anfangs war An Qi besonders verschrien, doch sollte dieser später noch übertroffen werden. So gab es einen Mann, der unbedingt zehntausend Tael an einem einzigen Tag ausgeben wollte. Deshalb bestieg er den Turm auf dem Gipfel des Goldhügels und warf die Goldblättchen, die er auf Empfehlung eines Gastes gekauft hatte, hinab; sogleich wurden sie vom Wind gepackt und über Bäume und Wiesen verteilt, so daß es unmöglich war, sie wieder einzusammeln.«

»Ein Mann war so sehr den schönen Dingen zugetan, daß er nur gutaussehende Torwächter und Küchenmädchen einstellte. Ein anderer blickte hingegen in den Spiegel und glaubte, er sei noch nicht häßlich genug; deshalb beschmierte er sein Gesicht mit Sojasauce und setzte es der Sonne aus. Schließlich war da noch der Mann, der lediglich große Dinge mochte und sich deshalb ein riesiges, fünf bis sechs Fuß hohes Urinbecken aus Bronze konstruieren ließ, welches er jede Nacht erklomm, um sein Geschäft zu verrichten.«

Geltungssucht war allerdings nur ein Wesenszug der Salzkaufleute aus Yangzhou, und selbst eine Gestalt wie An Qi (geb. 1683), der von Li Dou als einziger namentlich genannt und quasi als Urvater der Snobs hingestellt wurde, machte auch als Förderer der Literatur von sich reden.

Gartenfreunde und Büchernarren

Leider ist heute nur noch wenig von den großzügigen Gartenanlagen erhalten, die den Stadtcharakter von Yangzhou nachhaltig beeinflußten. Diese wurden während der frühen Qing-Zeit vornehmlich auf Veranlassung der Salzkaufleute errichtet, die dadurch nicht zuletzt ihren Statuszuwachs zu dokumentieren suchten. Noch unter der Ming-Dynastie war es ihnen nämlich strikt untersagt, sich in entsprechend repräsentativen – und damit nicht standesgemäßen – Wohnkomplexen einzurichten. Im 18. Jahrhundert war es hingegen vorbei mit der erzwungenen Bescheidenheit, und das Ambiente spiegelte relativ unverhohlen die Finanzkraft der Kaufleute wider. Mehr noch als in den dazugehörigen Gebäuden (die in China ohnehin nicht in die Höhe schießen durften) manifestierten sich Prestige und Geschmack der Besitzer – oder zumindest der von ihnen bezahlten Landschaftsarchitekten – in den großzügig angelegten Gärten.

Die parkähnlichen Anlagen dienten denn auch nicht nur zum weltfernen und gedankenschweren Lustwandeln, sondern auch, und vor allem, zur Inszenierung gesellschaftlicher Ereignisse. In ihnen wurden regelmäßig jene Feste gefeiert, die, angereichert mit allerlei künstlerischen Darbietungen und Wettbewerben, die geistige Elite des Landes – und zuweilen einige Schmarotzer – von weither nach Yangzhou lockte.

Häufig hatten die Veranstaltungen den Charakter von Salons: Von den Gästen wurden bei dieser Gelegenheit Gedichte vorgetragen, Bildrollen bemalt und Kalligraphien angefertigt. Gelegentlich kam es auch zu einer Gemeinschaftsarbeit, und Poesie, Malerei und Schrift vereinigten sich in einem »Gesamtkunstwerk«. Für die besten Werke setzten die Gastgeber Geldpreise aus, und auch sonst zeigten sie sich in jeder Hinsicht großzügig – das heißt in fast jeder Hinsicht; denn bei aller Freigebigkeit und Offenheit strebten sie auch nach Exklusivität. Besonders weit in ihrem Bemühen um Abschottung ging dabei die Familie Hong: Zu deren literarischen Salons wurden zwar Gäste aus allen Teilen des Landes eingeladen, die Angehörigen der anderen ortsansässigen Kaufmannsfamilien blieben jedoch grundsätzlich ausgeschlossen.

Bei der Literaturförderung wurden aber auch andere Wege – fernab von Dünkel und Blasiertheit – beschritten. Einmal abgesehen davon, daß sich oft genug in der eigenen Familie vielversprechende Talente fanden, denen man es ermöglichte, ihren Schaffensdrang frei von Alltagssorgen auszuleben, luden die Salzhändler regelmäßig angesehene Gelehrte auch zu längeren Aufenthalten in ihre Anwesen ein. Den aufgrund von Arbeitsüberlastung oder politischer Drangsal in ihrer Kreativität beeinträchtigten Autoren gelang es dann in der entspannten Atmosphäre der Studios von Yangzhou häufig, ihre lang gehegten Gedanken weiterzuentwickeln und in literarische Form zu bringen.

Darüber hinaus finanzierten die Kaufleute die Drucklegung der unterschiedlichsten Schriften: vom Lyrikheftchen bis zum mehrbändigen Kompendium, vom naturwissenschaftlichen Traktat bis zum philosophischen Essay, vom Erstling bis zum Alterswerk. Vor allem aber kauften sie Bücher! Und so gelangten die in reger Sammeltätigkeit entstandenen Privatbibliotheken zu ähnlichem Ruhm wie die Gartenanlagen.

Allerdings wurde die Bibliomanie auch so manchem Mann zum Verhängnis. Cheng Jinfeng (1718-1784) beispielsweise,

Mitglied einer der angesehensten Salzhändlerfamilien aus Yangzhou, hatte schon als Jugendlicher mit dem systematischen Ankauf von Büchern begonnen, besaß zeitweise eine ansehnliche Kollektion von mehr als fünfzigtausend Bänden und mußte doch, als die dadurch mitverursachte Schuldenlast allzusehr drückte, fast seine gesamten Bestände wieder verkaufen. Er starb in Armut.

Manche seiner einstigen Gefährten hielten ihm jedoch über den Tod hinaus die Treue. Als etwa der berühmte Dichter Yuan Mei (1716–1798), der zu dem Kreis der einst von Cheng Jinfeng geförderten Literaten gehörte, von dessen Ableben hörte, verbrannte er, um der Witwe zusätzliche Ungemach zu ersparen, ohne Zögern einen Schuldschein über fünftausend Tael. In einer Mischung aus Bitterkeit und Milde – und die Schuld an der Verarmung ein wenig einseitig bei den Bediensteten suchend – vermerkte er auf der Grabinschrift für seinen »engsten und besten« Freund:

»Am glücklichsten war er beim Anblick einer großen Ablagefläche auf einer Bank oder auf einem Tisch, und wenn er darauf Bücher und Rollen ausbreitete, vergaß er alles um sich herum. Er zeigte sich gerne großherzig gegenüber Freunden, half dabei aber gelegentlich auch jenen, die ihn gar nicht um seinen Beistand gebeten hatten. Seine Diener legten ihm regelmäßig gefälschte Rechnungen vor, und er ließ es zu, daß sie ihn, der gar nicht erst versuchte, ihre Forderungen zu überprüfen, beinahe seines gesamten Besitzes beraubten. Trotz seines Einkommens und der Unterstützung durch einige Freunde verhielt es sich, als ob man versuchte, den Ozean mit Hilfe einer Schneeflocke zu bändigen.«

Mit mehr als einhunderttausend Bänden noch umfangreicher war die Bibliothek der Brüder Ma (Ma Yueguan, 1688–1755, und Ma Yuelu, 1697–1766) aus Yangzhou. Daß das in einer riesigen privaten Wohn- und Gartenanlage stehende Gebäude (*Congshulou*) zeitweilig im Rufe stand, die beste Kollektion nördlich des Yangzi zu beherbergen, lag vor allem an den exquisiten Beständen an Büchern der Song- und Yuan-Zeit (960–1279 bzw. 1280–1367), die noch durch allerlei Steinabreibungen, Bild- und Schriftrollen angereichert wurden. Von den Schätzen dieser Sammlung profitierte nicht zuletzt die »Kaiserliche Bibliothek« (*Siku quanshu*), für die eine ganze Reihe seltener Texte kopiert wurde, sowie eine große Schar wißbegieriger Gelehrter und Studenten. Manche von ihnen durften gar Bücher ausleihen und mit nach Hause nehmen. Daß sich darunter die eine oder andere »Dauerleihgabe« befand, läßt die Bezeichnung (*Jieshulou*) vermuten, die Lu Jianzeng (1690–1768), einer der eifrigsten Benutzer, seiner eigenen Bibliothek gab: »Haus der geliehenen Bücher«.

Lu Jianzeng, notabene ein renommierter Literaturkenner und Herausgeber mehrerer Anthologien, nahm übrigens ein böses Ende. Er starb, der Vollstreckung eines Todesurteils zuvorkommend, im Gefängnis: gewiß nicht, weil er mit der Rückgabe von Büchern in Verzug geraten war, sondern weil es zu Unregelmäßigkeiten bei seiner Amtsführung als Leiter der Salzbehörde kam. Allerdings kontrollierte er in dieser Stellung auch die Geschäfte der Brüder Ma, und dies könnte durchaus den etwas großzügigeren Umgang mit den Leihfristen erklären.

Kunstliebhaber und Mäzene

In der ersten Hälfte des 18. Jahrhunderts bildete sich in Yangzhou eine neue Kunstrichtung aus, die sich in Themenwahl und Stil von jenen Idealen löste, denen sich die konservative Bildungselite jener Zeit verpflichtet fühlte. Zu Nachruhm gelangten dabei insbesondere die »acht Exzentriker von Yangzhou«. Dabei handelte es sich freilich nicht, wie der Name vermuten läßt, um eine Künstlergemeinschaft mit fest umrissenem Programm; vielmehr wurden unter dieser (erst im darauffolgenden Jahrhundert geprägten) Bezeichnung einige Männer zusammengefaßt, die, zumindest zeitweilig in derselben Stadt ansässig, ähnlich unorthodoxe Themen und Ausdrucksmittel wählten. So orientierten sie sich in der Regel nicht an den Meistern der »klassischen« Landschaftsmalerei, sondern versuchten sich in Motiven, die weniger strengen Kompositionsregeln unterworfen waren: insbesondere Blumen und Vögeln, Fischen und Insekten, Menschen und Geistern; zudem bedienten sie sich gerne kräftigerer Farben und strebten danach, Poesie und Kalligraphie innerhalb eines »Gesamtkunstwerks« gleichberechtigt neben die Malerei zu setzen.

Die Freiheit hatte jedoch ihren Preis, und da das Streben nach individueller Selbstverwirklichung mit den Normen und Zwängen einer Beamtenkarriere nur schwer in Einklang zu bringen war, mußten viele Künstler, wollten sie einen bestimmten Lebensstandard nicht unterschreiten, andere Ressourcen für ihren Unterhalt erschließen. So wurden nicht wenige von ihnen zur Klientel der reichen Kaufmannsfamilien – und begaben sich dadurch in neue Abhängigkeiten. Sei es, daß sie direkt von regelmäßigen Geldzuweisungen profitierten; sei es, daß sie von Zeit zu Zeit gehalten waren, Auftragsarbeiten zu übernehmen; sei es aber auch nur, daß sie ein feines Gespür für die jeweiligen Wünsche ihrer Gönner entwickeln mußten. Dabei wurde so mancher Kompromiß zwischen Künstlerfreiheit und Versorgungswunsch geschlossen, und die Exzentrik verkam oft genug zur leeren Geste. Dies, und die Selbstgefälligkeit der *nouveaux riches*, nahm Zheng Banqiao 1749 in einem Brief zum Anlaß, um gegen die Modetorheiten und den Opportunismus der Bildungselite – und dazu rechnete er auch die Künstler – in Yangzhou zu wettern:

»Wir sollten uns auf keinen Fall den Moden unterwerfen wie die Leute in Yangzhou; die glauben nämlich, sie seien schon auf der Höhe der Zeit, wenn sie nur die – bis dahin längst überholte – Kleidung der Hauptstadt nachahmen. Wie kann man so den Vergleich mit den Lehren der Weisen und den Schriften der Vorfahren wagen, welche seit zehntausend Generationen nicht an Aussagekraft eingebüßt haben?«

»Ein Mann von Bildung sollte sich seine Unabhängigkeit bewahren. Zwar geht es durchaus in Ordnung, wenn er die trivialen Dinge des Alltags mit den Kaufleuten bespricht, doch habe ich noch nie gehört, daß auch Literatur und Gelehrsamkeit mit diesen diskutiert werden müßten. In Yangzhou hingegen strömt die geistige Elite zu den Häusern der Kaufleute, fügt sich deren Urteil und büßt dadurch ihre Integrität ein.«

Die Mahnungen von Zheng Banqiao (1693–1765), der von seiner rigorosen Haltung auch nicht ließ, als er wenige Jahre später selbst nach Yangzhou zog, um sich von da an nur noch der Dichtkunst, Malerei und Kalligraphie zu widmen, wurden aber offensichtlich nicht ernst genommen. Jin Nong (1687–1765) etwa, neben Zheng Banqiao einer der bekanntesten unter den »acht Exzentrikern«, hatte offenbar weit weniger Skrupel als dieser. Er verkehrte regelmäßig in den Zirkeln, die die Salzkaufleute um sich scharten, und wenn er es als opportun empfand, einem Gönner zu einer neuen Konkubine zu gratulieren, dann dedizierte er ihm eben rasch das (ob seiner anzüglichen Symbolik beziehungsreiche) Bild eines Pflaumenblütenzweigs.

Um die riesige Nachfrage zu befriedigen, scheute er sich auch nicht, einen Mitarbeiter einzustellen, der – unter dem Namen des Meisters – die Produktion steigerte. Trotzdem wäre wohl selbst Jin Nong nicht auf die Idee gekommen, seine Werke derart direkt feilzubieten, wie dies Zheng Banqiao unter Mißachtung der für seinen Stand geltenden Konventionen tat, als er im Jahre 1759 die folgende Preisliste für seine Bilder und Kalligraphien aushängte: »Große Rollen 6 Tael; mittlere Rollen 4 Tael; kleine Rollen 2 Tael; Aufschriften 1 Tael (für zwei); Fächer und Albumblätter jeweils 5 Käsch.« Und er hängte noch einen Kommentar an: »Da die Auswahl von Speisen oder Geschenken in der Regel nicht meinen Erwartungen entspricht, bevorzuge ich Silbergeld. Wenn Sie also mit kaltem, hartem Bargeld zahlen, bereiten Sie mir wirklich die größte Freude. Dementsprechend gut fallen dann auch die Bilder und Kalligraphien aus ...«

Hatte sich die Überzeugung Zheng Banqiaos seit seinem Umzug nach Yangzhou etwa doch verändert? Wohl kaum! Vielmehr versuchte er, der Kunst von Rang – trotz gelegentlicher Koketterie mit dem schnöden Mammon – nur dem umfassend gebildeten Amateur zugestand, wohl in erster Linie zu provozieren, wo selbst die pointierte Mahnung nicht mehr half. Sein Einfluß sollte allerdings nicht überschätzt werden; denn es ist wohl kein Zufall, daß Yangzhou nicht zuletzt als jene Stadt in die Geschichte einging, in der die Kommerzialisierung der Kunst ihren stärksten Schub erhielt.

Wohltäter und Außenseiter

Geld und Geist besaßen offensichtlich eine nahezu unwiderstehliche Anziehungskraft aufeinander. Allerdings beschränkte sich das Mäzenatentum der Salzkaufleute nicht auf die Bewirtung von Dauergästen, die Organisation von Symposien, die Stiftung von Preisgeldern, den Ankauf von Kunstwerken oder die Finanzierung von Büchern.

Zur Gastlichkeit und Protektion gesellte sich nämlich oft noch eine sehr persönlich gefärbte Fürsorglichkeit. So stellte beispielsweise Ma Yueguan, der ältere der beiden Ma-Brüder, eintausend Tael zur Verfügung, um dem mittellosen Historiker Quan Zuwang (1705–1755) eine angemessene medizinische Behandlung zu ermöglichen. Ferner richtete er die Hochzeit für den berühmten Dichter Li E (1692–1752) aus, als dieser, auf die Sechzig zugehend, heiratete, um doch noch einen männlichen Erben zu zeugen. Allerdings blieb in beiden Fällen der Erfolg aus.

Neben individueller Hilfe entschlossen sich die Salzkaufleute von Yangzhou gelegentlich auch zu gemeinsamen Spendenaktionen. So stifteten sie beispielsweise im Jahre 1707 einen Betrag von 404 Tael für den Wiederaufbau des berühmten Jingci-Klosters in Hangzhou – eine bescheidene Summe allerdings, verglichen mit der auf persönlicher Ebene gezeigten Großzügigkeit.

War die Fürsorge Fremden gegenüber rühmlich, so war sie den eigenen Angehörigen gegenüber Pflicht. Dies galt nicht nur innerhalb des engeren Familienkreises, sondern – zumindest im Prinzip – innerhalb des gesamten Clans. Cao Jingzhen (1707–1776), einer der erfolgreichsten Salzkaufleute in Yangzhou, begründete die Verantwortung gegenüber weitläufigen Verwandten relativ pragmatisch: »Wenn es unter den Seitenzweigen unserer Ahnenlinie Menschen gibt, die erfolgreicher sind als wir, dann beugt dies dem Verfall des Familienvermögens vor. Der Erfolg der anderen ist somit letztlich unser eigener Erfolg.«

Allerdings richteten sich nicht alle nach dieser Maxime. So spendete Li Tianqi (Anfang des 18. Jahrhunderts, genaue Lebensdaten unbekannt) im Lauf der Jahre mehr als dreißigtausend Tael für die örtliche Wohlfahrtspflege. Als dann sein Vater, von dem er das Handelshaus übernommen hatte, starb und es an die Aufteilung des Erbes ging, erntete er von zweien seiner Brüder harsche Kritik ob der Verschleuderung des Familienvermögens. Daraufhin verzichtete Li Tianqi auf seinen Anteil, lebte fürderhin in Armut und »tauschte, wenn es ihn überkam, die Kleidung in der Pfandleihe gegen Wein ein«.

Ethos und Emanzipation

An welchen moralischen Leitlinien orientierten sich nun die Salzkaufleute bei ihrem sozialen Engagement? Welchen Vorbildern folgten sie bei der Förderung von Gelehrsamkeit und Kunst? Schließlich: Was veranlaßte sie überhaupt zu diesem außergewöhnlichen persönlichen Einsatz?

Daß neben der Fürsorgepflicht gegenüber den Verwandten auch das Verantwortungsbewußtsein gegenüber der Gesellschaft eine wichtige Rolle spielte, belegen schon die zahllosen Wohltätigkeitsorganisationen, die im 17. und 18. Jahrhundert unter Mitwirkung von Kaufleuten gegründet wurden; diese übernahmen auf lokaler Ebene häufig Aufgaben, die bis dahin vornehmlich den Clans und den buddhistischen Klöstern oblagen: von der Speisung der Armen über die Betreuung von Behinderten und Strafgefangenen bis hin zur Einrichtung von Waisenhäusern. Reine Philanthropie, mag sie letztlich buddhistisch oder konfuzianisch begründet sein, war aber sicherlich nicht die einzige Triebfeder; denn nur wenige Kaufleute hielten sich an die damit verbundene Forderung nach Bescheidenheit und vornehmer Zurückhaltung, die Chen Xigu 1687 in dem Moralbrevier *Huizuan gongguoge* aufstellte: »Wer immer anderen mit Geld unter die Arme greifen will, muß eine reine Gesinnung haben und den folgenden Versuchungen widerstehen: erstens dem Geiz, zweitens dem Geltungsbedürfnis, drittens dem Streben nach Belohnung, viertens der Selbstsucht.«

Zumindest indirekt konnte eine gute Tat aber durchaus vergolten werden – selbst nach Auffassung konfuzianischer Sittenwächter. Besonders anschaulich zeigt dies eine Episode, die das *Quanjie quanshu*, ein 1639 von Chen Zhixi verfaßtes Brevier, überliefert: »Der Vater von Li Xian (1408–1467) war ein reicher Kaufmann. Die Baumwolle, die er bereits an drei benachbarte Geschäftsleute für dreihundert Tael veräußert hatte, lagerte noch in seinem Magazin, als ein Brand ausbrach und die gesamte Ware vernichtete. Die drei Händler sagten daraufhin entsetzt zueinander: ›Unser Kapital ist aufgebraucht. Unsere Heimkehr wird derart schmerzlich, daß wir genausogut betteln gehen könnten.‹ Herr Li, der dieses Gespräch belauscht hatte, rief ihnen darufhin zu: ›Da die Ware vor ihrem Abtransport und der Verladung auf das Boot vernichtet wurde, befand sie sich trotz der Bezahlung noch immer in meinem Besitz. Daher ist es nur angemessen, wenn ich den Preis zurückerstatte. Im übrigen bin ich erheblich kapitalkräftiger als ihr und könnte den Gedanken, euch ohne Auskommen zu wissen, nicht ertragen.‹ Danach gab er ihnen die dreihundert Tael zurück. In der Nacht darauf träumte seine Frau, daß ihr ein rotgewandeter Mann ein Jadekind übergab. Im Jahr darauf wurde Li Xian geboren; er erreichte den Rang eines Großsekretärs.«

Die Großherzigkeit wurde folglich nicht durch wirtschaftlichen Erfolg belohnt, sondern durch eine Karriere in der nächsten Generation. Somit förderte die Generosität langfristig den sozialen Aufstieg in einer Hierarchie, die sich im Prinzip an Bildungsniveau und Beamtenrang orientierte.

Im Yangzhou der frühen Qing-Zeit erinnert denn auch so manches Stammbuch an die in den Moralbrevieren geschilderten Lebenswege. Besonders erfolgreich war die Karriereplanung im Hause Cao. War Cao Jingzhen (1707–1776) noch Salzkaufmann wie sein Vater, brachte es sein jüngster – und begabtester – Sohn, Cao Wenzhi (1735–1798), immerhin zum Präsidenten des Steueramts und sein Enkel, Cao Zhenyong (1755–1835), gar zum Großsekretär – wie jener Li Xian, dessen beruflicher Aufstieg einst als Folge väterlicher Tugend gedeutet wurde. Cao Jingzhen war jedoch klug genug, nicht nur Imagepflege zu betreiben. »Der Gelehrte und der Kaufmann« hatten nämlich nach seiner Auffassung lediglich »in unterschiedlichen Bereichen ihre Verpflichtung gegenüber der Familie wahrzunehmen«. Dementsprechend konzentrierte sich ein Sohn auf seine Beamtenkarriere, während ein zweiter die Leitung des Handelshauses übernahm und ein dritter den Familienbesitz verwaltete.

Mit der Anbindung an die Bildungselite vollzog sich im Lauf der Zeit auch die Emanzipation der Kaufleute. Der bislang von der konfuzianischen Gesellschaftsordnung an den unteren Rand des sozialen Spektrums verbannte Stand rückte näher an die etablierte Oberschicht heran, »unterwanderte« allmählich den Beamtenapparat und sicherte so seine Interessen; denn verwandtschaftliche Bande zu politischen Entscheidungsträgern garantierten in der Regel nicht nur Prosperität, sondern auch Schutz vor staatlichen Repressalien. Übergriffe mißgünstiger Bürokraten waren nämlich keine Seltenheit, und nicht umsonst vermerkte Wu Jingzi (1701–1754) in seinem berühmten satirischen Roman *Rulin waishi*, daß sich selbst »die Reichen niemals die Beamtenschaft zum Gegner machen sollten«.

In der frühen Qing-Zeit gab es für Kaufleute zwei Zugänge in den Staatsdienst. Der einfachere war sicherlich der Ämterkauf: Insgesamt einhundertvierzig Mitglieder von Salzhändlerfamilien aus dem Einzugsgebiet von Yangzhou gelangten zwischen 1644 und 1802 auf diese Weise an einen entsprechenden Posten. Die Mehrzahl wählte indes den schwierigeren Weg über ein ausgeklügeltes System gestaffelter Examina, und einhundertneununddreißig von ihnen bestanden gar die höchste Staatsprüfung (*jinshi*).

Diese Quote lag weit über dem Landesdurchschnitt und war sicherlich nicht zuletzt auf das intellektuelle Umfeld zurückzuführen, das die Salzkaufleute ihrem Nachwuchs bieten konnten: Sie unterhielten exklusive Privatschulen (»Akademien«), in denen hervorragende Gelehrte unterrichteten; sie leisteten sich Bibliotheken, deren Bestände eine stetige Erweiterung des geistigen Horizonts sicherstellten; und sie luden regelmäßig eine illustre Schar von Gästen ein, deren Anwesenheit für einen entsprechenden Informationsfluß und einen abwechslungsreichen Gedankenaustausch sorgte. Die kulturellen Aktivitäten erhöhten also nicht nur kurzfristig das Sozialprestige der Mäzene. Vielmehr erbrachten sie für die durch den Salzhandel zu Wohlstand gelangten Familien auch langfristig eine »Rendite«: als Investition in die Ausbildung nachfolgender Generationen.

Damit übernahmen – und verbesserten – die Kaufleute Strategien der angestammten Bildungselite, und sie lösten sich von einer Vorstellung, die den Wunsch nach gesellschaftlicher Emanzipation vornehmlich durch die Zurschaustellung materieller Güter ausdrückte. Nur noch im Hinblick auf die Sammelleidenschaft wirkten jene Vorbilder nach, an denen man sich zunächst orientiert hatte: namentlich die reichen – und protzigen – Handelshäuser in Huizhou, einer Stadt, aus der viele der Geschäftsleute in Yangzhou ursprünglich stammten. Dort hatte, wenn man den Schilderungen von Wu Qizhen aus dem Jahre 1639 glauben darf, lediglich »der Besitz von Antiquitäten darüber entschieden, ob jemand kultiviert war oder ordinär«.

Auch in Yangzhou versteckte man den Reichtum allerdings nicht. Insbesondere wenn es galt, den Einstieg in eine Beamtenkarriere zu beschleunigen, gab es jedoch – neben gut sichtbaren Formen der Geldanlage – Investitionen, die sehr diskret gehandhabt wurden.

Gelegentlich aber nicht diskret genug! Als nämlich 1711 überdurchschnittlich viele Angehörige der reichen Salzkaufmannsfamilien die Prüfung (zum *juren*) bestanden hatten, kam es zu Protesten und Ausschreitungen. Die gescheiterten Kandidaten und ihr Anhang warfen nicht nur den Prüfern, sondern auch dem Generalgouverneur von Liangjiang Bestechlichkeit vor, randalierten in der Präfekturschule und organisierten einen Demonstrationszug durch Yangzhou.

Als der Generalgouverneur – und mit ihm andere Mitglieder der Untersuchungskommission, die mit der Aufdeckung des Skandals betraut worden war – schließlich auf Weisung des Kaisers aus seinem Amt abberufen wurde, protestierten wiederum die Kaufleute. Sie zeigten sich (mit ihrem Mentor?) solidarisch und schlossen ihre Geschäfte für zwei volle Tage. Allerdings hatte der Streik nicht den erwünschten Erfolg; es kam sogar noch schlimmer: Kaiser Kangxi ließ nämlich den Vorsitzenden der Prüfungskommission, seine Beisitzer sowie die Kandidaten, die man der Bestechung überführt hatte, im darauffolgenden Jahr hinrichten.

Selbst derart drastische Maßnahmen kamen der in China nahezu epidemischen Korruption aber nicht bei. Die Versuchung war einfach zu groß, und das bereits zitierte Moralbrevier *Quanjie quanshu* hatte offenbar nicht nur auf der metaphorischen Ebene recht, wenn es konstatierte: »Reichtum ist wie eine Arznei. Ob Menschen dadurch am Leben bleiben oder zu Tode kommen, hängt lediglich von der richtigen oder falschen Verwendung ab.«

Literatur
(ausgewählte Bücher in westlichen Sprachen)

Bary, W. Theodore de, 1970 (ed.). Self and Society in Ming Thought. New York.
Beattie, Hilary J., 1979. Land and Lineage in China: A Study of T'ung-cheng County, Anhwei, in the Ming and Ch'ing Dynasties. Cambridge.
Brokaw, Cynthia J., 1991. The Ledgers of Merit and Demerit: Social Change and Moral Order in Late Imperial China. Princeton.
Brook, Timothy, 1993. Praying for Power: Buddhism and the Formation of Gentry Society in Late-Ming China. Cambridge (Mass.), London.
Cahill, James, 1994. The Painter's Practice: How Artists Lived and Worked in Traditional China. New York.
Ch'ü T'ung-tsu, 1971. Local Government in China under the Ch'ing. Cambridge (Mass.).
Clunas, Craig, 1991. Superfluous Things: Material Culture and Social Status in Early Modern China. Cambridge, Oxford.
Elman, Benjamin A., 1984. From Philosophy to Philology: Intellectual and Social Aspects of Change in Late Imperial China. Cambridge (Mass.).
Esherick, Joseph W./Rankin, Mary Backus, 1990 (ed.). Chinese Local Elites and Patterns of Dominance. Berkeley, Los Angeles.
Feuerwerker, Albert, 1976. State and Society in Eighteenth-Century China: The Ch'ing Empire in Its Glory. Ann Arbor.
Goodrich, L. Carrington/Fang, Chaoying, 1976 (ed.). Dictionary of Ming Biography, 1368–1644. New York, London.
Gulik, Robert H. van, 1958. Chinese Pictorial Art as Viewed by the Connoisseur. Rom.
Guy, R. Kent, 1987. The Emperor's Four Treasuries: Scholars and the State in the Late Ch'ien-Lung Era. Cambridge (Mass.), London.
Ho, Ping-ti, 1962. The Ladder of Success in Imperial China: Aspects of Social Mobility, 1368–1911. New York, London.
Huang, Liu-hung/Djang, Chu, 1984 (ed.). A Complete Book Concerning Happiness and Benevolence. Fu-hui ch'üan-shu: A Manual for Local Magistrates in Seventeenth-Century China. Tuscon.
Hummel, Arthur W., 1943 (ed.). Eminent Chinese of the Ch'ing Period (1644–1912). Washington.
Johnson, David/Nathan, Andrew J./Rawski, Evelyn S., 1985 (ed.). Popular Culture in Late Imperial China. Berkeley, Los Angeles.

Kessler, Lawrence D., 1976. K'ang-hsi and the Consolidation of Ch'ing Rule. Chicago.
Li, Chu-tsing, 1989 (ed.). Artists and Patrons: Some Social and Economic Aspects of Chinese Painting. Lawrence.
Liang, Fang-chung, 1956. The Single-Whip Method of Taxation in China. Cambridge (Mass.).
Mann, Susan, 1987. Local Merchants and the Chinese Bureaucracy, 1750–1950. Stanford.
Naquin, Susan/Rawski, Evelyn S., 1987. Chinese Society in the Eighteenth Century. New Haven, London.
Nivinson, David S./Wright, Arthur F. 1959 (ed.). Confucianism in Action. Stanford.
Pohl, Karl-Heinz, 1990. Cheng Pan-ch'iao: Poet, Painter and Calligrapher. Nettetal.
Rawski, Evelyn S., 1979. Education and Popular Literacy in Ch'ing China. Ann Arbor.
Ropp, Paul S., 1981. Dissent in Early Modern China: Ju-lin wai-shih and Ch'ing Social Criticism. Ann Arbor.
Skinner, G. William, 1977 (ed.). The City in Late Imperial China. Stanford.
Spence, Jonathan D./Wills, John E., Jr., 1979 (ed.), From Ming to Ch'ing: Conquest, Religion, and Continuity in Seventeenth-Century China. New Haven, London.
Taam, Cheuk-woon, 1934. The Development of Libraries under the Ch'ing Dynasty. Shanghai.
Tsu, Yu-yue, 1912. The Spirit of Chinese Philanthropy: A Study of Mutual Aid. New York.
Wakeman, Frederic, Jr./Grant, Carolyn, 1975 (ed.). Conflict and Control in Late Imperial China. Berkeley.
Waley, Arthur, 1956. Yuan Mei: Eighteenth Century Chinese Poet. London.
Weinstein, Vicky Frances, 1972. Painting in Yangzhou, 1710–1765: Eccentricity or the Literati Tradition. Ann Arbor.
Will, Pierre-Etienne, 1980. Bureaucratie et famine en Chine au 18e siècle. Paris.
Wright, Arthur F., 1969 (ed.). The Confucian Persuasion. Stanford.

LOTHAR LEDDEROSE

Qualitätskontrolle im Alten China

Seit alters waren die Chinesen imstande, technisch anspruchsvolle Produkte in großen Mengen und in hoher Qualität herzustellen. Dazu gehören Seidenstoffe, Lackartikel, kompliziert gegossene Bronzen, Druckerzeugnisse und Porzellane. Es waren die Hightech-Produkte ihrer Zeit. Eine der Voraussetzungen für ihre erfolgreiche Fabrikation war eine permanente Qualitätskontrolle. Sie wurde ebenfalls in China entwickelt und seit langem praktiziert. Das soll im folgenden an einigen Fällen veranschaulicht werden.

Das früheste bekannte Beispiel für Qualitätskontrolle in China ist die Terrakotta-Armee aus der Grabanlage des Ersten Kaisers. Mit seinen Armeen hatte der Herrscher des Staates Qin in jahrzehntelangem Ringen nach und nach alle anderen Feudalstaaten des Landes überwältigt, schließlich das Reich 221 v. Chr. geeint und sich zum Ersten Gottkaiser ausrufen lassen. Sofort nach der Thronbesteigung begann er mit der Erweiterung des für ihn bereits angelegten Grabes. Zeitweise arbeiteten 700 000 Menschen daran. Als der Kaiser 210 v. Chr. starb, kam das Unternehmen abrupt zum Stillstand. Immerhin war in diesen elf Jahren die monumentalste Nekropole entstanden, die je in China geplant und gebaut wurde. Ihr spektakulärster Teil ist die inzwischen weltberühmte Armee mit ihren mehr als 7000 überlebensgroßen Terrakottasoldaten, ihren Pferden und Wagen.

Der Fund der Armee im Jahre 1974 war eine der bedeutendsten archäologischen Entdeckungen unseres Jahrhunderts. Weltberühmt sind inzwischen auch die Fotos von den langen Reihen der Tonkrieger, die in Viererkolonnen wie marschbereit in unterirdischen Gängen stehen (Abb.1).

Allerdings hat vor der Ausgrabung nie eines Menschen Auge die Armee so gesehen, wie sie heute auf Fotos und im Museum der Terrakotta-Armee in situ zu sehen ist. Selbst der Kaiser hat seine Totenarmee nie als ganze erblickt, denn zunächst mußte die unterirdische Anlage gebaut und überdacht werden und erst dann wurden die Figuren nach und nach in die dunklen Gänge hineingestellt. Auch ist der durch Fotos vermittelte Eindruck deshalb irreführend, weil die Armee in der braun-gelben Terrakottafarbe erscheint. Ursprünglich waren jedoch alle Figuren mit kräftig leuchtenden Farben über einer Lackgrundierung bemalt. Sie gaben die Muster der Rüstungen und der übrigen Kleidung und auch das Inkarnat wieder. Aber nur Reste der Farben sind erhalten, und bisher ist es nicht gelungen, die Bemalung nach der Ausgrabung zu konservieren.

Die lebendigen Farben, die Modellierung der Rüstungen in allen Details, die durchgearbeiteten Physiognomien, die bedrohlichen Posen der Krieger, all dies ließ die Figuren höchst realistisch erscheinen. Dennoch waren sie nicht dazu geschaffen, gesehen zu werden. Es genügte offensichtlich, daß die Armee überhaupt existierte. Wenn sie nur lebensecht war, konnte sie schon ihre Aufgabe erfüllen, nämlich den Kaiser und sein Grab in alle Ewigkeit zu schützen. Für diese magische Funktion spielte es auch keine Rolle, daß die Armee nicht aus wirklichen Menschen bestand, sondern nur aus tönernen Abbildern.

Eines an der Armee allerdings war »echt«, nämlich die Waffen, welche die Tonkrieger in Händen trugen. Über fünfhundert Waffen aus Bronze wurden bisher gefunden, Speere, Hellebarden, Streitäxte, Schwerter und Armbrüste, und dazu noch über 10 000 Pfeilspitzen. Einige der Schneiden sind heute noch rasiermesserscharf (Abb. 2). Der Mechanismus der Schlösser in den Armbrüsten ist ingeniös ausgedacht (Abb 3). Jeder der vier mechanischen Teile ist mit solcher Präzision gegossen, daß sie

1. Die Terrakotta-Armee des Ersten Kaisers von China. 221–210 v.Chr.

perfekt ineinander passen. Die Toleranz beträgt nur Bruchteile eines Millimeters. Es war nicht zuletzt diese Präzision, welche Qin instand setzte, die rivalisierenden Feudalstaaten zu unterwerfen.

Aber Präzision allein reichte nicht. Es mußte die Fähigkeit hinzukommen, Waffen in großen Mengen bereitstellen zu können. Der Staat Qin war auch dazu in der Lage. In der Tat ist die Waffenherstellung in Qin ein frühes Beispiel von Massenproduktion in China. Durch Inschriften auf den Waffen wissen wir, daß sie in staatlichen Werkstätten gefertigt wurden. Diese produzierten enorme Quantitäten, und doch war jedes einzelne Stück von gleichbleibend hoher technischer Qualität.

Massenproduktion von Waffen hatte in Qin schon vor der Zeit des Ersten Gottkaisers begonnen. In der Mitte des 4. Jahrhunderts v. Chr. tauchen die ersten Inschriften auf. Es wurde zum Gesetz, daß jede Waffe eine Inschrift bekam mit den Namen der für die Herstellung verantwortlichen Personen. In der ersten Phase bis 239 v. Chr. wird sogar der Reichskanzler selbst als oberster Aufseher der Produktion genannt. Das zeigt, welch besondere Bedeutung der Waffenindustrie beigemessen wurde. Später trifft man dann auch auf die Namen von Personen, die in der Hierarchie tiefer standen und unmittelbar mit der Produktion zu tun hatten.

Abbildung 4 zeigt die Inschrift auf der mittleren Klinge aus Abbildung 2. Sie lautet: »17. Jahr [230 v. Chr.]. Staatliche Werkstätten. Hergestellt von Vorarbeiter Yu, Arbeiter Diao.« Die Schriftzeichen für »Staatliche Werkstätten« (sigong) sind noch einmal auf der anderen Seite der Klinge eingraviert und auch auf der Parierscheibe. Auf dem Schaft steht die Seriennummer: »Serie zi, Nr. neunundfünfzig«.

Diese Waffen (und einige andere Artikel aus den staatlichen Werkstätten) sind die frühesten Produkte in China, welche die Namen der Hersteller tragen. Es wäre sicher naiv, hier aufkeimenden Individualismus erkennen zu wollen. Auch handelt es sich nicht um Signaturen, die den persönlichen Stolz des Produ-

2. Bronzene Waffen von Kriegern der Terrakotta-Armee.

3. Bronzenes Schloß der Armbrust eines Kriegers der Terrakotta-Armee.

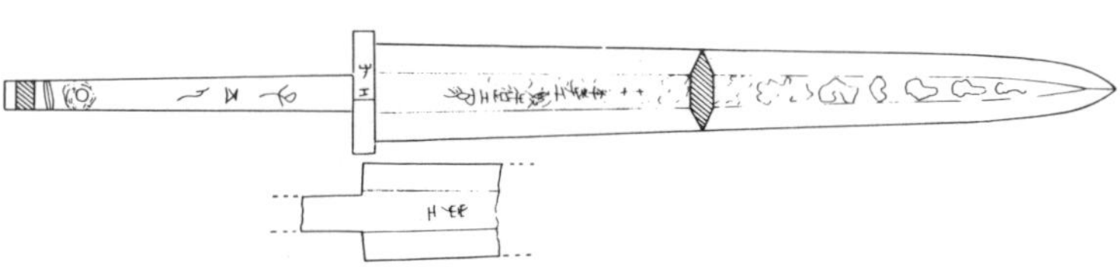

4. Gravierte Inschrift auf einer Klinge.

5. Gestempelte Inschrift auf einer Terrakottafigur.

zenten auf sein Werk dokumentieren. Die Inschriften haben nur einen Zweck: Qualitätskontrolle.

Falls sich beispielsweise herausgestellt hätte, daß die hier abgebildete Klinge schadhaft gewesen wäre, wären Vorarbeiter Yu und Arbeiter Diao zur Rechenschaft gezogen worden. Der Rechtskodex der Qin enthielt Paragraphen, die die Strafen für fehlerhafte Arbeit genau festlegten. Wenn sich Produkte bei der Kontrolle als minderwertig erwiesen, mußten der Leiter der Werkstatt zur Strafe eine Rüstung bezahlen, sein Assistent und der Vorarbeiter je einen Schild und die Arbeiter je 20 Verschnürungen. Wenn drei Jahre hintereinander jedesmal Fehler gefunden wurden, zahlten der Werkstattleiter zwei Rüstungen, sein Assistent und der Vorarbeiter je eine Rüstung, und die Arbeiter 50 Verschnürungen. Wenn Zwangsarbeiter schlechte Produkte ablieferten, erhielten sie 100 Stockschläge.

Qualitätskontrolle gab es auch bei den Terrakottafiguren selbst. Auf vielen von ihnen sind Namen entdeckt worden. Als die ersten 1383 Krieger und 132 Pferde ausgegraben waren, hat man auf ihnen 477 Signaturen gezählt. Die Schriftzeichen finden sich meist an wenig auffälligen Stellen und wurden vor dem Brand in den noch weichen Ton gestempelt oder eingraviert. 230 Inschriften bestehen nur aus Seriennummern. Am häufigsten sind die Zahlen fünf und zehn. Das zeigt, daß die Figuren in Fünfergruppen gezählt wurden, wie man es auch mit wirklichen Menschen in der zivilen und militärischen Verwaltung tat.

Im ganzen hat man die Namen von 85 verschiedenen Meistern oder Vorarbeitern gefunden. Elf von ihnen benutzen das Zeichen »Palast« vor ihren Namen. Abbildung 5 zeigt ein Beispiel: »Meister Jiang vom Palast« (gong Jiang). Diese Inschriften sind in der Regel gestempelt. Eine weitere Gruppe von Meistern setzte Ortsnamen vor ihre Familiennamen. Das Beipiel auf Abbildung 6 lautet: »Meister Ke aus Xianyang« (Xianyang Ke). Xianyang war die Hauptstadt des Qin-Reiches. Die Signaturen mit den Ortsnamen sind immer eingraviert und nie gestempelt,

6. *Gravierte Inschrift auf einer Terrakottafigur.*

was sie etwas weniger offiziell macht. Man nimmt an, daß diese Meister aus lokalen Werkstätten kamen.

Die Inschriften zeigen also, daß staatliche Manufakturen mit örtlichen Werkstätten bei dem Projekt der Terrakotta-Armee zusammenarbeiteten. Eine derartige Kollaboration ist auch in späteren Perioden nicht unüblich. Typischerweise erfreuten sich die Meister aus den staatlichen Werkstätten eines besseren Status und setzten den Qualitätsstandard. Sie durften Siegel benutzen, und sie wurden mit einem größeren Anteil an der Gesamtaufgabe betraut. Zwei Meister aus dem Palast stellten jeder 21 Figuren her, während 23 örtliche Meister zusammen nur 56 Figuren produzierten.

Yuan Zhongyi, der Ausgräber der Terrakotta-Armee, hat stilistische Unterschiede zwischen den beiden Gruppen beschrieben. Es ist nicht überraschend, daß die Figuren aus den Palastwerkstätten strenger wirken, ihr Körperaufbau tektonischer, ihr Gesichtsausdruck heroischer. Sie zeigen ein einheitliches technisches Niveau und stilistische Gleichförmigkeit. Bei den Figuren aus den lokalen Werkstätten hingegen findet man mehr Variationen in Posen und Gesichtern und mehr Realismus. Yuan Zhongyi spricht sogar von den Stilen einzelner Meister. Wiederum war es jedoch kaum der Stolz auf ihre künstlerische Leistung als Bildhauer, der die Meister ihre Figuren signieren ließ. Wie im Falle der Waffen war Qualitätskontrolle der einzige Zweck der Inschriften. Die Zahlen erlaubten es, zu überprüfen, wie viele Figuren hergestellt worden waren, und die Namen garantierten die Qualität der Ausführung. Falls die Aufseher eine Figur fehlerhaft fanden, konnten sie den Verantwortlichen ausmachen.

Noch weit ausführlichere Inschriften als auf den Waffen und Figuren der Terrakotta-Armee finden wir zwei Jahrhunderte später auf Gegenständen aus Lack. Sie wurden ebenfalls in kaiserlichen Werkstätten produziert. Lack ist ein organisches Material, mit dem die Chinesen schon sehr früh, wahrscheinlich schon im Neolithikum, experimentierten und in dessen Anwendung sie es im Laufe der Jahrhunderte zu hoher Perfektion brachten. Es ist eine Art Harz, das in kleinen Mengen durch Anzapfen des Lackbaumes (rhus verniciflua; besser: toxicodendron verniciflua) gewonnen wird. Der Lackbaum wächst in tropischen und subtropischen Gebieten und war wahrscheinlich in Südchina heimisch. Da Lack wasserdicht, hitzebeständig und auch widerstandsfähig gegen Säure ist, eignet er sich hervorragend zum Schutz und zur Dekoration von Oberflächen. In China hat man schon früh Waffen und Rüstungen damit überzogen.

Die Herstellung von Lackartikeln ist sehr arbeitsintensiv. Zunächst formt man den Kern des Gegenstandes. Dazu dient Holz, aber auch Hanf oder ein anderes flexibles Material. Der Kern wird dann mit Lack überzogen. Die Lackschicht ist nur Teile eines Millimeters dick, braucht aber dennoch mehrere Tage, um zu trocknen. Eigenartigerweise trocknet Lack am besten bei einer relativen Luftfeuchtigkeit von 70 bis 80 % und bei Temperaturen zwischen 25 und 30 °C. Wenn die erste Schicht hart ist, wird eine zweite Schicht aufgetragen und danach vielleicht eine dritte. In späteren Perioden sind lackierte Gegenstände mit mehreren Dutzend Schichten keine Seltenheit. Man kann dem flüssigen Lack auch Pigmente beimischen und ihn dann wie eine Farbe benutzen. Schwarz und Rot eignen sich am besten. Die Handwerker können auch noch Henkel, Knäufe oder sonstige Applikationen aus Bronze oder anderem Metall anbringen. Die oberste Lackschicht ist immer farblos. Sie dient als schützende Haut. Nachdem sie aufgetragen ist, wird die Oberfläche poliert, bis sie glänzt.

In der Han-Zeit (206 v. Chr.–220 n. Chr.) galten Lacke als Luxusartikel. Nach einer Quelle soll eine gute Lacktasse soviel wert gewesen sein wie zehn Bronzetassen. Dennoch wurden Lacke in großen Mengen hergestellt. Die besten Stücke produzierten die staatlichen Manufakturen. Sie versorgten den kaiserlichen Haushalt und Regierungsämter. Aus einer Inschrift auf einer Lackschale aus dem Jahr 9 n. Chr. geht hervor, daß dieses

Stück zum kaiserlichen Palast Changlegong gehörte, und zwar zu einer Serie mit den Seriennummern 1450–4000 (Abb. 7).

Die Kaiser brauchten die kostbaren Objekte auch, um sie an Prinzen und andere Aristokraten bei Hofe verschenken zu können, welche großen Bedarf an aufwendigem Tafelgeschirr für die festlichen Bankette hatten, die sie ständig gaben. Es muß ihnen viel bedeutet haben, wie viele Lacke und welche Qualität sie aufbieten konnten. Die Elite der Han-Zeit definierte ihren sozialen Status nicht zuletzt durch ihr Tafelgeschirr, wie es auch der Adel im europäischen Mittelalter tat.

Inschriften auf den Lackgegenständen aus den kaiserlichen Manufakturen benennen exakt die Handwerker, die für die Ausführung der einzelnen Produktionsschritte verantwortlich waren. Im Linden-Museum in Stuttgart befindet sich ein Beispiel (Abb. 8). Es ist der Deckel einer zylindrischen Dose mit einem Durchmesser von 10,3 cm, hergestellt im Jahr 4 v. Chr. Die Inschrift ist oben in den innersten Ring eingraviert und lautet:

»Im dritten Jahr der Ära Jianping [4 v.Chr.] hat die Westliche Manufaktur in der Kommandantur Shu [Provinz Sichuan] für den kaiserlichen Bedarf eine lackierte, polierte, bemalte Dose vom Typ Zun hergestellt. Sie ist über einen Hanfkern gearbeitet und mit Henkeln in vergoldeter Bronze versehen. Ihr Inhalt beträgt drei Sheng. Dies ist der Deckel.

Hergestellt von Lackierer [für die unteren Schichten] You; Lackierer für die oberen Schichten Yi; Vergolder der Bronzeapplikationen Gu; Maler Feng; Polierer Jung; Qualitätskontrolleur Sai; Hauptvorarbeiter Zong.

Unter Aufsicht von Regierungsinspektor Jia; Leiter der Verwaltung Bao; Stellvertretender Leiter der Verwaltung Jun; Leiter der Behörde Long; Kreissekretär Bao.«

Ähnliche Inschriften sind von 85 v.Chr. bis 102 n.Chr. bekannt. Es war eine Blütezeit der Lackindustrie in den amtlichen Manufakturen. Der chinesische Archäologe Wang Zhongshu hat die Inschriften auf zehn Lackgegenständen in chinesischen Museen

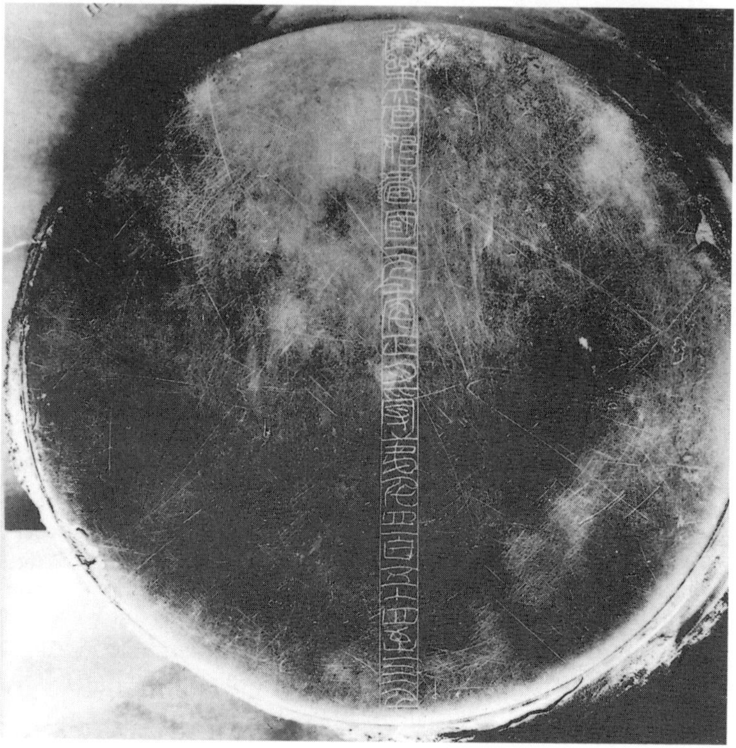

7. Lackschale aus dem Palast Changlegong, 9. n.Chr.

8. Deckel einer Lackdose aus einer staatlichen Manufaktur in Sichuan, 4 v.Chr. (Linden-Museum Stuttgart).

zusammengestellt, die in den Jahren 3 und 4 n.Chr. in der gleichen Manufaktur der Provinz Sichuan hergestellt wurden, in der einige Jahre vorher das Stuttgarter Stück entstand. Ein Vergleich der Inschriften erlaubt Aufschlüsse über die Organisation der Arbeiterschaft und die Qualitätskontrolle.

In den zehn Inschriften sind jeweils dreizehn verschiedene Namen und Positionen genannt. Acht von ihnen waren Handwerker. Die meisten Namen gibt es bei den Lackierern der unteren Schichten. Auf jedem der zehn Stücke erscheint hier ein anderer Name. Es folgen die Maler mit neun Namen usw. bis hin zu den Hauptvorarbeitern und den Qualitätskontrolleuren mit nur je zwei Namen. Es gab also viele Handwerker für die ersten Arbeitsgänge, aber nur wenige Hauptvorarbeiter und Qualitätskontrolleure.

Sogar die Karriere einzelner Handwerker kann man an Hand der datierten Inschriften verfolgen. Ein Mann namens Tan arbeitete als Lackierer der oberen Schichten und als Maler. Ein Handwerker Feng stellte den Holzkern her, machte die Bronzeapplikationen, half aber auch als Maler und Polierer aus. Er war von 4 v. Chr. bis 8 n. Chr. tätig. Ein Hauptvorarbeiter Zong scheint bisweilen beim Lackieren der unteren Schichten mitgeholfen zu haben (es sei denn, es handelt sich um zwei verschiedene Personen mit dem gleichen Familiennamen). Er läßt sich 18 Jahre lang, von 4 v. Chr. bis 14 n. Chr. nachweisen.

Wie im Falle der Terrakotta-Armee waren die Personen, deren Namen auf den Lackprodukten der Manufakturen zu lesen sind, wohl Vorarbeiter einer Arbeitsgruppe. Nur mit ihren eigenen Händen allein hätten sie niemals die vielen tausend Stücke fertigen können, die die Manufakturen verließen. Die Vorarbeiter waren jedoch offensichtlich persönlich verantwortlich für die Arbeit, die unter ihrer Aufsicht ausgeführt wurde.

Über den acht Handwerkern gab es jeweils weitere fünf Positionen und Namen von Bürokraten auf gestaffelten Verwaltungsebenen, nämlich den Regierungsinspektor, den stellvertretenden Leiter und den Leiter der Verwaltung, den Leiter der

Behörde und schließlich den Kreissekretär. Innerhalb dieser Gruppe tauchen in den Jahren 3 und 4 n. Chr. stets die gleichen Namen auf. So zeichnet bei allen zehn Gefäßen als Regierungsinspektor ein Herr Zhang, als Leiter der Verwaltung ein Herr Liang, als sein Stellvertreter ein Herr Feng und als Leiter der Behörde ein Herr Long.

Dies zeigt (was nicht überrascht), daß in der Produktion weit mehr Handwerker tätig waren als Bürokraten. Nur jeweils ein Verwaltungsbeamter wurde auf jeder Ebene benötigt. Doch wechselten die Beamten anscheinend häufig. Von den Handwerkern, die 4. v. Chr. auf dem Stuttgarter Stück genannt sind, waren acht Jahre später der Vergolder der Bronzeapplikationen Gu, der Maler Feng, der Polierer Jung und der Hauptvorarbeiter Zong noch tätig. Die Riege der Bürokraten hingegen war total ausgetauscht. Keiner von ihnen war mehr im Amt.

Die detaillierten Inschriften auf den Lackartikeln aus der Han-Zeit zeigen nicht zuletzt, eine welch große Rolle der Qualitätskontrolle in den amtlichen Manufakturen beigemessen wurde. Sie fand auf zwei Ebenen statt. Im Bereich der Herstellung gab es eigens den Posten des Qualitätskontrolleurs (qinggong). Er prüfte das fertige Stück, nachdem es die Hand des letzten Handwerkers in der Produktionskette, nämlich des Polierers der oberen Schicht, verlassen hatte. Im Falle des Stuttgarter Deckels war dieser Qualitätskontrolleur ein gewisser Herr Sai. Er unterstand dem Hauptvorarbeiter, Herrn Zong.

Nächst den Handwerkern waren die Bürokraten auf allen Ebenen für die Qualität der Manufakturprodukte zuständig. Allerdings werden sie sich nicht um einzelne Stücke gekümmert haben. Ihre Aufgabe war es vielmehr, den Produktionsablauf zu organisieren und zu überwachen. Dazu gehörten insbesondere das Rekrutieren der Arbeiterschaft, das Beschaffen des Materials und die finanzielle Kontrolle. Der oberste Bürokrat war der Kreissekretär. Er hatte als der politische Beamte die Dienstaufsicht über alles, was in seinem Verwaltungsbezirk geschah. Das schloß die persönliche Verantwortung für jeden einzelnen Lackdeckel mit ein.

Die lange Tradition der Qualitätskontrolle war einer der Faktoren, der es China ermöglichte, erfolgreich mit Europa zu konkurrieren, als im 17. Jahrhundert der Welthandel im großen Stil einsetzte. Das betrifft insbesondere die Porzellanproduktion. Die Fähigkeit, technisch hochwertige Porzellane von gleichbleibender Qualität in geradezu beliebiger Menge herstellen zu können, sicherte den Chinesen lange Zeit die weltweite Überlegenheit im Exportgeschäft. Die Europäer unternahmen heftige Anstrengungen, um das chinesische Monopol zu brechen und bemühten sich intensiv darum, die chinesische Produktionsweise besser zu verstehen. Dabei muß ihnen bewußt geworden sein, daß sie auch hinsichtlich der Qualitätskontrolle etwas von China lernen konnten, wie wir im folgenden sehen werden.

Keramiktechnologie ist ein Gebiet, auf dem die Chinesen seit alters Erstaunliches geleistet haben. Die Terrakotta-Armee ist nur ein Beispiel. Die Krönung aller Bemühungen war die Erfindung des Porzellans. Heute gibt es Porzellan überall auf der Welt. Jeden Morgen trinken wir unseren Tee oder Kaffee aus Porzellantassen. Es ist kein Zufall, daß Porzellan zu denjenigen Gütern gehört, für die die Chinesen ein System der serienmäßigen, arbeitsteiligen Produktion entwickelten, welches Qualitätskontrolle einschloß.

Schon in der Shang-Zeit (ca. 1650–ca. 1050 v. Chr.) waren chinesische Handwerker imstande, Keramik mit weißem Scherben herzustellen. Sie konnten auch schon das Entstehen von Glasuren in Brennöfen kontrollieren. Im 7. Jahrhundert n. Chr. hatten die Töpfer gelernt, eine weiße und harte Keramik bei Temperaturen von ca. 1200 Grad zu brennen. Diese Ware kann man bereits als Porzellan bezeichnen. Im 11. Jahrhundert konnte Porzellan so dünnwandig hergestellt werden, daß es durch Verglasung beim Brand durchscheinend wurde. Es folgten Experimente mit metallenen Oxyden, um Glasuren in verschiedenen Farben zu erzeugen. Dann meisterte man im 14. Jahrhundert eine Technik, die es erlaubte, den unter der Glasur mit Kobaltoxyd gemalten Dekor während des Brandes zu erhalten. Dieses sogenannte »Blau-Weiß-Porzellan« wurde der erfolgreichste Keramiktyp der Weltgeschichte.

Reichhaltig gesegnet mit geeigneten Rohstoffen war die Stadt Jingdezhen im Norden der Provinz Jiangxi. Sie wurde die Porzellan-Metropole von China und ist es bis heute. Im späten 14. Jahrhundert begannen einige Öfen in Jingdezhen, in kaiserlichem Auftrag zu produzieren. Zwei Jahrhunderte später war Jingdezhen eines der größten, wenn nicht das größte industrielle Zentrum Chinas und vielleicht der Welt. Hunderte von Öfen arbeiteten dort. Im Jahre 1577 bestellte der Palast 174 700 Stück Porzellan.

Regierungsbeamte der zentralen und der lokalen Verwaltungsbürokratie organisierten und beaufsichtigten die Produktion. Ihre Anforderungen waren so streng, daß die Töpfer nicht selten rebellierten und aus verzweifeltem Protest bisweilen sogar ihre eigenen Erzeugnisse zerstörten. Alle Handwerker kamen aus der Umgebung. Im Jahre 1578 arbeiteten laut einer lokalen Chronik 557 Töpfermeister aus einem Landkreis für die kaiserlichen Öfen. Sie waren in über zwanzig Abteilungen organisiert. Ein bestimmter Ofen hatte vier Brandmeister mit 39 Gesellen, 16 Töpfermeister mit 86 Gesellen, 4 Malermeister (wahrscheinlich für das Unterglasur-Blau) mit 19 Gesellen, 3 Farbenmeister (wahrscheinlich für die Emailfarben über der Glasur) mit 3 Gesellen, 5 Meister zum Schreiben der Marken (ohne Gesellen), 3 Meister mit 24 Gesellen für die Muffeln und eine Abteilung von einfachen Handwerkern unter einem Meister, um den Ton zu mischen.

Der tägliche Ausstoß war festgelegt und hing von der Größe der Gefäße ab. Töpfer, welche große Gefäße formten, mußten 10 Stück pro Tag abliefern; auf kleinere Gefäße spezialisierte Töpfer fertigten 50 Stück pro Tag; von Tassen und Untertassen wurden 100 Stück geformt. Auch die einzelnen Fabriken spezialisierten sich auf unterschiedliche Gefäßtypen, und das Gleiche taten die Brennöfen. Dreißig oder mehr Öfen brannten nur große Vorratstöpfe und Fischschüsseln.

Es gab eine ersprießliche Zusammenarbeit zwischen kaiserlichen und privaten Öfen. Die ersteren waren weit weniger zahlreich, aber ihnen wurden das beste Rohmaterial und die erfahrensten Handwerker zugewiesen. Sie brannten beispielsweise 300 Blau-Weiß-Stücke in einem Brand, während die privaten Betreiber gleichzeitig 1000 Stücke in ihre Öfen füllten, wobei sie den Verlust an Spitzenqualität in Kauf nahmen, aber an Brennmaterial sparten. Falls die kaiserlichen Öfen nicht imstande waren, einen bestimmten Auftrag zu erfüllen, konnten private Öfen aushelfen. So fand ein ständiger Austausch von Erfahrung und auch von Dekormustern statt. Die Betreiber von privaten Öfen blieben informiert über technische Verbesserungen, und sie wußten stets, wie man höchste Qualität erreichte, auch wenn sie sich selbst aus wirtschaftlichen Gründen mit Geringerem zufrieden geben mußten.

Nachdem am Ende des 16. Jahrhunderts der Niedergang der Ming-Dynastie einsetzte, gab es immer weniger kaiserliche Aufträge für Jingdezhen, und 1620 hörten sie ganz auf. Doch die aufstrebenden städtischen Kaufleute machten den Verlust wett. In dem Maße, in dem ihr Reichtum zunahm, bestellten sie mehr von dem Luxusgut Porzellan. Just in diesem Moment traten auch europäische Händler auf den Plan. Portugiesen und Spanier waren die Pioniere im 16. Jahrhundert. Sie wurden im frühen 17. Jahrhundert von den Holländern verdrängt, die von ihrem Stützpunkt Batavia aus ein Handelsnetz aufbauten, welches ganz Ostasien überspannte bis hinauf nach Nagasaki in Japan. Im 18. Jahrhundert überflügelten die Engländer dann die Holländer. Anders als die frühen katholischen Entdecker aus Südeuropa hegten die pragmatischen Nordeuropäer keine Absichten als Missionare. Dezidiert und aggressiv verfolgten sie nur ihre merkantilen Ziele und gaben ein Musterbeispiel für die bekannte Symbiose zwischen protestantischer Ethik und Kapitalismus.

Keramiken aus China waren schon in der Tang-Zeit (7.–10. Jh.) nach Westen gelangt, und vereinzelte Stücke hatten sogar

Westeuropa erreicht. Die Abendländer bestaunten sie und schrieben ihnen magische Qualitäten zu. Sie wußten nicht, wie die schimmernden Gegenstände gemacht waren, und obwohl sie ahnten, daß sie aus Erde waren, wußten sie nicht, aus welcher Art von Erde.

Als der interkontinentale Handel am Ende des 16. Jahrhunderts zu expandieren begann, wurde Porzellan bald auf dem ganzen Globus bekannt. Die Chinesen waren darauf vorbereitet, die Welt mit Porzellan zu versorgen. Zum erstenmal erfuhr Europa, was industrielle Massenproduktion in China bedeutete. Die chinesischen Erzeugnisse übertrafen quantitativ, aber auch technisch und im Design alle Keramiken der Welt. Die Europäer waren von den Qualitäten des Porzellans fasziniert: Es konnte in die verschiedensten Formen gebracht und in unterschiedlichster Weise dekoriert werden; es war nach Gebrauch leicht und gründlich zu reinigen; es war hart und haltbar; und es war wunderschön wie ein Edelstein, glatt, weiß, glänzend und durchscheinend.

Wenn auch das Exportporzellan wertmäßig nie mehr als etwa 2 Prozent des Handels mit Asien ausmachte, so waren doch die Zahlen der für den europäischen Markt hergestellten Stücke ungeheuer. Sie lassen sich an Hand von erhaltenen Bestellungen und Ladelisten schätzen. Die früheste jährliche Order der Holländer wurde 1608 aufgegeben. Sie lautete über 108 200 Stück. Im Jahre 1644 waren es 355 800. Zwar nahm dann infolge des Bürgerkriegs in China der Handel rapide ab, aber gegen Ende des Jahrhunderts schätzten die Händler in Batavia, daß sie jedes Jahr wieder etwa 2 000 000 Stück Porzellan aus China erhielten.

Der Export florierte während des 18. Jahrhunderts. Eine einzige 1756 in Holland aufgegebene Bestellung forderte an: 100 Fischplatten, 200 Suppenschüsseln, 200 Schrankservice, 1000 Teekannen, 1000 Cupsidor-Tassen, 1000 Deckeltassen mit Untertassen, 1400 Milchkännchen, 2000 Doppelteller, 8000 Bouillontassen, 10 000 Schokoladentassen, 14 000 doppelte Kaffeetassen holländischen Typs mit Untertassen, 40 000 Kaffeehaustassen mit und ohne Untertassen und 130 000 große holländische Kaffeetassen mit Untertassen.

Als 1985 die Fracht der 1752 auf der Fahrt von Kanton nach Amsterdam gesunkenen »Geldermalsen« geborgen wurde, fand man in ihren Laderäumen über 150 000 Stück Porzellan. Im Jahr 1752 kamen sechs Schiffe der »Vereenigde Oost-Indische Compagnie« nach Kanton. Diese Handelsgesellschaft der Holländer war zwar die größte ihrer Art, aber England, Schweden, Dänemark und andere Länder nahmen auch am Porzellanhandel teil. Man nimmt an, daß der englische Anteil am Exportmarkt um 1700 genauso hoch war wie der der Holländer und ihn nach 1730 noch übertraf. Die Gesamtzahl aller im 17. und 18. Jahrhundert aus China nach Europa exportierten Stücke dürfte weit über hundert Millionen gelegen haben.

Wenn die Europäer nicht völlig unter der fernöstlichen Exportlawine begraben werden und wenigstens einen Teil des Marktes zurückerobern wollten, mußten sie eine eigene Produktion aufbauen. Bekanntlich befahl der sächsische König August der Starke Johann Friedrich Böttger, die Geheimnisse der Porzellanherstellung zu lüften, was Böttger 1709 auch gelang. Daraufhin ließ August die Manufaktur in Meißen einrichten. Manufakturen in anderen Ländern folgten. Die Chinesen wiederum stellten nun Kopien europäischer Produkte her, in europäischem Stil und Geschmack, aber von besserer technischer Qualität. Für die Produktion von Porzellan waren aber nicht nur technische Probleme zu lösen, sondern auch solche der Arbeitsorganisation. Auch in dieser Hinsicht konnte Europa von China lernen. Es gab zwei wesentliche Informationsquellen: Augenzeugenberichte von Europäern, die in China weilten und Bilderalben, in denen chinesische Maler die Porzellanherstellung in einzelnen Szenen illustrierten.

Die aufschlußreichsten Augenzeugenberichte gab der französische Jesuitenmissionar Père François Xavier d'Entrecolles. In seinen Mitteilungen aus China, die in der Sammlung von Jesuitenbriefen Lettres Édifiantes et Curieuses de la Chine enthalten sind, behandelt er so unterschiedliche Themen wie die Züchtung von Seidenraupen und die Pockenimpfung. 1712 und 1722 schrieb er zwei ausführliche Briefe über die Porzellanstadt Jingdezhen. Er stützte sich dabei auf eigene Beobachtungen und auf die Informationen christlicher Konvertiten. Jean Baptiste du Halde nahm die Briefe in seine monumentale und einflußreiche Déscription de la Chine auf, die er von 1735 bis 1739 in Paris publizierte und die rasch in andere Sprachen übersetzt wurde.

D'Entrecolles beschreibt eindrucksvoll, wie des Nachts aus den dreitausend Öfen in Jingdezhen Rauch und Flammen emporstiegen, als wäre die ganze Stadt ein einziger kolossaler Brennofen. Er macht Angaben über Herkunft und Qualität der Rohmaterialien, er erklärt die Konstruktion der Öfen, die Form der Muffeln und die Zusammensetzung und Eigenschaften der Farben für die Überglasurmalerei. Er diskutiert die Wirtschaftlichkeit des Porzellanhandels und äußert sich zu den ökologischen Problemen der Entwaldung und der Entsorgung der vielen zerbrochenen Stücke.

Sehr detailliert sind auch Père d'Entrecolles' Beobachtungen über die Organisation der Massenproduktion. Er kannte das Innere der Fabriken aus eigener Anschauung, da er oft dort predigte. (Sinnigerweise erklärte er seiner Zuhörerschaft, daß Gott den ersten Menschen auch aus Ton geformt habe). Er beschreibt, wie man Model benutzt, um Gefäßformen zu standardisieren und zu vervielfältigen, wie man große Stücke aus vorfabrizierten Teilen macht und wie die Arbeit unter ganze Kolonnen von Töpfern und Malern aufgeteilt ist. Von seinen Gewährsmännern hörte der Franzose, daß ein Stück bis zur endgültigen Fertigstellung durch die Hände von siebzig Handwerkern ging. Allein zwanzig hatten schon daran gearbeitet, bevor es überhaupt in den Brennofen kam. Angefangen mit dem Mischen und Kneten der Porzellanmasse, war alles genauestens eingeteilt. Die getauften Christen unter den Mischern, so klagt der Missionar, durften nur zur Messe zu gehen, wenn sie einen Ersatzmann stellen konnten, da schon bei der geringsten Unterbrechung bei diesem ersten Arbeitsgang der ganze weitere Arbeitsablauf in Unordnung geraten wäre.

In jeder Fabrik gab es eine Anzahl Maler. Einer tat nichts als die Ränder der Teller dekorieren, ein weiterer malte die Umrisse der Blumen, die ein dritter ausfüllte. Andere wiederum waren auf Vögel, Vierfüßler oder Landschaften spezialisiert. Die Qualität wurde während des Herstellungsprozesses ständig kontrolliert. Verantwortlich waren die Arbeiter selbst, aber es gab auch eigens Kontrolleure, die etwa die Zusammensetzung der Materialien untersuchten oder die Qualität der Malerei. Aufseher für die kaiserlichen Öfen prüften die fertige Produktion und teilten sie in Qualitätsklassen ein. Stücke, die ihren Ansprüchen nicht genügten, wurden gleich an Händler weiterverkauft. Minderwertige Qualität wurde auf der Stelle vernichtet. Riesige Abraumhalden aus Scherben zeugen noch heute davon. Lage auf Lage sind sie im Lauf der Jahrhunderte gewachsen und geben den Archäologen sichere Anhaltspunkte der Datierung.

Père d'Entrecolles schickte auch Proben der Rohmaterialien nach Frankreich, wo sie der Chemiker René Antoine Farchault de Réaumur analysierte. Offensichtlich war das europäische Interesse an den chinesischen Produktionsmethoden nicht rein akademisch. Die chinesischen Bilderalben, die den Produktionsprozeß illustrieren, enthalten bis zu fünfzig Blätter. Die Serien zeigen jeweils zu Beginn, wie die Porzellanerde in den Bergen gewonnen wird. Dann kann der Betrachter Schritt für Schritt verfolgen, wie das Material geformt, glasiert, gebrannt, bemalt, wegtransportiert und schließlich verkauft wird. Seit dem 18. Jahrhundert gelangten Porzellanalben nach Europa. Europäische Händler beauftragten chinesische Maler sogar, solche Alben für sie zu malen. Wenn sie jedoch die Hoffnung hegten, dadurch noch Geheimnisse erfahren zu können, so wurden sie wohl enttäuscht. Die Illustrationen sind zwar charmant, aber konventionell. Auch sind die beigefügten Texte nicht technisch genug; oft sind es Gedichte. Dennoch ließen die Alben den

Betrachter nicht im Zweifel darüber, daß die Porzellanproduktion in China ein hoch systematisierter, arbeitsteiliger Prozeß war, in dem Qualitätskontrolle eine unabdingbare Rolle spielte.

Abbildung 9 zeigt ein Blatt aus einem Album mit insgesamt 23 Szenen in Altenburg, Sachsen. Es wurde wohl in der zweiten Hälfte des 18. Jahrhunderts für den Export gemalt und enthält einen französisch geschriebenen Kommentar von 1821. In einer Malereiwerkstatt sind drei Handwerker damit beschäftigt, die Überglasurfarben aufzutragen. Sie arbeiten gleichzeitig an verschiedenen Tellern. Zwei von ihnen dekorieren die runden Felder im Inneren, einer den Rand. Zwei Diener bringen gerade den Tragstuhl weg, mit dem ein Kaufmann angekommen ist. Ein Mitarbeiter der Werkstatt führt ihn zu den Malern, damit er die Qualität ihrer Arbeit prüfen kann. Auch die folgende Szene zeigt die Malereiwerkstatt (Abb. 10). Im Vordergrund streiten sich zwei Männer, aber zwei weitere hindern sie daran, handgreiflich zu werden. Der linke Streithahn ist ein Handwerker. Er protestiert dagegen, daß zu viele seiner Stücke zurückgewiesen wurden, weil sie den Qualitätsansprüchen nicht genügten.

Ob sich allerdings Qualität nur auf einwandfreie Ausführung und technische Perfektion bezog oder auch die künstlerische Qualität miteinschloß, wird nicht gesagt. Vermutlich nur ersteres. Jedenfalls wurde ein auf die technische Ausführung konzentrierter Qualitätsbegriff auch in europäischen Manufakturen übernommen. Das wiederum war einer der Gründe, warum seit dem 19. Jahrhundert der Kunstbegriff in Europa im Antagonismus zu technischer Qualität neu überdacht und definiert wurde.

Auch ist es wohl kein Zufall, daß gerade im 17. und 18. Jahrhundert in europäischen Manufakturen die Qualitätskontrolle grundsätzlich verbessert wurde. Es war eine Zeit, als in Europa die Bewunderung für China groß war und man von China zu lernen suchte. Es ist sogar die These aufgestellt worden, daß die Einführung der Staatsexamina in Frankreich und England und die Ablösung von mündlichen durch schriftliche Prüfungen vom chinesischen Vorbild inspiriert waren. Analoges mag für die

9. Prüfung der Überglasurfarben. Szene aus einem Album mit Illustrationen zur Porzellanproduktion, 2. Hälfte 18. Jh.

10. Streit um die Qualität der Überglasurfarben.
Szene aus einem Album mit Illustrationen zur Porzellanproduktion,
2. Hälfte 18. Jh.

staatlichen französischen manufactures gelten, die Colbert (1619–1683) aufbaute. Zeichneten sie sich doch dadurch aus, daß ihre Produkte alle nach einem gleichmäßig hohen Qualitätsstandard gefertigt sein sollten. Präzise Regeln und permanente Qualitätskontrolle sollten garantieren, daß das Ziel erreicht wurde.

Ein Jahrhundert später, im Jahre 1769, richtete Josiah Wedgwood (1730–1795) in Staffordshire die erste Porzellanfabrik Europas ein, in der das Prinzip der Arbeitsteilung konsequent durchgeführt war. Alle Arbeiter waren nur noch Experten für einen einzigen Vorgang im Produktionsablauf, ein für die damalige Zeit revolutionäres Konzept. Wedgwood gab detaillierte Weisungen, was er von seinen Arbeitern erwartete. Bis dato war es üblich gewesen, daß jemand schon einmal zwei oder drei Tage wegblieb, um einen Rausch auszuschlafen. Wegwood setzte harte Strafen für Alkohol am Arbeitsplatz und für Verstöße gegen Disziplin und Sauberkeit fest. Für Pünktlichkeit sorgte ein System von Kontrollkarten mit den Namen der Arbeiter, eine Art Vorläufer der Stechuhr. Aufseher mußten Stichproben machen, und zwar immer möglichst dort, wo es am wenigsten erwartet wurde. Sie waren verantwortlich für die kleinsten Details der Produktion bis hin zur Zahl der Löcher im Ausgußsieb einer Teekanne. Die Aufseher wurden ihrerseits von einem Oberaufseher kontrolliert und dieser von Wedgwood selbst, der nicht zögerte, mit eigener Hand Stücke zu zerschlagen, die seinem Qualitätsstandard nicht entsprachen.

Wedgwoods Ideen über Arbeitsablauf und Disziplin in einer Keramikwerkstatt waren ihm, wie er selbst schrieb, bei der Lektüre des Père d'Entrecolles gekommen. Eine genauere Untersuchung des Einflusses, den dessen Briefe und generell das chinesische Exportporzellan in Europa hatten, würde sich lohnen. Vielleicht käme man zu dem Ergebnis, daß das chinesische Vorbild in viel stärkerem Maße als bisher bekannt der Auslöser war für das Entstehen des modernen Konzepts von Qualitätskontrolle in Europa.

WOLFGANG REINHARD

Öffentliche und andere Hände
Privatisierung und Deregulierung im Lichte historischer Erfahrung

Privatisierung und Deregulierung gelten derzeit als Patentrezept zur Lösung der Probleme unserer politischen Ökonomie. Die öffentliche Hand soll einen beträchtlichen Teil ihrer Aufgaben an private Unternehmer abgeben und darüber hinaus möglichst weitgehend darauf verzichten, das freie Spiel der Marktkräfte durch Vorschriften zu regulieren. Denn man erwartet, daß der Markt die gewünschten Leistungen besser und vor allem kostengünstiger liefern werde. Für die Bundesrepublik Deutschland spielt dabei das Vorbild Großbritanniens in der Thatcher-Ära ebenso eine Rolle wie das abschreckende Beispiel der bankrotten Planwirtschaft in der ehemaligen DDR.

Historiker allerdings erinnern sich daran, daß die Geschichte Europas bis ins 19. und 20. Jahrhundert eine Fülle von Beispielen für den »privaten« Betrieb »öffentlicher« Aufgaben bereithält, darunter eine ganze Reihe von umstrittenen und keineswegs erfolgreichen. Selbstverständlich erlauben es die veränderten historischen Rahmenbedingungen in den seltensten Fällen, daraus unmittelbar Lehren für die Gegenwart zu ziehen, obwohl der bis ins 20. Jahrhundert übliche private Betrieb von Eisenbahnen ein solches Beispiel abgeben könnte. Aber Lernen aus der Geschichte durch direkten Analogieschluß ist bekanntlich nur in Ausnahmefällen möglich; der Gegenwartsbezug von Geschichte ist meistens komplizierter und weniger eindeutig. Die Geschichte lehrt uns, warum und wie »öffentliche« Aufgaben »privat« betrieben wurden, welche Alternativen dazu bestanden oder häufiger nicht bestanden und aus welchen Gründen ihr Betrieb »verstaatlicht« wurde. Die Übertragung dieser Erkenntnisse in die Gegenwart mit ihren meist andersartigen Rahmenbedingungen aber ist eine Denkleistung, die uns die Geschichte nicht abnimmt; sie müssen wir selber leisten. Allerdings könnte bereits das Aufzeigen einer Entwicklung mit möglichen Alternativen dazu verhelfen, eine ideologisch fixierte Perspektive der Gegenwart kritisch in Frage zu stellen. Und die langfristige und umfassende Sichtweise des Historikers mag davor bewahren, erfolgreiche Problemlösungen ausschließlich vom Denken im geschlossenen ökonomischen System zu erwarten. Öffentliche Aufgaben haben eben nicht nur eine ökonomische, sondern auch eine soziale, eine politische, ja sogar eine kulturelle Dimension. Der heute gültige Primat der Ökonomie ist alles andere als selbstverständlich, sondern schon in sich ein historisch zu erklärender kultureller Sachverhalt. Andere Zeiten hatten andere Wertordnungen, mit denen sie zwar ökonomisch schlechter gefahren sind, möglicherweise aber nicht in jeder anderen Hinsicht.

»Private« Wahrnehmung »öffentlicher« Aufgaben ist selbstverständlich, solange es eine »öffentliche Hand«, einen »Staat« als Monopolisten von Herrschaft und Gewaltanwendung im modernen Sinn noch nicht gibt. Selbst die begriffliche Unterscheidung von »öffentlich« und »privat« wird unter diesen Umständen fragwürdig. Man könnte also mit dem mittelalterlichen Lehenswesen als einem Versuch beginnen, durch planmäßige Überlassung von Herrschaft an »Private« »Staat zu machen«. Doch obwohl Elemente dieses hochmittelalterlichen Systems noch in der politischen Rolle eines Bismarck, der sein Ministeramt bis zu einem gewissen Grad immer noch als feudalen Fürstendienst verstand, und bis heute im eidlich begründeten, besonderen Treueverhältnis des Beamten zum Staat weiterleben, steht es uns wegen seiner doppelten Begründung auf agrarischer Subsistenzwirtschaft und personaler Treuebindung reichlich fern. Erst mit dem Aufkommen der Marktwirtschaft und den Anfängen einer nicht mehr person-, sondern sachorientierten Verwaltung beginnt der Weg zu unserem modernen Staat. Dessen Aufgaben bleiben allerdings auch dann noch äußerst begrenzt, beschränken sich auf die Wahrung von »Frieden und Recht«, was in der Praxis Rechtsprechung und Kriegführung bedeutet. Nicht in der Formel enthalten, aber eng mit beidem verflochten ist als Drittes das mit der Geldwirtschaft aufkommende Finanzwesen. Von Haus aus hatte der Monarch seine Herrschaft mit seinem Eigengut zu finanzieren. Dazu gehörten neben den Domänen nicht zuletzt die Einnahmen aus der Justiz. Öffentliche Aufgaben sind also seit ihren Anfängen nicht zuletzt als Quelle von Einkünften betrachtet worden. Ihre Finanzierung aus Steuern kam zunächst deswegen nicht in Frage, weil es Steuern noch gar nicht gab. Erst die kostspielige Aufgabe, unter marktwirtschaftlichen Bedingungen, das heißt mit Söldnern, Krieg zu führen, hat bis in die Neuzeit zur allmählichen Durchsetzung zuerst der gelegentlichen, dann der ständigen Besteuerung der Untertanen geführt.

Nun hat sowohl die englische als auch die französische Krone bereits im Mittelalter ihre lokalen Einkünfte an die lokalen Amtsträger, die Sheriffs und Prévôts, verpachtet, was häufig genug auf Versteigerung des Amtes an den Meistbietenden hinauslief. Auf dieser Grundlage hat sich im Zuge der expandierenden Geldwirtschaft die weitverbreitete Praxis des Ämterhandels entwickelt, die bis zum Ende des Ancien Régime blühte, in Restbeständen aber bis ins 19., ja 20. Jahrhundert weiterlebte. In England wurde die Käuflichkeit von Offiziersstellen erst 1871 abgeschafft, in Frankreich kann man eine Notariatspraxis heute noch vom Vorbesitzer kaufen. In Frankreich handelte es sich um ein hochentwickeltes, formalisiertes System, das den gesamten expandierenden Beamtenapparat mit einschloß, ja zu dessen Expansion beitrug, weil die Krone häufig weitere nutzlose Ämter ausschließlich zum Zwecke des Verkaufs schuf. Für Rom, Venedig und das spanische Imperium galt zumindest in Teilbereichen ähnliches. Es gibt aber kaum ein europäisches Land, wo in der Frühneuzeit keine Spuren des Ämterhandels nachzuweisen sind. Er umfaßte den »amtlichen« Verkauf durch den »Staat« und den Weiterverkauf von Privat an Privat, der aber genehmigungspflichtig und daher mit erheblichen Abgaben an den Fiskus verbunden war. In einigen Fällen konnten die Ämter vererbt werden, in anderen fielen sie beim Tod des Inhabers zum Wiederverkauf an den »Staat« zurück. Die Zeitgenossen nahmen zwar jahrhundertelang daran Anstoß, aber eigentlich nur, was den Verkauf von Richterstellen angeht, denn das galt als ebenso sündhaft wie der Verkauf von priesterlichen Ämtern.

Im 17. und 18. Jahrhundert wurde aber auch der Verkauf der Justizämter akzeptiert. Der naheliegende Vorwurf der Korruption ist anachronistisch, weil der Ämterhandel die Anwendung der vorhandenen Qualifikationskriterien sowenig außer Kraft setzte wie die heutzutage ebenso selbstverständliche parteipolitische oder akademische Patronage. Allerdings handelte es sich um konsequente Privatisierung, weil das Amt in das Privateigentum des Käufers überging, obwohl auf der anderen Seite die Wahrnehmung der Amtsaufgaben nach wie vor im Rahmen der Hierarchie des staatlichen Verwaltungsapparats erfolgte. Privateigentum am Amt mochte eine Einschränkung der Loyalität des Beamten gegenüber dem Staat mit sich bringen, konnte aber auch größere politische Unabhängigkeit zur Folge haben. Immerhin haben sich im Frankreich des 18. Jahrhunderts die Inhaber der käuflichen Justizämter an den Gerichtshöfen zu den Sprechern der nationalen Opposition gegen die Krone gemacht und so die Revolution eingeleitet. Das Interesse des Staates am Ämterhandel war ausgesprochen fiskalischer Natur. Der Verkauf von Ämtern bedeutete ja eine Vorabkapitalisierung der Amtseinkünfte zugunsten der Staatskasse. Wo ein größerer Posten von Ämtern veräußert wurde, handelte es sich schlicht um die Emission einer besonderen Art von Rentenkredit, die für den Fiskus deshalb so attraktiv war, weil die Verzinsung des vom Käufer als Kaufpreis erhaltenen Kapitals nicht oder nur teilweise von der Staatskasse übernommen wurde, sondern durch das

Publikum erfolgte, wenn es dem Beamten die üblichen Gebühren für seine Amtshandlungen entrichten mußte. Kurzfristig hat dieses Verfahren manchem Staat über manche Finanzkrise hinweggeholfen – nicht zufällig finden große Ämterverkäufe fast immer im Zusammenhang mit Kriegen statt. Langfristig aber verlor der Staat die Verfügung über seine Ämterhierarchie. In Frankreich, wo der Ämterhandel am konsequentesten verwirklicht war, brauchte es die Revolution, um eine grundlegende Erneuerung der Verwaltung zu verwirklichen!

»Private« Lösungen für »öffentliche« Aufgaben waren schon früher in der Geschichte häufig auf den Sachverhalt zurückzuführen, daß die Entwicklung des Fiskus nicht mit derjenigen der Politik Schritt halten konnte. Der werdende moderne Staat betrieb ehrgeizige Politik mit einer unterentwickelten finanziellen Infrastruktur, ein ausgabenorientiertes Wirtschaften aristokratischen Zuschnitts, wo der Herr, der König, nach Lust und Laune bestimmte, was ausgegeben wurde, zum Beispiel für einen glorreichen Feldzug, und der Diener, der Finanzminister, das Geld dafür besorgen mußte, egal wie. Auch als regelmäßige Besteuerung der Untertanen üblich geworden war, dauerte es noch bis weit ins 19. Jahrhundert hinein, bis die unmittelbare und progressive Besteuerung des Einkommens von Firmen und Privatpersonen durchgesetzt und durchgeführt werden konnte. Solange Vermögen und Einkommen der Untertanen nicht bekannt und kontrollierbar waren, dominierte bei den direkten Steuern die sogenannte »Repartition«, das heißt, das zu erzielende Gesamtaufkommen einer Steuerart wurde von Staats wegen festgesetzt und anschließend auf die Steuerzahler umgelegt. Unmittelbar am wirtschaftlichen Wachstum partizipieren konnte der Staat nur bei den indirekten Steuern, die dank der Entwicklung der Marktwirtschaft möglich geworden waren. Denn jetzt wurden Waren ganz wörtlich auf den Markt transportiert, mußten natürliche oder künstliche Engpässe passieren und konnten dabei besteuert werden. In der Regel handelte es sich um Zölle, die keineswegs nur an Landesgrenzen, sondern auch an Zollstellen im Binnenland erhoben wurden, und um Steuern auf Massengüter des täglichen Bedarfs vom Typ der sogenannten »Akzise«, die bevorzugt an Stadttoren zu entrichten waren. Neben Abgaben auf Lebensmittel und Getränke war vor allem die Salzsteuer beliebt, bei der dank der Verbindung mit einem Erzeugungsmonopol ebenfalls das Repartitionsprinzip angewendet werden konnte, das heißt, ein Haushalt hatte eine bestimmte Menge Salz im Jahr zu verbrauchen oder zumindest zu versteuern.

Dieses System war unter den Bedingungen des vormodernen Güter- und Nachrichtenverkehrs außerordentlich schwerfällig; außerdem waren bargeldlose Zahlungs- und Transfermethoden ebenso ungebräuchlich wie Papiergeld. Infolgedessen standen die Steuereinnahmen nie rechtzeitig für die anfallenden Ausgabenschübe zur Verfügung, vor allem in Kriegen. Was lag näher, als auch hier zur Aushilfe vorwegnehmender Kapitalisierung durch sogenannte »Antizipationskredite« zu greifen, sich den erwarteten Steuerertrag von Finanziers vorstrecken zu lassen und diesen dafür die Steuereintreibung zu übergeben? Das Ergebnis war das ebenfalls schon seit dem Mittelalter in Europa allgemein verbreitete System der Steuerpacht. In Frankreich war ursprünglich die Versteigerung auf regionaler Ebene üblich gewesen, die sich aber ebensowenig bewährte wie immer neue Anläufe, die Erhebung der indirekten Steuern in staatliche »Regie«, wie das damals hieß, zu nehmen. Auch als man 1723 den staatlichen Steuereintreibern einen Bonus von 5 Prozent auf die Summe versprach, die sie über den vorab festgesetzten Mindestertrag hinaus abführen würden, gingen die Steuern viel zu langsam ein, und die Mißbräuche häuften sich infolge unzulänglicher Kontrollmöglichkeiten. Bezeichnenderweise hatte man auch einen Malus von 10 Prozent auf die Unterschreitung der Mindestsumme gelegt! Statt dessen wurde hinfort im 18. Jahrhundert ein Vertrag auf jeweils sechs Jahre mit einer Gesellschaft von 40 bis 60 Finanzleuten, den »fermiers généraux«, über die indirekten Steuern und Zölle Frankreichs abgeschlossen. Diese streckten der Krone den vereinbarten Gesamtbetrag vor und konnten dafür mit einem Aufschlag für ihre Unkosten die betreffenden Abgaben eintreiben. Sie bedienten sich dafür eines umfangreichen Beamten- und Polizeiapparats – schließlich galt es auch, den umfangreichen Schmuggel zu bekämpfen –, der von der Krone autorisiert wurde.

Paradoxerweise sind diese »halbprivaten« Beamten und Polizisten, die »commis« und »gardes«, in ihrer Sachorientiertheit und mit ihrem modernen Dienstrecht in Frankreich die eigentlichen Vorläufer des modernen staatlichen Berufsbeamtentums der »fonctionnaires« geworden und nicht etwa die Inhaber der käuflichen und wenigen nichtkäuflichen königlichen Ämter, die »officiers« und »commissaires«. Allerdings stellt dieser Sachverhalt keinen Beweis für die Überlegenheit von Privatisierung dar, denn in anderen Ländern wie England und Preußen, wo dieser Teil der Steuerverwaltung vom Staat direkt wahrgenommen wurde, spielte er dennoch eine ähnliche Rolle. England hatte zwar im Bereich der Zölle ebenfalls die allgemein übliche Verpachtung praktiziert, konnte aber für die Akzise, die »excise«, die zur Finanzierung der inneren und äußeren Kriege seit dem 17. Jahrhundert eingeführt worden war, erfolgreich einen eigenen Apparat von staatlichen Steuerbeamten aufbauen, wahrscheinlich, weil das Land kleiner und die Erhebung sowie deren Überwachung besser organisiert waren. Und in Preußen war es die zukunftweisende Reorganisation des Staatsapparats im Dienste des Finanzwesens, die Friedrich Wilhelm I. zum »größten inneren König« der zukünftigen Großmacht werden ließ! Offensichtlich war die Steuerverwaltung an und für sich der entwicklungsträchtigste Teil des werdenden Staatsapparats, weil sie einerseits infolge ihrer bisherigen Unzulänglichkeit besonderen Nachholbedarf hatte, andererseits mit der Zunahme der Staatsaufgaben und Staatsausgaben unter dem stärksten Innovationsdruck stand.

Die preußischen Anstrengungen auf finanziellem Gebiet hängen unmittelbar mit der endgültigen »Verstaatlichung« des

Militärwesens zusammen, das ja bis dahin immer noch »private« oder zumindest »halbprivate« Züge behalten hatte und anderswo noch länger behalten sollte. Zwar sind auch hier noch nicht die drei konstitutiven Grundpflichten des modernen Staatsbürgers verwirklicht, die allgemeine Steuerpflicht, die allgemeine Wehrpflicht und die allgemeine Schulpflicht, aber sie kündigen sich mit Macht an. Uniformierte und gedrillte Soldaten treten an die Stelle des spätmittelalterlich-frühneuzeitlichen Söldners vom Typ des Landsknechts, zu ihrem Unterhalt aus der Staatskasse wird ein flächendeckendes Steuerwesen entwickelt, und die abgedankten Soldaten werden nicht selten als ländliche Grundschullehrer versorgt. Die Expansion seines Militärapparats führt zu einer bisher unbekannten Allgegenwart des Staates!

Doch jene vier Monopolbereiche der Staatsgewalt, die heutzutage selbst die verwegensten Privatisierer und Deregulierer nicht antasten wollen, nämlich die politische Entscheidungskompetenz, die Finanzverwaltung, die Polizeihoheit und die militärische Gewaltanwendung, hat sich die Staatsgewalt im vollen Umfang erst in der Neuzeit angeeignet. Das gilt nicht nur für das Finanzwesen, sondern bis zu einem gewissen Grad zumindest bis ins 17. Jahrhundert sogar für die politische Führung, waren doch die großen Minister Europas wie Richelieu in Frankreich oder Olivares in Spanien überwiegend nicht kraft eines Amtes, sondern ausschließlich dank des persönlichen Vertrauens des Herrschers tätig. Das heißt, ihre Stellung gründete nicht auf einer »öffentlichen« sachlichen Institution, sondern auf einer »privaten« persönlichen Beziehung. Sie arbeiteten auf persönliches Risiko, das im Falle der Ungnade ihres Herrn die Lebensgefahr mit einschloß. Und ihre Mitarbeiter blieben ihnen und nicht dem Staat verpflichtet. Behörden hatten ja noch kaum Büros, sondern arbeiteten in der Privatresidenz des Behördenchefs. Vor allem aber haben die Fürsten ihre Kriege mit der Hilfe »privater« Unternehmer geführt.

Die persönliche Gefolgschaft des Fürsten, das allgemeine Volksaufgebot und der Heerbann der Lehensträger hatten im

Spätmittelalter militärisch allesamt ausgedient und waren durch berufsmäßige Kavalleristen, vor allem aber Infanteristen neuen Typs wie die Schweizer und die deutschen Landsknechte verdrängt worden, die als Söldner von Fall zu Fall nach Bedarf angeworben werden mußten. Weil man jetzt eine größere und weiter wachsende Zahl dieser Leute benötigte, um erfolgreich Krieg zu führen, konnte sich nämlich angesichts der noch unterentwickelten Staatsfinanzen kein Fürst ihren Unterhalt im Frieden leisten. Unbeschäftigte Soldritterbanden und arbeitslose, wie man damals sagte, »gartende« Landsknechte waren zeitweise die Plage Europas, neigten sie doch dazu, auf eigene Rechnung Krieg zu führen, sprich in Ermangelung eines solchen zur Räuberei überzugehen. Umgekehrt pflegte die Banditenplage schlagartig abzunehmen, wenn irgendwo Krieg angezeigt war und das vorübergehend »freigesetzte« Militär wieder Arbeit fand. Angesichts solcher militärischer Fluktuation scheint die Aufgabe, kurzfristig ein Heer zu mobilisieren und zu organisieren, die Kapazitäten der meist nur rudimentär vorhandenen »staatlichen« Verwaltungsapparate bei weitem überschritten zu haben. Hier sprang der spätmittelalterlich-frühneuzeitliche »Militärunternehmer« in die Bresche, der im zeitgenössischen Italienisch als »condottiere« bezeichnet wird, als Inhaber einer »condotta«, eines Werbevertrags mit einem Fürsten oder einer Stadtrepublik.

Der Militärunternehmer, der vollständig auf eigenes Risiko arbeitete und sein Angebot an Gewalttätigkeit nach Belieben auf einen freien europäischen Markt bringen konnte, ist aber eine vorübergehende Erscheinung geblieben. Man könnte die Familienfirma Sforza nennen, deren Chefs in der ersten Hälfte des 15. Jahrhunderts in Italien verschiedenen Auftraggebern dienten, dabei reich wurden, infolgedessen ihre Truppe auf eine Stärke von 7000 Mann ausbauen und ihr Angebot diversifizieren konnten, unter anderem durch eine eigene »Kriegsflotte« auf dem Po. Francesco Sforza brachte es schließlich zum Herzog von Mailand. Eine vergleichbare Gestalt im Deutschland des frühen 16. Jahrhunderts war Franz von Sickingen, der auch Krieg auf eigene Rechnung führte, aber scheiterte, als er sich dabei ein Fürstentum erobern wollte. Nur vom Format her kleiner waren die vielen »Raubritter« vom Schlage des Götz von Berlichingen, der ja keineswegs nach Belieben über seine Gegner herfiel, sondern ganz geschäftsmäßig Rechtsansprüche Dritter aufkaufte, um sie dann auf eigene Rechnung mit Gewalt durchzufechten. »Fehdeunternehmer« hat man ihn genannt. Sein Pech war nur, daß die Fehde als legales Mittel, sich selbst mit Gewalt Recht zu verschaffen, nicht nur von Reichs wegen verboten war, sondern es auch im Interesse vieler Fürsten lag, dieses Verbot durchzusetzen.

Der deutsche Militärunternehmer des 16. und 17. Jahrhunderts hingegen stand von Anfang an im Dienste eines fürstlichen Auftraggebers, mit dem er einen Vertrag geschlossen hatte, um gegen eine Pauschalsumme oder eine bestimmte Summe pro Mann ein Regiment aufzustellen, zu dessen Obrist er zugleich bestellt wurde. Häufig gab er diesen Auftrag an Subkontraktoren weiter, die dann als Hauptleute jeweils ein Fähnlein des Regiments anzuwerben hatten. Dabei war es üblich, den Auftraggeber durch »Karteileichen«, wie man heute sagen würde, zu betrügen. Allerhand Leute erhielten ein Trinkgeld, um vorübergehend als angeworbene Söldner zu posieren, wenn die Kontrolleure des Kriegsherrn kamen. In Wirklichkeit lag die Ist-Stärke der Truppe aber oft beträchtlich unter der Soll-Stärke. König Franz I. von Frankreich hat angeblich die Schlacht von Pavia 1525 nicht zuletzt deshalb verloren, weil sein Heer 30 Prozent schwächer war, als ihm die Militärunternehmer in seinen Diensten weisgemacht hatten! Der Obrist galt geradezu als »Eigentümer« seines Regiments, so daß er unter anderem die Offiziersstellen verkaufen konnte. Ähnliches galt für die Hauptleute und ihre Kompanien, wo sich diese Vorstellung sogar noch länger – bis zum Ende des Ancien Régime – gehalten hat. Ein solcher Kriegsunternehmer mußte aber nicht nur über Sachkompetenz und einen einschlägigen Ruf verfügen, um Söldner anzulocken, sondern zusätzlich über eine solide Eigenkapitaldecke. Häufig genug wurde er nämlich freiwillig oder unfreiwillig zum Kreditgeber des Kriegsherren, wenn dieser nicht über genügend flüssige Mittel verfügte, um die vertraglich vereinbarten Summen sofort zu erlegen. Mancher Militärunternehmer mußte verpfänden, was er in früheren Feldzügen legal oder illegal erworben und üblicherweise in Grundbesitz angelegt hatte. Auf der anderen Seite konnte ihn der Kriegsherr seinerseits mit Beute und erobertem oder enteignetem Grundbesitz entschädigen, wenn es ihm, wie üblich, an Bargeld fehlte. Der schwäbische Kriegsunternehmer und Millionär Sebastian Schertlin von Burtenbach (1495–1577) hat sorgfältig über seine Kriegsgeschäfte, die Gewinne daraus und deren Anlage Buch geführt.

Im Dreißigjährigen Krieg erreichte das Militärunternehmertum seinen Höhepunkt nach Umfang und Bedeutung. Insgesamt ist damals mit mindestens 1500 größeren und kleineren Geschäftsleuten dieser Art zu rechnen. Und darunter finden sich jetzt Großunternehmer, die Aufträge nicht nur zur Aufstellung von Regimentern, sondern von ganzen Armeen erhielten und ausführen konnten. Wallenstein war der bedeutendste, aber keineswegs der einzige Vertreter dieser Gattung. Auf der Gegenseite könnte man etwa Herzog Bernhard von Weimar nennen, der zusätzlich den alten Typ des Unternehmers fürstlicher Herkunft mit fürstlichen Ambitionen verkörpert. Hier ließe sich ein Zusammenhang mit deutschen Fürsten des 18. Jahrhunderts herstellen, die ihr Militär in beträchtlichem Umfang mit Subsidien europäischer Großmächte finanzierten, das heißt ganz oder teilweise für diese Krieg führten. Das gilt auch und vor allem für Brandenburg-Preußen, für den Großen Kurfürsten, für Friedrich I. und sogar noch für Friedrich den Großen. Aber im Dreißigjährigen Krieg hatten auch noch Unternehmer bescheidenerer Herkunft die Chance, bis zum Reichsfürsten aufzusteigen, sofern sie über die richtige Verbindung von Kapital, kommerziellem, organisatorischem und militärischem Talent und guten Beziehungen verfügten.

Albrecht von Wallenstein war durch die Ehe mit einer wohlhabenden älteren Frau reich geworden und auf dieser Grundlage sowohl als Ausrüster und Befehlshaber verschiedener Regimenter wie als Kreditgeber mit Kaiser Ferdinand II. ins Geschäft gekommen. Als der aufständische böhmische Adel nach seiner Niederlage am Weißen Berg 1620 vom Kaiser enteignet wurde, wußte sich Wallenstein zahlreiche Güter zu verschaffen, teils als Entschädigung für ungetilgte Darlehen, teils durch Kauf zu besonders günstigen Bedingungen. Dazu machte er über eine halbe Million Gulden Gewinn als Mitglied eines Konsortiums, das für die berüchtigte Münzverschlechterung, sprich Inflation, der »Kipper- und Wipperzeit« verantwortlich war. Für 4,2 Millionen Gulden minderwertigen Geldes erwarb er dann 57 weitere Güter zu den günstigen Preisen der Vorinflationszeit. Damit war er in der Lage, 1625 eine Armee von 25 000 Mann aufzustellen und für den Anfang auch zu besolden, bis er nicht etwa Geld vom Kaiser erhielt als vielmehr in der Lage war, mittels dieser Armee Kontributionen zu deren Unterhalt aus dem besetzten Lande zu pressen, das heißt »den Krieg durch den Krieg zu ernähren«. Zusätzlich baute er in seinen böhmischen Besitzungen um das Herzogtum Friedland eine eigene Rüstungsindustrie zur Versorgung seiner Truppen auf. Nicht so sehr als Feldherr denn als Organisator, wir würden heute sagen, als »Manager«, war er seinem großen Gegner König Gustav Adolf von Schweden gewachsen oder sogar überlegen. Die Erhebung zum Herzog des eroberten Mecklenburg führte ihn als Emporkömmling in den erlauchten Kreis der Fürsten des Reiches ein und erlaubte ihm, mehr denn je nicht nur Krieg, sondern auch Politik auf eigene Rechnung zu machen. Daß er damit letztlich sowohl am Widerstand der Fürsten als auch am Argwohn seines kaiserlichen Auftraggebers gescheitert ist, war mehr als nur sein persönliches Schicksal. Es war ein Signal, daß der Stern des Großunternehmers im Militärwesen zu sinken begann.

Die allmähliche Durchsetzung des staatlichen Monopols legitimer Gewaltanwendung im späteren 17. Jahrhundert ließ ein privates Kriegsunternehmertum größeren Maßstabs und größerer Unabhängigkeit allzu gefährlich erscheinen, vor allem als die Fürsten mehr und mehr von der Anwerbung von Söldnern nach Bedarf zur Einrichtung stehender Heere von »Soldaten« übergingen. Dies wiederum war nur aufgrund einer beträchtlichen Expansion der Staatseinnahmen möglich, die sie vom Kredit der Militärunternehmer unabhängiger machte. Statt weniger großer gab es nun zahlreiche kleine Militärunternehmer, Obristen und schließlich nur noch Hauptleute, die außerdem organisatorisch an kürzeren Zügeln geführt wurden. Schließlich war das neue Soldatenheer im Gegensatz zu den Söldnertruppen uniformiert und einheitlich bewaffnet und wurde erbarmungslos gedrillt und diszipliniert. Der unternehmerische Spielraum war dadurch bereits stark eingeengt. Auf dem europäischen Kontinent hat die allgemeine Wehrpflicht den Krieg dann restlos zum Staatsmonopol gemacht und ihm jeden privatwirtschaftlichen Charakter genommen. Das moderne Rüstungsgeschäft stellt ja dieses Staatsmonopol nicht in Frage – im Gegenteil, es lebt von ihm. Und das Söldnertum der Gegenwart ist wenig mehr als ein militärgeschichtlicher Atavismus.

Herrscher, die sich kein großes stehendes Herr leisten konnten, hatten natürlich ebenso große oder noch größere Schwierigkeiten mit den zum Unterhalt einer Kriegsflotte erforderlichen Investitionen. Auch hier blühte allerorten analog zum Landkrieg privates Unternehmertum, wobei sich allerdings der Einsatz der Schiffe, die sich großenteils in Privateigentum befanden, für Handelsgeschäfte und zum Seeraub auf eigene Rechnung vom Seekrieg in königlichem Auftrag nicht immer säuberlich trennen läßt. Die Anfänge der britischen Seeherrschaft in der zweiten Hälfte des 16. Jahrhunderts beruhen auf einer elastischen, auf Rollenwechsel nach Bedarf angelegten Kombination dieser drei Möglichkeiten. Damit ließ sich das anfangs ziemlich hohe ökonomische und politische Risiko relativ breit streuen. Die berühmten Seehelden des Zeitalters Elisabeths I. wußten je nach Bedarf und Gelegenheit afrikanische Sklaven auf den ihnen streng verschlossenen hispano-amerikanischen Markt zu schmuggeln, spanische Schiffe und Siedlungen zu überfallen und auszurauben und zur größeren Ehre Gottes und der Königin gegen Barbaren und Papisten in den Kampf zu ziehen. Ihre Unternehmungen waren als zeitlich befristete Kapitalgesellschaften organisiert und durchaus auf Profit angelegt. Als Drake 1577 seinen Vorstoß in den von Spanien kontrollierten Pazifischen Ozean plante, erhielt er namhafte Einlagen von führenden Hochadeligen und Politikern, die bereits frühere Sklavenhandels- und Seeraubfahrten anderer Kapitäne finanziert hatten und dabei auf ihre Kosten gekommen waren. Nach einer Quelle soll sogar die Königin selbst heimlich einen Anteil übernommen haben. Als Drake nach seinem Raubzug, der zu einer Weltumsegelung geworden war, 1580 heimkehrte, scheint die Königin ihren Anteil erhalten zu haben. Jedenfalls schlug sie ihren erfolgreichen Geschäftspartner 1581 zum Ritter.

Dazu fand sie sich allerdings erst bereit, nachdem sich herausgestellt hatte, daß Spanien die Angelegenheit nicht zu einem Kriegsgrund machen würde. Vorsorglich wurde sogar ein Teil der Beute zurückgegeben. Walter Raleigh hatte in ähnlicher Lage weniger Glück, denn er wurde unter Jakob I. nach seiner Guayana-Expedition 1618 Spanien zu Gefallen hingerichtet. Allerdings hatte er es versäumt, ansehnliche Beute mitzubringen. Der Privatkrieg der englischen Seehelden gegen die Spanier war zugleich immer eine Politik der Nadelstiche der Krone gegen die spanischen Könige, wobei es eben durchaus vorkommen konnte, daß ein Bauer auf dem politischen Schachbrett geopfert werden mußte. Halboffiziell hatte sich in der europäischen Diplomatie der Grundsatz »no peace beyond the line« eingebürgert, der besagte, daß Engländer, Franzosen und Niederländer in den westindischen Gewässern mit »privaten« Expeditionen einen »privaten« Kleinkrieg gegen Spanien führten, ohne daß diese Vorkommnisse anders als später im 18. Jahrhundert in Europa als Kriegsgrund zwischen den Mächten galten, auch dann nicht, wenn die nordwesteuropäischen Seehelden erwischt und hingerichtet wurden. Gefangenen Engländern drohte ungünstigsten Falls sogar der Scheiterhaufen der Inquisition, denn die Spanier betrachteten sie als rückfällige Ketzer, weil sie unter Mary Tudor für ein paar Jahre wieder katholisch geworden waren. Da dieser Kleinkrieg kaum zu kontrollieren war, wurde er schließlich vollständig privatisiert. Im 17. Jahrhundert geriet er nämlich in die Hand berufsmäßiger Seeräuber, der englischen »buccaneers« und französischen »flibustiers«, die sich in Westindien festgesetzt hatten. Diese extreme »Privatisierung« des Seekrieges wurde bezeichnenderweise im späten 17. und im 18. Jahrhundert rückgäng gemacht, als die europäischen Mächte nicht nur über stehende Heere, sondern auch über ständige Kriegsflotten verfügten, die weltweit operieren konnten.

Die anfängliche Pionierrolle von Privatinitiative und Privatkapital, deren Errungenschaften dann später verstaatlicht wurden, gilt übrigens für die gesamte Geschichte der europäischen Expansion nach Übersee bis weit in das 20. Jahrhundert hinein. Es waren Columbus, Cortés, Pizarro und viele andere, die ihre Pläne verwirklicht und ihre Chancen wahrgenommen haben, die kastilische Krone beschränkte sich darauf, zu reagieren, zu regulieren, zu profitieren. Sie hat zwar Investitionen in die neue Welt vorgenommen, aber diese blieben zunächst notgedrungen gering, weil ihr wie üblich die Mittel dazu fehlten, solange Amerika noch keine seiner Edelmetallschätze hergegeben hatte. Selbst die bescheidene erste Reise des Columbus mußte von Dritten finanziert werden. So wurde die Entdeckung und Eroberung des spanischen Amerika ziemlich ausschließlich von privaten Unternehmern und privatem Kapital getragen. Ähnlich den gleichzeitigen Militärunternehmern Europas, aus deren Reihen einige von ihnen hervorgegangen waren, betrachteten sich die »Conquistadoren« zuerst als Geschäftsleute und dann als Kriegshelden. Ein Entdeckungs- und Eroberungszug wurde entweder von seinem Führer, möglicherweise aus früherer Beute, finanziert, oder er war als Kapitalgesellschaft organisiert. So taten sich Pizarro und Almagro, deren Kapital für die geplante Eroberung Perus nicht ausreichte, mit einem Priester als stillem Teilhaber auf der Basis einer Dreiteilung der Beute zusammen. Dieser Priester war aber nur der Strohmann eines spanischen Bankhauses. Über solche Strohmänner war übrigens auch das oberdeutsche Großkapital der Fugger und Welser am frühen Amerika-Geschäft beteiligt, bis der Versuch der Welser, in Venezuela selbst als Conquistadoren tätig zu werden, scheiterte und die Deutschen von weiterem Engagement abschreckte. Die Fugger gaben ihre Pläne mit Chile auf, das sie sich vorsorglich bereits gesichert hatten. Bedenkt man diese private Grundlage der Conquista und zusätzlich die unentwickelten Verkehrsverbindungen, wo eine Nachricht Monate oder sogar Jahre benötigte, dann ist es eher erstaunlich, daß die kastilische Krone es verstand, ihre Autorität gegenüber den Eroberern strikt zu wahren und deren Eroberungen schließlich ohne allzuviel Widerstand von deren Seite in ein bürokratisch regiertes Imperium zu verwandeln. Offensichtlich war die kastilische Monarchie infolge ihrer Rolle im jahrhundertelangen Kampf gegen die Moslems am Beginn der Neuzeit zur stärksten Europas geworden.

Die portugiesische Expansion nach Afrika und Asien hingegen wurde zunächst ausdrücklich als Geschäft der Krone betrieben; zu Recht wurde von »monarchischem Kapitalismus« gesprochen. Sieht man allerdings genauer hin, dann wird rasch deutlich, daß auch die portugiesische Krone nicht über genügend Eigenkapital verfügte und daher auf die subsidiäre Heranziehung in- und ausländischer Investoren angewiesen war. Von Anfang an waren Italiener, vor allem Genuesen, später auch Oberdeutsche beteiligt. Die Krone machte in der ersten Hälfte des 16. Jahrhunderts gute Gewinne mit dem Gewürzhandel, war aber nach wie vor gezwungen, sich zu verschulden. Als die Infrastrukturkosten am Indischen Ozean weiter stiegen, vor allem infolge der Verteidigungslasten, wurde das portugiesische Gewürzgeschäft defizitär und konnte nur noch mittels internationaler Finanzkonsortien aufrechterhalten werden. Hier zeichnet sich erstmals ein Grundmuster des europäischen Kolonialismus ab, das bis zum Schluß wiederkehren sollte. Die »öffentlichen Hände« übernehmen mehr oder weniger notgedrungen die Infrastrukturkosten, ohne unmittelbar entsprechenden Gewinn aus den Kolonien zu ziehen, das heißt, für die meisten Staatskassen war Kolonialherrschaft defizitär, was die deutschen Sozialdemokraten der Regierung im Reichstag oft genug vorgehalten haben. Hingegen haben »private Hände« immer wieder satte Gewinne aus Kolonialgeschäften eingestrichen, so daß bis zuletzt von Regierungsseite immer wieder Anläufe unternommen wurden, um diese eigentlichen Gewinner auch für die Unkosten der Kolonialherrschaft aufkommen zu lassen.

Immerhin hatten die Engländer und Niederländer bereits um 1600 das zu diesem Zweck anscheinend hervorragend geeignete Privatisierungsmodell der staatlich privilegierten Handels- und Kolonialgesellschaft erfunden. 1600 wurde die erste englische »East India Company« gegründet, 1602 die niederländische »Vereenigde Oost-Indische Compagnie«. Andere Gesellschaftsgründungen folgten; bis zum 18. Jahrhundert war ganz Europa voll davon. Ursprünglich hatte es sich um Kapitalgesellschaften gehandelt, die wie damals üblich nur für eine Reise oder eine begrenzte Zeit abgeschlossen wurden und gegebenenfalls jeweils erneuert werden mußten – so waren im Prinzip auch Firmen wie die Medici oder die Fugger organisiert. Die räumlichen, zeitlichen und finanziellen Dimensionen des Geschäfts erzwangen aber bald den Übergang zu dauernder Festlegung des Kapitals, das dann nur noch durch Verkauf der Anteile an der Börse verflüssigt werden konnte. Die moderne Aktiengesellschaft war geboren und ebenso das moderne Großunternehmen, wenn man die neuartigen Dimensionen dieser landes- und weltweit operierenden Firmen bedenkt. Die jeweilige Staatsgewalt konstituierte sie durch Verleihung eines Handelsmonopols für einen bestimmten Erdraum, im Falle der Ostindiengesellschaften waren das der Indische und der Pazifische Ozean zwischen dem Kap der Guten Hoffnung und Kap Hoorn. Ein solches Monopol hatte Rechtskraft natürlich nur gegenüber den eigenen Landsleuten; Monopole für die ganze Christenheit, wie sie früher Päpste den Portugiesen und Spaniern verliehen hatten, wurden längst nicht mehr anerkannt. Die Durchsetzung eines Monopols gegenüber europäischen und einheimischen Konkurrenten war nur mit Gewalt möglich. Nicht zuletzt zu diesem Zweck erhielten die Gesellschaften von ihren jeweiligen Staaten zusätzliche politische Privilegien, nämlich das Recht, Krieg zu führen, Verträge zu schließen, Land zu erwerben und Festungen zu bauen. War die portugiesische Kolonialexpansion zu Beginn, die spanische im Endeffekt ihrem Charakter nach staatlich gewesen, auch wenn dabei der Privatinitiative und dem Privatkapital breiter Raum eingeräumt werden mußte, so war die englische und niederländische Expansion von Anfang an ein privates Geschäft, zu dem privates Kapital in breitem Umfang mobilisiert wurde und das der Staat nur durch Regulierung und Privilegierung absicherte, was die Kompanien durch Abgaben an den Fiskus honorieren mußten. Privatisierung ist also in beiden Fällen keineswegs mit Deregulierung identisch gewesen, sondern das Gegenteil ist richtig. Modern gesprochen, wenn es überhaupt einen Wettbewerb gegeben hat, dann nicht auf dem Markt, sondern um den Markt.

Freilich hat es sich dabei zunächst nicht um einen marktgerechten Wettbewerb gehandelt, wo das günstigste Angebot den Zuschlag erhalten hätte, sondern die Entscheidung erfolgte primär nach politischen und vor allem fiskalischen Interessen der Staatsgewalt. Es galt, einen Weg zu finden, die Interessen der eigenen Untertanen gegen die Portugiesen und die Spanier zu schützen, ohne die Staatskasse damit zu belasten, ja die Staatskasse sollte auf diese Weise, wenn möglich, sogar zusätzliche Einkünfte erhalten. Die Verleihung von Monopolen an Private war ja vor allem in England ein traditionelles Instrument der Krone zur Steigerung ihrer Einkünfte, das seit langem vor allem von den jeweils ausgeschlossenen Interessenten am betreffenden Geschäft heftig bekämpft wurde. Wirtschaftspolitische

Gesichtspunkte spielten dabei so gut wie keine Rolle oder nur als Vorwand in der Argumentation gegen Konkurrenten.

Eine ganz neue, geradezu revolutionäre finanzpolitische Rolle fiel der englischen Ostindienkompanie nach der »Glorious Revolution« von 1689 zu. Die englische Krone benötigte nämlich dringend Geld für die Kriege gegen Frankreich. Zu diesem Zweck wurde eine neue Art von unkündbarer, niedrig verzinster und vom Parlament garantierter Staatsschuld in Gestalt von drei großen Staatsgläubigergesellschaften eingeführt. Die »East India Company« übergab vor ihrer Neukonstituierung 1709 ihr gesamtes Kapitel von 3,2 Millionen Pfund der Regierung als Kredit zu 5 Prozent. Zusätzlich erhielt sie erneut das gewinnbringende Monopol des Indienhandels. Neben ihr gab es noch zwei weitere Gläubigerorganisationen, die nach demselben Muster funktionieren sollten, die 1694 gegründete »Bank of England«, die neben der Verzinsung das Monopol als einzige Aktienbank mit Notenausgabe erhielt, und die 1711 gegründete »South Sea Company«, die nach dem Sieg im Spanischen Erbfolgekrieg auf den Handel mit Spanisch-Amerika, besonders den Sklavenhandel, spekulierte. Die drei Gesellschaften repräsentierten rivalisierende Gruppen der Politik und Geschäftswelt. In Frankreich versuchte der Schotte John Law von 1716 bis 1720 das neue ökonomische Instrument der Überseeaktiengesellschaft in ähnlicher Weise zur Sanierung der infolge der Kriege Ludwigs XIV. hoffnungslos verschuldeten Staatsfinanzen einzusetzen. Neben einer Notenbank und der Generalpacht der indirekten Steuern sollte eine »Compagnie des Indes« die wichtigste Stütze seines Systems sein, in der sämtliche auch in Frankreich inzwischen entstandenen Überseehandelsgesellschaften zusammengefaßt wurden. Um die Staatsschuld zu vermindern, ließ Law die damals extrem niedrig notierten Staatsobligationen zum Nennwert als Zahlungsmittel beim Kauf von Aktien der Compagnie zu. Die Folge war ein Kursanstieg um 3600 Prozent. Umgehend versuchten die Direktoren der »South Sea Company« diesem Beispiel zu folgen und mit einer riesigen Umwandlung der noch bestehenden kurzfristigen Staatsschulden Englands in Aktien ihrer Gesellschaft die rivalisierende »Bank of England« aus dem Geschäft zu drängen. Durch Anreizen der Spekulation trieben sie den Kurs ihrer Aktien auf 1000 Prozent. Aber die Reaktion auf die überhitzte Spekulation, der vor allem im Bereich des Überseehandels keine bemerkenswerten Gewinne entsprachen, ließ nicht auf sich warten. Von Februar bis April 1720 begann der Zusammenbruch des Lawschen Systems, zwischen Juli und September 1720 platzte der »South Sea Bubble« wie eine Seifenblase. Die ersten Versuche, hochverschuldete Staatskassen durch clevere Privatisierungsmanöver zu sanieren, waren gescheitert. Den Schaden hatten die Spekulanten, anscheinend König Georg I. von England eingeschlossen. Die Folge war, daß es hundert Jahre und mehr dauerte, bis in Frankreich die Neugründung einer Staatsbank und in England die Neugründung von Aktiengesellschaften möglich wurde.

Die englische »East India Company« hingegen machte nicht nur gute Handelsgeschäfte mit Indien und China, sondern erwarb zwischen 1757 und 1819 die direkte oder indirekte Herrschaft über den gesamten indischen Subkontinent bis zum Indus; im 19. Jahrhundert kamen Burma und die Gebiete westlich des Indus hinzu. An und für sich waren niederländische und englische Kaufleute gleich vorsichtig mit dem Erwerb von Territorialherrschaft, die nicht als Stützpunkt oder zur Errichtung eines Monopols notwendig war. So hatten die Holländer im 17. Jahrhundert zwar zur Sicherstellung ihres Gewürzmonopols die Zimtinsel Ceylon erobert, sich für das von ihnen entdeckte Australien mit Neuseeland aber nicht weiter interessiert, denn dort war für sie nichts zu holen. Aber die Auflösung der bisherigen Herrschaftsstruktur Indiens, des Mogulreichs, bot zusammen mit in dieser Lage besonders bedrohlichen Aktivitäten der Franzosen, des weltweiten Erbfeindes der Briten, ehrgeizigen Kompanieangestellten vor Ort Gelegenheit zur Errichtung der englischen Herrschaft über Indien. Sagenumwobene private Bereicherung war die erste Folge. Die Kompanie, die vom britischen

Staat umgehend geschröpft wurde, und deren Angestellte wußten enorme Summen aus dem Land zu pressen. Durch mehrere Gesetze errichtete das englische Parlament seit 1773 daher eine staatliche Aufsicht über die Kompanie, Handelsgeschäfte und Verwaltung Indiens wurden personell streng getrennt und der Kompanie schließlich 1813 das Monopol des Indien-, 1833 auch dasjenige des Chinahandels genommen. Sie war zu einem Privatunternehmen geworden, mit der Aufgabe, für Großbritannien Indien zu regieren. Erst nach dem großen Aufstand der Inder gegen die englische Herrschaft, der »Mutiny«, wurde das Land 1858 als Kolonie vom britischen Staat übernommen. Dem hatten bis dahin rechtliche Überlegungen im Wege gestanden, der Respekt vor dem Privateigentum und die Tatsache, daß die Company formal immer noch »Lehensträger« des indischen Mogulkaisers war, eine Rolle, die für den englischen Monarchen nicht in Frage kam. Daneben spielte aber auch die Überlegung eine Rolle, es müsse verhindert werden, daß der Regierung auf diese Weise ungeheuere Geldmittel zur Verfügung stünden, die keiner parlamentarischen Bewilligung unterlägen und sie so möglicherweise vom Parlament unabhängig machen würden – fürwahr eine aktuelle Perspektive!

In der Folgezeit stand die britische Regierung Privatinitiativen zur Gründung neuer privilegierter Kolonialgesellschaften zurückhaltend gegenüber, fand sich aber in einigen folgenreichen Fällen doch bereit mitzuspielen. Seit Mitte des 19. Jahrhunderts trieben mehrere englische Gesellschaften in heftiger Konkurrenz miteinander Handel auf dem Niger, häufig im Konfikt mit einheimischen Händlergruppen und der französischen Konkurrenz. 1879 gelang es George Taubman, alle Gesellschaften zu einer »United African Company« zu verschmelzen, die nach einer Erhöhung des Aktienkapitals unter dem klangvollen Namen »National African Company« zahlreiche Unterwerfungsverträge mit afrikanischen Fürsten schloß und ein geschäftliches Arrangement mit der französischen Konkurrenz zuwege brachte. Eine königliche Charter erhielt sie aber erst

1886 dank der im Zeitalter imperialistischer Mächterivalität höchst wirkungsvollen Drohung, sich einer fremden Macht, etwa Frankreich, zu unterstellen. Sie durfte allerdings kein Handelsmonopol errichten, wußte sich aber mittels hoher Zölle schadlos zu halten. Die Geschäfte gingen ordentlich, obwohl die Company auf den lukrativen Schnapshandel verzichtete, aber ihre Mittel reichten nicht aus, um die militärischen Konflikte der neunziger Jahre mit einheimischen Herrschern und den expandierenden Franzosen durchzustehen. 1900 mußte die Charter widerrufen werden. Nigeria wurde Kronkolonie.

Die Sicherung des britischen Einflusses im kostbaren Südafrika gegenüber ausgreifender europäischer Konkurrenz hatte die britische Regierung veranlaßt, 1889 Cecil Rhodes, dem mächtigsten Kapitalisten und Politiker der Kapkolonie, die gewünschte Charter zu verleihen, die seine mit erlauchten Namen der Hocharistokratie und Hochfinanz bestückte »British South African Company« zur Verwaltung Zentralafrikas ermächtigte. Rhodes seinerseits hoffte auf neue Goldminen von der Art Transvaals, wurde aber enttäuscht. Statt dessen entwickelte sich »Rhodesien« nach Niederkämpfung der Ndebele zur weißen Siedlerkolonie, die beim Auslaufen der stets nur befristet vergebenen Charter 1924 von der Krone übernommen wurde.

Unter den europäischen Rivalen Großbritanniens spielte damals in Afrika das Deutsche Reich eine wichtige Rolle. Dessen Kolonien waren durchweg durch Privatinitiative von Kaufleuten oder Patrioten zustande gekommen, so daß Bismarck nach seiner Entscheidung für eine aktive Kolonialpolitik damit rechnete, er könne die neuen Besitzungen der kostengünstigen Verwaltung durch eben diese Privatinteressen überlassen. Demgemäß wurde für sie ganz bewußt der Begriff »Schutzgebiete« statt »Kolonien« gewählt, das heißt bloße »Protektorate« und keine regelrechten Territorien des Reiches. 1885 erklärte der Kanzler im Reichstag, sein Ziel sei

»der regierende Kaufmann und nicht der regierende Bürokrat in jenen Gegenden […] unsere Geheimen Räte und versorgungsberechtigten Unteroffiziere sind ganz vortrefflich bei uns; aber dort in den kolonialen Gebieten erwarte ich von den Hanseaten, die draußen gewesen sind, mehr [...] Mein Ziel ist die Regierung kaufmännischer Gesellschaften, über denen nur die Aufsicht und der Schutz des Reiches und des Kaisers zu schweben hat.« (Gründer 1991, 59).

Aber die nur Bismarck zuliebe vom deutschen Kapital gegründete »Deutsche Kolonialgesellschaft für Südwestafrika« zeigte so wenig Engagement, daß der Kanzler mit dem Gedanken spielte, das Land an England abzutreten, und es schließlich nur aus Rücksicht auf den deutschen Nationalismus in Reichsverwaltung übernahm. Ebenso weigerte sich das nur auf Bismarcks Drängen zustandegekommene »Westafrika-Synadikat« jener Hamburger Firmen, denen zu Gefallen das Reich sich in Togo und Kamerun festgesetzt hatte, standhaft, politische Verantwortung zu übernehmen. Die »Deutsch-Ostafrikanische Gesellschaft« stand stärker unter dem Einfluß von Patrioten als von Kaufleuten, erwies sich aber nicht in der Lage, mit dem sogenannten »Araberaufstand« fertig zu werden, so daß das Reich auch hier die Herrschaft übernehmen mußte. Nur die »Neuguinea-Kompanie« spielte für einige Jahre die ihr zugedachte Rolle, produzierte aber derartige Verluste, daß auch die Südseekolonien 1899 endgültig ans Reich fielen. Jetzt erst konnte die Gesellschaft aus den roten Zahlen geraten. Die in Mikronesien operierende »Jaluit-Gesellschaft« war die einzige deutsche Kolonialgesellschaft, die dank ihres Monopols für Kopra und das Phosphat von Nauru durchweg satte Gewinne einfahren konnte. Kanzler wie Kaufleute waren sich offensichtlich darüber im klaren, wie Kolonialpolitik üblicherweise funktionierte, nämlich mit defizitärer Übernahme der Infrastrukturkosten durch den Staat und Überlassung der Gewinne an privates Kapital. Es war ausschließlich Rücksicht auf das internationale Prestige des Reichs, was Bismarck und seine Nachfolger veranlaßte, zum Schluß dennoch nach diesen Regeln mitzuspielen. Die Frage, ob Afrikaner, Melanesier und Mikronesier sich unter privater oder staatlicher Herrschaft besser befinden würden, spielte bei alledem die geringste Rolle.

Während Kolonialpolitik im Grunde noch im Bereich der »klassischen Staatsaufgaben« Regierung und Verwaltung sowie kriegerischer Gewaltanwendung und der Ressourcenmobilisierung für beide verblieb, sah sich der Staat im 19. Jahrhundert mit ganz neuen Tätigkeitsfeldern konfrontiert. Vor allem das aufkommende Eisenbahnwesen entwickelte einen Kapitalbedarf und eine gesamtwirtschaftliche Gestaltungskraft, wie sie bis dahin nicht einmal vorstellbar gewesen waren. Nicht ohne Grund haben es Wirtschaftshistoriker zur eigentlichen Triebkraft der englischen Hochindustrialisierung erklären können. Grundsätzlich gehörte das Straßen- und Verkehrswesen in den Bereich der erwähnten »klassischen Staatsaufgaben«, zu den »Regalien«, wie man in Deutschland sagte, den automatisch an der Königswürde hängenden Befugnissen. Überall, sogar in den erzliberalen USA, waren daher zum Bau und Betrieb von Eisenbahnen staatliche Konzessionen erforderlich. Und zumindest in Europa wurde von Anfang an darüber diskutiert, ob der Staat nicht im Interesse des Gemeinwohls sogar gehalten sei, diese Sache selbst in die Hand zu nehmen. Zunächst freilich trauten die maßgebenden Politiker dieser Neuerung nicht recht und ließen sich darin gerne von konkurrierenden Interessen aus dem Straßen- und Kanaltransportgewerbe bestärken. Außerdem erschienen Kosten und Risiken für die Staatskasse zu hoch. Schließlich widersprach eine derartige Staatsaktivität den liberalen Parolen des Zeitalters, die die Wirtschaft möglichst sich selbst überlassen wollten und – vulgär gesprochen – das Gemeinwohl für die Summe der Einzelegoismen hielten.

Im Pionierland Großbritannien knüpfte die Eisenbahngesetzgebung an die sogenannten »Privatgesetze« an, mit denen das Parlament seit langem Gesellschaften zum Bau und Betrieb lokaler Straßen und Kanäle autorisierte und ihnen einen Rahmen für die zu erhebenden Benutzungsgebühren vorschrieb. Daraus entwickelte sich ein ziemlicher Wildwuchs; am Vorabend des Ersten

Weltkriegs gab es in Großbritannien nicht weniger als 120 Eisenbahngesellschaften. Staatseingriffe in diesem Krieg haben zur Reduzierung auf nur noch vier Gesellschaften geführt, die dann 1948 von der Labour-Regierung verstaatlicht wurden. Dabei hatte ein Gesetz schon 1844 unter bestimmten Bedingungen den Kauf der Eisenbahnen durch den Staat vorgesehen. In den Untersuchungen und Debatten, die diesem Gesetz vorangingen, tauchen bereits alle Gesichtspunkte für und gegen privaten Eisenbahnbetrieb auf, die bis heute eine Rolle spielen. Vor allem hatte man schnell erkannt, daß die heilsamen Wirkungen von Konkurrenz auf einem offenen Markt sich in ihr Gegenteil verwandeln können, wo aus praktischen Gründen nur für eine begrenzte Zahl von Konkurrenten Raum ist und diese von vorneherein nur als Großunternehmen eine Chance haben, wo der Markt also (halb-)geschlossen ist. Das Ergebnis sind entweder mehr oder weniger mafiose Preisabsprachen oder Firmenübernahmen mit dem Endergebnis eines Monopols, beides zu Lasten der Kunden. Ein deutscher Ökonom, der die englische Eisenbahngeschichte studierte, weil damals die Verstaatlichung der deutschen Bahnen zur Debatte stand, schrieb dazu 1874:

»Es ist natürlich, dass Gewerbetreibende mit einander concurrieren, wo die Gelegenheit unbegrenzt ist für neue Concurrenten; ebenso natürlich aber ist es, dass sie coalieren, sobald in ihrem besonderen Gewerbe die Gesammtzahl der möglichen Concurrenten begrenzt ist. Aus diesen Gründen soll die Gesetzgebung auf ihrer Hut sein und keine Befugnisse aus der Hand geben, welche sie als Schützerin des Gemeinwohls besitzt.« (Cohn, Bd.1, 1874, 268)

Daß als Gemeinwohl deklariertes Staatsinteresse auch im Eisenbahnwesen im Kriegsfall besonders energisch und erfolgreich wahrgenommen wird, ist nicht weiter erstaunlich. Nicht nur in England, sondern auch in Deutschland brachte der Erste Weltkrieg entscheidende Schübe für die Verstaatlichung des Bahnwesens. Die heute anstoßerregende Tatsache, daß in Deutschland Lokomotivführer und Signalwärter zu Beamten gemacht wurden, ist auf militärische Erwägungen des Kaiserreichs zurückzuführen. Man wollte sich für den Kriegsfall seiner Bahnen sicher sein. Aber selbst in den USA entstammte der große Impuls zum Bau der Transkontinentalbahnen, den die Bundesregierung mit üppigen Landschenkungen an die Eisenbahngesellschaften weitertrieb, den Erfahrungen des Bürgerkriegs, des ersten Kriegs der Geschichte, in dem Eisenbahnen eine entscheidende Rolle spielten. In den demokratischen USA war es allerdings dann auch der Druck der Verbraucher von Transportleistungen, der staatliche Eingriffe erzwang, als sich dort jene Mißstände aufgeschaukelt hatten, die man in England seit langem befürchtete. Die Eisenbahngesellschaften verlangten weit überhöhte Preise, wo sie ein Monopol hatten, und unterboten sich mit Dumpingpreisen, wo sie in Konkurrenz standen. Wer dabei unterlag, wurde vom Konkurrenten übernommen, der jetzt zu Monopolpreisen übergehen konnte. Daraufhin wurde ab 1887 die Staatsaufsicht über die Bahntarife eingeführt und 1906 die »Interstate Commerce Commission« sogar zur einseitigen Festsetzung von Tarifen autorisiert.

In Frankreich lagen die anglophilen Liberalen und die Befürworter staatlicher Initiative, wie sie seit dem Ancien Régime im Gegensatz zu England im Straßen- und Kanalbau bereits Tradition hatte, jahrzehntelang im Streit. Was mit dem Eisenbahngesetz von 1842 herauskam, war ein Kompromiß. Ein Netz für ganz Frankreich wurde geplant, der Staat errichtete den Streckenunterbau und die Bahnhöfe, eine Reihe von Gesellschaften sorgte für den Oberbau, das heißt vor allem die Schienen, und das rollende Material. Dafür erhielten sie eine Betriebslizenz für 99 Jahre, allerdings unter Staatsaufsicht. 1937 wurde dann die SNCF daraus, eine Aktiengesellschaft im (überwiegenden) Staatsbesitz. Durch das staatliche Engagement kam es aber auch zu wirtschaftsfremden politischen Entscheidungen mit erheblichen wirtschaftlichen Folgen. Zum einen wurde das Netz von politischer Seite konsequent auf Paris ausgerichtet, so daß das wirtschaftliche, soziale und politische Übergewicht der

Hauptstadt, wie wir es heute kennen, möglicherweise erst damals in irreversibler Weise festgeschrieben wurde. Zum anderen zeigten die privaten Unternehmer wenig Interesse an der verkehrsmäßigen Erschließung des platten Landes abseits der Hauptlinien, so daß hier gezielter staatlicher Eisenbahnbau einspringen mußte.

In den deutschen Ländern des 19. Jahrhunderts blieben die entsprechenden Kontroversen bis zu einem gewissen Grad theoretisch, weil sich privates Kapital zwar durchaus im konzessionierten Eisenbahnbau engagierte – die ersten deutschen Bahnen Nürnberg–Fürth 1834 und Dresden–Leipzig 1839 wurden von Aktiengesellschaften errichtet –, aber bei weitem nicht im erforderlichen Ausmaß, um ein flächendeckendes Netz auch nur von Hauptlinien zustande zu bringen. Die wichtigen Linien Basel–Mannheim in Baden und Berlin–Königsberg in Preußen mußten von Staats wegen in Angriff genommen werden. Was dabei herauskam, war ein gemischtes System aus Privatbahnen unter staatlicher Aufsicht und Staatsbahnen als Ergänzung. Die Gründerzeit erlebte einen Boom des privaten Eisenbahnbaus, der aber zu den bereits aus England und Amerika bekannten Problemen vor allem im Tarifwesen führte. Gesamtwirtschaftlich gesehen galt die Vielzahl von Gesellschaften außerdem als Vergeudung von Kapital. Bismarck reagierte 1875/76 mit einem Reichsbahnprojekt, das aber am deutschen Föderalismus scheiterte. Daraufhin nahm er die Verstaatlichung der preußischen Eisenbahnen in Angriff, die bis 1918 weitgehend abgeschlossen war. Die liberalen Bedenken gegen ein neuartiges Staatsmonopol dieses Ausmaßes suchte die Regierung durch gesetzliche Zuweisung eventueller Überschüsse zur Tilgung der Bahnkredite sowie zum Ausgleich von Defiziten im Staatshaushalt und durch gesetzliche Regelung der Mitwirkung regionaler Wirtschaftsinteressen bei der Tarifgestaltung aufzufangen. Das Problem der Bindung oder Nichtbindung der Eisenbahnfinanzen an die Staatskasse begleitet die erste große Staatsbahn also von ihren Anfängen an. Nach dem Ersten Weltkrieg übernahm das

Reich alle Eisenbahnen. Die Reprivatisierungsinitiativen des Reichsverbandes der Deutschen Industrie kamen nicht zum Zuge, unter anderem wegen der internationalen Verpflichtung der Reichsbahn, für die deutschen Reparationen aufzukommen. Das Ergebnis war ihre sogenannte »Autonomisierung« als »Deutsche Reichsbahn-Gesellschaft« 1927, die finanziell vom Reich unabhängig nach kaufmännischen Gesichtspunkten geführt werden sollte, auch wenn das Reich die Aufsicht über die Tarife behielt und es nicht zur vollständigen Überführung in eine Aktiengesellschaft kam. Der tatsächliche wirtschaftliche Erfolg der Reichsbahn ist aber nicht nur auf diese weitgehende Privatisierung und die damit verbundenen Rationalisierungsmaßnahmen zurückzuführen – schon damals wurde das Personal zwischen 1923 und 1933 von über 1 Million auf 593 000 abgebaut (Seidenfus 1985, 295). Wichtiger war ihre in jenen Jahren noch weitgehend intakte Monopolstellung auf dem Transportsektor.

Die 1951 geschaffene »Deutsche Bundesbahn« hatte dem Geist der Zeit entsprechend weniger privatwirtschaftliche Züge. Zwar wurde ihr ebenfalls die Betriebsführung nach kaufmännischen Grundsätzen gesetzlich vorgeschrieben, zugleich aber die Auflage gemacht, sich am gesamtwirtschaftlichen Interesse, das heißt den wirtschaftspolitischen Vorgaben der Bundesregierung zu orientieren. Diese Zwitterrolle war ihr Unglück in einer Zeit, in der weltweit die Bahnen unter den Konkurrenzdruck des Kraftfahrzeug- und Flugverkehrs gerieten und diese Konkurrenten im Gegensatz zur Bahn politisch massiv gefördert wurden. In den fünfziger Jahren war sogar vom »Auslaufmodell« Eisenbahn die Rede. Von 1951 bis 1984 gingen die Anteile der Bundesbahn am Güterverkehr von 54 auf 24 Prozent, am Personenverkehr von 33 auf 7 Prozent zurück (Seidenfus 1987, 489). Die inzwischen erfolgte »Privatisierung« der Deutschen Bahnen wird also mit Sicherheit nur Erfolg haben können, wenn die politische Marktverzerrung zu ihrem Nachteil verschwindet! Damit ist es aber nicht getan, denn im Zeichen der Doppelverpflichtung zu Rentabilität und flächendeckender Versorgung der Bevölkerung mit Transportleistungen hat sich wie schon in den Anfängen des Eisenbahnwesens herausgestellt, daß die meisten gewinnbringenden Leistungen auf verhältnismäßig wenigen Strecken des Fernverkehrs erbracht werden, während der Lokalverkehr sich ungeachtet seiner Überlastung in Stoßzeiten als unrentable Belastung erweist. Rentabel können die Bahnen also nur werden, wenn der Lokalverkehr entweder gezielt subventioniert oder von vorneherein anderen Instanzen übertragen wird. Sollte es sich wieder einmal um eine bloße Umverteilung des Defizits handeln? Wird letztlich der Kleinabnehmer von Transportleistungen die Zeche der Privatisierung bezahlen müssen, wie nach Erfahrungen mit dem englischen Vorortverkehr zu befürchten ist?

Klar ist in jedem Fall, daß bei der Privatisierung von Staatsaufgaben dieser Größe eine vollständige Deregulierung nicht möglich ist, Deregulierung und Privatisierung sich in gewissem Sinn sogar komplementär verhalten und gegenseitig ausschließen. Der Staat kann nicht umhin, die Märkte zu regulieren, wenn er den neuen Privatbetrieben gleiche Chancen verschaffen will. Nur bei Märkten mit prinzipiell unbeschränkt vielen Konkurrenten ist echter Wettbewerb und damit vollständige Deregulierung möglich, das mußten die Engländer schon wenige Jahre nach dem Bau der ersten Eisenbahnen erfahren. Wo ein Luftraum organisiert werden muß, wo nur bestimmte Schienenwege oder Kabelsysteme zur Verfügung stehen, bleibt Regulierung eine Notwendigkeit. Eine Möglichkeit bietet das ebenfalls längst vertraute Konzessionssystem. Damit wird der Wettbewerb verlegt; statt Wettbewerb auf dem Markt, handelt es sich um Wettbewerb um den Markt, der offengehalten wird durch die zeitliche Befristung und anschließende Neuausschreibung der Konzession.

Die private Wahrnehmung von Staatsaufgaben in der Geschichte hat sich strukturell als Folge des kulturell wie finanziell bedingten Nachhinkens der Kompetenz der Staatsgewalt gegenüber ihren wachsenden Aufgaben erwiesen. Freilich erfolgt ihr »Wachstum« keineswegs immer »naturwüchsig«, also ohne Absicht der jeweiligen Machthaber, sondern kraft eines im Einzelfall oft äußerst ausgeprägten »Willens zur Macht«. Infolgedessen erweist sich die strukturell notwendige »private Lösung« öffentlicher Probleme im Einzelfall häufig genug in ihrer konkreten Gestalt zusätzlich als gerissener fiskalischer Trick. Es ist also nicht nur das grundsätzliche altliberale Mißtrauen gegenüber jeder Form staatlicher Macht, sondern die konkrete historische Erfahrung mit Manövern der Staatsgewalt, die kritische Vorbehalte gegenüber dem aktuellen Deregulierungs- und Privatisierungsprogramm angebracht erscheinen läßt, gerade wenn dieses auf den ersten Blick als durchaus liberal erscheint.

Handelt es sich etwa nur um die verschleierte Umverteilung von Kosten nach Gesichtspunkten politischer Opportunität? Wenn die Bundesbahn 80 000 Mitarbeiter »freisetzt«, wie viele von diesen Menschen müssen anschließend von der Bundesanstalt für Arbeit unterhalten werden? Und wenn infolge der wachsenden Arbeitslosigkeit beim generell angesagten Abbau von Arbeitsplätzen Unruhen entstehen – wer kommt für die steigenden Sicherheitskosten auf? Werden die Kosten im Sinne volkswirtschaftlicher Gesamtrechnung wirklich geringer sein, oder sind sie nur neu verteilt? Erfolgt die Neuverteilung vielleicht zeitlich verschoben und damit verschleiert? Das heißt, die Politiker der Gegenwart sind ihre Probleme los, für die Zukunft haben sie dafür aber um so größere geschaffen.

Aus politischer Sicht wäre zu fragen, ob der uns angepriesene »schlanke Staat« wirklich auf Macht, die letztlich Macht über seine Bürger ist, verzichtet hat, oder ob seine »Schlankheitskur« ihn nicht im Gegenteil stärker und heimlich mächtiger gemacht hat. Da man mit guten Gründen unterstellen darf, daß freiwilliger Machtverzicht anthropologisch unwahrscheinlich, wenn nicht sogar unmöglich ist, wäre zu fragen, ob wir nicht statt Machtverzicht eine Metamorphose oder auch nur eine Maskierung politischer Macht vor uns haben. Handelt es sich bei Privatisierung möglicherweise darum, erhebliche öffentliche Mittel an der parlamentarischen Bewilligung und der Kontrolle der Rechnungshöfe vorbeizumogeln? Was den Engländern ein Hindernis für die »Verstaatlichung« der »East India Company« war, könnte sich bei uns umgekehrt als Vorbehalt gegen »Privatisierung« erweisen. Die aktuelle Gegenbewegung gegen das einstige Wachstum der Staatsgewalt bedeutet kein Zurücklegen desselben historischen Wegs in umgekehrter Richtung. Vielleicht gibt es aber auch deswegen kein Zurück, weil es sich nicht um eine echte Gegenbewegung handelt!

Literatur

Andrews, Kenneth R., 1984. Trade, plunder and settlement. Maritime enterprise and the genesis of the British Empire, 1480–1630. Cambridge.

Blastenbrei, Peter, 1987. Die Sforza und ihr Heer. Studien zur Struktur-, Wirtschafts- und Sozialgeschichte des Söldnerwesens in der italienischen Frührenaissance.

Carswell, John, 1960. The South Sea Bubble. London.

Cohn, Gustav, 1874–83. Untersuchungen über die Englische Eisenbahnpolitik. Leipzig, 3 Bände.

Faure, Edgar, 1977. La banqueroute de Law. 17 juillet 1720. Paris.

Gründer, Horst, 1991. Geschichte der deutschen Kolonien. Paderborn, 2. Auflage.

Lefranc, G., 1930 a. La construction des chemins de fer et l'opinion publique vers 1830, in: Revue d'histoire moderne 5, 270–279.

Lefranc, G., 1930 b. Les chemins de fer devant le parlement français (1835–1842), in: Revue d'histoire moderne 5, 337–364.

Léon, Pierre, 1986. Die Eroberung des nationalen Raumes, in: Fernand Braudel/Ernest Labrousse (Hrsg.): Wirtschaft und Gesellschaft in Frankreich im Zeitalter der Industrialisierung 1789–1880. Bd.1, Frankfurt, 191–206.

Mallet, M.E./Hale, J.R., 1984. The military organization of a renaissance state. Venice c.1400 to 1617. Cambridge.

Mousnier, Roland, 1980. Les institutions de la France sous la monarchie absolue 1598–1789. Bd.2, Paris.

Pedler, Frederick, 1974. The lion and the unicorn in Africa. A history of the origins of the United African Company 1787–1931. London.

Redlich, Fritz, 1964–65. The German military enterpriser and his work force. A study in European economic and social history (Vierteljahrschrift für Sozial- und Wirtschaftsgeschichte, Beihefte 47–48). Wiesbaden, 2 Bände.

Reinhard, Wolfgang, 1974. Staatsmacht als Kreditproblem. Zur Struktur und Funktion des frühneuzeitlichen Ämterhandels, in: Vierteljahrschrift für Sozial- und Wirtschaftsgeschichte 61, 289–319, und in: Ernst Hinrichs (Hrsg.): Absolutismus, Frankfurt 1986, 214–48.

Reinhard, Wolfgang, 1983–90. Geschichte der europäischen Expansion. Stuttgart, 4 Bände.

Reinhard, Wolfgang, 1992. Das Wachstum der Staatsgewalt. Historische Reflexionen, in: Der Staat 31, 59–75.

Seidenfus, Hellmuth St., 1983–87. Eisenbahnwesen, in: Deutsche Verwaltungsgeschichte, Stuttgart, Bd. 2, 227–57; Bd. 3, 359–384; Bd. 4, 273–96; Bd. 5, 485–505.

Voigt, Fritz, 1965. Verkehr. Bd. 2,1, Berlin.

HEINRICH VON STIETENCRON

Macht und Markt im Wettbewerb der Religionen und der Ruf nach Toleranz

Macht und Markt – dies Begriffspaar ist uns auch in der Religionsgeschichte nicht fremd: heute nicht und auch nicht in früheren Zeiten. Selbst in der fernsten historisch greifbaren Vergangenheit stoßen wir auf diese beiden Faktoren im Kontext religiöser Gemeinschaften. Religiöse und machtpolitische Konzepte sind schon seit jeher miteinander verbunden, und in vielen Fällen läßt sich religiöse Macht von weltlicher Macht nicht eindeutig trennen. Das trifft nicht nur für das Gottkönigtum und das Priesterkönigtum zu, sondern auch für jede Herrschaft von Gottes Gnaden, und es hat seine Spuren sogar noch in den modernen Verfassungen christlicher und islamischer Staaten hinterlassen, die sich zu einer religiösen Verpflichtung bekennen. Doch auch die religiösen Institutionen selbst waren nicht zu unterschätzende Machtfaktoren. Im Abendland entwickelten sich die Kirche und ihre Orden zu einer politischen Macht und zu einer Wirtschaftsmacht erster Ordnung, und auch im Orient stellten seit alters und auch heute noch Mönchsorden und Tempelkomplexe einen beträchtlichen Macht- und Wirtschaftsfaktor dar.

Es ist keine Frage, daß religiöse Macht nicht selten ein für die Bevölkerung hilfreiches Gegengewicht zur weltlichen Macht bildete. In der Antike konnte ein von der Staatsgewalt verfolgter Flüchtling im Tempel ein sicheres Asyl finden. Und in vielen Fällen verteidigten religiöse Instanzen die Rechte der Armen; sie kümmerten sich um die Pflege der Bedürftigen und Kranken und um die Erziehung der Mittellosen und der Waisen. Andererseits gehörten seit jeher Religionskonflikte neben wirtschaftlichen Interessen und ethnischen Rivalitäten zu den wichtigsten Ursachen für Krieg und individuelles Leid. Sie haben in der internen Auseinandersetzung gegen Ketzer und Hexen eine ebenso blutige Rolle gespielt wie in der Auseinandersetzung mit fremden Religionen. Von Kämpfen um Lebensraum und Rohstoffe, um Macht und Märkte sind Religionskriege fast nie eindeutig zu trennen, da ihre Träger im Normalfall religiöse und weltliche Interessen zugleich verfolgen. Sie verleihen jedoch immer den weltlichen Interessenskonflikten eine zusätzliche Schärfe und geben ihnen eine religiöse Legitimation. Auch jetzt noch tragen sie einen beachtlichen Teil zur Hartnäckigkeit und Unversöhnlichkeit in der Austragung regionaler Konflikte bei. Darüber hinaus treten heute, in einer zunehmend pluralistischen Gesellschaft, auch im Alltagsleben nicht selten Religionskonflikte auf.

Toleranz zwischen den Religionen ist daher eine der wichtigsten Voraussetzungen für den inneren und äußeren Frieden von Staat und Gesellschaft. Die Bereitschaft zu religiöser Toleranz ist allerdings nicht in allen Religionen gleich groß. Sie ist auch nicht von der Religion allein abhängig: Auch die Gesellschaftsformen, in denen die Gläubigen leben, eignen sich mehr oder weniger für das Entstehen von Toleranz; auch dies hat etwas mit Macht und Markt zu tun, das heißt mit der Begehrlichkeit der Menschen, die in den Gesellschaften unterschiedlich stark und auch in unterschiedlicher Weise kultiviert wird.

Beide, Macht und Markt, können, wenn man so will, als Grundbedingungen für das Überleben historischer Religionen angesehen werden, denn ohne Macht werden sie verdrängt und ohne Markt – also ohne Abnehmer ihrer Botschaft – sterben sie aus. Beide haben jedoch auch die Tendenz, Religion zu korrumpieren: Es sind ja auch hier nur Menschen, die der Verführung von Macht und Markt nicht immer widerstehen können. Darüber hinaus können sie Religionskonflikte verschärfen und dadurch das friedliche Zusammenleben und die wirtschaftliche Entfaltung der Menschen auch heute bedrohen. Zwar hat man längst erkannt, daß die Strategie der harten Konfrontation nicht immer das beste Mittel darstellt, um die eigene Position zu behaupten und die eigene Überzeugung auch anderen nahezubringen. Kooperation und friedlicher Wettbewerb um Marktanteile haben sich nicht nur im Wirtschaftsleben im allgemeinen besser bewährt, sie erwiesen sich auch für Religionen und Ideologien als erstrebenswert. Im Kontext der Religionen bedeutet dies jedoch, Andersgläubigen gegenüber Toleranz zu zeigen. Warum dies so schwierig ist, warum es dennoch heute mehr denn je notwendig scheint und welche Voraussetzungen für die Entwicklung eines Toleranzverhaltens förderlich sind, soll im folgenden erörtert werden.

1. Religion und Macht

Wer es heute beklagt, daß der Umgang mit der Macht in den Religionen eine so große Rolle spielt, der sollte bedenken, daß genau dies die eigentliche und ursprüngliche Aufgabe der religiösen Spezialisten war und ist: der richtige Umgang mit einer übermenschlichen Macht, um Gefahren abzulenken und Segen herbeizuführen. Es ging damals um den Umgang des schwachen, bedrohten Menschen mit der unberechenbaren Macht von unvergleichlich stärkeren unsichtbaren Gottheiten. Denn Hunger und Elend, Leid und Tod sowie Unwetter und Naturkatastrophen aller Art wurden als Zeichen des Zornes der Götter erfahren. Umgekehrt galten reiche Jagdbeute, gute Ernte, Wohlstand und Sieg als Zeichen ihres Wohlwollens. Die Religion hatte die Aufgabe, göttlichen Zorn und Strafe von den Menschen fernzuhalten und ihnen mit der Gnade Gottes zugleich physisches und seelisches Wohlergehen zu sichern.

Es nimmt der Religion kein Quentchen ihrer Bedeutung, wenn man dieses Erwartungsverhalten von Wohltat und Strafe auf die allgemeine individuelle und kollektive Erfahrung von Säugetieren und Menschen zurückführt: Erlebt doch das hilflose Neugeborene die Welt von Anfang an aus der Situation der Abhängigkeit von riesenhaften, übermächtigen Gestalten, die in seinem Blickfeld auftauchen und wieder verschwinden, die ihm die Brust reichen und Nahrung geben, ihm aber Brust und Nahrung auch wieder entziehen. Es erfährt Nähe und Geborgenheit ebenso wie Verlassenheit und Angst, es erfährt liebende Zuwendung und furchterregende Irritation, und nicht selten bleibt ihm plötzlich aufwallender Zorn und Strafe ebenso unverständlich wie unerwartetes Lob und Belohnung. Erst allmählich und über bittere Erfahrungen erlernt das Kind ein Verhalten, das den mächtigen Erwachsenen genehm ist, lernt Gebote und Verbote zu beachten und eignet sich vor allem Strategien der Beschwichtigung an, welche Strafe abwenden, Schutz und Geborgenheit wiederherstellen sollen.

Daß sich religiöses Verhalten im Umgang mit übermenschlichen Mächten unter anderem an solcher ererbten kollektiven Erfahrung von Säugetieren und Menschen orientiert, ist von Verhaltensforschern (z. B. Schenkel 1967; Eibl-Eibesfeld 1970, 1972; Wickler 1970), Soziologen (Dux 1982) und sogar von Theologen (Eicher 1979) an vielen Details aufgezeigt worden. Seit langem ist bekannt, daß unter Artgenossen die schutzheischende Hilflosigkeitsgebärde eines im Kampf unterliegenden Wolfes oder Hundes, der sich auf den Rücken legt und seine Kehle dem tödlichen Biß des Gegners freigibt, eine sofortige Beißhemmung auf seiten des Siegers provoziert. Der Unterlegene simuliert den Zustand eines Kleinkinds, harnt wie ein junger Welpe und provoziert dadurch ein automatisches Brutpflegeverhalten bei dem Stärkeren. Tiere, die einen Rivalen vom Eindringen in das eigene Territiorium abschrecken wollen, plustern sich auf, um größer und furchterregender zu erscheinen, als sie in Wirklichkeit sind; fühlen sie sich jedoch unterlegen, so ducken sie sich und machen sich so klein wie möglich. Man hat bei zahlreichen Tierarten solche Unterwerfungsgesten beobachtet. Ihnen entspricht beim Menschen das Sich-Verneigen, Niederknien, Sich-zu-Boden-Werfen, Die-Handflächen-Zeigen oder In-Gebetshaltung-Aneinanderlegen, um deutlich zu machen, daß sie keine Waffe halten. Wenn man bei Tieren solche Hilflosigkeitsgebärden als »Demutsverhalten« umschrieben hat, so vor allem wegen ihrer auffallenden Ähnlichkeit mit menschlichen Demutsgesten, die in den unterschiedlichsten Kulturen in ähnlicher Weise auftreten. Sie zeigen, daß sich die Muster sozialen und religiösen Verhaltens aus entwicklungsgeschichtlich sehr alten Verhaltensreflexen ableiten. Sie lassen aber auch erkennen, daß sich in der religiösen Unterwerfung unter göttliche Mächte der Versuch verbirgt, den Menschen als Kind der Götter, also als hilflosen Artgenossen hinzustellen, denn nur unter Artgenossen setzt die Beißhemmung ein. Die Gottähnlichkeit des Menschen ist in der Theologie, die man in allen erhaltenen Texten als zeitlich später als die genannten Verhaltensmuster ansetzen muß, ein entsprechend wichtiges Postulat.

Religion reagiert also auf die Erfahrung von übermenschlicher (göttlicher) Macht. Ihr Nährboden ist alles Unerklärliche in dieser Welt und ihre Partner sind die – meist, aber nicht ausschließlich als Person gedachten – Machtträger oder Machtquellen, die hinter dem Unerklärlichen stehen. So umfassend wie möglich sucht sie die Regeln zu erkennen, deren Befolgung den Menschen in Einklang mit den Forderungen dieser Mächtigen bringen. Daß es sich um erkennbare Regeln handeln müsse und nicht nur um wilde Launen einer oder mehrerer unberechenbarer Gottheiten, hatten schon früh die Gesetzmäßigkeiten in der Natur gelehrt: die jahreszeitlichen Zyklen, die Vegetationszyklen und vor allem der Blick auf den Tag- und Nachthimmel. Hier offenbarten sich konstante Rhythmen in Zeit und Raum, nach wiederkehrendem Muster auftretende Bewegungsabläufe, welche in Tag und Nacht, in Mondphasen und Jahr, im Lauf der Gestirne und im Wechsel der Gezeiten erkennbar sind und dem staunenden Beobachter die Existenz einer kosmischen Ordnung suggerieren. Wo solche Ordnung herrscht (und wo auch das menschliche Leben durchaus schon bestimmten Regeln folgt), muß es da nicht auch für die Beziehung von Mensch und Gottheit erprobbare und normierbare Verhaltensmuster geben?

Religion sucht diese zu erkennen, zu formulieren, sie in gesellschaftliches Handeln umzusetzen. Ihre allgemeinen Vorschriften für ein Gott (oder Göttern) wohlgefälliges Verhalten in allen Lebenslagen nehmen fast immer Korrekturen an ererbten Verhaltensmustern vor. Hinzu kommen Opfer, Reinheitsrituale, Gebete, Musik und Tanz in Ritualen, welche die religiösen Normierungen des menschlichen Lebens ergänzen und für individuelle und kollektive Bedürfnisse flexible Gestaltungen zulassen. Auch versucht man, den tieferen Sinn zu erkennen, der hinter den Zufälligkeiten und Ungerechtigkeiten des Daseins verborgen liegt. Es entstehen Theologien, um das Wesen der Götter zu deuten, und die Frage nach Herkunft und Ziel der Welt wird in Entwürfen zur Kosmogonie und Eschatologie beantwortet, so gut man dies eben vermag. Die künstlerische Kreativität wird ungemein angeregt, da ihre Produkte den Ansprüchen von Göttern genügen müssen: Im Bereich der Dichtung, der Musik und der bildenden Künste haben alle Religionen immer wieder Kreativitätsschübe ausgelöst.

Wenn Religion aus dem Umgang mit übermenschlicher Macht entsteht, so ist es nur natürlich, daß sich ein Abglanz der Überlegenheit des Göttlichen auf den auserwählten Mittler zwischen Göttern und Menschen überträgt: auf den Schamanen oder Priester, auf den religiösen Spezialisten, der die nötigen Rituale auszuführen vermag und den Willen Gottes verkündet. Der vertraute Umgang mit den Mächtigen verleiht seit jeher Macht – und dies um so mehr, wenn Alter und Erfahrung ohnehin der Stimme des religiösen Spezialisten Gewicht im Stammesverband verleihen. Schon hier läßt sich ein Übergang von der Macht der Götter zu der Macht der Priester erkennen. Er liegt in der Natur der Sache und zeigt, daß Religion ihrem Wesen nach nicht nur die Macht Gottes (oder der Götter) erkennt und in Regeln des Handels umsetzt, sondern eben dadurch auch selber Macht unter Menschen ausübt.

Die weitere Entwicklung sei hier nur in groben Zügen angedeutet. Sie folgt den Bedingungen sich wandelnder Gesellschaftsstrukturen und Wirtschaftsformen. Je komplexer und arbeitsteiliger die Gesellschaft wird, um so klarer bildet sich ein Berufsstand religiöser Funktionäre mit eigenen Strukturen und spezialisierter Ausbildung heraus. Es ergeben sich zwei unterschiedliche Möglichkeiten, die geistliche und weltliche Macht zu verwalten: ihre institutionelle Trennung in Fürst und Priester, Kaiser und Papst, oder ihre Verbindung in einer einzigen Person, die als Priesterkönig wie der Dalai Lama oder als Gottkönig für beide Bereiche zuständig ist. Wo letzteres zutrifft, wie wir dies zum Beispiel aus dem alten Ägypten und den frühen Kulturen des Vorderen Orients kennen, wo also der König zugleich die Gottheit auf Erden vertritt und ihre Ordnung durch seine Herrschaft gewährleistet, ist die Macht der Religion mit derjenigen des Reiches gekoppelt und kann intern kaum in Frage gestellt werden. Ein solches Königtum in Stellvertretung Gottes unterliegt allerdings verschärfter Erfolgskontrolle. Eine reiche Ernte und die wirtschaftliche Blüte des Volkes zeigen Gottes Segen an, eine Mißernte oder eine zerstörerische Flut dagegen den Zorn eines Gottes. Ein Herrscher, der im Krieg unterliegt, hat entweder die Gunst der Gottheit verloren, oder eine stärkere Gottheit tritt gegen ihn an. Dies war ja die These der siegreichen Israeliten bei ihrer Landnahme in Kanaan: Sie behaupteten, daß die Gottheit der Sieger mächtiger sei, als die Gottheit der Besiegten. Durch den Sieg legitimiert, übernahm eine neue Dynastie mit neuer Religion die Herrschaft.

In Gesellschaften, in denen religiöse Spezialisten als Ratgeber und geistliche Macht *neben* den weltlichen Herrscher treten, wie es zum Beispiel im alten Indien, im Judentum und im Christentum seit der Spätantike und dem frühen Mittelalter der Fall war, gibt es deutlich mehr Raum für eine potentielle Rivalität verschiedener Ratgeber und für den Wettbewerb religiöser Meinungen und Erfahrungen. Um Einfluß zu gewinnen, muß der religiöse Spezialist überzeugen; er braucht Abnehmer für seine Lehren und Dienste. Durch seine Predigt und durch die Überzeugungskraft seiner Lehre gewinnt er Anhänger und Einfluß.

Dies ist in vielen Fällen die Art, wie religiöse Reformen durchgesetzt werden und wie im Ausnahmefall sogar neue Religionen entstehen, wie zum Beispiel im Falle des Jesus von Nazareth oder des Propheten Mohammed.

Daß man sich als religiöser Prediger oder Prophet nicht nur um die Armen, sondern auch um die Zustimmung von Fürsten oder reichen Händlern bemüht, ist selbstverständlich. Sie bringen gleich ein ganzes Gefolge mit sich – *cuius regio, eius religio* ist ja ein Satz, der für die Familie, die Dienerschaft und den ganzen Klan bis hin zum Staat gelten kann. Auch sind nur die Mächtigen in der Lage, aufwendige Rituale für eine ganze Gemeinschaft durchzuführen. Es geht also neben Qualität auch um Werbung, um Überzeugungsarbeit. Damit sind die Voraussetzungen für die Entstehung eines religiösen Marktes gegeben: Religion tritt ins Spannungsfeld von Angebot und Nachfrage und muß den jeweiligen Bedürfnissen der Gesellschaft nach Möglichkeit Rechnung tragen.

2. Religion und Markt

Es mag provokant wirken, wenn man die Religion mit dem zunächst sehr irdisch-materiell anmutenden Schlagwort »Markt« verknüpft. Verkennt man da nicht die Bedeutung ihrer läuternden Verbindung zu transzendenten Mächten, vergißt man nicht, daß sie den Gläubigen Wege zeigt, um über den Tod hinausreichendes Heil zu erwerben? Gewiß versucht sie das. Dennoch ist Religion ohne Markt nicht denkbar. Die Gesellschaft ist ihr Markt. In einer oft als sinnlos und grausam empfundenen Welt hält die Religion nämlich gebündelte Angebote an Sinngebung und Orientierung für die Gesellschaft bereit, welche sowohl dem einzelnen als auch einer ganzen Gemeinschaft Halt und Vertrauen zu geben vermögen. Sie wirbt für ihre Lösungen von alten und neuen Fragen, sie versucht zu überzeugen und Anhänger zu gewinnen, und sie reagiert auf gesellschaftliche und wirtschaftliche Veränderungen mit einer Anpassung ihrer Lehre an neue Lebenssituationen. Dabei stehen religiöse Spezialisten in ständiger Konkurrenz zu einer Fülle von Anbietern: sowohl mit innovativen Denkern aus ihren eigenen Reihen, als auch mit alten und neuen Fremdreligionen und mit Dichtern und Philosophen. Es ist ein hart umkämpfter geistiger Markt, auf dem sich Religionen durchsetzen müssen. Wenn ihre Angebote nicht mehr überzeugen, wenn sie den Bedürfnissen der Zeit nicht mehr entsprechen, wenn sie veralten oder am Markt vorbei produzieren, sterben auch Religionen ab (Zinser 1986).

Der geistige Markt hat jedoch auch ein materielles Pendant, das nicht weniger wichtig ist. Religiöse Spezialisten, wie alle anderen Spezialisten auch, wollen leben und finanziert werden. Sie brauchen materielle Unterstützung als Gegenleistung für die ideellen Werte, die sie der Gesellschaft bieten. Dies zu erreichen ist nicht leicht. Beim Warentausch zwischen sichtbarer und unsichtbarer Ware sind die Werte schwer zu bemessen. Auch fordern die Opfer und Riten de facto eine Wertvernichtung: Was der Opfernde darbringt, wird im Opferfeuer verbrannt, und zusätzlich fordert der Priester noch möglichst reiche Gaben für den eigenen Bedarf (oder für seine Kirche). Die Gegengabe des Gottes oder der Götter ist oft nur eine vorübergehende Verringerung der Angst vor ihrem möglichen Zorn. Kein Wunder, daß solche Angst von allen Religionen wachgehalten wurde, sei es Angst vor einer Strafe in dieser Welt oder im Jenseits.

Auch auf dem religiösen Markt müssen Bedürfnisse für neue Produkte oft erst geschaffen oder geweckt werden. Zum Wunsch nach Jagd- oder Kriegsbeute gesellte sich beispielweise mit der Zeit die von religiösen Denkern geweckte Hoffnung auf ein Paradies. Zur Angst vor Vulkanausbrüchen und Unwettern kam später die Angst vor Höllenstrafen in grausigen Unterwelten hinzu. Angst und Hoffnung waren und sind noch heute wichtige, die Gläubigen motivierende Faktoren für jede Religion.

Ein Bedürfnis für Sinndeutungen der Welt und des Lebens besteht überall auf der Welt. Daher ist es nur natürlich, wenn auch überall Religionen solche Bedürfnisse zu befriedigen suchen. Daß diese Religionen miteinander in Konflikt geraten, hat viele Gründe. Erstens entwickelt jede Kultur ihre Sinngebungen im Rahmen des eigenen natürlichen und gesellschaftlichen Erfahrungshorizonts. Daher entstehen zum Teil unterschiedliche Antworten auf die gleichen Fragen, die miteinander in Konkurrenz treten, wenn sich die Religionen begegnen – sei es durch die Nachbarschaft der Siedlungsgebiete, sei es durch Kriegszüge oder über den Handel. Zweitens bestimmen Religionen nicht nur gedankliche Konzepte, sondern auch Handlungsweisen, welche in Konflikt mit den Vorschriften anderer Religionen kommen können. Zusammen mit der eigenen Sprache bilden solche Konzepte und Handlungsnormen einen wesentlichen Teil der eigenen Identität. Wer sie in Frage stellt, greift die Identität an und stößt auf entsprechend heftige Selbstschutz-Reaktionen. Daher ruft die Konfrontation von Religionen auf beiden Seiten noch wildere Emotionen hervor als der Streit um Besitz.

Zu diesen grundsätzlichen Differenzen kommt alles andere hinzu: der Wahrheitsanspruch, der sich mit der eigenen religiösen Erkenntnis verbindet; der von Heilsgewißheit getragene Wettbewerb um Abnehmer dieser Wahrheit – und das bedeutet für die Priester auch einen Wettbewerb um Klienten und um Spenden; das Mitleid mit den »armen Heiden«, den irregeleiteten Anhängern jener fremden Religion, die man aus ewigem Verderben noch zu erretten versucht; schließlich auch die Verlockung der Macht, die sich mit der Herrschaft über Menschen gewinnen läßt. Und auf der Gegenseite ruft solches Verhalten den aus uraltem Instinkt geborenen Reflex der Revierverteidigung hervor. Verständlicherweise werden solche Konflikte um so schärfer, je mehr sich religiöse und weltliche Macht bei diesem Unterfangen solidarisieren, sei es, weil sich ein Fürst oder ein Volk als Verteidiger des wahren Glaubens sehen, sei es, weil reicher materieller Gewinn lockt.

Daß solche Verbindung von weltlichen und geistlichen Interessen weder selten noch auf eine Religion begrenzt waren, läßt sich in der Geschichte vielfach belegen. Die Kreuzzüge des christlichen Mittelalters und die heiligen Kriege des Islam waren von einer im Grundtypus ähnlichen religiösen Begeisterung und von deutlichen wirtschaftlichen und machtpolitischen Anreizen getragen, und in beiden Fällen wurde den Kriegern als Lohn eines Heldentodes für die Sache Gottes das Paradies versprochen. Assyrer und Hebräer, Hindus und Konfuzianer haben ihre Gegner dämonisiert und sich selbst im Kampf als Vollstrecker göttlichen Willens oder als Wiederhersteller kosmischer Ordnung stilisiert. Auch die gesamte Epoche der kolonialen Expansion Europas war von religiösem Missionseifer begleitet und unterstützt. Es galt viel Gold zu gewinnen, aber auch dem Satan Seelen zu entreißen. Die christlich-abendländische Zivilisation setzte sich nicht nur mit dem Recht des Stärkeren, sondern auch mit religiöser Legitimation durch die Kirchen in beiden Amerika, Afrika, Asien und Australien fest. Auch im Bereich der Religion werden somit Märkte nicht nur durch Werbung erschlossen, sondern auch mit Gewalt erobert und machtpolitisch gesichert.

3. Die komplexe Gesellschaft und die Vorteile der Toleranz

Inzwischen ist die Bevölkerung in größeren Städten längst an Menschen fremder Länder gewöhnt. Alte Rollenbilder haben sich gewandelt, weltweiter Verkehr hat die geschlossenen Gesellschaften überschaubarer Regionen überrollt, Flüchtlingsströme haben die vertrauten Nachbarschaften mit fremden Sprachen und Gebräuchen durchsetzt. Nicht nur Waren aus aller Welt, sondern auch Bilder über Völker aller Länder haben die Kontinente materiell und visuell zusammengerückt. In dieser Situation eines offenen Weltmarktes stellen die Religionen heute ein retardierendes Moment dar, da sie zwar selber gerne in fremden Gärten säen wollen, ein Gleiches aber anderen Religionsgemeinschaften im eigenen Revier nicht zugestehen möchten. Zwar wird seit Jahren ein Dialog zwischen den Religionen versucht, aber es ist die liberale Minderheit, nicht die orthodoxe Mehrheit, die solche Dialoge sucht. Und das Ergebnis ist mager, weil wirkliche Toleranz erst gelernt sein will.

Toleranz ist ein Begriff, der in der Gegenwart eine außerordentlich große Rolle spielt. Das war nicht immer so. Aber je konfliktgeladener die Situation ist, in der wir uns befinden, und je schwächer unsere eigene Position in diesen Konflikten erscheint, desto lauter wird der Ruf nach Toleranz. Das ist kein Wunder, denn in einer Zeit, in der Krieg und Gewalt als Mittel der Austragung von Konflikten immer problematischer, immer zerstörerischer werden und man nicht weiß, ob man sich eines Sieges auch wird freuen können, gewinnt Toleranz als eine Strategie der Konfliktvermeidung in vielen Bereichen an Bedeutung.

Manche fordern heute mehr Toleranz im Umgang der politischen Parteien miteinander, mehr Tolerenz zwischen den Sozialpartnern im Wirtschaftsleben, mehr Toleranz zwischen den Generationen und den beiden Geschlechtern, um bestehende Konflikte in unserer familiären und staatlichen Gemeinschaft zu entschärfen. Man fordert mit Recht auch mehr Toleranz gegenüber Andersfarbigen, Andersdenkenden, Andershandelnden in einer Welt, in der sich Religionen, Kulturen und Rassen der gegenseitigen Berührung gar nicht mehr entziehen können und miteinander auskommen müssen. Man fordert auch mehr Toleranz zwischen den Konfessionen und Religionen, damit nicht religiöse Motive zusätzlich zu den sozialen, wirtschaftlichen und machtpolitischen Motiven zu einer Eskalation der Polarisierung beitragen, wie dies in Israel, in Bosnien und in Tschetschenien heute der Fall ist. Wir brauchen aber nicht nur in der Fremde nach religiöser Toleranz zu rufen. Auch bei uns würde sie bei interkonfessionellen Ehen oder in den Beziehungen zu den türkischen Mitbürgern zur Konfliktvermeidung beitragen.

Ob allerdings das Vermeiden von Konflikten oder das Austragen von Konflikten besser sei, ist mit solcher Situationsschilderung noch nicht entschieden. Dies hängt vielmehr von der Situation und von der Wahl von Prioritäten ab. Die Definition von Toleranz als Strategie der Konfliktvermeidung macht von vornherein deutlich, daß Toleranz kein Wert an sich ist. Konfliktvermeidung bzw. Konfliktfreiheit ist der erstrebte Wert, und auch dieser ist nur ein untergeordneter, dem Werte wie Leben, Sicherheit und Wohlstand übergeordnet sind und dem andere Werte wie Freiheit, Wahrheit, Menschenwürde usw. eventuell entgegenstehen können. Toleranz bezieht also ihre Werthaftigkeit stets aus bestimmten kulturellen Vorgaben und aus der Konstellation von Gegebenheiten, von dominanten Werten und von Zielen.

Die Tatsache, daß heute so oft der Ruf nach Toleranz ertönt, zeigt an, daß das Gefühl der Bedrohung angestiegen ist. Immer mehr Gruppen innerhalb der Gesellschaft fühlen sich oder ihre Lebensbereiche gefährdet. Toleranz nämlich fordert gewöhnlich der Schwache vom Starken. Er benötigt sie dringend, wenn er überleben will, ohne seine kulturelle Identität aufzugeben, ohne sich dem Starken zu unterwerfen, ohne sich anzupassen oder sich durch Flucht zu entziehen.

Der Starke hingegen hat Toleranz nicht nötig. Er fühlt sich nicht ernsthaft bedroht, höchstens belästigt oder gereizt. Er hätte die Macht, den störenden anderen zu töten, zu vertreiben, zu unterwerfen oder zu versklaven und – wenn dieser andere sich unterwirft – ihn zu erziehen, ihn zur Anpassung zu zwingen. Wenn der Starke dennoch den andersartigen Schwächeren in seiner Eigenart beläßt, sein Anderssein duldet und also Toleranz übt, so tut er dies aufgrund von übergeordneten Werten, die sein Handeln bestimmen. Ob es sich dabei um wirtschaftliche oder ideelle Werte oder um beides handelt, ist im Einzelfall zu prüfen und zu entscheiden. Doch auch die Toleranz des Starken hat ihre Grenzen: In fast allen Gesellschaften endet sie spätestens da, wo das Verhalten des anderen, Schwächeren, die Rechte der eigenen Gruppe deutlich beeinträchtigt.

Kritisch wird die Lage, wenn beide Konfliktparteien gleich stark sind. Eine Austragung des Konflikts mittels äußerer Gewalt würde zu hohem Risiko führen, das beide Seiten, wenn sie Augenmaß haben, nach Möglichkeit meiden werden. Beide Parteien sind auf Toleranz angewiesen. Und wenn man den anderen nicht zu überzeugen vermag, bleibt als Mittel der Konfliktvermeidung nur noch der Kontaktentzug mittels sorgfältiger Markierung und Abgrenzung der gegenseitigen Herrschaftsbereiche übrig – man denke an das Revier bei den Tieren, an die Grenze zwischen den Staaten und im Extremfall an den eisernen Vorhang. Es geht um Revierverteidigung ohne einen für beide Seiten mörderischen Kampf. Möglichst wird noch ein Streifen Niemandsland zwischengeschaltet, um Zufallsbegegnungen und ungewollte Konflikte auszuschließen. Das Ergebnis ist der kalte Krieg, die containment policy: Man versucht zu verhindern, daß der Rivale sein Revier ausdehnt; man meidet zugleich die direkte Aggression, entschließt sich aber nicht zu echter Toleranz. Das Verhältnis bleibt gespannt, und die Gefahr eines Friedensbruchs fordert ständige, argwöhnische Wachsamkeit.

Toleranz – das zeigt sich an diesen Beispielen – ist also ein Verhalten, das sich als eigenständig und positiv wertbestimmt am deutlichsten in der Position der Überlegenheit erkennen läßt. Schon beim Kräftegleichgewicht ist sie wesentlich von Vorsicht oder Angst diktiert, und dies wird noch offensichtlicher bei klarer Unterlegenheit. Kein Wunder also, daß Kritiker eines toleranten Verhaltens die Toleranz sehr häufig als Schwäche einschätzen. Übertragen wir dieses Ergebnis auf die Religionen, so ergibt sich zunächst, daß tolerante Religionen eine größere innere Sicherheit und Kraft zu besitzen scheinen als intolerante; genauer: daß die Religionen mit intoleranter Lehre sich zu der Zeit schwach fühlten, als diese intolerante Lehre entstand. Man sieht: Das Bild kompliziert sich durch das Phänomen der Geschichtlichkeit der Religionen.

Es ist ferner zu bedenken, daß es Positionen der Stärke auf verschiedenen Ebenen gibt, beispielsweise auf der Ebene der physischen Kraft, auf der Ebene der materiellen, wirtschaftlichen oder politischen Ressourcen und auf der Ebene der Moral bzw. des (moralischen oder religiösen) Selbstbewußtseins. Letzteres kann dem scheinbar Schwachen eine große innere Stärke und Wirkung verleihen. Beispiele liefern die Propheten, die sich als einzelne predigend gegen die herrschenden Sitten stellten; oder die Religionsstifter, denen es meist in Opposition zu ihrer Umwelt und aus einer Position äußerer Schwäche heraus durch Sendungsbewußtsein und innere Stärke gelang, eine eigene, überlebensfähige Gemeinde zu schaffen. Toleranz gegenüber den bereits etablierten Religionen ist gewöhnlich nicht ihr Anliegen. Oft sehen sie sich gezwungen, Mißstände anzuprangern, denen gegenüber Toleranz auch nicht am Platze wäre. Ihre Machtbasis ist gering, ihre Überzeugung aber treibt sie dazu, ihre Botschaft als die einzig wahre zu verkündigen. Dieser Drang zur Reform, zur Erneuerung, zur Verbesserung der moralischen und sozialen Qualität unseres Daseins ist eine der wichtigsten positiven Eigenschaften von Religion. Toleranz, so scheint es, könnte sie in ihrem Durchsetzungsvermögen nur behindern.

Dennoch erweist sich Toleranz gerade in komplexen Gesellschaften als besonders nötig. Diese sind nämlich schon aufgrund ihrer Arbeitsteiligkeit anfällig für gesellschaftliche Konflikte. Arbeitsteiligkeit geht Hand in Hand mit sozialen Unterschieden, mit ungleichem Einkommen, ungleicher Bildung und ungleichem Prestige und daher auch mit sozialen Spannungen. Wenn sich zusätzlich, wie dies heute der Fall ist, weltweit Flüchtlingsströme in Bewegung setzen und wenn Industrienationen, nachdem sie Arbeitskräfte aus aller Welt angezogen hatten, in eine Phase wirtschaftlicher Stagnation oder Depression geraten und Arbeiter entlassen müssen, dann bildet sich sozialer Sprengstoff, der sich immer am leichtesten an ethnischen und religiösen Demarkationslinien entzündet. Solche Konflikte aber gefährden das Gemeinwohl weit über den individuellen Fall hinaus, weil sie das Vertrauen der Bevölkerung in die schützende Funktion des Staates untergraben.

Es kann sich daher in einer komplexen Gesellschaft aus der gesellschaftlichen Struktur heraus ein Herrschaftsinteresse an tolerantem Verhalten der Bürger entwickeln. Dann entsteht eine Beziehung zwischen Herrscher/Staatsführung und religiösen Minderheiten über das Medium der Toleranz. Beide sind an Toleranz interessiert; der Herrscher, weil er sich zum Schutz aller Untertanen verpflichtet hat und weil die Minderheiten oft wirtschaftlich gewinnbringend sind. Die Minderheiten, weil sie sich in der Position der Schwäche befinden.

Die Folge ist, daß sich der Ruf nach Toleranz seitens der Benachteiligten in erster Linie an den König bzw. die Staatsführung richtet und daß wir eine Reihe von Toleranzedikten von Herrschern kennen. Seit der Declaration of Rights des Staates Virginia von 1776 ist Religionsfreiheit – und damit zugleich das Gebot der religiösen Toleranz – ein vom Staat zu garantierendes Recht des Bürgers, das später auch in die Menschenrechtsdeklaration der Vereinten Nationen und in die Verfassungen demokratischer Staaten Eingang fand.

Eines der frühesten vollständig erhaltenen Beispiele herrscherlicher Toleranzedikte ist dasjenige des Kaisers Ashoka, der im 3. Jahrhundert v. Chr. große Teile Indiens beherrschte (Regierungszeit ca. 268–233). Es findet sich im 12. Felsenedikt des Ashoka und enthält unter anderem folgende aufschlußreiche Passage: »Der König, dessen Blick liebevoll ist, der Liebling der Götter, ehrt mit Gaben und verschiedenen Ehrungen die Anhänger aller Glaubensgemeinschaften, sowohl diejenigen, die das weltliche Leben verlassen haben [Mönche, Asketen], als auch die Hausväter [die im weltlichen Leben verharren]. Nicht aber hält der Liebling der Götter solche Gaben und Ehrungen für so wichtig – wie was? – wie die Mehrung des Essentiellen in allen diesen Religionen. Die Mehrung des Essentiellen ist vielerlei Art. Ihre Wurzel aber ist die Kontrolle der Rede. Warum? Damit nicht Ehrung der eigenen und Schmähung der anderen Religionen geschehe aus geringfügigem Anlaß – und sei es auch nur eine leichte [Schmähung] bei dieser oder jener Diskussion. Vielmehr sind Anhänger anderer Religionen zu ehren bei dieser und jener Diskussion. Indem man so handelt, bewirkt man Gedeihen der eigenen Religion und dient auch den anderen. Indem man anders handelt, schadet man der eigenen Religion und verletzt die anderen. Wer auch immer nämlich die eigene Religion ehrt und andere Religionen schmäht, indem er denkt – was [denkt er]? – ›Ich will meine Religion zum Leuchten bringen‹, der handelt im Gegenteil so, daß er seiner eigenen Religion den schlechtesten Dienst erweist. Das Zusammenkommen ist gut, so daß jeder die Lehre der anderen hören und ihr [wo sie gut ist] gehorchen möge. So nämlich ist der Wunsch des Lieblings der Götter. Warum? [Damit] die Anhänger aller Religionen hochgelehrt und ihre [religiösen] Traditionen heilsam seien …«

Wir haben hier meines Wissens das früheste Edikt eines Herrschers vor uns, der nicht nur Religionsfrieden proklamieren will, sondern von den Religionen Lernwilligkeit und Weiterentwicklung fordert. Sie sollen nicht arrogant ihre Lehre preisen und andere Lehren ablehnen, sondern miteinander weiterdenken und ihre Lehren dadurch vervollkommnen. Toleranz wird hier gesehen als Voraussetzung dafür, daß Andersdenkende voneinander lernen. Das Ergebnis, so darf man annehmen, soll eine von allen gemeinsam entwickelte und für alle akzeptable Religion sein – ein Konzept, das mehr als 1500 Jahre später bei den Vorläufern der europäischen Aufklärung (Pico della Mirandola; Thomas Morus) wieder auftaucht und im 18. Jahrhundert von Gotthold Ephraim Lessing aufgegriffen wird.

Ashoka war nicht der einzige König, der sich um Religionsfrieden bemüht hat. Für die Christen war das 313 von Kaiser Konstantin d. Gr. in Mailand verkündete Toleranzedikt von größter Tragweite. Darin wurde Christen und Nichtchristen die Freiheit gewährt, derjenigen Religion zu folgen, die sie für wahr hielten und für sich selber wählten. Die zuvor verfolgten Christen wurden damit zu einer gleichberechtigten Gruppe. Diese Toleranz wurde aber bald von ihnen selbst mißbraucht: Nach einem kurzen Rückschlag unter Julian Apostata gewann das Christentum als Staatsreligion soviel Einfluß, daß es nun seinerseits die heidnischen Religionen im Römischen Reich verfolgen und weitgehend auszurotten vermochte. Toleranz wurde seither immer wieder von den nicht-christlichen Minderheiten gefordert. Aber noch 1864 lehnt der Syllabus des Papstes Pius IX. eben jene Freiheit noch einmal ausdrücklich ab, die den Christen 1500 Jahre früher so wichtig war, nämlich daß jeder die Religion erwählen könne, die er für die wahre halte. Selbst das Zweite Vatikanische Konzil von 1962 bis 1965, das eine Öffnung gegenüber anderen Religionen ganz vorsichtig einleitet, bleibt weit hinter den beiden zitierten Toleranzedikten der Antike zurück.

4. Die Toleranzbereitschaft von Religion und Gesellschaft

Die gesellschaftlichen Kräfte einer religiösen Mehrheit können außerordentlich stark sein, und die Verwirklichung von Toleranz läßt sich dann nur beschränkt durchsetzen. Das gilt vor allem für die prophetischen Offenbarungsreligionen aus dem Nahen Osten, die allesamt zur Intoleranz tendieren. Sie tun dies nicht etwa aus bösem Willen, sondern in logischer Konsequenz ihrer religiösen Offenbarung. Judentum, Christentum und Islam lehren die Existenz eines einzigen Gottes und anerkennen nur *eine* Wahrheit, *ein* Gesetz und *eine* Heilige Schrift, deren Gültigkeit nicht angezweifelt werden darf, weil sie aus Gottes eigener Offenbarung stammen. Alle Religionen, die sich auf andere Lehren, andere heilige Schriften oder andere Gesetze stützen, müssen deshalb falsch sein. Der Kampf gegen sie wird zum gerechten und für das Heil der Welt nötigen Kampf gegen die Mächte des Bösen. In diesem Punkte – aber nur in diesem! – gleichen sie den dualistischen Religionen, die, wie etwa der Zoroastrismus, von zwei einander feindlichen Prinzipien ausgehen, zwei göttlichen Brüdern, die sich als Herrscher über Licht und Finsternis, Gut und Böse, Ordnung und Chaos, Leben und Tod in unversöhnlichem Kampf gegenüberstehen. Im Dualismus muß der Mensch Partei ergreifen, denn von seiner Mitwirkung hängt der Ausgang des Konfliktes zwischen den Kräften des

Lichtes und der Finsternis ab. Im Monotheismus muß er sich durch Gehorsam und Treue zu Gott bewähren, weil er sonst der Vernichtung anheimfällt. In beiden Fällen ist eine Entscheidung für Gott gefordert und Kampf gegen diejenigen angesagt, die Gottes Gebot mißachten.

Das Ergebnis ist die blutige Geschichte der monotheistischen Religionen des Vorderen Orients. Das beginnt mit der mörderischen Landnahme des Volkes Israel in Kanaan und setzt sich fort in der langen Phase militanter Ausbreitung der Christenheit und des Islam mit Wort und Schwert. Die Verpflichtung zur Durchsetzung göttlicher Gebote führt nach außen zu Kreuzzügen und heiligen Kriegen, nach innen zu äußerster Härte gegenüber abweichenden Interpretationen der Heiligen Schrift, insbesondere da, wo sich Religion und Staat zu einer Interessengemeinschaft verbinden und mächtige religiöse Institutionen schaffen. Jede Abweichung, jede Kirchenspaltung wird dann zu einer Bedrohung für Kirche und Staat. Die abweichende Lehre wird zur Häresie, es kommt zu Religionskriegen gegen Ketzer, zur Inquisition und zur Hexenverbrennung.

Etwas anders ist es bei polytheistischen Religionen. Der Polytheismus kennt viele Götter, die den Himmel, den Luftraum, die Gewässer und die Erde bewohnen und entweder frei umherschweifen oder sich an heiligen Stätten bestimmter Regionen aufhalten. Diese Götter (oder einzelne von ihnen) können mit dem Volk, das sie verehrt, in den Krieg ziehen und helfen, fremde Völker und deren Götter zu überwältigen. So war es, als die vedischen Arier vor rund 3500 Jahren nach Nordindien eindrangen, so war es auch bei den Assyrern, deren schonungslose Kriegführung im Namen ihrer Götter Furcht und Schrecken verbreitete. Im Ergebnis war der Unterschied zum ersten Typus in diesen Fällen nur gering. Das Pantheon der Götter von Eroberern kann jedoch auch – und das ist meistens der Fall – erweitert werden, indem man die in erobertem Lande ortsansässigen Götter in allen Ehren beläßt und in den vorhandenen Kreis der Götter integriert, wie dies in Griechenland und Rom und ab ca. 500 v. Chr. auch in Indien der Fall war.

Noch toleranter zeigt sich der Pantheismus. Dies ist eine Religionsform, in der alles Existierende innerhalb und außerhalb der Welt seinem innersten Wesen nach als göttlich angesehen wird. Es ist von der Gottheit gestaltet, von ihr belebt und von ihr vollständig durchdrungen, so daß die ganze Welt mit allen Lebewesen als Leib der Gottheit erscheint. Nach diesem Konzept kann man fremde Götter und fremde Religionen ohne Abwehrreaktion als Manifestationen des einen allgegenwärtigen Göttlichen anerkennen und braucht folglich Andersgläubige nicht zu bekämpfen. Hier ist vor allem auch die Natur göttlich und daher schützenswert. Der Mensch erhebt nicht den Anspruch, über die Welt zu herrschen, sondern versucht, sich in den Organismus der Welt sinnvoll einzuordnen.

In manchen Punkten ähnlich, wenn auch aus ganz anderen Gründen, verhält es sich mit dem Monismus, einer Religionsform, welche die Vielheit dieser Welt als äußeren Schein betrachtet, als Hülle, hinter der sich ein einziges, gestaltloses und rein geistiges Absolutes verbirgt. Für diese Religionsform läßt sich das Eine überall finden, wo man versucht, den äußeren Schleier zu durchbrechen und ins Innere der Dinge vorzustoßen, dorthin, wo sich das individuelle Bewußtsein mit dem absoluten Bewußtsein vereinigt und das bunte Spiel der Vielheit sich auflöst wie Nebelschwaden im Licht der Sonne. Hier werden zwar alle anderen Religionen und deren Götter der Scheinwelt zugeordnet, sie werden aber nicht bekämpft, denn sie gehören zur Maya der Welt, welche der Weise hinter sich lassen muß, um zum reinen Sein vorzudringen. Ähnliches trifft übrigens auch für den Buddhismus zu; nur anerkennt dieser weder die Existenz einer Seele, noch macht er Aussagen über die Daseinsform nach dem Erlöschen der karmisch bedingen Lebenstriebe: Nirvana, das Verlöschen, entzieht sich jeder Form der Aussage. Beide Positionen, die monistische und die buddhistische, können dazu führen, daß man sich um die Welt nicht mehr kümmert und damit alle Aufgaben in der Welt vernachlässigt. Dieser Gefahr wirkt jedoch der Glaube an eine Wiedergeburt entgegen. Erlösung aus dem Kreislauf der Geburten ist nämlich nicht leicht zu erlangen, und es bedarf vieler Leben, um sich so zu läutern, daß man zum wahren Sein vorzudringen vermag. Inzwischen braucht man die Welt noch für weitere Leben – und da diese in allen Arten von Lebewesen erfolgen können, gilt es auch, alle Lebewesen zu schützen und zu schonen.

Eine weitere wichtige Gruppe bilden die monotheistischen Religionen indischer Prägung. Sie unterscheiden sich von dem Monotheismus der Religionen des Vorderen Orients vor allem dadurch, daß sie sowohl den Polytheismus als auch den Monismus umgreifen und in ihr Lehrgebäude integrieren. Wie die abrahamitischen Offenbarungsreligionen haben auch sie nur einen höchsten Gott und von ihm offenbarte heilige Schriften. Dieser eine Gott kann sich aber in vielen Gestalten zeigen, und er setzt im Gefüge der Welt eine große Zahl von fortgeschrittenen Seelen als dienstbare Geister ein, die alle als niedere Götter mit Macht ausgestattet sind und die ihnen zugewiesenen Aufgaben erfüllen. Zwar irrt, wer solche machtvollen Wesen, die noch im Kreislauf der Geburten befangen sind, als höchste Gottheit verehrt, aber dieser Irrtum ist nicht so schlimm, denn letztlich erreichen alle Gebete auch über diese Mittler den höchsten Gott. Er allein ist es, so sagt zum Beispiel die Bhagavadgita (7, 55), der die Wünsche erfüllt, die von den Gläubigen in intensiver Verehrung an andere Götter gerichtet werden. Andere Religionen sind daher zwar ein Umweg, aber kein Abweg oder völliger Irrweg. Sie führen zwar nicht schon in diesem Leben zum Heil, bereiten aber auch darauf vor. Diese, für die indischen Monotheismen des Shivaismus und des Vishnuismus charakteristische Religionsform kann auf Religionskriege völlig verzichten, da ihre Gottheit alle anderen Götter einbezieht und übergreift.

Schließlich sind noch die oft animistischen Stammes- und Volksreligionen zu nennen, deren Gottheiten sich in Steinen, Bergen, Bäumen oder Quellen manifestieren, sowie die zahlreichen Besessenheitskulte, in denen die Gottheiten zeitweilig von

Menschen Besitz ergreifen und durch diese zu den Gläubigen sprechen können. Dies sind meist Kulte, die an bestimmte Regionen und deren heilige Orte gebunden sind, an denen sich göttliche Kräfte manifestieren. Sie leben von der Erfahrung der Ekstase und der Heilung, bilden aber meist keine Theologie aus und treten daher mit anderen Religionen von sich aus nicht in Konkurrenz.

Diese durchaus unvollständige Aufzählung macht deutlich, daß es Religionen gibt, die von der Grundanlage ihrer Lehre her eher intolerant sind, und solche, die sich ohne größere Schwierigkeiten mit anderen Religionen verständigen können. Zum ersten Typ gehören Systeme mit Gottkönigtum und monotheistische Religionen der prophetischen Prägung wie Judentum, Christentum und Islam sowie alle dualistischen Religionen. Für sie gibt es Gehorsam und Ungehorsam, gut und böse, rein und unrein – und der Mensch hat die Wahl. Aber nur der Gehorsame und Reine oder der getreue Gefolgsmann des Gottkönigs ist auf Gottes Seite, und es herrscht ein Kampf zwischen Gut und Böse, der bis zur Endzeit währt. Erst dann kann eine neue, paradiesische und friedliche Welt entstehen. In all diesen Religionen ist Toleranz schwer zu verwirklichen. Sie widerspricht dem Absolutheitsanspruch ihrer Lehre und der streitbaren Grundtendenz dieser Religionen. Zum zweiten Typ gehören fast alle anderen Religionen – mit mehr oder weniger ausgeprägter Tendenz zur Toleranz.

Es ist an dieser Stelle nötig, noch einmal darauf hinzuweisen, daß Religion zwar die Gesellschaft prägt, aber auch von der Gesellschaft abhängig ist und auf ihre Bedürfnisse reagiert. Daher kann sich auch eine im Prinzip intolerante Religion relativ tolerant geben, wenn dies aus wirtschaftlichen oder politischen Gründen als nötig für das Wohl der Gemeinschaft erkannt wird. Hier allerdings zeigt sich, daß auch die Gesellschaft selbst einen guten Teil der Verantwortung für tolerante oder intolerante Haltungen trägt. Und wieder gilt das Gesetz der Stärke: Je stabiler eine Gesellschaft ist, desto größer ist ihre Bereitschaft zur Toleranz. Je heterogener sie ist und je bedrohter sich die einzelnen Gruppen und Parteiungen fühlen, desto geringer wird der Mut zur Toleranz. Das trifft vor allem auf Demokratien zu, deren Kräfteverhältnis labil ist und deren Führung daher kein innenpolitisches Risiko einzugehen wagt.

Doch auch die Toleranz selbst ist kein einheitliches Phänomen. Es gibt unterschiedliche Spielarten von ihr, und diese spiegeln ebenfalls den Zustand der jeweiligen Gesellschaft.

So gibt es zum Beispiel eine Toleranz, die weder aus einer ernsten Auseinandersetzung mit den Gedanken oder Verhaltensformen des anderen noch aus Güte oder Mitgefühl, sondern aus reinem Desinteresse stammt: Nach dem Motto: »Laß sie doch machen, was sie wollen; was geht es mich an, solange ich selbst nicht davon betroffen bin?« ist dies eine Toleranz, die aus Trägheit und Egozentrik oder aus Angst erwächst und kaum etwas Positives an sich hat. Es ist dies leider eine der häufigsten Formen von Toleranz. Ihre aus Indifferenz entstandene Nichteinmischung läßt zwar den anderen in Ruhe, achtet ihn aber nicht, sondern verschließt die Augen vor seiner Welt. Deshalb toleriert sie auch, was nicht toleriert werden dürfte, zum Beispiel die Judenverfolgung im Dritten Reich oder die Gewalttat auf offener Straße heute: Man ist ja zum Glück nicht selber betroffen und hält sich da sicherheitshalber besser heraus.

Daneben gibt es eine Toleranz, die mit Überlegenheitsgefühl gepaart ist. Auch sie ist häufig und nicht viel besser: Die ihr zugrundeliegende Denkweise könnte lauten: »Die wahre Religion habe ich, und ich habe die anderen oft genug auf sie hingewiesen. Aber wenn sie unbedingt in die Hölle fahren wollen, dann ist das ihre Sache. Ich zwinge sie nicht zu ihrem Glück.« Solche mit Überlegenheitsgefühl gepaarte Toleranz macht den Tolerierten zu einer Person zweiter Klasse, zum Minderwertigen. Sie verletzt den Stolz der Geduldeten. Mit Recht fordern daher Juden und andere Religionsgemeinschaften in Europa nicht Toleranz, sondern Gleichberechtigung.

In diesen Zusammenhang gehört auch eine Sonderform der Toleranz, die sich in mehreren Religionen findet: der Inklusivismus. In ihm werden fremde Götter nicht völlig negiert, sondern in das eigene System einbezogen und untergeordnet: Was die anderen als Gott ansehen, ist in Wirklichkeit nur ein untergeordneter Geist, der nicht selbständig handelt, sondern vom Willen der höchsten Gottheit – und das ist natürlich mein Gott – abhängig ist. Dies ist eine gebräuchliche Methode, um regionale Volkskulte einzugliedern: Sie findet sich in China und Indien, aber auch in monotheistischen Religionen wie dem Islam und dem Christentum, die beide auf diese Weise heidnische Volkskulte in den Bereich ihrer Heiligenverehrung einbezogen haben. Wenn ein fremder Kult auf diese Weise integriert ist, kann man die religiöse Praxis seiner Anhänger manchmal kaum verändert weiter bestehen lassen. Auf der Ebene der Theologie aber hat man den fremden Kult unterworfen und entmachtet.

Eine weitere Form von Toleranz ist ausschließlich durch politisches oder wirtschaftliches Interesse motiviert. Hier gilt die Maxime: »Egal was sie denken, ich brauche ihre Produkte oder ihre Arbeitskraft.« Leider mußten wir an den Gastarbeitern aus der Türkei erfahren, daß diese Toleranz vom Bedarf abhängig ist: Sobald er nachläßt, verringert sich auch die Toleranzbereitschaft.

All dies waren unvollkommene Formen von Toleranz. Sie ermöglichen zwar räumliche Koexistenz, degradieren aber den Tolerierten auf verschiedene Weise und können jederzeit in Intoleranz umschlagen wenn sich die äußeren Bedingungen ändern. Nur wo die praktische Koexistenz von einer theoretischen, theologisch begründeten Akzeptanz des anderen als eines auch in seinen religiösen Anschauungen potentiell gleichwertigen Menschen begleitet wird, erreicht Toleranz eine höhere Stufe und bleibt dauerhaft erhalten. Das ist jedoch, wie sich zeigte, nur in wenigen Religionstypen problemlos möglich. Wo es bisher nicht verwirklicht ist, sollte nach befreienden Lösungen gesucht werden.

Wie auf jedem anderen Markt, so bedeutet auch auf dem religiösen Markt potentielle Gleichwertigkeit nicht tatsächliche Gleichwertigkeit. Sie läßt einen offenen Wettbewerb zu, in dem sich die Religionen unter gleichen äußeren Bedingungen aneinander messen und sich gegenseitig zu übertreffen suchen. Wenn dies in gegenseitiger Achtung geschieht, erreicht man jenen Zustand, den wir heute brauchen und den vor etwa 2250 Jahren Kaiser Ashoka in Indien anstrebte: einen Zustand, in dem die Angehörigen verschiedener Glaubensgemeinschaften voneinander lernen, sich gegenseitig fördern und so gemeinsam zur Entwicklung einer Kultur der Menschlichkeit beitragen können.

Literatur

Dux, Günter 1982. Die Logik der Weltbilder. Frankfurt a. M.

Eibl-Eibesfeldt, Irenäus 1970. Liebe und Haß. München.

Eibl-Eibesfeldt, Irenäus 1972. Stammesgeschichtliche Anpassungen im Vergleich. In: Gadamer, H.-G., Neue Anthropologie Bd. 2, Teil 2, München, 3–59.

Eicher, Peter 1979. Gottesfurcht und Menschenverachtung. Zur Kulturgeschichte der Demut. In: von Stietencron, H. (Hrsg.), Angst und Gewalt. Ihre Präsenz und ihre Bewältigung in den Religionen, Düsseldorf, 111–136.

Schenkel, R. 1967. Submission, its Features and Function in the Wolf and Dog. In: American Anthropologist Bd. 7, 319–329.

Wickler, Wolfgang 1970. Stammesgeschichte und Ritualisierung. Zur Entstehung tierischer und menschlicher Verhaltensmuster. München.

Zinser, Hartmut (Hrsg.) 1986. Der Untergang von Religionen. Berlin.

HELMUT ALTRICHTER

Zwischen Staatszielen und Konsuminteresse Zur historischen Einordnung der Wirtschaftsreformen Gorbatschows

I.

»Das Sowjetland, geboren in der Großen Sozialistischen Oktoberrevolution, hat einen gewaltigen und ruhmreichen Weg zurückgelegt. Unter der Führung der Kommunistischen Partei wurden welthistorische Siege errungen. Als konsequente Verfechterin der Interessen der Arbeiterklasse, ja aller Werktätigen, und gewappnet mit der Lehre des Marxismus-Leninismus, dem überaus reichen Erfahrungsschatz des revolutionären Kampfes und sozialistischen Aufbauwerkes, führt die KPdSU das sowjetische Volk sicheren Kurses zu Kommunismus und Frieden.« Mit diesen Worten begann die Neufassung des Parteiprogramms, die Michail Gorbatschow, als Generalsekretär gerade ein Jahr im Amt, im März 1986 dem 27. Parteitag der KPdSU präsentierte.

In seinem historischen Rückblick beschrieb das Schriftstück noch einmal die innere Entwicklung seit der Revolution als »konsequenten«, »plan-«, ja »gesetzmäßigen« Prozeß und bestätigte damit jenes ideologische Grundmuster, wie es – in den dreißiger und vierziger Jahren ausformuliert – der Partei seither als Legitimationsbasis und allen historisch argumentierenden sowjetischen Wissenschaften als Orientierung, mehr noch: als obligatorische Interpretationsvorgabe diente. Danach folgte der Oktoberrevolution die Verteidigung ihrer Errungenschaften gegen konterrevolutionäre Kräfte im Innern und ausländische Interventen; der Sieg im Bürgerkrieg ermöglichte (seit Anfang der zwanziger Jahre) die »Wiederherstellung« der wirtschaftlichen Leistungskraft, bevor dann (seit Ende des Jahrzehnts) forcierte Industrialisierung und Kollektivierung die sozialistische Planwirtschaft und mit ihr das »Klassenbündnis zwischen Arbeiter- und Bauernschaft« auf eine festere Grundlage stellten; sie schufen (in den dreißiger Jahren) zugleich die Voraussetzungen, daß sich das Land im »Großen Vaterländischen Krieg« gegen die faschistische Herausforderung behaupten und der Sozialismus die Ketten der Isolation sprengen, in der Nachkriegszeit zu »einem Weltsystem« werden konnte.

Daß Gorbatschow die zurückgelegte Entwicklung, obwohl sie »alles andere als ein beschaulicher Spaziergang auf dem Gehweg des Newskij-Prospekts« war, für »richtig«, alle Schlüsselentscheidungen der Partei, auch den »dornenreichen Weg« der forcierten Industrialisierung und Kollektivierung für »notwendig« und »unumgänglich« hielt, bekräftigte er im Herbst 1987 erneut und explizit in seiner in Buchform vorgelegten Standortbestimmung zur sowjetischen Innen- und Außenpolitik. Es gebe keinen Grund, so versuchte er die eigene Partei zu beruhigen und weitergehende Spekulationen im Westen zu dämpfen, »über Oktoberrevolution und Sozialismus hinter vorgehaltener Hand zu reden, als ob wir uns ihrer schämten«. Ihre Erfolge seien »immens und unbestreitbar« und deshalb alle Vorschläge, »die dahin gehen, unser System zu ändern und uns auf Methoden und Formen zu besinnen, die charakteristisch sind für eine andere Gesellschaftsform«, unrealistisch, »befremdend«. Obwohl er die Bedeutung der von ihm begonnenen Politik, der »Perestrojka«, als »zweite Revolution« einstufte, sah er sie zugleich als konsequente Fortsetzung der »ersten«; eine »Abkehr vom Sozialismus« sei nie und nimmer geplant, eine »Weiterentwicklung des Sozialismus« die zu lösende Aufgabe.

Diese »Weiterentwicklung« sollte zu Lenin, seinen Grundsätzen und Methoden zurückkehren, verschüttete Traditionen freilegen und historisch Bedingtes nicht länger als unveränderlich, als Dogma betrachten. Zu den – nur geschichtlich zu erklärenden – Verformungen des Sozialismus rechnete Gorbatschow die »übertrieben zentralistische Führung, die Mißachtung der Vielfalt menschlicher Interessen, die Unterschätzung der aktiven Rolle, die das Volk im öffentlichen Leben spielt, und die erklärten gleichmacherischen Tendenzen«. Entstanden in einer Zeit, als es galt, den Löwenanteil des Nationaleinkommens in den Aufbau der Schwerindustrie zu stecken, sei damals auch das Volk »im Interesse des raschen Fortschritts« – um die Verteidigungsfähigkeit des Landes zu stärken, seine Unabhängigkeit zu sichern und sein sozialistisches System auf eine tragfähige Grundlage zu stellen – bereit gewesen, »Opfer zu bringen«. Doch als die Extremsituation, auf die sie zugeschnitten waren, entfiel, wurde das Festhalten an diesen Führungsmethoden zum »Dogmatismus« und begünstigte, so Gorbatschow, die Entstehung staatlich-administrativer Strukturen, die in ihrer bürokratischen Erstarrung zum Hemmschuh für die weitere politische und wirtschaftliche Entwicklung wurden.

II.

Am Befund – der autoritären Verformung und bürokratischen Verkrustung des politischen, wirtschaftlichen und gesellschaftlichen Systems, als Begleiterscheinungen und Folgen des »Von-oben-alles-bestimmen-Wollens«, der Überzentralisierung und Gleichmacherei – war kaum zu rütteln. Fraglich dagegen erschien ihre historische Herleitung, die Diagnose, und noch problematischer, wie man die Mängel wieder loswerden wollte, ihre Therapie.

Wer nach den Gründen und Hintergründen, den Anfängen der Entfremdung zwischen Partei, Staat und Gesellschaft suchte, mußte weiter zurückgehen als zu den sechziger, siebziger und achtziger Jahren. Ein autoritär-obrigkeitsstaatlicher Führungsstil, Bevormundung und Entfremdung prägten erst recht die Zeit davor, die dreißiger und vierziger Jahre, und die parteiamtliche Versicherung, die Bevölkerung hätte die Leiden der Industrialisierung und Kollektivierung damals »bereitwillig« getragen (»im Interesse des raschen Fortschritts«), war kaum mehr als eine kühne Behauptung.

Tatsächlich ließen sich die monierten Erscheinungen bis zu den Anfängen des sowjetischen Staates, bis zu Lenin und zur Oktoberrevolution zurückverfolgen. Schließlich war es deren erklärtes Ziel gewesen, die revolutionäre Entwicklung unmittelbar von ihrer »bürgerlichen« in die »sozialistische Phase« überzuführen, obwohl die politischen Gegner – zu Recht – mahnten, Rußland sei noch immer ein Agrarland und das Industrieproletariat, auf das sich die Bolschewiki vor allem stützen wollten, eine kleine Minderheit. Sie wagten den Schritt trotzdem, in der vagen Hoffnung, das internationale Proletariat werde die »russischen Genossen« nicht im Stich lassen, ihnen »zu Hilfe kommen« und die Verhältnisse »im Weltmaßstab« wieder zurechtrücken.

Die Hoffung erfüllte sich bekanntlich nicht. So blieb die Basis der Regierung von vornherein schmal, das fehlende industriewirtschaftliche Fundament ein Desiderat, eine »Voraussetzung«, die es – irgendwann und irgendwie – »nachzuholen« galt, und die Vermittlung von Staatszielen und Konsuminteressen, Ideologie und Bevölkerungserwartungen ein Dauerproblem der politischen Führung. Schon deshalb wies die Devise »Zurück zu Lenin« keinen Weg aus der Krise.

Mehr noch: Betrachtete man den von Lenin in den Anfangsjahren gesteuerten politischen Kurs genauer, so wies er starke Schwankungen auf, und suchte man nach seinem »Konzept von Sozialismus«, so stieß man zumindest auf deren zwei, ein »staatskapitalistisches« und ein »basisdemokratisches« Modell. Stellte sich das erstere den sozialistischen Zukunftsstaat als höchst komplexes Gebilde vor, in dem die Verwaltung der Ressourcen, die Steuerung der Produktion und die Umverteilung der Güter nach »einheitlichen«, »vernünftigen« und »gerechten« Grundsätzen erfolgte, sah das Alternativmodell die Keimzelle der neuen Ordnung in jenen »Räten« (russ. sovety), die sich als Interessenvertretungen der Arbeiter und Soldaten im Revolutionsjahr zu Hunderten gebildet und zu regionalen und überregionalen Organisationen zusammengeschlossen hatten. Zugespitzt ausgedrückt: Während das zweite Modell auf die Eigenverantwortung mündiger Bürger und die Selbstverwaltung der Produzenten setzte, lief das erste auf einen zentralverwalteten Wohlfahrtsstaat hinaus, und während das erste ohne Macht und Autorität nicht zu denken war, lebte das zweite von Markt und Konkurrenz.

Damit ist zugleich die Schwingungsbreite beschrieben, innerhalb derer sich die bolschewistische Wirtschafts- und Gesellschaftspolitik in den folgenden Jahrzehnten bewegte, wobei das »basisdemokratische« Modell im Grunde die Revolutionsmonate nicht überlebte. Seit jeher hoffte die politische Führung darauf, daß sich beide Leitvorstellungen »ergänzten«. Nahm man die historische Erfahrung als Maßstab, schlossen sie sich wohl eher aus, war doch die Praxis stets auf ein »Entweder-Oder« hinausgelaufen. Hatten unumschränkte Staats- und Parteiautorität die Entwicklung echter Konkurrenz jahrzehntelang verhindert, so sollten die Reformen der achtziger Jahre auch die Richtigkeit des Umkehrschlusses verdeutlichen: Nach der Schaffung tatsächlicher Konkurrenz- und Marktverhältnisse ließ der Machtverlust der Staats- und Parteiautorität nicht lange auf sich warten.

Wir wollen im folgenden versuchen, einige dieser historischen Stationen, zumindest in ihren Grundzügen, nachzuzeichnen, um an ihnen den geschilderten Sachverhalt, Macht und Markt als Gegensatzpaar und Leitmotiv der sowjetischen Wirtschafts- und Gesellschaftsgeschichte zu illustrieren. Sie liefern zugleich die Vorgeschichte, verdeutlichen die Rahmenbedingungen und erklären das Selbstverständnis, mit denen Gorbatschow Mitte der achtziger Jahre seine Reformen begann.

III.

Bei ihren ersten Gehversuchen nach der Oktoberrevolution war die neue bolschewistische Regierung davon ausgegangen, beide Leitlinien miteinander verbinden zu können. Die Grundgesetze über die Bodenreform, die Einführung der »Arbeiterkontrolle«

in den Fabriken und die Einrichtung eines »Obersten Volkswirtschaftsrates« brachten diese Zuversicht zum Ausdruck.

Schon am Tag nach dem Oktoberumsturz legte die neue Regierung ein »Dekret über Grund und Boden« vor, das den Grundbesitz des Adels und der Krone, der Kirche und der Klöster entschädigungslos enteignete. Dabei stellte das Bodendekret den Bauern frei, wie sie das Land künftig nutzen wollten: als Einzelbauern, im Gemeindeverband oder im Rahmen einer Kollektivwirtschaft. Die überwältigende Mehrheit der Bauern entschied sich für die Gemeinde (russ. obščina) – und damit auch gegen die Form kollektiver Bodenbestellung, wie sie von den Bolschewiki propagiert wurde. In den Augen der Bauern hatte sich die Gemeindeverfassung seit Jahrhunderten bewährt. Ihre Eigentümlichkeit bestand darin, daß die Gemeinde als Ganze über den Boden verfügte und den einzelnen Höfen nach der Zahl der Esser oder der männlichen Arbeitskräfte Parzellen zuteilte. Von Zeit zu Zeit wurde der Boden neu verteilt, nach Meinung der Bauern ein gerechtes Verfahren. Nun wurden einfach die konfiszierten Länder des Adels, der Kirche und der Klöster in die Umverteilung einbezogen, und die alte Dorfgemeinde ging gestärkt aus der Revolution hervor.

Knapp drei Wochen nach dem Dekret über den Boden erließ der Rat der Volkskommissare eine Verordnung, die in allen Betrieben, die Lohnarbeiter beschäftigten oder Heimarbeit vergaben, die »Arbeiterkontrolle« einführte. Die Mitsprache der Belegschaften bezog sich auf alle Bereiche, auf die Produktion und Finanzierung ebenso wie auf die Lagerhaltung und den Verkauf. Die Entscheidungen der Arbeiterkontrollorgane waren für die Betriebsführung verbindlich, das Geschäftsgeheimnis wurde aufgehoben. Bei der Einführung der Arbeiterkontrolle war nicht verfügt worden, welche Rechte künftig noch dem Unternehmer zustehen sollten. Doch die Arbeiterkontrollorgane legten ihre neuen Befugnisse extensiv aus, zeigte sich Widerstand, so griff man sehr schnell zum Mittel der Enteignung. Die Zahl der »sozialisierten«, »kommunalisierten« und »nationalisierten«

Betriebe ging schon im Winter 1917/18 in die Hunderte. Nicht nur Großunternehmen waren davon betroffen, nein, auch und vor allem Klein- und Kleinstbetriebe.

Sozialistische Wirtschaft sollte freilich auch Planwirtschaft sein. So wurde noch im Dezember ein »Oberster Volkswirtschaftsrat« errichtet. Ihm oblag die Organisation der Volkswirtschaft und die Aufsicht über die Staatsfinanzen. Er sollte dafür allgemeine Normen, nach Möglichkeit auch einen »Plan« entwickeln und die Tätigkeit der lokalen und zentralen Wirtschaftsorgane »koordinieren«. Zu diesem Zweck hatte der Oberste Volkswirtschaftsrat auch das Recht, Enteignungen und Zwangszusammenschlüsse von Betrieben vorzunehmen. Die Nationalisierung der Banken folgte nur wenig später: Alle existierenden Banken wurden zur Staatsbank zusammengeschlossen und das Bankwesen zum Staatsmonopol erklärt.

Überließen es die beiden erstgenannten Dekrete, das Dekret über den Boden und das Dekret über die Arbeiterkontrolle, den Arbeitern und Bauern, die Produktionsformen eigenverantwortlich zu regeln, wenn nur – wie Lenin sich im Winter 1917/18 einmal ausdrückte – überhaupt Nützliches produziert wurde, so bildete die Einrichtung des Obersten Volkswirtschaftsrates den Gegenpol. Seine Aufgabe war die zentrale Globalsteuerung der Wirtschaft, womit er auch der Autonomie der betrieblichen, lokalen und regionalen Arbeiterkontrollorgane Grenzen setzte. Dahinter stand das Bemühen, die Wirtschaft, ihre Leistungsfähigkeit und ihre Organisationsstrukturen möglichst ungebrochen zu erhalten und in den Dienst der neuen Macht zu nehmen. Das galt gerade auch für die Industrie. Sie sollte »geregelt« in Staatseigentum überführt werden, und je höher konzentriert sie war, desto leichter ließ sie sich in das neue planwirtschaftliche System einfügen.

Deshalb hatte Lenin ja auch alle Konzentrationsprozesse, wie er sie während der Kriegszeit in Deutschland und den USA beobachtet hatte, ausdrücklich begrüßt, sah sie als Ausdruck einer Entwicklung, die den »Kapitalismus der freien Konkurrenz« zu einem »Staatskapitalismus« macht, der für ihn seinerseits nur wieder die logische Vorstufe für den Sozialismus darstellte. Denn Sozialismus, so hatte er im Herbst 1917, wenige Wochen vor dem Oktoberaufstand geschrieben, sei »nichts anderes als staatskapitalistisches Monopol, das zum Nutzen des ganzen Volkes angewandt wird und dadurch aufgehört hat, kapitalistisches Monopol zu sein«. Dahinter steckte ein anderes Grundverständnis von »Sozialismus« als in den beiden erstgenannten Dekreten. Es war ein »Sozialismus«, in dem alles und jedes »geregelt«, »vernünftig« ablief, der funktionierte wie die Reichspost (auch das ist ein Bild, das man bei ihm findet).

IV.

In der Theorie mochten sich die beiden Vorstellungen von Sozialismus, wie gesagt, ergänzen, in der Praxis wurde schon bald um die Frage der Priorität gerungen. Die Parteiführung hatte im Winter 1917/18 den Dingen ihren Lauf gelassen und im Dezember und Januar den Arbeitern mehrfach bestätigt: Einen festen Plan für die Organisierung des wirtschaftlichen Lebens gebe es nicht und könne es nicht geben; das Proletariat müsse zur herrschenden Klasse werden und die Leitung des Staates übernehmen. Doch seit dem Frühjahr 1918 sah Lenin die Entwicklung zunehmend kritischer. Er drängte, trotz heftigen und anhaltenden Widerstandes aus den eigenen Reihen, die wilden Enteignungen, die »rotgardistische Attacke auf das Kapital« einzustellen. Man habe bereits mehr »nationalisiert, konfisziert, zerschlagen und zerbrochen«, als man erfassen und verwalten könne. Hatte Lenin im Winter noch allein auf die Lernfähigkeit und schöpferische Kraft des Proletariats gesetzt, so gab er nun zu bedenken, ohne (bürgerliche) Spezialisten sei ein »Übergang zum Sozialismus unmöglich«, und für die neue Organisation des Arbeitsprozesses forderte er die »unbedingte Unterordnung der Massen« unter den Willen einzelner.

Der Ausbruch des Bürgerkrieges half ihm, dieses Konzept innerparteilich durchzusetzen. Zentrale Erfassung, Verwaltung und Verteilung des Verfügbaren – das war seit Frühsommer 1918 die Leitlinie in der Wirtschafts- und Gesellschaftspolitik und wurde nun auch von jenen akzeptiert, die sich zuvor gegen Lenins »Staatskapitalismus« und Trotzkis Zentralismus zur Wehr gesetzt hatten. Die Bauern wurden aufgefordert, alle Getreideüberschüsse zu Fixpreisen an den Staat zu verkaufen. Zur Unterstützung der Versorgungsorgane wurden bewaffnete Arbeiterbrigaden aufs Land geschickt. Schon seit Sommer durften Industriewaren an Bauern nur noch gegen Getreide, im Naturaltausch, geliefert werden, doch auch diese Vorschrift verlor bald ihre Bedeutung; da die Industrie fast ausschließlich für den militärischen Bedarf produzierte, mußten sich die Bauern mit wertlosen Kreditbilletts zufriedengeben.

Dabei war schon im Frühsommer 1918 die gesamte Großindustrie mit einem Schlage verstaatlicht worden. Auch in den Betrieben selbst wurden die Zügel angezogen: Etwaige kollegiale Führungsgremien (der Belegschaften) sollten schrittweise durch die Einmannleitung ersetzt werden. Der Oberste Volkswirtschaftsrat wurde im Sommer 1918 noch einmal aufgefordert und ermächtigt, die Gesamtorganisation der Wirtschaft, die Aufsicht über die Staatsfinanzen und die Verwaltung aller Betriebe zu übernehmen. Er entwickelte dazu in den beiden Folgejahren eine gigantische, zentralgeleitete Wirtschaftsbürokratie.

Zug um Zug unterstellte die Regierung den gesamten Warenverkehr staatlicher Regie und schloß die Bevölkerung in Konsumgenossenschaften (»Konsumkommunen«) zusammen. Schon die Sowjetverfassung hatte im Juli 1918 die allgemeine Arbeitspflicht verkündet. Die Einführung des »Arbeitsbuches« für jeden Werktätigen machte im Winter 1918/19 diese Verfassungsvorschrift überprüfbar. Die Regierung behielt sich gleichzeitig das Recht vor, Arbeitskräfte aus der Armee, der Landwirtschaft und der Heimindustrie abzuziehen und zum Einsatz in staatlichen Unternehmen und Institutionen zwangszuverpflichten. Gleichzeitig begann sie mit dem systematischen Einsatz von regulären Armee-Einheiten zu zivilen Zwecken, sie wurden zuvor in »Arbeitsarmeen« umbenannt.

Die wirtschafts- und sozialpolitischen Maßnahmen der Bürgerkriegszeit waren aus der Not geboren; daß sie die Probleme bestenfalls lindern, keinesfalls lösen konnten, lag auf der Hand. Die Sondervollmachten für das Verkehrskommissariat stoppten den Verfall des Transportsystems nicht, er ging munter fort. Die Leitung der Großindustrie durch den Obersten Volkswirtschaftsrat konnte die beständige und dramatische Abnahme des Produktionsvolumens nicht verhindern. Folglich gab es auch immer weniger zu verteilen, trotz des Zusammenschlusses der Bevölkerung in Konsumkommunen. Obwohl die Regierung den gesamten Warenverkehr offiziell in staatliche Regie übernahm, blieb die Bevölkerung – auch zur Befriedigung der Elementarbedürfnisse – auf den Schwarzmarkt angewiesen. Da die Inflation ein atemberaubendes Tempo annahm, sah sich die Regierung gezwungen, die Arbeiter statt mit Geld mit Naturalien zu entlohnen; die Realeinkünfte sanken dennoch.

Allen Mängeln zum Trotz: In der Partei wuchs die Zuversicht, bereits auf dem richtigen Weg zu sein. Die Parteiführung wertete die »Ausschaltung des Marktes« grundsätzlich positiv, die zentrale Leitung der Produktion und die staatlich gelenkte Verteilung ebenso. Die »Militarisierung der Arbeit« ermöglichte den zweckmäßigen Einsatz aller Mittel. Die galoppierende Inflation wurde als Untergang kapitalistischer Strukturen gefeiert, und Überlegungen, wie Geld durch eine andere, sozialistische Werteinheit ersetzt werden könnte, schlossen sich an. Am Ende des Bürgerkriegs war die Hoffnung zur Gewißheit geworden: Rußland habe mehrere Entwicklungen übersprungen und sei dabei, unmittelbar zu einer kommunistischen Wirtschafts- und Gesellschaftsordnung überzugehen.

Konsequent wurde die Bürgerkriegspolitik im Winter 1920/21 fortgesetzt. Nun wurden auch die Klein- und Kleinstbetriebe verstaatlicht, die Mieten abgeschafft, die Gebühren für staatliche Dienstleistungen (Post und Telefon, Gas, Wasser und

Strom) nicht mehr erhoben; auch die kostenlose Verteilung von Lebensmitteln und Massengebrauchsartikeln wurde beschlossen und die Streichung der Geldsteuern ins Auge gefaßt. Den eigentlichen Sprung nach vorn sollte die Elektrifizierung Rußlands bringen, ein Plan war bereits erstellt. Lenin feierte ihn als zweites Parteiprogramm und brachte die Zukunftsvisionen auf die bündige Formel: »Kommunismus – das ist Sowjetmacht plus Elektrifizierung des ganzen Landes."

V.

Die Hoffnung, mit Hilfe eines großen Elektrifizierungsplanes mehrere Entwicklungen zu überspringen und direkt von der Gegenwart in die Zukunft, von der Agrargesellschaft in die kommunistische Gesellschaft überzugehen, diese Hoffnung hielt nicht lange vor. Sie zerschlug sich am Widerstand der Betroffenen, noch im Winter 1920/21. Demonstrationen und Streiks, Bauernrevolten und der Aufstand der Kronstadter Matrosen stetzten den »kriegskommunistischen Utopien« ein Ende.

Zwar wurden alle Unruhen von der Regierung blutig niedergeschlagen. Doch von dem Wunschbild eines »unmittelbaren Übergangs zum Kommunismus« rückte man nun ab, verwarf die darauf gründende Politik als undurchführbar, als voreilig, als Fehler. Das Einvernehmen mit den staatstragenden Bevölkerungsgruppen, vornehmlich den Arbeitern und Bauern, sollte wiederhergestellt werden und eine neue Wirtschaftspolitik dabei helfen. Was im Frühjahr 1921 – eher vorsichtig und gegen den heftigen Widerstand des linken Parteiflügels – begonnen wurde, entwickelte im Laufe der nächsten ein, zwei Jahre seine eigene Dynamik. Aus Korrekturen wurde ein Wechsel des Kurses, an die Stelle des »Kriegskommunismus« trat eine »Neue Ökonomische Politik« (abgekürzt NÖP, russisch NEP), die zunehmend an Konturen gewann und zum Schlagwort für die Richtungsänderung wurde.

Per Dekret wurde das System der Lebensmittelrequisitionen abgeschafft, an seine Stelle trat eine einfache »Naturalsteuer«.

Was der Bauer an Überschüssen erzielte, konnte er fortan auf eigene Rechnung veräußern. Ähnliche Regelungen wurden im Mai auch für Handwerker und kleine Gewerbetreibende gefunden; sie sollten künftig wieder frei über die Produkte ihrer Arbeit verfügen können. Hatte die Regierung im November 1920 alle Klein- und Kleinstunternehmen verstaatlicht, so ließ sie nun – ein halbes Jahr später – ihre Neugründung zu. Auch größere Unternehmen konnten zur zeitweiligen Verpachtung (an Gewerkschaften oder Privatpersonen) freigegeben werden. Und um dem Kapitalmangel im Innern zu begegnen, wurde sogar die Vergabe von Konzessionen an ausländische Firmen ins Auge gefaßt.

Die im Herbst 1921 verabschiedeten neuen Leitlinien für das Tarifsystem forderten strikte »Bezahlung nach Leistung«. Die kostenlose Abgabe von Lebensmitteln, Massengebrauchsartikeln und staatlichen Dienstleistungen wurde gestrichen, Mieten mußten wieder gezahlt werden. Von der Abschaffung des Geldes war nicht mehr die Rede, statt dessen begann man mit Vorarbeiten für eine Währungsreform, und es lag auch in diesem Trend, daß Schritt für Schritt die »Naturalsteuer« zur reinen Geldsteuer wurde.

Was war geschehen? Der Staat hatte die »Kommandohöhen der Wirtschaft« in der Hand behalten: das Bankwesen, die Währung, das Verkehrssystem, den Außenhandel, die große und die mittlere Industrie. Unterhalb dieser Schwelle aber bemühte er sich um mehr Leistung und Effektivität, um mehr Markt und Wettbewerb, um weniger Gängelung von oben und mehr Initiative von unten. Tatsächlich gelang der neuen Politik der Wiederaufstieg aus der wirtschaftlichen Talsohle. Es war kein einfacher Weg, und er blieb nicht frei von Rückschlägen. Doch die industrielle Bruttoproduktion wuchs, Mitte der zwanziger Jahre war der Vorkriegsstand wiedererreicht, und für die Landwirtschaft galt Vergleichbares.

Freilich, je näher man diesem Ziel kam, desto lauter wurde die innerparteiliche Diskussion, wie es weitergehen sollte.

»Linke Kritiker« des Regierungskurses verwiesen nicht nur darauf, daß er den egalitären Prinzipien des Oktober zuwiderlaufe, die Kluft zwischen Arm und Reich wieder breiter werde und die Abhängigkeit des Staates von diesen Neureichen, den gewerbetreibenden Städtern (»NEP-Leuten«) und getreideproduzierenden Großbauern (»Kulaken«) wachse. Sie bestritten ihm auch die Fähigkeit, Rußland rasch aus seiner Rückständigkeit herauszuführen. Überwindung der Rückständigkeit hieß für sie: Ausrottung des Analphabetismus, Aufklärung und Bildung der Massen; Zusammenschluß der Höfe zu größeren Produktionseinheiten; und – dies vor allem – Auf- und Ausbau einer leistungsfähigen Industrie; nur in einem industrialisierten Land seien sozialistische Produktionsverhältnisse, sei optimale Nutzung und gerechte Verteilung der Ressourcen möglich. So stand es schon im Parteiprogramm von 1903, und das schien jetzt erst recht zu gelten: Nur ein leistungsfähiger Sowjetstaat könne sich in einer kapitalistischen Welt behaupten (zumal die ursprüngliche Hoffnung, ja Gewißheit, Rußland werde schon nicht allein bleiben und die russische, die bolschewistische Revolution die Weltrevolution auslösen, immer mehr schwand).

In der Tatsache, daß Rußland möglichst rasch seine Rückständigkeit überwinden, zu einem Industriestaat werden müsse, waren sich übrigens Staatsführung und »linke Opposition« einig. Gestritten wurde über die Mittel und Wege, über die Fristen, in denen dieser Zustand zu erreichen war, und ob die gegenwärtige Politik das Land diesem Ziel näher brachte oder nicht. Nachdem Lenin, dessen Machtwille und Ideen die Partei geformt und zusammengehalten hatte, nach mehreren Schlaganfällen im Januar 1924 verstorben war, wurde der innerparteiliche Streit um alternative Entwicklungskonzeptionen unübersehbar auch zum Streit um seine Nachfolge, die politische Macht – in dessen Verlauf es Stalin verstand, sich erst seiner »linken« Kritiker, dann seiner »rechten« Weggenossen zu entledigen und ein Industrialisierungstempo durchzusetzen, das selbst die ehemals »linken« Forderungen noch in den Schatten stellte.

VI.

Im März 1929 legte die Staatliche Plankommission - mit Wissen und Willen der Sowjetführung - die Endfassung eines Fünfjahrplanes vor, nach dem die Industrialisierung des Landes erheblich forciert und die industrielle Bruttoproduktion im Jahrfünft um mindestens 135 Prozent – bei besonders günstigen Voraussetzungen sogar um 180 Prozent – gesteigert werden sollte. Die Steigerung der Bruttoproduktion um 180 Prozent war nach dem Ansatz der Staatlichen Plankommission nur unter bestimmten Ausnahmebedingungen (etwa 5 guten Getreideernten in Folge) zu erwarten. Doch die Führung setzte sich darüber einfach hinweg und beschloß die Optimalvariante als verbindliches Industrialisierungsprogramm für die Jahre 1928/29 bis 1932/33. In dieser Form wurde der Fünfjahrplan Ende April 1929 vom 5. Sowjetkongreß bestätigt.

War es schon kühn, Optimalbedingungen gegen alle Erfahrung einfach zu unterstellen, so verstieg sich die Sowjetführung vollends ins Utopische, wenn sie im Sommer 1929 die Parole ausgab, der Fünfjahrplan (in seiner Optimalvariante) sei bereits in vier Jahren zu erfüllen. Gleichzeitig beschloß das Zentralkomitee, das Produktionsprogramm in bestimmten Zweigen der Schwerindustrie noch einmal kräftig zu erhöhen. Es veränderte damit die Gesamtstrategie. Statt die Industrialisierung im Rahmen eines »dynamischen Gleichgewichts« zwischen Investitions- und Konsuminteressen zu erreichen, sollte nun die maximale Förderung einzelner Schlüsselindustrien den Durchbruch erzwingen. Insgesamt gesehen war die Zielvorgabe unrealistisch, die Planung ging im Aktionismus, im Massenappell unter. Er forderte schlicht: alles für die Sowjetunion, alles für den sozialistischen Aufbau. Daß der Agrarmarkt gar nicht die – einfach unterstellten – Optimalbedingungen aufwies, konnte die Planungseuphorie nicht bremsen, im Gegenteil, sie erfaßte ihrerseits nun auch die Agrarpolitik, und die Staatsführung ließ dem Programm der forcierten Industrialisierung die Zwangskollektivierung der Landwirtschaft folgen. So betrieb sie seit Mitte

1929 mit Macht die Zusammenfassung der bäuerlichen Kleinbetriebe zu größeren Produktionseinheiten und die Übernahme der Agrarwirtschaft in staatliche Regie.

Von der Kollektivierung der Landwirtschaft versprach man sich nicht nur eine endgültige Lösung der Versorgungsfrage und die Brechung der bäuerlichen Eigenständigkeit und Widerborstigkeit, mehr Lebensmittel für die städtische Bevölkerung und mehr Rohstoffe für die Industrie, eine Steigerung der agrarischen Ausfuhr und eine Absicherung der ehrgeizigen industriellen Aufbaupläne. Man glaubte, damit auch der kommunistischen Zukunftsgesellschaft ein riesiges Stück näherzurücken: Die letzten kapitalistischen Elemente und Feinde der Sowjetmacht würden beseitigt, die rückständige bäuerliche Familienwirtschaft durch eine moderne, mechanisierte sozialistische Agrarproduktion abgelöst. Landwirtschaftliche und industrielle Produktionsweise, Stadt und Land glichen sich immer mehr an, und die alten Gegensätze zwischen Bauern und Arbeiterschaft würden, so hoffte man, verschwinden. Was im Kriegskommunismus nicht, noch nicht durchgesetzt werden konnte, sah man nun in einem neuen revolutionären Aufbruch verwirklicht.

Die Vergesellschaftung des Bodens und der Produktionsmittel schuf die Basis für die Umorganisation der Arbeit. Die Arbeit im Kolchos, so verfügte ein Musterstatut, wurde vom Kolchos-Vorstand verteilt und entsprechend einem Leistungs- und Normenkatalog bewertet. Eine vom Vorstand übertragene Arbeit abzulehnen, war untersagt, die Bezahlung richtete sich nach Arbeitsquantität und -qualität. Die Anlehnung dieser Bestimmungen an Verhältnisse in der Industrie war unverkennbar, und das galt auch für die Organisation des Arbeitsprozesses und ihre Grundform, die »Produktionsbrigade«. Sie wurde vom Kolchos-Vorstand aus Mitgliedern des Kolchos zusammengestellt und sollte zumindest eine Fruchtfolge zusammenbleiben. An der Spitze der Brigade hatte ein Brigadeleiter zu stehen, der für mindestens zwei Jahre vom Kolchos-Vorstand ernannt wurde. Er wies den Mitgliedern seiner Brigade ihre Aufgaben zu, bewertete nach dem Normenkatalog Woche für Woche die von ihnen erbrachten Leistungen und trug sie in ein Arbeitsbuch ein, das später für die Berechnung der Löhne als Grundlage diente.

Das Musterstatut band die Kollektivwirtschaft in den Rahmen der staatlichen Planwirtschaft ein und verpflichtete sie »zur planmäßigen Ablieferung der gesamten Warenerzeugung an den Staat und die Genossenschaften«. Die Landgemeinden wurden funktionslos, lösten sich auf, und ihr Fall besiegelte auch das Schicksal der alten Eliten, soweit sie nicht schon vorher – als »Kulaken« oder »Rechtsabweichler« – ihre Stellung im Dorf eingebüßt hatten. Neue Gruppen von Funktionsträgern rückten an ihre Stelle: Kolchos-Vorsitzende, Brigadiers, Leiter von Maschinen- und Traktorenstationen, Maschinenmeister, Buchhalter und Agronomen. Teilweise aus der Stadt, sicher aber auch aus der Bauernschaft selbst kommend, bestimmten sie nun den Gang der Dinge im Dorf; sie übernahmen den Vorsitz in der Parteizelle, die Leitung im Dorfsowjet und die Führung der Komsomolorganisation.

Die Entwicklungen auf dem Lande führten zu Umschichtungsprozessen in der Gesamtgesellschaft. Millionen von Bauern strömten in die Städte. Die Arbeitslosigkeit, die – offen in der Stadt, verdeckt auf dem Lande – noch 1929 geherrscht hatte, war binnen weniger Monate verschwunden. Doch die neue Entwicklung schuf auch neue Probleme. Vom Lande kamen vor allem ungelernte Arbeitskräfte. Das Atmosphärische der Fabriken, die Benutzung von Maschinen und Geräten, die speziellen Formen der industriellen Arbeitsdisziplin – das war für sie neu. Die Ausfälle, die durch unsachgemäße Bedienung verursacht wurden, waren erheblich, die Qualitätseinbußen enorm. Die katastrophalen Versorgungs- und Wohnverhältnisse trugen das ihre dazu bei, um die Fluktuation hoch zu halten.

Um zumindest die Fachkräfte zu halten und an den Betrieb zu binden, nahm man ab 1931 eine maximale Differenzierung des Lohnniveaus vor. Es differenzierte zwischen verschiedenen industriellen Sparten und zwischen den Arbeitern verschiedener

Qualifikation. Mit Parolen gegen die Gleichmacherei wurde die Spitzengruppe nicht nur im Lohnniveau deutlich bevorzugt, sie erhielt auch Zusatzvergünstigungen, etwa bei der Zuweisung von Neubauwohnungen, bei der Vergabe von industriellen Konsumgütern, bei der Verköstigung in besonderen Kantinen.

Um der Desorganisation in den Betrieben Herr zu werden und die Arbeitsmoral zu heben, wurden die Kompetenzen der Betriebsleitungen erweitert und die Disziplinarordnungen erheblich verschärft. Wer gegen sie verstieß, mußte mit harten, ja drakonischen Strafen rechnen. In schweren Fällen konnten Fehler und Mängel als »Sabotage« ausgelegt werden, und Arbeiter, die verspätet am Arbeitsplatz erschienen, wegblieben oder ihn vorzeitig verließen, galten als »Arbeitsdeserteure« – ein Delikt, das seit Ende der dreißiger Jahre nicht nur disziplinäre, sondern strafrechtliche Folgen nach sich ziehen konnte. Drei Disziplinarverstöße oder drei Verspätungen von mehr als 20 Minuten im Monat genügten fortan für eine fristlose Entlassung, und die Entlassung war oft nicht das Ende, Ausweisung aus der Betriebswohnung, Verlust des sozialen Versicherungsschutzes, ja Deportation und Einweisung in ein Zwangsarbeitslager standen drohend im Hintergrund. Fabrikleitungen, die Disziplinarverstöße ungeahndet ließen, liefen selbst Gefahr, strafrechtlich belangt zu werden. Mit Hilfe der Arbeitsbücher und neu eingeführten »Inlandspässen« sollte außerdem die Fluktuation bekämpft und die Freizügigkeit der Arbeiter eingeschränkt, am besten ganz aufgehoben werden.

Propagandistische Werbekampagnen, die den Einsatzwillen und die Opferbereitschaft der Arbeiter steigern sollten, begleiteten diese Entwicklung. Das Mittel waren »sozialistische Wettbewerbe«, wobei Betriebe untereinander oder auch einzelne Arbeitergruppen (sog. »Stoßarbeiterbrigaden«) mit anderen Brigaden um die Erzielung möglichst hoher Mengen und Qualitäten wetteiferten. Am bekanntesten wurde dabei der Bergmann Alexej Stachanow, der in der Nachtschicht vom 30. zum 31. August 1935 in einer Grube des Donez-Beckens 102 Tonnen

Kohle schlug; das war das Vierzehnfache der Norm. Regionale und zentrale Zeitungen feierten seinen Rekord und riefen zur Nachahmung auf. Wer solche Höchstleistungen vollbrachte, stieg in die Ehrenreihe der »Best-Arbeiter« auf: mit erheblich besserer Bezahlung; bevorzugt bei der Zuweisung von Betriebswohnungen und langlebigen Konsumgütern; privilegiert bei ärztlicher Versorgung und im Urlaub; herausgestellt als »Heroen der sozialistischen Arbeit« und hofiert in der politischen Öffentlichkeit. Das änderte nichts an der Tatsache, daß der Staat die Bevölkerungserwartungen den eigenen machtpolitischen Zielen geopfert und Verwaltungsstrukturen an die Stelle des Marktes gesetzt hatte.

Dennoch: Der Staatsführung gelang der industrielle Durchbruch. Bis zum Ausbruch des Krieges hatte die Sowjetunion (im Volumen der Industrieproduktion) Deutschland, Großbritannien und Frankreich überholt und war auf den zweiten Rang hinter den Vereinigten Staaten vorgerückt. Die Industrie verdrängte (in der Aufbringung des Nettosozialproduktes) die Landwirtschaft, und innerhalb der Industrie überflügelte die Produktionsgüterindustrie die Konsumgüterindustrie deutlich. Das Wachstum war vor allem ein Mengenwachstum. In der Produktivität lag die Sowjetunion deutlich hinter den europäischen Nachbarn zurück. Die neue Politik verstärkte zugleich den Trend zum Großbetrieb, in der Landwirtschaft wie in der Industrie, was auch zeigt, wie die alten staatskapitalistischen Grundvorstellungen fortwirkten.

Die Landwirtschaft hielt mit den industriellen Wachstumsraten nicht Schritt, im Gegenteil: Die Einbußen bei Hauptprodukten wie Getreide, Milch und Fleisch waren gewaltig. In der landwirtschaftlichen Pro-Kopf-Produktion wurden erst in den fünfziger Jahren die Zahlen von 1928 wieder erreicht und übertroffen. Die private Landwirtschaft war auf das kleine Stück Hofland beschränkt, das den Bauern nach der Kollektivierung verblieb. Die private Kleinindustrie und das private Handwerk waren seit Ende der zwanziger Jahre verschwunden.

VII.

Wer sich schon vom Kriegsende eine Modifizierung des wirtschaftspolitischen Kurses erhofft hatte, wurde enttäuscht. Die Regierung hielt an den alten Zielvorstellungen und Prioritäten fest. Erst Stalins Tod machte den Weg frei für Reformen, auch in der Wirtschafts- und Gesellschaftspolitik.

An den Grundlagen der Wirtschafts- und Gesellschaftsordnung sollte freilich nicht gerührt werden. Die seit Ende der zwanziger Jahre getroffenen Entscheidungen, die forcierte Industrialisierung und die Kollektivierung der Landwirtschaft waren auch für seine Nachfolger »im Grundsatz richtig«, ja »notwendig« gewesen (schließlich hatten sie in diesen Jahrzehnten Karriere gemacht), ebensowenig stellten sie das Machtmonopol, die Führungsrolle der kommunistischen Partei zur Disposition. Es komme lediglich darauf an, die Stalin unterlaufenen »Fehler und Versäumnisse« rückgängig zu machen, die Kluft zwischen Staat und Gesellschaft zu schließen, die Gesellschaft an der Wahrnehmung der allgemeinen Aufgaben zu beteiligen. Gelänge dies, so Chruschtschows Zuversicht, würde sich die prinzipielle Überlegenheit des eigenen sozialistischen Systems, seiner Wirtschafts- und Gesellschaftsordnung erweisen und mit neuem Schwung das alte Ziel erreichen lassen: binnen eines Jahrzehnts den Westen einzuholen, um ihn in einem weiteren Jahrzehnt weit hinter sich zu lassen und den Status eines kommunistischen Wohlfahrtsstaates zu erreichen, der endlich in der Lage war, die Konsumwünsche seiner Bevölkerung zu befriedigen.

Auf wirtschaftlichem Gebiet erhoffte er sich die große Wende nicht zuletzt von drei Projekten: dem Austausch der politischen Kader, der Neuordnung der industriewirtschaftlichen Kompetenzen und der Durchführung eines Neulandprogramms, das massenpsychologisch Enthusiasmus wecken und versorgungspolitisch die Ernährungsfrage ein für alle Mal lösen sollte.

Bereits auf dem 20. Parteitag (im Februar 1956) hatte Chruschtschow personelle Konsequenzen angekündigt; sie wurden in den folgenden Jahren tatsächlich gezogen, auf allen Ebenen der Organisationen. Das Ausmaß des Revirements mögen folgende Zahlen verdeutlichen: Zwischen 1956 und 1961 wurden zwei Drittel der Mitglieder des Ministerrates, des Parteipräsidiums, der Parteigebietssekretäre und die Hälfte des Zentralkomitees ausgetauscht, wobei der Austausch an der Spitze offenkundig entsprechende Folgen an der Basis nach sich zog. Besonderer Wert wurde dabei auf Fachkenntnisse und Bildung gelegt. Neue Kräfte rückten in die Sekretärspositionen ein, und wer nicht eine Hochschule besucht oder besser noch abgeschlossen hatte, hatte es von einer bestimmten Stufe an schwer, noch weiter nach oben zu kommen. Leitbild war nicht mehr der alte Überzeugungstäter, sondern der junge dynamische Macher, der sich selbstbewußt Problemen stellte, sei es im Industrie-, im Agrarbereich oder der Verwaltung, und sie löste. Daß eine solche Personalpolitik in der Partei nicht ohne Konflikte abging und heftige Gegenbewegungen auslöste, versteht sich von selbst.

Was die maximale Zentralisierung aller Wirtschaftsbefugnisse auf Gesamtstaatsebene betraf, versuchte Chruschtschow bereits 1957 einen radikalen Wechsel: Durch Gesetz vom 10. Mai 1957 wurden fast sämtliche Wirtschaftsfachministerien in Moskau und den Unionsrepubliken aufgelöst, und die Sowjetunion wurde in über 100 Wirtschaftsverwaltungsbezirke aufgeteilt, an deren Spitze jeweils Volkswirtschaftsräte standen. Die Betriebe wurden dabei den Volkswirtschaftsräten und die Volkswirtschaftsräte den Ministerräten der Unionsrepubliken zugeordnet. Sie ernannten auch die Vorsitzenden, ihre Stellvertreter und die Mitglieder der Volkswirtschaftsräte und waren allein befugt, Beschlüsse der Volkswirtschaftsräte aufzuheben (die Zentralregierung in Moskau konnte sie nur stornieren). Damit verlagerte sich das Schwergewicht der operativen Wirtschaftsverwaltung auf die Volkswirtschaftsbezirke, und die Zentralbehörden konzentrierten sich auf die wichtigsten Probleme der Großraumpolitik.

Doch das neue System schuf offenkundig eine Fülle von operativen Koordinierungsproblemen: zwischen Betrieben unterschiedlicher Volkswirtschaftsbezirke, zwischen Volkswirtschaftsrat und Volkswirtschaftsrat, zwischen Volkswirtschaftsrat und Unionsrepublik, zwischen Unionsrepublik und Zentrum. Die Versuche, diese Probleme zu meistern, schlugen sich in einer Fülle gesetzlicher Nachbesserungen nieder. Zentralkomitee und Unionsministerrat vergrößerten noch den Kompetenzenwirrwar, indem sie im April 1961 beschlossen, die Sowjetunion zusätzlich in 17 Großwirtschaftsräume und 2 Wirtschaftsgebiete einzuteilen, an deren Spitze jeweils »Räte für Planung und Koordinierung" stehen sollten. Und gänzlich chaotisch wurde die Situation durch die nochmalige tiefgreifende Reorganisation der Wirtschaftsverwaltung 1962/63.

Die Gesamtreform schuf ein schier undurchdringbares Dickicht an unmittelbaren und mittelbaren Unterstellungen, wobei ein Teil der Organe nur »technische«, andere auch (oder allein?) »operative« Befugnisse besaßen. Daß diese sich obendrein so klar nicht voneinander abgrenzen ließen, versteht sich von selbst, das galt für die Spitze wie für die Basis. Und das Gesamtsystem wurde noch einmal komplizierter, als man versuchte, auch die Partei an der Verwaltung der Wirtschaft zu beteiligen, und sie dazu in einen industriellen und einen landwirtschaftlichen Zweig aufteilte. Der Versuch, bürokratischen Auswüchsen mit bürokratischen Mitteln zu begegnen, verdoppelte freilich nur die Bürokratie, statt sie zu beseitigen.

Parallel zur Suche nach neuen, effektiveren Formen der Industrieverwaltung verlief jene andere – für Chruschtschow noch wichtigere – politische Kampagne: der Versuch zur Lösung der Agrarfrage. Die Landwirtschaft galt als Chruschtschows eigentliche Domäne. Ihren Mittelpunkt bildete jenes spektakuläre Neulandprogramm, wie es im März 1954 vom Zentralkomitee beschlossen und sogleich in die Tat umgesetzt wurde: Außerhalb der traditionellen Agrarwirtschaftsräume sollten 13 Millionen Hektar an landwirtschaftlicher Nutz- und Saatfläche neu erschlossen werden, in einem Gürtel, der sich von den Steppengebieten an der mittleren Wolga im Westen bis nach Südsibirien und den Norden von Kasachstan hinzog. Es war Land, das noch nie vom Pflug umgebrochen worden war, dessen Qualität nicht schlecht war, und dessen Niederschlagsmenge, zumindest im mehrjährigen Mittel, noch als ausreichend angesehen werden mußte.

In einer riesigen, in der Geschichte bisher nicht dagewesenen Aktion wurden Hunderttausende für den Einsatz im Osten, für die Bewältigung der großen patriotischen Aufgabe angeworben. Manche nur für die Erntezeit, viele für die dauernde Ansiedelung. Ein Strom von Baumaterialien, Maschinen und Traktoren begleitete sie. Eine gewaltige Ausweitung des Eisenbahnnetzes wurde nötig, um Güter hin- und Getreide abtransportieren zu können. Ein neuer Pioniergeist sollte geweckt werden – und stellte sich bei den Siedlern auch durchaus ein.

Da es in den Neugebieten keine eingesessene Bauernschaft gab, brauchte auf ihre Interessen auch keine Rücksicht genommen zu werden, und die Partei konnte die Agrarproduktion so organisieren, wie sie seit jeher glaubte, daß es am effektivsten, fortschrittlichsten und vernünftigsten wäre: Es entstanden auf Getreidebau spezialisierte Großbetriebe, Sowchosen mit 20 000 bis 40 000 Hektar, schon der Größe wegen eher einem Industrieunternehmen als einem Bauernhof vergleichbar, eine sichere Gewähr, so glaubte man, für die strikte Planerfüllung und die optimale Nutzung der zunächst bescheidenen Mittel. Dazu gehörten Zelt- und Barackenlager, die den Arbeitskräften zunächst Unterkunft boten, bevor – mit vorgefertigten Bauteilen – Plansiedlungen angelegt wurden, eine Realisierung der Chruschtschowschen und Vor-Chruschtschowschen Agro-Stadt-Ideen.

Projekte wie die letztgenannten schienen geeignet, den Teufelskreis zu durchbrechen, im Land eine neue Welle der Begeisterung zu wecken, die sich mit spürbaren Erfolgen noch verstärkte; und optimistisch setzte Chruschtschow dem Land das Ziel, von dem bereits die Rede war: die fortschrittlichste Macht des Westens, die USA, binnen nur eines Jahrzehnts einzuholen und in einem weiteren weit hinter sich zu lassen. So stand es stolz im neuen Parteiprogramm von 1961. Doch die Ankündigung war voreilig, man hatte – nach Anfangserfolgen – die Risiken erheblich unterschätzt. So stieg die Agrarproduktion – trotz der riesigen Anstrengungen – bis 1965 statt der geplanten 70 nur um 14 Prozent und bei Getreide gar nur um 7 Prozent. Gemessen an den Durchschnittswerten der Jahre 1961 bis 1965 war die Pro-Kopf-Produktion an Getreide in der ersten Hälfte der sechziger Jahre nur geringfügig höher als 1913.

Der lauthals verkündete Optimismus sollte ansteckend wirken. Doch die Vision war zu konkret, um daran nicht gemessen zu werden. Das kostete Chruschtschow Mitte der sechziger Jahre die Position. Seine Nachfolger hielten sich fortan mit Reformaktivitäten zurück, setzten auf die »Beständigkeit der Kader« und vermieden tunlichst Versprechungen. Doch was im Zeichen der Restabilisierung von Wirtschaft und Gesellschaft begann, gewann immer mehr die Züge der Stagnation. Die Wachstumsraten der Industrieproduktion und des Realeinkommens pro Kopf der Bevölkerung gingen stetig und beängstigend zurück, die Agrarproduktion blieb unberechenbar, und Versorgungslücken konnten wiederholt nur durch große Getreideimporte aus dem westlichen Ausland gedeckt werden. Damit schließt sich der Kreis.

VIII.

Als Gorbatschow im März 1985 nach dem Tod Tschernenkos zum neuen Generalsekretär gewählt wurde, war er entschlossen, diesen Zustand zu beenden. In seinem Rechenschaftsbericht, den er, kaum ein Jahr im Amt, im März 1986 den Delegierten des 27. Parteitags gab, bestätigte er den Delegierten zwar, daß man auf den im eigenen Land zurückgelegten Weg »durchaus stolz« sein könne; »seine wirtschaftlichen, sozialen und kulturellen Errungenschaften« hätten »überzeugend die Lebenskraft der marxistischen Lehre und das dem Sozialismus innewohnende riesige Potential« bestätigt. Er verwies zugleich aber auf wirtschaftspolitische Versäumnisse und gesellschaftliche Stagnationserscheinungen, die eine Kurskorrektur dringend erforderlich machten, vergleichbar jener, die Lenin 1921 beim Übergang vom »Kriegskommunismus« zur »Neuen Ökonomischen Politik« vollzogen habe; so etwas wie die Naturalsteuer brauche man heute wieder.

Schon war auch ein Revirement der Parteikader angelaufen: Von den Provinzchefs der Partei, den 159 Sekretären der Gebiete und Kreise, mußte ein Großteil gehen; bis Ende 1986 waren – verglichen mit dem Bestand bei Breschnews Tod – über 100 neue im Amt. Bei den Neuwahlen zum Zentralkomitee zogen (auf dem genannten 27. Parteitag) 125 neue Delegierte in das höchste Gremium zwischen den Parteitagen ein, was einer Rate von 40 Prozent gleichkam. Auch ein Großteil der Mitglieder des Sekretariats und der Abteilungsleiter des Zentralkomitees der KPdSU wurde ausgetauscht; im März 1987 waren nur noch 16 Prozent der Sekretäre und etwas über 10 Prozent der Abteilungsleiter aus der Breschnew-Zeit im Amt. Und auf Regierungsebene setzte sich das Personalrevirement fort, so wurden schon in Gorbatschows ersten beiden Amtsjahren 11 der 14 Mitglieder des Präsidiums des Ministerrates, darunter auch der Ministerpräsident, und 73 der 116 Regierungsmitglieder ausgetauscht. Diese Maßnahmen waren begleitet von Appellen an den Leistungswillen, von Kampagnen gegen Alkoholismus und mangelnde Arbeitsmoral, Selbstbereicherung und Korruption und dem Versprechen von mehr Transparenz in den Entscheidungsstrukturen.

Dem Reformkurs war anzusehen, daß sein Steuermann persönlich geprägt war von den politischen Erfahrungen zwischen dem 20. und 22. Parteitag. Als Chruschtschow auf dem 20. Parteitag (1956) seine Geheimrede gegen Stalin hielt, war Gorbatschow gerade 25 Jahre alt, und am 22. Parteitag (1961), der der öffentlichen Abrechnung mit Stalin galt und das neue (utopische) Parteiprogramm feierte, nahm er als junger Delegierter des Bezirkes Stawropol teil. Mit Chruschtschow verband ihn die

Überzeugung von der Überlegenheit des eigenen Systems und die Zuversicht, durch Tilgung von Fehlern und Versäumnissen das Staatsschiff rasch wieder klarzubringen, so daß es »beschleunigt« seine Fahrt fortsetzen konnte.

Doch neue Kader bedeuteten noch keine neue Politik, das Mittel der administrativen Reformen schien ausgereizt, und wie die Wiederanknüpfung an Lenin und die »Neue Ökonomische Politik« aussehen sollte, wenn man gleichzeitig die Entscheidungen am Ende der zwanziger und in den dreißiger Jahren verteidigte und auch nicht rückgängig machen wollte, blieb unklar. So verpufften denn auch alle anfänglichen Appelle und Kampagnen. Erst diese Erfahrung führte zur wachsenden Einsicht, daß ein »Umbau« von Staat, Wirtschaft und Gesellschaft nötig war, der sehr viel weiter ging als die ursprünglich geplanten Reformen. Er betrieb im politischen Bereich die Wiederaufwertung der Räte, ihre Neuorganisation als frei gewählte Selbstverwaltungsorgane; verpflichtete in der Wirtschaft die Betriebe auf das Prinzip der Kostendeckung (selbst um den Preis der Stillegung und Entlassung), ja erlaubte Neugründungen auf genossenschaftlicher Basis (wobei das Etikett der Genossenschaft nur noch als Feigenblatt für faktische Privatunternehmen fungierte); und er tolerierte gesellschaftspolitisch das um sich greifende Klima freier Meinungsäußerung, dem Zug um Zug die bisherigen Tabuthemen zum Opfer fielen.

Der Umbau brach die monierte bürokratische Verkrustung des politischen, wirtschaftlichen und gesellschaftlichen Systems, Begleiterscheinungen und Folgen des »Von-oben-alles-bestimmen-Wollens«, der Überzentralisierung und Gleichmacherei auf, er half, die »übertrieben zentralistische Führung, die Mißachtung der Vielfalt menschlicher Interessen, die Unterschätzung der aktiven Rolle, die das Volk im öffentlichen Leben spielt, und die erklärten gleichmacherischen Tendenzen« abzubauen; die getroffenen Maßnahmen veränderten freilich auch – was ursprünglich gar nicht beabsichtigt war – das politische, wirtschaftliche und gesellschaftliche System als solches. In der

Rivalität zwischen Staatsideologie und Konsuminteressen, Macht und Markt schlug das Pendel nun weit in die Gegenrichtung aus: Im gleichen Maße wie Markt und Konkurrenz neu entstanden, verflüchtigten sich das Machtmonopol der Partei, die planwirtschaftliche Grundlage der Ökonomie, der Marxismus-Leninismus als Staatsideologie und schließlich auch der sowjetische Staat, dem sie als politische, wirtschaftliche und gesellschaftliche Basis gedient hatten.

Literatur

Adomeit, Hannes/Höhmann, Hans-Herrmann/Wagenlehner, Günther (Hrsg.), 1990. Die Sowjetunion unter Gorbatschow. Stand, Probleme und Perspektiven der Perestrojka. Stuttgart, Berlin, Köln.

Altrichter, Helmut, 1993. Kleine Geschichte der Sowjetunion 1917–1991. München.

Altrichter, Helmut, 1981. Staat und Revolution in Sowjetrußland 1917–1922/23. Darmstadt.

Altrichter, Helmut/Haumann, Heiko (Hrsg.), 1986/87. Die Sowjetunion. Von der Oktoberrevolution bis zu Stalins Tod. Dokumente, 2 Bde. München.

Ball, Alan M., 1987. Russia's Last Capitalists. The Nepmen, 1921–1929. Berkeley, Los Angeles, London.

Breitschwerdt, Marcus (Hrsg.), 1989. Eine Chance für Gorbatschow? Ergebnisse und Perspektiven der sowjetischen Reformpolitik. Augsburg.

Cohen, Stephen F./Rabinowich, Alexander/Sharlet, Robert (Hrsg.), 1980. The Soviet Union Since Stalin. Bloomington.

Davies, Robert W. , 1989. Soviet History in the Gorbachev Revolution. London (erweiterte dt. Ausgabe unter dem Titel: Perestroika und Geschichte. Die Wende in der sowjetischen Historiographie. München 1991).

Davies, Robert W., 1979–1989. The Industrialisation of Soviet Russia, 3 Bde. London.

Fitzpatrick, Sheila (Hrsg.), 1984. Cultural Revolution in Russia, 1928–1931. Bloomington.

Fitzpatrick, Sheila/Rabinowitch, Alexander/Stites, Richard (Hrsg.), 1991. Russia in the Era of NEP. Explorations in Soviet Society and Culture. Bloomington, Indianapolis.

Gorbačev, M. S. (M. S. Gorbatschow), 1987–1990. Izbrannye reči i stat'i (Ausgewählte Reden und Artikel), 7 Bände. Moskau.
Gorbatschow, Michail, 1987. Perestroika. Die zweite russische Revolution. Eine neue Politik für Europa und die Welt. München.
Hosking, Geoffrey, 1985. The First Socialist Society. A History of the Soviet Union from Within. Cambridge (Mass).
Koenker, Diane P./Rosenberg, William G./Suny, Ronald Grigor (Hrsg.), 1989. Party, State, and Society in Russian Civil War. Bloomington, Indianapolis.
KPSS v rezoljucijach i rešenijach s'ezdov, konferencij i plenumov CK (Die Kommunistische Partei der Sowjetunion in Resolutionen und Entscheidungen der Parteitage, Parteikonferenzen und Plena des Zentralkomitees), 1898–1986, 10. Aufl. 15 Bde. Moskau 1983–1989.
Lane, David, 1992. Soviet Society Under Perestrojka. Completely Revised Edition. London, New York.
Lenin, W. I., Werke (nach der 4. russ. Ausgabe), 1955 ff. 40 Bände. Berlin (hier bes. Bd. 24–33).
Lewin, Moshe, 1985. The Making of the Soviet System. Essays in the Social History of Interwar Russia. London.
Maier, Robert, 1990. Die Stachanov-Bewegung 1935–1938. Der Stachanovismus als tragendes und verschärfendes Moment der Stalinisierung der sowjetischen Gesellschaft. Stuttgart.
McCauley, Martin (Hrsg.), 1987. Khrushchev and Krushchevism. London.
Nove, Alec, 1992. An Economic History of the USSR, 1917–1991. New and Final Edition, Harmondsworth.
Segbers, Klaus, 1989. Der sowjetische Systemwandel, Frankfurt.
Segbers, Klaus (Hrsg.), 1990. Perestrojka. Zwischenbilanz. Frankfurt.
Simon, Gerhard und Nadja, 1993. Verfall und Untergang des sowjetischen Imperiums. München.
Sowjetunion zu neuen Ufern? Der 27. Parteitag der KPdSU, März 1986. Dokumente und Materialien mit einer Einleitung von Dr. Gert Meyer. Düsseldorf.
Trautmann, Günter, 1989. Sowjetunion im Wandel. Wirtschaft, Politik und Kultur seit 1985. Darmstadt.
Tucker, Robert C. (Hrsg.), 1977. Stalinism. Essays in Historical Interpretation. New York.
Veen, Hans-Joachim/Weilemann, Peter R. (Hrsg.), 1993. Rußland auf dem Weg zur Demokratie? Politik und Parteien in der Russischen Föderation. Paderborn, München, Wien, Zürich.

ROLF PETER SIEFERLE

Weltmarkt und Nationalstaat
Das Dilemma des Wohlfahrtsstaats im Zeitalter der Globalisierung

Massenarbeitslosigkeit, wachsende Staatsverschuldung, eine immer drückender werdende Last von Steuern und Abgaben, aber auch rapide technische Innovationen und massive Verlagerungen von Investitionen in Gebiete jenseits der alten Industrieländer prägen das Gesicht der Gegenwart und werfen einen Schatten auf die kommenden Jahre. Die Welt des ausgehenden 20. Jahrhunderts befindet sich offenbar inmitten eines fundamentalen Strukturwandels. Dieser anstehende Epochenwechsel wurde nur scheinbar vom Zusammenbruch des Sowjetimperiums ausgelöst. Es handelt sich vielmehr um einen untergründigen Prozeß, eine schleichende Transformation, die sich seit den siebziger Jahren angedeutet, in den achtziger Jahren entscheidende Schwungkraft gewonnen hat und in den neunziger Jahren schließlich zum offenen Durchbruch gekommen ist. Wie so oft in der Geschichte wurde dieser strukturelle Vorgang durch die Gewalt politischer Ereignisse beschleunigt, aber auch verdunkelt, so daß der Eindruck entstehen konnte, es handelte sich um genuin politische, das heißt willentlich gemachte, machbare und somit steuerbare Vorgänge. Dies ist jedoch eine Illusion. Der große globale Strukturwandel, der die industrielle Welt ergriffen hat, entfaltet sich mit einer Elementargewalt, der gegenüber sich politische Kräfte zunehmend als hilflos erweisen. Es kommt heute in erster Linie darauf an, das Wesen dieses Prozesses zu verstehen. Dann wird sich zeigen, wie schwierig es ist, auf ihn angemessen zu reagieren, und wie untauglich die gängigen politischen Programme und Strategien dazu sind.

1. Nationalstaat und National-Ökonomie

Das in den Industriegesellschaften des 20. Jahrhunderts dominante Muster war der kulturell, sozial und ökonomisch integrierte Nationalstaat. Dieser Nationalstaat war als ein einheitliches Gebilde erst im 19. Jahrhundert entstanden. Im 20. Jahrhundert gewann er dann seine klassische Form, die vielfach als so selbstverständlich erschien und auch heute noch erscheint, daß seine Merkmale als Züge einer universellen »Modernisierung« überhaupt aufgefaßt werden konnten. Das Konzept des Nationalstaats beruht auf der Voraussetzung, daß seine wesentlichen Elemente von einem gleichartigen Strukturprinzip durchgebildet sind. Es handelt sich zunächst um eine »Bevölkerung«, die als »Volk« dasjenige politische Subjekt bildet, welches sich im Staat eine bestimmte geschlossene Form gibt. So wie sich ein souveräner Staat von anderen souveränen Staaten unterscheiden läßt bis hin zu dem Extremfall, daß sie in kriegerischen Konflikt miteinander geraten können, so unterscheidet sich ein politisches Volk von einem anderen. Das Volk bildet gewissermaßen die natürliche kulturelle Einheit, die in der Lage ist, politisch als ein handelndes Subjekt aufzutreten.

Die zweite Grundeigenschaft des Nationalstaats ist die Verfügung über einen bestimmten Raum, über ein Territorium, innerhalb dessen das Volk lebt, von dem es seine wesentlichen natürlichen Ressourcen bezieht und innerhalb dessen die Gesetze gelten, welche sich das politische Volk gibt. Volk und Raum, Staat und Territorium bilden insofern eine unauflösbare Einheit, als sich die Existenz des einen ohne das andere im Rahmen des Nationalstaatskonzepts nicht denken läßt: Sowenig ein politisches Volk ohne Raum, das heißt ohne territorial definierten Geltungsbereich seines politischen Willens möglich ist, so wenig sind Räume denkbar, die nicht in der einen oder anderen Weise der Souveränität eines Staates zugerechnet werden. Dieses Konzept der räumlichen Geltung staatlicher Herrschaft geht so weit, daß unterstellt wird, sämtliche wesentliche Elemente der

Wirklichkeit, welche das Leben des Volkes betreffen, müßten dem Zugriff seines politischen Willens zugänglich sein. Der Nationalstaat zielt auf die vollständige Gestaltung und Beherrschung des Raumes, innerhalb dessen das Staatsvolk lebt und seine Souveränität ausüben kann. Es ist innerhalb dieses Konzepts dann von untergeordneter Bedeutung, ob und wie weit individuelle Spielräume der freien Entfaltung offenstehen – so großzügig auch immer sie definiert sein mögen, stehen sie doch unter dem Vorbehalt einer gesetzlichen und politischen Regelung.

Das Programm des Nationalstaats, die wesentlichen Parameter der politischen und sozialen Wirklichkeit unter territoriale Kontrolle stellen zu können, wird im Konzept einer National-Ökonomie am deutlichsten. Das nationalstaatlich organisierte Volk lebt gewissermaßen in einem erweiterten Oikos, innerhalb einer nationalen Werkgemeinschaft, die zwar sozial geschichtet und funktional differenziert sein mag, aber letztlich doch ein gemeinsames wirtschaftliches Schicksal besitzt. Ideal des Nationalstaats ist das autarke Imperium, welches das gesamte Territorium, von welchem es seine Ressourcen bezieht und in dem seine Güter konsumiert werden, unter politischer Kontrolle hält. Ein solches Imperium, wie es vor allem die europäischen Kolonialreiche des 19. und 20. Jahrhunderts, dann aber auch die großen Territorien der USA oder der Sowjetunion bildeten, wollte politisch, ökonomisch und gesetzlich integriert sein. Seine Agrargebiete warem gewissermaßen die Felder, seine Fabrikstädte die Werkstätten, seine Verwaltungszentren die Herrschaftsgebäude eines einheitlichen großen Wirtschaftsbetriebs. Vor allem die »Schlüsselindustrien« waren räumlich fixiert: Die »Primärproduktion« in Land- und Forstwirtschaft und im Bergbau fand ebenso auf eigenem Territorium statt wie die Verarbeitung durch die Schwerindustrie. Eine Nationalökonomie ohne schwerindustrielle Basis war schlechthin undenkbar. Zwar waren diese National-Ökonomien nicht wirklich autark, sondern durchaus auf Außenhandel ausgerichtet, doch war es immer nur ein Bruchteil der Gesamtproduktion, der wirklich exportiert wurde. Das Exportgeschäft war gewissermaßen ein Zusatz, ein Handel mit Überschüssen, nicht aber ein wirklich zentrales, konstitutives Element dieser Ökonomien.

Das ökonomische Zentrum der nationalstaatlichen Ökonomie wurde von den industriellen Großbetrieben gebildet, die in der Mitte des 20. Jahrhunderts zu den Kraftzentren ökonomischer und sozialer Integration wurden. Von ihnen ging eine Bewegung der Prosperitätsentfaltung aus, welche ein historisch einmaliges Muster des Massenwohlstands und der sozialen Nivellierung im Innern der Nationalstaaten erzeugte. Man spricht heute rückblickend von der Ära der Massenproduktion, welche die entscheidenden Züge dieser Prosperitätsperiode schuf. Die industrielle Massenproduktion, die sich seit den zwanziger Jahren entfaltete, beruhte auf der Kombination einer Reihe von Faktoren, die einen spezifischen Wirtschaftsstil ergaben, der lange Zeit als der schlechthin »moderne« galt.

Im idealen Zentrum dieser Wirtschaftsweise stand das Fließband, das zugleich zu ihrem Symbol geworden ist. Es wurde zuerst in den Großschlachtereien Chicagos entwickelt, von wo aus es seinen Siegeslauf in die Industrieländer begann. Von der Schlachterei aus wurde dieses Prinzip in andere Wirtschaftssektoren übernommen. Am bekanntesten ist wohl seine Übertragung auf die Automobilmontage, die Henry Ford in den zwanziger Jahren exemplarisch durchsetzte. Zuvor war die Automobilherstellung noch eine eher handwerkliche Angelegenheit. Hochqualifizierte Mechaniker, Schlosser, Wagenbauer arbeiteten in einer Weise zusammen, daß jedes Auto mehr oder weniger ein Einzelstück war. Die Übernahme des Fließbandprinzips machte es nun möglich, vollkommen identische, ununterscheidbare Automobile in hoher Stückzahl herzustellen. Die Arbeitskräfte selbst brauchten keine besondere Qualifikation zu besitzen, sondern jeder einzelne Handgriff wurde ihnen von außen vorgegeben; das Produktionswissen war in den Anlagen und der Organisationsweise selbst inkorporiert. Als Ergebnis wurde ein

Produkt hergestellt, das nicht nur in gleichmäßiger Qualität, sondern auch in großen Massen und zu niedrigen Preisen auf den Markt kam. Dies hatte für den Lebensstandard der Fließbandarbeiter eine sensationelle Auswirkung: Sie wurden in die Lage versetzt, selbst ein Produkt zu erwerben, das zuvor noch ein reiner Luxusgegenstand war. Hohe Effizienz der Produktion, niedrige Preise und hohe Löhne schufen ein sich selbst verstärkendes Muster und setzten eine Prämie auf die Ausweitung und Durchdringung dieses Prinzips. Die Massenproduktion schlug als Massenkonsum und Massenwohlstand durch, ein Muster, das sich schließlich seit den fünfziger Jahren in sämtlichen Industrieländern durchsetzte.

Von diesem technisch-industriellen Kern der Massenproduktion aus ergab sich eine ganze Reihe von Folgerungen. Zunächst ist der enorme Investitionsaufwand bei der Massenproduktion zu nennen. Die Produktionsanlage selbst bildete nämlich nach wie vor ein hochkompliziertes Einzelstück, welches mit gewaltigen Kosten errichtet werden mußte, aber lediglich dazu taugte, ein bestimmtes Produkt herzustellen. Produktion in Großserie war daher nicht nur möglich, sondern auch geboten. Es war kaum möglich, die Anlagen für die Herstellung anderer Güter umzurüsten. Sollte die Nachfrage zurückgehen, sollte ein Konkurrent mit einem wesentlich besseren Produkt auf dem Markt erscheinen, so war die Anlage nur noch Schrott. Der Übergang zur Massenproduktion bedeutete daher, daß eine enorme Prämie auf allem lag, was die Nachfrage verstetigte. Diese Verstetigung kam zunächst von dem Raum der betreffenden National-Ökonomie selbst. Die gutbezahlten Arbeitskräfte konstituierten mit ihrer großen und wachsenden Kaufkraft einen inneren Markt, dessen Expansion eine sich selbst tragende Entwicklung einleitete, die das Muster der Massenproduktion verstärkte.

Es ist daher kein Zufall, daß sich in der Ära der Massenproduktion in sämtlichen Industrieländern einflußreiche Industriegewerkschaften bildeten, deren Existenz und Macht auf einem hohen Organisationsgrad der Arbeitskräfte beruhte. Tendenziell kam es zu einer vollständigen Kartellisierung der Arbeit, was von der Industrie und vom Nationalstaat im Sinne der Tarifautonomie anerkannt wurde. Die Industriegewerkschaften bildeten ein flächendeckendes und homogenes Angebotsmonopol für Arbeitskräfte, was seinerseits eine doppelte Funktion hatte. Zum einen konnte so ein hohes und permanent wachsendes Lohnniveau innerhalb des jeweiligen Nationalstaats erzeugt werden; zugleich wurde aber auch die Konkurrenz zwischen den Unternehmen um Arbeitskräfte weitgehend ausgeschaltet, was ebenfalls eine Wirkung in Richtung auf Homogenisierung und Integration hatte. Der Erfolg dieser Politik beruhte allerdings auf bestimmten Voraussetzungen, die keineswegs selbstverständlich sind, sondern einer bestimmten historischen Phase angehören. Zunächst war eine solche Kartellisierung des Arbeitsmarkts darauf angewiesen, daß dieser de facto autark und gegenüber unkontrollierter Zuwanderung von Arbeitssuchenden abgeschlossen war; dann mußte die »nationale Industrie« selbst aus guten Gründen an das nationale Territorium gebunden sein; schließlich mußten die Arbeitsplätze mit hohen Investitionskosten verbunden sein, so daß im Falle eines Streiks enorme Schäden drohten.

Seine Blütezeit hatte das Muster der Massenproduktion von den fünfziger bis zu den siebziger Jahren des 20. Jahrhunderts. In jener Zeit bildete sich ein sozialökonomischer Komplex, der noch heute vielfach als der Attraktionspunkt gilt, auf welchen sich durch alle Krisen hindurch die »nationalen Ökonomien« orientieren sollen. Im Zentrum steht der Großbetrieb, die Werkstätte des »nationalen« Oikos, welcher der gesamten Arbeitsbevölkerung Beschäftigung und Einkommen bietet. Dieser Großbetrieb steht nicht nur in »Verantwortung« für das Wohlergehen des jeweiligen Landes; dieses liegt auch in seinem eigenen Interesse, da seine Existenz unlösbar mit der des Staates, innerhalb dessen er existiert, verbunden ist. Vollbeschäftigung für alle, auch für die minder oder falsch Qualifizierten, scheint aus dieser Perspektive eine Selbstverständlichkeit. Die große

Masse der gutbezahlten Arbeitsbevölkerung erzeugt einen inneren Markt mit einer Kaufkraft, welche den Absatz des Großteils der produzierten Waren ermöglicht. Alle sitzen in einem Boot, das heißt, die Prosperität der »nationalen« Industrie ist identisch mit der Prosperität des Volkes selbst.

Von hier aus ergab sich zwingend eine wirtschaftspolitische Rolle des Nationalstaats. Sie zielte darauf, die günstigen Rahmenbedingungen zu erhalten und im Falle von Friktionen ausgleichend zu intervenieren:

– Zum ersten war dieser Ausgleich zeitlich gedacht, als wirtschaftspolitisch induzierte Glättung von Konjunkturkrisen, die dadurch überwunden werden sollten, daß der Staat diejenige Kaufkraft durch Kreditaufnahme substituierte, die im Abschwung von den Wirtschaftssubjekten selbst nicht aufgebracht werden konnte. Unterstellt war hierbei aber, daß die wesentlichen Parameter des Wirtschaftslebens wie etwa das Zinsniveau oder Währungsparitäten tatsächlich zur Disposition »nationaler« Politik standen.

– Als zweites Element hatte der Staat Infrastrukturmaßnahmen zu übernehmen, die ebenfalls eine Verstetigung der Entwicklung ermöglichen sollten. Dies war am spektakulärsten dann der Fall, wenn diese Maßnahmen zur »Angleichung der Lebensverhältnisse« in Regionen führen sollten, die vom normalen Gang der Wirtschaftsentwicklung nicht erreicht wurden. Es verstand sich aber von selbst, daß diese Aufgabe sich auf das jeweils eigene Territorium des Nationalstaats beschränkte. Jenseits davon wurde lediglich »Entwicklungshilfe« geleistet, mit der Erwartung, dadurch eine Ausbreitung des Homogenisierungsmusters auf vorindustrielle Zonen zu initiieren.

– Die dritte bedeutende Aufgabe des Staates lag dann auf dem Feld der Sozialpolitik. Hier ging es letztlich darum, jedem Bürger unabhängig davon, ob er sich selbst erfolgreich in den Wirtschaftsprozeß eingliedern konnte, einen bestimmten Lebensstandard zu garantieren. Die Definition des Personenkreises, der in den Genuß der vielfältigen Sozialstaatsleistungen kommen sollte, bereitete zunächst auch keine Mühe: Es handelte sich um die Mitglieder des eigenen Staatsvolkes. Der Sozial- und Wohlfahrtsstaat war daher in jeder Hinsicht zugleich als Nationalstaat definiert; diese Definition (im Sinne einer Abgrenzung) war jedoch so selbstverständlich, daß sie kaum explizit vorgenommen werden mußte.

Als Ergebnis dieser wirtschaftsstrukturellen und wirtschaftspolitischen Prozesse formierte sich eine industrielle Gesellschaftsordnung von präzedenzloser Einheitlichkeit auf bislang unerreichtem Wohlstandsniveau. Vergleicht man diese Gesellschaft mit früheren hochkulturellen Gesellschaften, so fällt ein erstaunlicher Unterschied auf: Der hochkulturelle Normalfall kennt innerhalb des gleichen Raums enorme soziale Differenzierungen, während es zwischen den Räumen große kulturelle Differenzierungen gibt. Die Epoche des Nationalstaats hat dagegen eine universalgeschichtlich einmalige Lage geschaffen. Es sind auf nationaler Ebene stark homogenisierte Wohlstandszonen auf der Basis der Massenproduktion, der Kartellisierung der Arbeit und der staatlichen Sozial- und Wirtschaftspolitik entstanden, die zugleich in einem enormen und wachsenden Wohlstandsgefälle zu anderen nationalen Räumen standen. Ein gewöhnlicher unqualifizierter Arbeiter in einem westlichen Industrieland lebte auf einem materiellen Niveau, das in einem Land wie Indien gerade von einem Angehörigen der Oberschicht erreicht wurde. Die Wohlstandsunterschiede zwischen den Völkern gewannen eine weitaus größere Bedeutung als die Wohlstandsunterschiede innerhalb der Industrieländer.

Dies war aber das zentrale Merkmal der nationalstaatlichen Epoche: Die Nationalität, oder genauer, der legitime Zugang zu einem ökonomisch homogenisierten Territorium war weitaus wichtiger als die soziale Position im Inneren eines solchen Landes. Ein deutscher Arbeiter hatte materiell mit einem indischen Unternehmer mehr gemein als mit einem indischen Arbeiter. Es gab eine räumlich differenzierte Struktur, die durch (legale, vor allem aber reale) Mobilitätshindernisse für Arbeit und Kapital aufrechterhalten wurde. Ergebnis war in den Industrieländern eine Art von realem National-Sozialismus, das heißt ein gleichförmig hoher Lebensstandard, eine abnehmende Bedeutung sozialer Schichtung, die nicht mehr die Züge separater Klassenkulturen annahm sowie eine hohe funktionale Integration.

Global gesehen bedeutete dies aber, daß ein großes und immer größer werdendes Gefälle zwischen einzelnen national-ökonomischen Räumen auftrat. Es bildete sich ein Nebeneinander von homogenisierten Wohlstandszonen in den Industrieländern und Armutszonen in der Dritten Welt, in denen sich die üblichen sozialen Reichtumsinseln nach altem hochkulturellem Muster hielten. Die entscheidende soziale Differenzierung auf globaler Ebene bestand jedoch in territorialer Hinsicht – es war ein Unterschied von existentieller Bedeutung, ob man als gewöhnlicher Mensch in den Wohlstandszonen oder in den Armutsgebieten lebte. Dieser Unterschied stellte alle sonstigen Unterschiede, wie vor allem die noch immer bestehenden sozialen Schichtungen innerhalb der Industrieländer, weit in den Schatten. Es gab in den Industrieländern nicht wenige, die in diesem Wohlstandsgefälle zwischen den Territorien einen enormen Skandal erblickten und die Forderung aufstellten, auch inter-national eine Angleichung der Lebensverhältnisse einzuleiten. Heute wird erkennbar, daß sich dieses Gefälle in der Tat einebnen wird; doch wird diese Angleichung für die meisten Bewohner der Wohlstandszonen im Sinne einer Nivellierung nach unten erfolgen. Der Motor, der diese Angleichung bewirkt, ist jedoch nicht die (Entwicklungs-)Politik, sondern der reale Prozeß des anstehenden Strukturwandels selbst: die Globalisierung.

2. *Die Bildung globaler Netzwerke*

Der Prozeß der Globalisierung ist ein schleichender Vorgang, der seit den letzten zwanzig Jahren zunehmend an Konturen gewinnt. Natürlich waren auch die alten National-Ökonomien in der Epoche der Massenproduktion nicht wirklich autark, sondern mehr oder weniger stark in den Weltmarkt verflochten. Dennoch hat sich im Verhältnis von National-Ökonomie und Weltmarkt eine fundamentale Verschiebung vollzogen: In der nationalstaatlichen Ära bildete der Weltmarkt eine Begegnungsarena prinzipiell national angelegter Ökonomien; in der Ära der Globalisierung bilden die nationalen Ökonomien lediglich Segmente des Weltmarkts. Der Weltmarkt ist nicht mehr Ergebnis der Interaktion spezieller national-ökonomischer Einheiten, sondern umgekehrt: Einzelne national-ökonomische Einheiten sind Ergebnis der Differenzierung des Weltmarktes.

Im Zuge der Globalisierung organisieren sich die meisten relevanten ökonomischen Strukturen in überstaatlichen Räumen, das heißt, sie werden ent-territorialisiert und ent-nationalisiert. Der Zugriff durch den Nationalstaat stößt daher zunehmend ins Leere, er bekommt die neuen Strukturen nicht mehr zu fassen, da sie nicht mehr im wesentlichen an ein Territorium fixiert sind, welches unter seiner gesetzlichen, administrativen und fiskalischen Kontrolle steht. Die ökonomischen Strukturen bilden ein globales Netzwerk, das sich der Steuerung seitens einer Partikulargewalt wie des Nationalstaats versagt.

Der Kern dieses Globalisierungsprozesses liegt in der Internationalisierung wesentlicher ökonomischer Parameter, die immer weniger an ein materielles Substrat gebunden sind, sondern sich in ein Spiel von Daten und Informationen auflösen. Dies gilt zunächst für die Geld- und Finanzströme im engeren Sinne, bei denen es sich um einen internationalen Fluß von elektronischen Signalen handelt, die ungehindert (und unhinderbar) den Weg suchen, der ihren eigenen Imperativen am besten angemessen ist. Die neuen spekulativen Muster, die sich hierbei bilden, sind keiner nationalstaatlichen Kontrolle mehr zugänglich, sondern sie organisieren sich selbst, unabhängig von der etwaigen Anbindung an einen politischen Raum. Analoges gilt dann auch für andere Informationsinhalte, also etwa für wissenschaftliche Forschungsergebnisse, technische Innovationen oder Kenntnisse über Formen ökonomischer Organisation, die überall dorthin fließen, wo sie benötigt werden, ohne sich an Ländergrenzen halten zu können.

In die gleiche Richtung zielt auch die enorm wachsende Menge materieller Güter, die um den Globus fließt. Diese extreme Mobilisierung der Warenwelt hängt mit den gefallenen Transportkosten zusammen, was seinerseits auf niedrige Energiekosten, aber auch Miniaturisierung der Waren und ihrer Komponenten zurückzuführen ist. Produkte aus aller Welt konkurrieren miteinander auf einem tendenziell homogenisierten Weltmarkt, auf dem die »nationale« Herkunft der meisten Waren keine Rolle mehr spielt. Es sind die Eigenschaften der Güter selbst, ihre Qualität und ihr Preis, die für ihren Erfolg auf den Märkten ausschlaggebend sind.

Ein Hintergrund dieses Vorgangs ist eine Entwicklung, die man als »Ende der Massenproduktion« bezeichnet hat. Technische Innovationen auf den Gebieten der Informationsverarbeitung und der Steuerung ermöglichen wesentlich flexiblere Fertigungsstrategien. Das standardisierte Massenprodukt, das von angelernten Massenarbeitern mit Hilfe enorm kapitalintensiver Fertigungsanlagen hergestellt wird, rückt in den Hintergrund. Eine neue Diversifikation läßt die Serien schrumpfen, zugleich nimmt die Fertigungstiefe ab. Der klassische Großbetrieb hatte versucht, möglichst viele Komponenten selbst herzustellen, so daß die innerbetriebliche Arbeitsteilung im wesentlichen technischen Charakter angenommen hatte. Diese Fabrik war intern vollständig durchrationalisiert, mit strengen Hierarchien der Entscheidung und Kontrolle, wobei die Kompetenzen vom Vorstand bis zum Produktionsarbeiter strikt geregelt waren. Im Extremfall bildete sich ein Konzern, der sämtliche Einzelteile und Halbfertigprodukte in Eigenregie herstellte und die Materialflüsse und Arbeitsgänge von der Produktentwicklung bis zum Absatz generalstabsmäßig durchplante.

Das idealtypische Unternehmen nach dem Ende der Massenproduktion ist dagegen hochflexibel und darauf orientiert, sich nur noch mit einem recht geringen Fixkostenapparat zu belasten. Die Stammbelegschaft besteht im Idealfall nur noch aus einigen hochqualifizierten Spezialisten, die ein analytisches Team bilden, welches permanent die Weltmärkte nach neuen Chancen durchkämmt. Alles andere, von den Gebäuden und Maschinen bis hin zu den Menschen, die einfache Arbeiten in der Produktion oder Verwaltung verrichten, wird ad hoc angemietet oder angeheuert und nach Gebrauch wieder entlassen bzw. aufgegeben. Dieses neue Unternehmen bildet keinen dauerhaften materiellen Komplex mehr, sondern es handelt sich eher um einen symbolischen Knotenpunkt, dessen Wert und Leistungsfähigkeit in seinen humanen Bestandteilen und nicht in gewaltigen, materiell fixierten Maschinenparks ruht. Dies ist auch der Grund, weshalb es nur schwer einer externen Kontrolle, sei es durch den Staat, die Gewerkschaften oder auch durch Kapitalgeber zu unterstellen ist.

Im Mittelpunkt dieser neuen Struktur steht der Typus des flexiblen, hochqualifizierten Spezialisten, der kaum noch in eine Entscheidungshierarchie einzubinden ist, sondern seinen eigenen Chancenwahrnehmungen folgt. Dieser Spezialist gewinnt an Effizienz und damit an ökonomischem Wert, je länger und intensiver er arbeitet. Dies bedeutet, daß seine Funktion eine positive Verstärkung erfährt, die ihn gegenüber Außenseitern und Eindringlingen in seine Domäne weitgehend immunisiert. Seine Position verstärkt und verstetigt sich durch seine Tätigkeit selbst. Sie muß nicht speziell vertraglich oder legal (etwa durch Gewerkschaften oder Sozialgesetzgebung) abgesichert werden, sondern sie gewinnt an Stabilität, je freier er sich bewegen kann. Er befindet sich daher innerhalb einer ökonomischen Logik, die sich fundamental von der des alten Massenarbeiters unterscheidet. Dieser drängte auf lebenslange rechtliche Absicherung, auf lange, dauerhafte Arbeitsverträge sowie darauf, daß ihm unliebsame Konkurrenten durch Intervention des Staates oder der Gewerkschaft vom Hals gehalten wurden. Der neue Spezialist verlangt keine solche direkte Abschirmung mehr, im Gegenteil: Er gewinnt in dem Maße, wie die Verhältnisse offener werden.

Das neue industrielle Muster ist also prinzipiell weitaus dezentraler strukturiert als das alte. Auch innerhalb eines Konzerns oder Großbetriebs bilden schon heute einzelne Werke oder sogar Abteilungen weitgehend selbständige Einheiten, oder »profit center«, die miteinander auf eine Weise konkurrieren, die sich von der Konkurrenz auf dem Markt nicht mehr unterscheidet. In der Endfertigung, etwa der Endmontage von Automobilen, wird eine Vielzahl von Komponenten zusammengesetzt, die von unterschiedlichen Herstellern in aller Welt bezogen werden. Die »nationale« Herkunft einer solchen Komponente wird dabei irrelevant; das Endprodukt selbst bildet eine Kombination von Elementen, die keinerlei »nationalen« Charakter mehr besitzt. »Made in Germany« bedeutet dann nur noch, daß das Gerät in Deutschland zusammengebaut worden ist. Woher seine einzelnen Bestandteile jedoch kommen, ist nicht mehr erkennbar und hat für den Konsumenten auch keine Bedeutung mehr.

Ein solcher Verzicht auf vollständige direkte Kontrolle der gesamten Produktionslinie bedeutet jedoch gesamtwirtschaftlich, daß die einzelnen Komponenten von solchen Herstellern bezogen werden, welche diese am günstigsten anbieten können. Hier gewinnen nun international differenzierte Standortbedingungen an Gewicht. Eine wachsende Menge von Komponenten, Halbfertigprodukten oder Rohstoffen kann aus Gebieten bezogen werden, wo die Lohnkosten wesentlich niedriger liegen als in den industriellen Wohlstandszonen. Vor allem die herkömmlichen Standardprodukte werden nun in Niedriglohnländern hergestellt. Wenn keine spezifische Qualifikation der Arbeitskräfte mehr verlangt wird, sondern lediglich die Herstellungskosten zu berücksichtigen sind, hat ein angelernter Arbeiter in einem Schwellenland der Dritten Welt oder in Osteuropa einen unschlagbaren Konkurrenzvorteil gegenüber einem angelernten Arbeiter in den industrialisierten Hochlohnländern. Ein Großteil der Arbeitsplätze, die in den Industrieländern der Rationalisierung zum Opfer fallen, wird in billigere Länder verlagert.

Das einzige Marktsegment, das sich gegen die Globalisierung sperrt, ist der Arbeitsmarkt. Kapital oder Waren besitzen keine Nationalität und sind an keine kulturell-politischen Räume gebunden, wohl aber die Arbeitskräfte, die als »Volk« oder »Staatsbürger« eine Basis des Nationalstaats bilden. Eine internationale Mobilisierung der Arbeitsmärkte, ihre vollständige Liberalisierung, wäre mit der Selbstauflösung der Nationalstaaten identisch. Gegen einen solchen Vorgang wehren sich die jeweiligen Staaten und ihre Bürger aber aus verständlichen Gründen und bislang auch mit einigem Erfolg, wenn es ihnen auch immer weniger gelingt, sich gegen einen wachsenden Immigrationsdruck aus den Armutszonen abzuschotten.

Eine weitgehende Liberalisierung und Individualisierung der Arbeitsmärkte liegt jedoch in der Entwicklungslogik des Prozesses der Globalisierung. Das alte industriegewerkschaftliche Arbeitskartell bricht in dem Maße auf, wie sich solche zentrifugalen Kräfte erkennbar machen. Die herkömmliche Monopolmacht der Gewerkschaften beruhte auf dem Muster der National-Ökonomie mit ihrem Ideal der Vollbeschäftigung. Eine wesentliche Voraussetzung für diese Monopolisierung lag darin, daß tatsächlich sämtliche relevanten Massenarbeitskräfte der gewerkschaftlichen Organisation zugänglich waren, so daß ein einheitlich hohes nationales Lohnniveau angestrebt werden konnte. In dem Maße nun, wie die gewerkschaftlich organisierten Industriearbeiter de facto mit Industriearbeitern in Billiglohnländern in Konkurrenz geraten, bricht die Möglichkeit einer umfassenden gewerkschaftlichen Organisation zusammen. Die Arbeitskräfte in den Billiglohnländern sind natürlich der Organisierung durch die nationalen Industriegewerkschaften der Wohlstandszonen nicht zugänglich. Auf den internationalen Märkten für niedrig qualifizierte Arbeitskräfte herrscht bereits de facto freie Konkurrenz, die sich in Gestalt des Welthandels mit Produkten ausdrückt, die auf der Basis unterschiedlicher Lohnkosten hergestellt wurden. Auf diese Weise wirft ein indischer Stahlarbeiter einen deutschen Stahlarbeiter aus dem Markt, auch wenn nur die von ihnen hergestellten Produkte auf dem Weltmarkt miteinander konkurrieren.

Natürlich werden die Industriegewerkschaften versuchen, ihre Bastionen so lange wie möglich zu verteidigen. Dies steckt etwa hinter ihrer Forderung an den Nationalstaat, er möge »Sozialdumping« oder »Umweltdumping« abwehren, das heißt, er möge Produkte von den nationalen Märkten verbannen, die mit niedrigeren Arbeitskosten hergestellt wurden. Längerfristig werden die Gewerkschaften aber nur in solchen Sektoren Erfolg haben, in denen die nationalen Arbeitskräfte bzw. die von ihnen hergestellten Produkte tatsächlich konkurrenzfähig sind. In den Gebieten der alten Massenproduktion jedoch, wo es um die Herstellung einfacher, standardisierter und leicht rationalisierbarer Massengüter geht, kämpfen sie auf verlorenem Posten. Sofern sie sich mit ihrer exklusiven Lohnpolitik kurzfristig durchsetzen, wird dies längerfristig nur dazu führen, daß die entsprechenden Betriebe ihre Konkurrenzfähigkeit völlig verlieren, sofern sie nicht einen exorbitanten und zugleich nicht kopierbaren Produktivitätsvorsprung halten können.

In den Spezialbereichen jedoch, wo nationale Arbeitskräfte aufgrund einer speziellen Qualifikation konkurrenzfähig sind, werden sich die Beschäftigten ohnehin nicht mehr an dem (sinkenden) Lohnniveau orientieren, welche die auf die Massenarbeiter konzentrierten Gewerkschaften allenfalls tarifvertraglich fixieren können. Hier wird daher von seiten der Arbeitnehmer die Bereitschaft zur gewerkschaftlichen Organisation sinken; die Gewerkschaften werden tendenziell zu Abwehrkartellen der künftigen Globalisierungsverlierer mit der Perspektive, Schritt für Schritt Positionen räumen zu müssen. In den USA ist dieser Vorgang bereits am weitesten fortgeschritten: Dort liegt der gewerkschaftliche Organisationsgrad bereits unter dem der frühen dreißiger Jahre, das heißt, er ist wieder unter den Stand in den Anfangsjahren der industriellen Massenproduktion zurückgesunken.

Dies alles bedeutet nun nicht, daß die gesamte industrielle Struktur der Hochlohnländer von der Verlagerung an günstigere Standorte bedroht wäre. Es gibt durchaus Sektoren und Arbeitsgebiete, die von diesem Prozeß wachsender internationaler Arbeitsteilung und globaler Integration profitieren. Letztlich konkurrieren ja nicht Gebiete, sondern Arbeitskräfte miteinander: Gering qualifizierte Fabrikarbeiter stehen ebenso in internationaler Konkurrenz wie hochqualifizierte Fachkräfte und Spezialisten. Hier zeigt sich allerdings ein fundamentaler Unterschied: Die unqualifizierten Massenarbeiter in den Wohlstandszonen haben eine verschärfte Konkurrenz zu fürchten, da es ihresgleichen überall in der Welt gibt. Wer eine Tätigkeit verrichtet, die lediglich die Anforderung stellt, ein normaler und gesunder Mensch zu sein, während die konkreten Fertigkeiten in wenigen Tagen oder Wochen erlernt werden können, muß damit rechnen, daß sich ein solcher Mensch innerhalb kürzester Zeit auch anderswo findet und bereit ist, für einen Bruchteil seines Lohns zu arbeiten. Wer dagegen eine durch mehrjährige Ausbildung und durch Erfahrungen im Berufsleben gewonnene spezielle Qualifikation besitzt, kann sich recht sicher fühlen. Spezialisten aller Art, sei es in Bereichen der Wissenschaft und Forschung, sei es bei der Entwicklung und Technikanwendung, sei es in Organisation, Verwaltung, Marketing oder Informationsverarbeitung gibt es nicht in beliebiger Anzahl. Hinzu kommt als weiteres Element, daß für wirkliches Spezialistentum eine rein formelle Ausbildung zwar vorausgesetzt, nicht aber hinreichend ist. Hier liegt hingegen eine Prämie darauf, in permanentem Kontakt mit den konkreten Problemen und aktuellen Lösungsformen des jeweiligen Fachgebiets zu stehen. Wer also bereits tätig und aktiv im Zentrum eines brauchbaren, wirtschaftlich relevanten Spezialgebiets steht, besitzt jedem möglichen Konkurrenten gegenüber einen unschätzbaren Vorteil.

Der Prozeß der Globalisierung, der zur Desintegration der alten geschlossenen National-Ökonomien führt, produziert also Verlierer und Gewinner. Die prospektiven Verlierer sind mit

Sicherheit die unqualifizierten Massenarbeiter in der Industrieproduktion, die in Sektoren mit niedrigen Zugangsschwellen arbeiten und die jederzeit damit rechnen müssen, von Konkurrenten mit niedrigeren Lohnansprüchen aus dem Markt geworfen zu werden. Eine Gruppe mit eher ungewissem Arbeitsmarktschicksal dagegen bilden Arbeitskräfte, welche einfache Tätigkeiten verrichten, die nicht ohne weiteres internationalisiert werden können, weil sie örtlich gebunden sind. Dies gilt etwa für das gesamte Bauwesen, vor allem aber für den Bereich einfacher Dienstleistungen: Taxifahrer, Krankenschwestern, Schuhverkäufer, Kellner, Putzhilfen oder Bodyguards müssen ihre Arbeit an Ort und Stelle leisten. Sollte ihre Position von der Globalisierung bedroht werden, so nur durch direkte Immigration von Arbeitssuchenden. Die prospektiven Gewinner sind dagegen diejenigen qualifizierten Spezialisten, die über Fertigkeiten, Kenntnisse und Entwicklungspotentiale verfügen, die nur schwer kopierbar sind und für deren Verfügung es einen enormen Vorteil bedeutet, wenn man bereits eine Zeitlang innerhalb des jeweiligen Arbeitsgebiets tätig war.

Durch diese neue Differenzierung in Gewinner und Verlierer des Globalisierungsprozesses wird das alte Muster der nationalstaatlichen Integration aufgelöst und in ein neues Muster transformiert. Die Bürger eines Landes sitzen wirtschaftlich nicht mehr in einem Boot, wie es die alte Vorstellung von einer nationalen Ökonomie suggeriert und was die Bildung homogener Wohlstandszonen auch vollzogen hatte. Die Wirtschaftselemente, die einzelnen Betriebe oder Arbeitskräfte, sind tendenziell nur noch Knotenpunkte innerhalb des Netzwerks einer Welt-Ökonomie, die sich zu neuen Mustern organisiert. Der Erfolg eines bestimmten »nationalen« Betriebs hat nichts mehr mit dem Wohlstandsniveau »seines« Landes zu tun – die Firmen entkoppeln sich zunehmend von ihrer nationalen Basis. Damit sinkt aber auch der innere soziale Integrationsgrad der jeweiligen Länder. Dies ist in den USA, wo dieser Prozeß am weitesten fortgeschritten und am wenigsten institutionell gehemmt ist, am deutlichsten erkennbar. Dort nimmt nicht nur in den letzten beiden Jahrzehnten das Gefälle zwischen einzelnen Regionen zu, sondern Vergleichbares ist auch für einzelne Einkommensgruppen zu beobachten. Die Tendenz zur Nivellierung, die von den zwanziger bis in die sechziger Jahre galt, hat sich seitdem wieder umgekehrt. Ein neuer Schub sozialer Differenzierung wird erkennbar.

3. Der Nationalstaat in der Defensive

Bei der Betrachtung der globalen Verhältnisse in der Ära der Massenproduktion fiel das historisch singuläre Nebeneinander von hochintegrierten Wohlstandszonen in den Industrieländern und den alten Armutsgebieten auf, wobei letztere zugleich stark in sich sozial differenziert waren. Der Prozeß der Globalisierung löst nun diese alte Gegensatzstruktur auf und erzeugt ein neues Muster, das Ähnlichkeiten mit dem aktuellen Dritte-Welt-Muster hat. Am spektakulärsten wird die Auflösung der homogenen Wohlstandszonen sein. Das heute so oft beklagte Gefälle zwischen dem Lebensniveau der Industrieländer und dem der Dritten Welt wird sich einebnen, und zwar im Sinne einer Nivellierung nach unten. Dies wird freilich keine totale Nivellierung sein, sondern ein neues Differenzierungsmuster wird das alte ablösen: An die Stelle des räumlich fixierten Gegensatzes von homogenen Wohlstandszonen und sozial differenzierten Armutsgebieten wird ein einheitliches Muster sozialer Differenzierung treten.

Konkret bedeutet dies, daß die unqualifizierten Massenarbeiter in den Wohlstandszonen vermittelt durch globale Konkurrenz tendenziell auf ein Dritte-Welt-Niveau reduziert werden, während sich zugleich ein internationales Netzwerk von Globalisierungsgewinnern aufbauen wird. Fallen die Umverteilungsleistungen des Sozialstaats weg, wird ein Arbeitsloser in Hamburg nicht wesentlich anders leben als ein Arbeitsloser in Kiew, São Paulo oder Singapur; ähnliches gilt auch für unqualifizierte

Massenarbeiter, die auf dem gleichen Weltmarktsegment miteinander konkurrieren. Globalisierung bedeutet also ein Ende des hohen, vor allem aber des einheitlichen Wohlstandsniveaus in den alten Industrieländern.

Interessant ist nun auch die Gewinnerseite dieses Globalisierungsprozesses. Alle diejenigen, welchen es gelingt, sich als Spezialisten in die neuen globalen Netzwerke einzuschalten, werden von diesen neuen Strukturen profitieren. Ihre Nationalität oder Staatsangehörigkeit wird dabei eine immer geringere Bedeutung besitzen. Entscheidend ist lediglich das Ausmaß, in welchem der einzelne Spezialist Zugang zu den strategischen Entwicklungszonen der neuen Weltökonomie gewinnt, indem es ihm gelingt, neue Probleme zu identifizieren und Lösungen dafür anzubieten. Dies mag auf Gebieten der wissenschaftlichen Forschung, der technischen Entwicklung, des Marketing, der Finanzspekulation oder auch der massenkulturellen Innovation der Fall sein – in all den Sektoren also, in denen sich der reale Universalismus des Weltmarkts formiert und von den Besonderheiten einer kulturellen Tradition abgekoppelt hat.

Aus der Perspektive von Gesellschaften der Dritten Welt wird dieser Vorgang kaum als skandalös erscheinen, im Gegenteil: Die Integration von Massenarbeitern in die Standardproduktion wird von diesen nach wie vor als sozialer Aufstieg erlebt werden können; auch wird man dort kaum Anstoß daran nehmen, daß neben die alten Macht- und Reichtumseliten neue Funktionseliten treten werden. Ganz anders wird dies jedoch in den sich auflösenden homogenisierten Wohlstandszonen sein. Hier wird eine neue soziale Polarisierung zu beobachten sein: Es entsteht eine neue Klassengesellschaft, die mit der alten Klassengesellschaft des 19. Jahrhunderts, die vom wohlfahrtsstaatlichen Integrationsmodell abgelöst worden war, nur noch ganz oberflächliche Ähnlichkeiten haben wird.

Der neue soziale Konflikt, der sich in den in Auflösung begriffenen Wohlstandszonen formiert, unterscheidet sich in seinem Kern von dem alten sozialen Konflikt, der entlang der Gegensatzlinie von Arbeit und Kapital angesiedelt war. Die ältere Arbeiterbewegung konnte ihre Forderungen aus dem Selbstgefühl heraus erheben, die »produktive Arbeit« im Gegensatz zu einer unproduktiven, im Müßiggang schwelgenden parasitären Klasse zu repräsentieren. Wenn etwa der Wunsch nach höheren Löhnen aus einem »Recht auf vollen Arbeitsertrag« begründet wurde, wenn von »Mehrwertaneignung« und »Ausbeutung« die Rede war, so verlangte man letztlich nur einen Rückfluß der geschaffenen Werte an ihre eigentliche Quelle, die Arbeit. Diese Forderung konnte im Lohnkampf um so nachdrücklicher erhoben werden, als man wußte, daß das »Kapital« auf Gedeih und Verderb mit der »Arbeit« verbunden war. Beide bildeten eine unauflösliche, in sich gegensätzliche Einheit, die – und dies war die revolutionäre Pointe des proletarischen Sozialismus – zwar von der »Arbeit« im Sinne der Sozialisierung des »Kapitals«, nicht aber vom Kapital im Sinne einer Aufhebung der Arbeit aufgelöst werden konnte.

Die neue soziale Polarisierung dagegen kann nicht mehr auf eine solche dialektische Einheit zurückgeführt werden. Ein Arbeitsloser kann schlecht behaupten, das hohe Einkommen eines globalen Spezialisten sei darauf zurückzuführen, daß er selbst ausgebeutet wird. Auch kann er seinen Forderungen nicht mehr mit der Androhung von Leistungsverweigerung Nachdruck verleihen, denn ein Streik der Sozialhilfeempfänger wäre offensichtlich sinnlos. Wenn der Globalisierungsverlierer dem Globalisierungsgewinner sein hohes Einkommen neidet und vom Sozialstaat verlangt, er möge es scharf besteuern, um ihn selbst besser alimentieren zu können, so handelt es sich im Grunde um eine Umkehrung der Fronten. Die neue Klassenspaltung verläuft jetzt zwischen arbeitenden Reichen und (unfreiwillig) parasitären Armen, deren parasitärer Charakter etwa darin besteht, in Fabriken beschäftigt sein zu wollen, die nur durch staatliche Subventionen im Betrieb gehalten werden können. Die wachsende Masse der neuen Armen in den sich auflösenden Wohlstandszonen wird auf die Solidarität der Reichen (oder »Besserverdienenden«) pochen, doch wird es ihnen konzeptionell nicht leichtfallen, diesen Wunsch nach umverteilender Solidarität zu begründen.

Die Forderungen der sich in den ehemaligen Wohlstandszonen neu bildenden Unterklassen unterscheiden sich auf den ersten Blick nicht von denen, welche die ärmeren Entwicklungsländer schon seit einiger Zeit erheben, und sie wenden sich an den gleichen Adressaten, nämlich an die »Reichen« in den Industrieländern. Die natürliche Sprache hierfür ist zunächst der humanitäre Universalismus: Unspezifisch arme »Menschen« verlangen nach Unterstützung durch unspezifisch wohlhabendere »Menschen«. Eine solche abstrakte Forderung hat jedoch durchaus problematischen Charakter. Welche Eigenschaft besitzt denn der arbeitslose Deutsche, die den gutverdienenden globalen Spezialisten dazu veranlassen könnte, ihn (und nicht etwa einen armen Inder) zu unterstützen? Die bloße Eigenschaft, ein »Mensch« zu sein, reicht dazu nicht aus, denn diese Eigenschaft besitzt der Inder in gleichem Maße. Wenn es nur darum geht, »armen Menschen« zu helfen, wären weitaus mehr Individuen zu erreichen, wenn man die Hilfsmittel in die Armutszonen der Dritten Welt schickte.

Die Bedürftigen in den Wohlstandszonen verlangen allerdings nicht nur, auf dem materiellen Niveau der Dritten Welt versorgt zu werden, sondern sie fordern eine Bewahrung ihres überkommenen Lebensstandards. Ihnen bleibt daher nur der Appell an die nationale Solidarität, denn es ist allein die Eigenschaft, der deutschen Nation anzugehören, die einen arbeitslosen Deutschen von seinem indischen Schicksalsgenossen unterscheidet. Im nationalen Rahmen bestehen auch bessere Druckmittel für die Unterklasse, die sich der Unruhe und des sozialen Protests, vor allem aber des (demokratischen) Nationalstaats bedienen kann. Es liegt somit in der Logik der Interessenstruktur, daß die Umverteilungsforderungen der Globalisierungsverlierer im Namen der nationalen Solidarität ausgesprochen und vom nationalen Sozialstaat vollzogen werden sollen.

Der Nationalstaat müßte, folgte er dieser Interessenlogik, wie gewohnt als Sozialstaat zum Fokus einer umverteilenden und integrierenden Solidarität werden, welche die gesamte Bevölkerung eines Territoriums erfaßt. Ein solcher Nationalstaat ist jedoch nicht länger eine selbstverständliche Größe. Er ist nicht mehr Ausdruck einer autonomen industriellen Dynamik, sondern letzte Bastion eines Defensivwillens derer, die dem Schicksal entgegensehen, durch die Globalisierung aus ihrem gewohnten Wohlstandsparadies vertrieben zu werden. In dem Maße, wie dem Nationalstaat seine national-ökonomische Basis abhanden kommt, verliert er an Kompetenz und damit auch an Legitimität. Der besonders unter (eingebildeten oder realen) Globalisierungsgewinnern in den westlichen Industrieländern grassierende Antinationalismus mag bereits Ausdruck dieser Situation sein. Zu finanziellen Opfern motivierender Patriotismus ist keine Selbstverständlichkeit mehr, ebensowenig wie eine im Zuge massiver Zuwanderungen »multikulturell« werdende Bevölkerung noch den Charakter eines »Volkes« besitzt, auf welches sich spontan Identitäts- und Solidaritätsgefühle richten könnten.

Dennoch werden die Industriestaaten nicht umhin können, dem Druck von innenpolitischem Legitimitätsverlust nachzugeben und zu versuchen, auf den Prozeß der Globalisierung zu reagieren. Es fragt sich allerdings, welche Handlungsspielräume ein solcher defensiver Nationalstaat überhaupt besitzt. Prinzipiell bestehen zwei Möglichkeiten: Zum einen könnte der Nationalstaat dadurch reagieren, daß er versucht, die Reichweite seiner Kontrolle und Eingriffe auf übernationale Räume auszudehnen mit der Absicht, die ökonomisch-strukturelle und die politische Zone wieder zur Deckung zu bringen. Das Projekt einer europäischen Integration etwa könnte in diesem Sinne interpretiert werden: Es handelte sich um den Versuch, an die Stelle kleiner Nationalstaaten ein größeres politisch-ökonomisch und damit auch sozial integriertes Gebiet zu setzen. Diese Integration müßte, sofern sie als Reaktion auf den Prozeß der Globalisierung zu verstehen ist, einen Doppelcharakter haben: Öffnung nach innen bei gleichzeitigem Abschluß nach außen, das heißt, nicht nur der Zustrom amerikanischen Rindfleischs und japanischer Automobile, sondern auch unerbetene Immigranten aus aller Welt würden abgewiesen. Europäische Integration müßte daher nicht nur die Auflösung des alten (deutschen, französischen, italienischen usw.) Nationalstaats bewirken; sinnvoll wäre diese Integration nur, wenn sie zugleich einen neuen, europäischen Nationalstaat erzeugte, der in der Lage ist, den Tendenzen zur strukturellen Globalisierung mit einer Ausweitung politisch-territorialer Kontrolle zu begegnen. Dies wäre insofern sinnvoll, als es sich um den Versuch handeln könnte, die strukturell-systemischen Prozesse der übernationalen Integration wieder einer direkten politischen Kontrolle zu unterstellen. Eine solche EU müßte dahin zielen, eine über-nationale National-Ökonomie zu schaffen, der es gelingen soll, Elementen herkömmlicher politischer Gestaltung ein neues Gewicht zu geben.

Die sich auf diese Weise bildende »Festung Europa« hätte allerdings lediglich defensiven Charakter: Es handelte sich um den Versuch, die überkommene homogene Wohlstandszone so lange wie möglich zu bewahren. Das Grundproblem liegt jedoch darin, ob ein Raum wie Europa überhaupt groß und selbständig genug ist, um die entscheidenden strukturellen Parameter kontrollieren zu können, oder ob nicht der Prozeß der Globalisierung bereits eine solche Reichweite und Durchschlagskraft gewonnen hat, daß ein solcher Ansatz zur Bildung eines quasiautarken und autonomen politischen Raums bereits anachronistisch geworden ist. Das Beispiel der größeren USA läßt da jedenfalls Skepsis aufkommen. Hinzu kommt eine weitere Schwierigkeit. Die zur Integration motivierende Europa-Ideologie ist post-nationalistisch, universalistisch angelegt; sie kennt keinen expliziten Gegner mehr, nachdem der Anti-Kommunismus obsolet geworden ist und der Anti-Amerikanismus wegen zwingender alltagskultureller Einflüsse kaum eine Chance haben wird. Es läßt sich aber bezweifeln, ob eine solche schwache Ideologie tauglich ist, zur Selbstbehauptung einer Festung Europa zu motivieren. Der alte Nationalismus scheint demgegenüber Vorteile zu besitzen, und in der Tat läßt sich in national ungebrochenen Ländern wie Großbritannien beobachten, daß sich die alten Eliten, vor allem aber die Vertreter einer den Umgang mit dem sozialen Abstieg bereits gewohnten Industriearbeiterschaft zutrauen, auf dem traditionellen Pfad der nationalen Identitätspflege in der Defensive weiterzukommen.

Eine zweite Strategie, politische Kontrolle und strukturelle Prozesse wieder zur Deckung zu bringen, liegt in den vielfachen Ansätzen zu multilateralen internationalen Abkommen, sei es auf dem Gebiet des Welthandels, des Finanz- und Währungswesens, der Rüstungskontrolle, des Technologietransfers oder der Umweltpolitik. Hier stellt sich allerdings der Eindruck ein, daß dergleichen Konferenzen und Abkommen weniger als Wege zur Bildung eines einheitlichen politischen Willens zu verstehen sind, der geeignet wäre, die strukturellen Prozesse einer einheitlichen Kontrolle zu unterstellen. Es handelt sich viel eher um die Formierung von Arenen, innerhalb deren die Kämpfe der einzelnen politischen Einheiten um die Verarbeitung der Folgen von strukturell-systemischen Prozessen ausgetragen werden können. Letztlich wäre wohl nur ein Welt-Staat in der Lage, eine politisch-rechtlich regulierte Welt-Ökonomie nach dem Vorbild der alten National-Ökonomie zu bilden. Die Entstehung eines solchen Weltstaats ist jedoch nicht nur unter realpolitischem Gesichtspunkt eine schiere Utopie; sie würde auch die Probleme der von der Nivellierung nach unten bedrohten Globalisierungsverlierer in den Wohlstandszonen nicht nur nicht lösen, sondern eher verschärfen. Die Massenarbeiter in den Wohlstandszonen können nur gegen den Verlust globaler Privilegien kämpfen; für einen solchen Abwehrkampf hätten sie aber in einem Weltstaat, sofern er demokratischen Charakter hätte, sehr schlechte Karten: Ein globales Minimallohn- oder Sozialhilfeniveau läge sicher weit unter dem, was in Industrieländern heute üblich ist.

Den Globalisierungsverlierern in den Industrieländern, die dort ohne weiteres die Mehrheit der Bevölkerung ausmachen können, bleibt daher letztlich nur der Rekurs auf ihren Nationalstaat, der als Sozialstaat die Erwartung aufgebaut und verstärkt hat, ihnen die wichtigsten Lebensrisiken abzunehmen. Da sie ihr hohes materielles Lebensniveau als selbstverständliches Bürgerrecht anzusehen gelernt haben, werden sie von dem Sozialstaat verlangen, dieses auch weiterhin zu garantieren. Dieser Sozialstaat gerät angesichts der Globalisierung daher in eine fundamentale Klemme: Er muß seine Leistungen in dem Maße erhöhen, wie seine Zugriffsmöglichkeiten auf Ressourcen und seine ökonomischen Handlungsspielräume schwinden. Auf dieses Dilemma muß er im Medium eines neuen sozialen Konflikts reagieren, der sich im Zuge dieser Reaktionen verschärfen wird. Dabei kann leicht eine Spirale nach unten in Gang gesetzt werden, deren idealtypischer Verlauf etwa so aussehen könnte:

Der Sozialstaat versucht, seine schwindende fiskalische Basis durch verschärften Zugriff auf die ihm auf dem eigenen Territorium zugänglichen Einkommen der Globalisierungsgewinner zu stabilisieren. Der letzte Staub wird aus allen Ecken gekehrt; die letzten Bestände werden mobil gemacht, um in einem großen, sich selbst verzehrenden Strudel zu verschwinden. Der Steuerstaat muß ein wachsendes, immer kostspieligeres parasitäres Sozialsystem alimentieren, wobei die Ressourcendecke der sich auflösenden National-Ökonomie immer knapper wird. Dieser verschärfte Zugriff auf die Minderheit der Leistungsträger verschlechtert die industriellen Standortbedingungen auf dem Territorium, welches der Nationalstaat zu kontrollieren versucht. Die Ansprüche an ihn gewinnen an innenpolitischem Gewicht, während seine realen Handlungsmöglichkeiten schwinden. Er packt diejenigen, welche in seiner Reichweite zugänglich bleiben, und reißt sie in seinen Niedergang hinein. Einen wirklichen Ausweg gibt es jedoch nicht: Weder die Zahl der Anspruchsberechtigten (die durch unkontrollierbare Zuwanderung wächst) noch die mobilisierbaren Mittel (die sich als Elemente der globalen Finanzströme seiner Kontrolle entziehen) sind ihm wirklich zugänglich. Je länger und intensiver der Sozialstaat versucht, sein tradiertes Verhalten zu retten, desto tiefer wird schließlich sein Fall sein.

Eine Desintegration des Sozialstaats könnte daher am Ende der verzweifelten Versuche stehen, diesen als traditionellen Umverteilungsstaat zu behaupten. Da er auf keiner National-Ökonomie mehr beruht, könnte er selbst als National-Staat obsolet werden und einer neuen globalisierten Ordnung Platz machen, innerhalb deren die Funktion politischer Einheiten an Bedeutung verliert. Dann besteht keine spezifische Solidarität zwischen den Globalisierungsgewinnern und den Globalisierungsverlierern mehr; der alte Verteilungskampf könnte wiederkehren, ohne daß ein Appell an übergeordnete Werte möglich wäre.

Die Gewinner sehen sich als post-nationale Weltbürger an, die frei auf der Ebene der globalen Systeme agieren wollen und keineswegs anderen Bewohnern des Territoriums gegenüber, in welchem sie gerade leben, verpflichtet sind. Es gibt keine freiwillige Umverteilung von den Produktiven zu den Unproduktiven, sondern eine wachsende soziale Kluft, steigende Reibungen und Konflikte, mit der Folge weiterer Segregation oder Sezession der Gewinner aus dem rudimentären Nationalstaat. Dieser wird zur letzten Bastion derer, die ihre alten Wohlstandsprivilegien verteidigen wollen, welche ihnen in der Epoche des florierenden Wohlfahrtsstaats auf Basis der national-ökonomischen Massenproduktion zugewachsen waren. Hier könnte der soziale Ort für einen neuen Nationalismus liegen, der allerdings im Unterschied zum alten Nationalismus nicht mehr offensiv oder gar expansiv, sondern rein defensiv orientiert wäre, eine bloße Rückzugsposition, in der es nur noch um die Rettung überkommener Bestände geht.

In den nächsten Jahren könnte sich daher ein politisch-programmatischer Gegensatz bilden, der etwa die folgenden Züge besitzt:

– Von den wirklichen oder eingebildeten Globalisierungsgewinnern könnte die Forderung nach einer weitgehenden Preisgabe des Nationalstaats und zwar sowohl als Sozial- und Wohlfahrtsstaat wie auch als Ordnungsstaat erhoben werden. In der Logik dieser Position läge eine strikte Liberalisierung, Privatisierung und Internationalisierung von Wirtschaft und Gesellschaft, bis hin zur Öffnung der Grenzen für alle Einwanderer. Die Rolle des Staates könnte auf die klassischen Aufgaben einer minimalen Sicherung des inneren und äußeren Friedens beschränkt werden, wobei im Zweifelsfall die persönliche Freiheit den Vorrang hätte. Ultima ratio dieser Position wäre die völlige Auflösung staatlich-politischer Strukturen, d. h. der Übergang in eine rein ökonomisch-systemische Ordnung.

– Von den wirklichen oder prospektiven Globalisierungsverlierern könnte die Forderung nach Bewahrung oder gar Ausbau des nationalen Sozialstaats erhoben werden. In der Logik dieser Position läge ein Vorrang nationaler Interessen gegenüber den Eigentendenzen der Globalisierung, womit protektionistische Elemente verbunden wären, die sich nicht nur auf Güter, sondern auch auf die Abwehr von Einwanderern bezögen. Eine solche Position könnte sich programmatisch aus dem Bewußtsein heraus begründen, daß die Bewahrung des erreichten Wohlstandsniveaus in einem Industrieland und der Appell an eine umverteilende Solidarität nur im Namen einer tradierten politisch-kulturellen Einheit sinnvoll ist.

Dieser aus der Interessenlogik abgeleitete programmatische Gegensatz wird von den aktuellen politischen Richtungen noch nicht gedeckt, am wenigsten in Deutschland, wo merkwürdig inkonsistente Forderungen nach Abbau des Ordnungsstaats bei gleichzeitigem Ausbau des Sozialstaats grassieren. Zweifellos gibt es keine einfache Lösung für die Zukunft des (National- und Sozial-) Staates im Zeichen der Globalisierung.

Daher kann es auch keine Patentrezepte geben. Zu erwarten ist vielmehr, daß sich die verschiedenen Seiten des angesprochenen Dilemmas zu gegensätzlichen politischen Lagern ausfächern werden, die jeweils behaupten, im Besitz eindeutiger Lösungsstrategien zu sein.

Angesichts dieser Diagnose sollte man nicht davon ausgehen, daß sich der Prozeß der Globalisierung reibungslos vollziehen wird, ohne daß sich politische Widerstände dagegen formieren. Die Nationalstaaten verlieren zwar zur Zeit recht rapide an realer Kompetenz, was das Steuerungsvermögen technisch-ökonomischer Prozesse betrifft, doch wäre es sicherlich falsch, wollte man dies als ein widerstandsloses »Absterben des Staates« interpretieren. Eine Rückkehr zum national-ökonomischen Muster ist wohl nicht möglich, da damit wirtschaftlich ein Stück Autarkie verbunden sein müßte, was weder sinnvoll noch möglich wäre. Dennoch ist mit einem wachsenden Widerstand im Innern der Nationalstaaten gegen den sich abzeichnenden ökonomischen Kompetenzverlust zu rechnen, und da dies in sämtlichen Industrieländern der Fall sein wird und auch erfolgreiche Schwellenländer unter dem Druck sozialer Bewegungen in eine ähnliche Richtung gehen werden, wird die ökonomische Rolle des Nationalstaats nicht so schnell verschwinden und sich nicht so bald ein staatenloses System rein ökonomisch-globaler Strukturen bilden.

Literatur

Guéhenno, J. M. 1994. Das Ende der Demokratie. München/Zürich.
Kennedy, P. 1993. In Vorbereitung auf das 21. Jahrhundert. Frankfurt a. M.
Kotkin, J. 1993. Tribes. How Race, Religion and Identity Determine Success in the New Global Economy. New York.
Piore, M. J./Sabel, C. F. 1985. Das Ende der Massenproduktion. Berlin.
Reich, R. B. 1990. The Works of Nations. Preparing Ourselves for the 21th Century. New York.
Ritter, G. A. 1989. Der Sozialstaat. Entstehung und Entwicklung im internationalen Vergleich. München.
Rufin, J. C. 1994. Die Diktatur des Liberalismus. Reinbek.
Sieferle, R. P. 1994. Epochenwechsel. Die Deutschen an der Schwelle zum 21. Jahrhundert. Berlin.

Die Autoren

Altrichter, Helmut, Dr. phil., Jg. 1945, o. Prof. für Osteuropäische Geschichte an der Universität Erlangen-Nürnberg. Arbeitsschwerpunkte: Politische, Sozial- und Wirtschaftsgeschichte Rußlands und der Sowjetunion. Wichtige Veröffentlichungen: Konstitutionalismus und Imperialismus. Der Reichstag und die deutsch-russischen Beziehungen 1890–1914 (1977); Staat und Revolution in Sowjetrußland 1917–1922/23 (1981); Die Bauern von Twer (1984); Kleine Geschichte der Sowjetunion 1917–1991 (1993).

Franke, Herbert, Dr. jur., Dr. phil., Jg. 1914, em. o. Prof. für Ostasiatische Kultur- und Sprachwissenschaft an der Universität München. Vorsitzender der Kommission für zentralasiatische Studien der Bayerischen Akademie der Wissenschaften. Arbeitsschwerpunkte: Geschichte Chinas und Zentralasiens, vornehmlich des Mittelalters. Wichtige Veröffentlichungen: Forschungsbericht Sinologie (1953); Beiträge zur Kulturgeschichte Chinas unter der Mongolenherrschaft (1956); Die goldene Truhe (mit Wolfgang Bauer, 1959); Herausgeber von: Sung Biographies (1976); Studien zur Kriegsgeschichte der südlichen Sungzeit (1987); China under Mongol Rule (1994).

Höllmann, Thomas O., Dr. phil., Jg. 1952, o. Prof. für Völkerkunde an der Universität München. Arbeitsschwerpunkte: Geschichte, Ethnologie und Archäologie Asiens, vor allem Chinas. Wichtige Veröffentlichungen: Die Tsou (1982); Dawenkou-Kultur (1983); Jinan (1986); Tabak in Südostasien (1988); Schnitzarbeiten der Paiwan (Hrsg. 1991); Die Yi (Hrsg. 1991); Maoqinggou (Hrsg. 1992).

Ledderose, Lothar, Dr. phil., Jg. 1942, o. Prof. für Kunstgeschichte Ostasiens an der Universität Heidelberg. Mitglied der Heidelberger Akademie der Wissenschaften. Arbeitsschwerpunkte: Chinesische und japanische Malerei, Schriftkunst und Architektur; buddhistische Kunst. Wichtige Veröffentlichungen: Die Siegelschrift (chuan-shu) in der Ch'ing-Zeit (1970); Mi Fu and the Classical Tradition of Chinese Calligraphy (1979) sowie etwa 100 Beiträge in Fachzeitschriften. Ausstellungskataloge: Im Schatten hoher Bäume (1985); Palastmuseum Peking. Schätze aus der Verbotenen Stadt (1985); Jenseits der Großen Mauer (1990); Japan und Europa, 1543–1929 (1993).

Lütt, Jürgen, Dr. phil., Jg. 1940, o. Prof. für moderne Geschichte und Gesellschaft Südasiens an der Humboldt-Universität, Berlin. Arbeitsschwerpunkte: Moderne indische Geschichte; Nationalbewegung; Religion und Politik. Wichtige Veröffentlichungen: Hindu-Nationalismus in Uttar-Pradesh, 1867–1900 (1970); Aufsätze zu o. a. Themen.

Osterhammel, Jürgen, Dr. phil., Jg. 1952, Prof. für Neuere Geschichte an der FernUniversität Hagen. Arbeitsschwerpunkte: Geschichte der europäischen Expansion; neuere Geschichte Chinas; Methoden- und Theorieprobleme des internationalen Vergleichs. Wichtige Veröffentlichungen: Britischer Imperialismus im Fernen Osten 1932–1937 (1983); China und die Weltgesellschaft. Vom 18. Jahrhundert bis in unsere Zeit (1989); Kolonialismus (1995). Herausgeber von: Asien in der Neuzeit (1994); Universalgeschichte und Nationalgeschichten (1994).

Reinhard, Wolfgang, Dr. phil., Jg. 1937, o. Prof. für Neuere Geschichte an der Universität Freiburg. Arbeitsschwerpunkte: Geschichte der Staatsgewalt in Europa, besonders Mittel-, West- und Südeuropa; Geschichte der europäischen Expansion mit Schwerpunkt Kulturgeschichte; Historische Anthropologie mit Schwerpunkt Geschichte der politischen Kultur. Wichtige Veröffentlichungen: Papstfinanz und Nepotismus, 2 Bde. (1974); Freunde und Kreaturen (1979); Geschichte der europäischen Expansion, 4 Bde. (1983–90).

Röllig, Wolfgang, Dr. phil., Jg. 1932, o. Prof. für Altorientalistik an der Universität Tübingen. Arbeitsschwerpunkte: Geschichte und historische Geographie des Alten Orients, besonders nordsemitische Epigraphik. Wichtige Veröffentlichungen: Zahlreiche Bücher und Aufsätze, vor allem zum Phönizisch-Punischen und Aramäischen. Das Bier im Alten Orient (1970); Tübinger Atlas des Vorderen Orients (1993).

Rothermund, Dietmar, Dr. phil., Jg. 1933, o. Prof. für Geschichte Südasiens und Leiter des Südasien-Instituts der Universität Heidelberg. Fellow of the Royal Historical Society London. Arbeitsschwerpunkte: Politische, Wirtschafts- und Sozialgeschichte Indiens. Zahlreiche Veröffentlichungen zur Geschichte Indiens, zuletzt: Gandhi, der Revolutionär der Gewaltfreiheit (1989); India in the Great Depression, 1929–39 (1992); Geschichte als Prozeß und Aussage (1993).

Schuller, Wolfgang, Dr. jur., Jg. 1935, o. Prof. für Alte Geschichte an der Universität Konstanz. Arbeitsschwerpunkte: Alte, besonders griechische Geschichte; antike Korruption; Frauengeschichte der Antike; DDR-Geschichte (DDR-Justiz). Wichtige Veröffentlichungen: Die Herrschaft der Athener im Ersten Attischen Seebund (1974); Griechische Geschichte (^{4}1995); Korruption im Altertum (1982); Frauen in der griech. Geschichte (1985); Frauen in der röm. Geschichte (1987, Tb. 1992); Einführung in die Geschichte des Altertums (1994); Geschichte und Struktur des politischen Strafrechts der DDR bis 1968 (1980).

Sieferle, Rolf Peter, Dr. phil., Jg. 1949, apl. Prof. für Neuere Geschichte an der Universität Mannheim. Arbeitsschwerpunkte: Ideen- und Sozialgeschichte der Moderne; Umweltgeschichte. Wichtige Veröffentlichungen: Die Revolution in der Theorie von Karl Marx (1979); Der unterirdische Wald (1982); Fortschrittsfeinde? Opposition gegen Technik und Industrie ... (1984); Die Krise der menschlichen Natur (1989); Bevölkerungswachstum und Naturhaushalt (1990); Epochenwechsel (1994); Die konservative Revolution (1995).

Stietencron, Heinrich von, Dr. phil., Jg. 1933, o. Prof. und Direktor des Seminars für Indologie und vergleichende Religionswissenschaft, Universität Tübingen. Arbeitsgebiete: Kultur- und Religionsgeschichte Indiens, Allgemeine Religionswissenschaft. Wichtige Veröffentlichungen: Indische Sonnenpriester (1966); Ganga und Yamuna: Zur symbolischen Bedeutung der Flußgöttinnen an indischen Tempeln (1972); Herausgeber von: Angst und Gewalt. Ihre Präsenz und ihre Bewältigung in den Religionen (1979); Dämonen und Gegengötter (1983); Christentum und Weltreligionen, zus. mit Hans Küng u. a. (1984); Epic and Puranic Bibliography, 2 Bde. (1992); zahlreiche Veröffentlichungen zur indischen Religionsgeschichte.

Vajda, László, Dr. phil., Jg. 1923, em. o. Prof. für Ethnologie an der Universität München. Arbeitsschwerpunkte: Vergleichende Kulturanalyse, besonders der Völker Mittelasiens. Wichtige Veröffentlichungen: Untersuchungen zur Geschichte der Hirtenkulturen (1968); zu weiteren Publikationen vgl. Münchner Beiträge zur Völkerkunde 1, 1990, 319ff.

Wirth, Eugen, Dr. phil., Jg. 1925, em. o. Prof. und Vorstand des Instituts für Geographie der Universität Erlangen-Nürnberg. Arbeitsschwerpunkte: Wirtschaftsgeographie mit besonderer Berücksichtigung des Orients. Veröffentlichungen: 10 Bücher, mehrere umfangreiche Beiträge zu Sammelwerken, etwa 150 Aufsätze und veröffentlichte Vorträge sowie 12 umfassende Kartierungen orientalischer Städte.

Register

Abessinien 133
Ägypten 23, 26, 38, 52, 100, 105, 129, 131, 145, 151, 303
Äthiopien 32
Afghanistan 26
Akko (Israel) 55
Al-Mina (Phönizien) 68
Alaska 36
Albanien 155
Aleppo 126f., 129, 131-133, 135, 137f., 140-142, 144, 146f.
Alexander III., d. Gr., König von Makedonien 41, 45
Alexandria 126f., 131 f., 135, 138, 140-142, 147
Almagro, Diego de 280
Almuñecar (Spanien) 62
Altenburg (Sachsen) 261
Amsterdam 258
An Qi, Salzkaufmann 224f.
Anatolien 49, 55f., 127, 132, 135, 137
Anavyssos, Insel 58
Antas (Sardinien) 59
Antwerpen (Belgien) 33
Arabien 38 f., 45, 135, 137, 152
Argantonio (Spanien) 63
Aristoteles 76f., 79, 81, 92f., 98
Arwad (Libanon) 49
Ashoka, Kaiser von Indien 210, 312f., 321
Assur (Kleinasien) 55f.
Assyrien 54, 315
Atatürk, Kemal 173
Athen 58, 74-76., 78, 80-82, 86, 89-92, 95
Attika 78f., 95
August II., der Starke, Kurfürst von Sachsen 258
Augustinus, Aurelius 27
Aurangzeb, Mogulkaiser 164
Australien 158, 200, 284, 307

Babylon 26, 45
Bagdad 132, 137, 142, 147
Baltikum 21, 24-26, 155
Barcelona 127, 148
Basel 291
Basra 137
Batavia (heute Djakarta) 256f.
Beirut 49
Belgien 194
Bengalen 111f., 160, 177-180, 195
Bergamo (Italien) 143
Berlichingen, Götz von 274
Berlin 291
Bernal, Martin 100
Birma (Burma) 219,284
Bismarck, Otto Fürst 266, 286f., 291
Bitia (Sardinien) 59
Bombay 33, 181, 184, 189
Bordeaux 126
Bosnien 308
Brasilien 127
Breschnew, Leonid 345
Brescia (Italien) 143
Britisch-Borneo 155
Brügge (Belgien) 148
Buchara (Usbekistan) 147
Buddha 207, 210
Burckhardt, Jacob 14
Bursa (Türkei) 138
Buto (Ägypten) 38
Byblos (Libanon) 49, 55
Byzanz (Istanbul) 127, 129
Böttger, Johann Friedrich 258

Cahen, Claude 129
Cao Jingzhen 232, 234
Cerveteri (Italien) 61
Ceylon 284
Chen Xigu und Zhixi 233
Cheng Jinfeng 226f.
Chiang Kaishek 172
Chicago 352
Chile 280
China 41, 102, 104f., 110, 137, 154f., 157-166, 168-176, 180, 184, 206-213, 215-217, 219-226, 236, 239f., 242, 245, 247-249, 252, 254-259, 261, 284f., 320
Chios, Insel 131

Chruschtschow, Nikita 340-345
Clive, Robert 177f.,180
Colbert, Jean-Baptiste 261, 264
Columbus, Christoph 30-32, 46, 279
Cortés, Hernando 279
Crone, Patricia 106
Cyreneika (Nordafrika) 66
Cythera, Insel 58

Dalhousie, James Andrew Lord 182
Damaskus 142, 144, 147
Dante Alighieri 98
Dejima (Japan) 110
D'Entrecolles, François Xavier 258-260, 264
Deutschland 117, 140, 144, 151f., 155, 188, 194, 265, 280f., 286-289, 291f., 328, 339, 361
Dido/Elissa, Prinzessin 65
Diodor, griech. Historiker 62
Dänemark 258
Drake, Sir Francis 278
Dresden 291
D'Souza, Dinesh 118

Edo (Tokyo) 164
Eleusis (Griechenland) 58
Elisabeth I., Königin von England 277f.
Emporion (Ampurias, Spanien) 66
Engels, Friedrich 116
England 22, 66, 110, 112, 117, 164, 173f. s.a. Großbritannien
Etrurien (Italien) 61
Eurasien 34, 39
Ezechiel, Prophet 56,72
Ezion-Geber, Rotes Meer 48

Famagusta (Türkei) 131
Ferdinand II., dt.-röm. Kaiser 276
Fès Jdid (Marokko) 145f.
Finnland 25, 155
Florenz 127, 143, 145, 148
Ford, Henry 352
Frankreich 66, 98, 137, 144, 155, 260f., 267, 269-272, 278f., 283-286, 290, 339
Franz I., König von Frankreich 274
Französisch-Marokko 155
Freud, Sigmund 98
Friedrich I., König von Preußen 275
Friedrich II., d. Gr., König von Preußen 275
Friedrich Wilhelm I., König von Preußen 271
Fürth 291
Fugger, Familie 280

Gades (Cádiz, Spanien) 62, 64
Gandhi, Indira und Rajiv 202
Gandhi, Mahatma 113f., 191f.
Garaudy, Roger 107
Gent (Belgien) 148
Genua 127, 131, 133, 137, 148, 280
Georg I., König von Großbritannien 284
Georg II., König von Großbritannien 178
Gibraltar 127
Golgoi (Zypern) 57
Gorbatschow, Michail 322-324, 326, 344f.
Gozzo, Insel 47
Griechenland 22, 25, 40, 45, 58, 63, 72, 74-78, 80-82, 94f., 98, 100-102, 105, 108, 315
Großbritannien 156, 177-183, 185-188, 190-198, 258, 261, 265, 267, 271, 277-279, 281-286, 288-291, 295, 339, 371
Guadalhorce (Spanien) 62
Gustav II. Adolf, König von Schweden 276
Gutenberg, Johannes 206
Guyana (Südamerika) 31

Haiti 32, 127
Halde, Jean Baptiste du 259
Hamburg 214, 287
Hang-chou (Hangzhou) 210f., 214, 222, 231
Hansen, Mogens Herman 81
Hegel, G. W. F. 102
Herat, Afghanistan 138, 147
Herodot 38f., 62-65
Hesiod 71
Himera (Sizilien) 59
Hiram, König von Tyros 48f.
Hispaniola (Karibik) 32
Homer 50, 52, 58
Hongkong 158, 161, 170, 173
Huizhou (China) 235

Ibn Chaldun, Geschichtsschreiber 125
Ibn Fadlan 41f.
Idalion (Zypern) 57
Idrisi, Geograph 32
Indien 23, 102, 112-114, 137, 141, 154-158, 160-166, 168, 173-201, 203f., 208, 210, 283-285, 303, 312, 315, 320
Indonesien 158
Iran 132, 137, 151
Irland 158
Isfahan (Iran) 142, 145-147
Ismail, ägyptischer König 171
Israel 41, 45, 152, 303, 308, 315
Istanbul 132, 135, 137, 145, 150
Italien 59, 61, 66, 72, 127, 129, 273, 280
Itanos (Kreta) 58
Ivriz (Kappadokien) 56

Jakob I., König von England 278
Japan 32, 110f., 154, 160, 162-172, 175f., 193, 208f., 214, 256
Java 194
Jemen 126
Jerusalem 31, 49
Jesaja, Prophet 39
Jesus Christus 304
Jiangxi (China) 255
Jin Nong 230
Jingdezhen (China) 255, 259
Johannes, Priesterkönig 32
Julian, Apostata 313

Kairo 133, 135, 151
Kalifornien 126
Kalkutta 111, 174, 181, 189
Kamerun 287
Kamiros (Rhodos) 58
Kamtschatka 35
Kanaan 35, 303, 315
Kangxi, Kaiser von China 220, 236
Kanton (China) 258
Karatepe (Kilikien) 56
Karelien 41
Karibik 155, 194
Karien (Kleinasien) 56
Karthago 65, 69
Kasachstan 343
Kaschmir 127
Kashan (Iran) 145, 147
Katmandu (Nepal) 210
Kerman (Iran) 142
Khan, Sayyid Ahmed 112
Kilmad (Kleinasien) 56
Kition (Zypern) 56f.
Kleisthenes 94
Kolumbien 31
Kong Shangren 222
Konstantin d. Gr., röm. Kaiser 313
Korea 162, 171, 208f., 212, 219
Krapf, Johann Ludwig 36f.
Kreta 47, 49, 52, 57, 127
Kuan-chu-pa, Mönch 212f.
Kun-lun-Gebirge 26
Kurilen 161
Kuwait 151
Kyme (Italien) 61
Köln 143, 148
Königsberg 291

Lancashire (Großbritannien) 170
Larnaka (Zypern) 56
Lateinamerika 127, 157, 159
Law, John 283f.
Lefkandi (Ägäis) 58
Leh (Ladakh, Kaschmir) 210
Leipzig 148, 291
Lenin, W. I. 117, 323, 325, 328-330, 334, 345f.
Lessing, Gotthold Ephraim 313
Li Dou 224f.
Li E, chin. Dichter 231
Li Tianqi 232
Libanon 23, 45, 49f., 52, 54, 150
Libyen 52, 63f.
Lilibäum (Sizilien) 59
Limassol (Zypern) 56
Lindos (Rhodos) 58
Lissabon 110
Livorno (Italien) 127, 131
Lixus (Marokko) 64
Locke, John 98
London 33, 137, 158, 174, 179f.
Lu Jianzeng 228
Ludwig XIV., König von Frankreich 283
Luli, König von Sidon 57
Lydien (Kleinasien) 56
Lykien (Kleinasien) 56
Lyon 143, 148

Ma Yueguan 227f., 231
Ma Yuelu 227f.
Machiavelli, Niccolò 98
Madox, R. 37
Madras (Indien) 181
Makedonien 45
Malaysia 162
Mallorca 127, 131
Malta 47, 58
Mandschurei 161
Mann, Golo 102f.
Mannheim 291
Mao Zedong 157
Marokko 151
Marsaxlokk (Malta) 58
Marseille 66, 127, 148
Marx, Karl 13, 98, 115-117, 143, 182
Mauretanien 64
Mecklenburg 276
Mekka 38, 132, 137
Melanesien (Ozeanien) 287
Memphis (Ägypten) 26
Mesopotamien 23, 26, 105, 135, 137
Messina (Italien) 66
Mikronesien, Inseln 287
Mogador (Marokko) 64
Mohammed, Prophet 304
Mongolisches Reich 102
Monte Sirai (Sardinien) 59
Montesquieu, Charles de Secondat 81
Morro de Mezquitilla (Spanien) 62
Morus, Thomas 30, 313
Moskau 341
Mosul (Irak) 137f., 142
Myriandos (Kleinasien) 56

Nagasaki 110, 256
Nanking (Nanjing) 172, 216, 222
Napoleon I. 18
Naukratis (Nildelta) 66
Nehru, Jawaharlal 197f.
Neufundland 158
Neukaledonien 155
Neuseeland 158, 284
Niederlande 110f., 164, 257f., 278, 281f.
Nigeria 286
Ningbo (China) 222
Nitschke, August 102f.

Nora (Sardinien) 54, 59
Numidien 39
Nürnberg 143, 146, 148, 291

Österreich 144
Olivares, Gaspar de Guzmán, Graf von 272
Orient 46, 55, 122, 125f., 152, 297, 303
Osaka 164
Osmanisches Reich 135, 144

Pakistan 112, 160
Palermo 59
Palestrina (Italien) 61
Palästina 135, 137
Panikkar, K.M. 103
Paphos (Zypern) 57
Paris 158, 290
Pavia (Italien) 274
Peking 211, 215f.
Persien 127, 143
Peru 31
Peter I., der Große, Zar 111
Phaistos (Kreta) 58
Phönizien 45, 47-58, 61, 68, 70
Pico della Mirandola, Giovanni 313
Pisa 127, 133
Pithekoussai/Ischia (Italien) 61
Pitt, William d. J. 178
Pius IX., Papst 314
Pizarro, Francisco 279f.
Pizarro, Gonzalo 31
Platon 76, 99
Plinius, Gaius P. 25, 40
Pnyx (Griechenland) 74
Polo, Marco 32
Portugal 110, 280, 282
Prasad, Raja Siva 112
Preußen 271f., 275, 291
Pyrgi/S.Severa (Italien) 61

Qianlong, Kaiser von China 220
Quan Zuwang, Historiker 231

Raleigh, Walter 278
Rao, P. V. Narasimha 203
Rathenau, Walther 18
Réaumur, René-Antoine Ferchault de 260
Rebmann, Missionar 37
Rhodes, Cecil 286
Richelieu, Armand Jean du Plessis, Herzog von 272
Rom 61, 77, 93, 98, 101, 105, 108, 110, 267, 313, 315
Roy, M. N. 117
Roy, Raja Ram Mohan 111f.
Rüstow, Alexander 13
Rußland 35, 40, 111, 127, 141, 144, 155, 161, 322-347 s.a. Sowjetunion

Sachsen 371
Said, Edward 100, 109, 118-120
Salomo, König von Israel und Juda 32, 48f.
Saloniki 131
Samos, Insel 58
San Salvador 30
Sanherib, König von Assyrien 57
Sardinien 47, 59, 61, 63
Saudi-Arabien 151
Schertlin von Burtenbach, Sebastian 275
Schmitt, Carl 77, 81
Schumpeter, Joseph A. 166
Schweden 258
Selinunt (Sizilien) 59
Sforza, Francesco, Herzog von Mailand 273
Shanghai 157, 170, 222
Shanxi (China) 165
Shōtoku, Kaiserin von Japan 209
Siam 219
Sibirien 35, 343
Sichuan (China) 252
Sickingen, Franz von 273
Sidon (Saida, Libanon) 49-54, 57
Singapore 162, 171
Singh, Manmohan 203
Sizilien 45, 47, 59, 63, 65f., 68
Skandinavien 25, 40
Smith, Adam 13
Smyrna 127, 131f., 138, 142, 147
Solapur (Indien) 184
Solon, Gesetzgeber 76
Solunt (Sizilien) 59
Songjiang (China) 221
Sowjetunion 116, 150, 349, 351
Spanien 31f., 40f., 45, 62-64, 110, 267, 272, 278-280, 282f.
Sri Lanka 160
Stachanow, Alexej 338
Staffordshire (England) 264
Stalin, Josef 116, 340, 345
Stein, Sir Aurel 209
Sternberger, Dolf 77
Strabo, Geschichtsschreiber 39, 55
Suchou (Suzhou, China) 212, 222
Sudan 133
Sulcis (Sardinien) 59
Sun Yatsen 173
Syrien 22, 45, 52, 129, 135, 137, 143f., 150f.

Tabriz 138, 142, 147
Tacitus, Publius Cornelius 24f., 36
Tagore, Dwarkanath 181
Tagore, Rabindranath 181
Taiwan 161f., 171, 173
Tamassos (Zypern) 57
Tartessos (Spanien) 63, 65
Tas Silg (Malta) 58
Tata, Jamshed 190
Taubman, George 285
Tell Sukas (Phönizien) 68
Tharros (Sardinien) 59
Thatcher, Margaret 265

Thera (Griechenland) 66
Thomas von Aquin 98
Thrakien 58
Thukydides 62, 68
Tianjin (China) 170
Tibet 127, 208
Tiglatpileser III., König von Assyrien 54
Tiryns (Ägäis) 58
Togo 287
Toscana 143
Toscanos Malaka (Spanien) 62
Trapani (Sizilien) 59
Trotzki, Leo D. 117, 330
Tschernenko, Konstantin U. 344
Tschetschenien 308
Tunis 65
Turgot, Anne Robert Jacques 13
Tyros 49, 55f., 65
Türkei 173, 320

Ungarn 144
Unteritalien 72
Uruk (Mesopotamien) 23
USA 98, 100f., 117f., 154f., 159, 288, 290, 328, 339, 343, 351, 363, 365f., 371
Utica (Tunesien) 64

Venedig 127, 129, 131-133, 137, 140, 143, 148, 267
Venezuela 31, 280
Vetulonia (Italien) 61
Vietnam 219
Virginia (USA) 312
Voltaire 20, 98
Vulci (Italien) 61

Wallenstein, Albrecht von 275f.
Wang Zhongshu, Archäologe 249
Weber, Max 103, 107, 114, 126
Wedgwood, Josiah 264
Welser, Familie 280
Wen-Amun 55
Westindien 33, 126, 279
Wu Jingzi 234
Wu Qizhen 235

Yangzhou (China) 165, 219, 222-232, 234-236
Yazd (China) 142
Yongzheng, Kaiser von China 220
Yuan Mei, Dichter 227
Yuan Zhongyi, Archäologe 247

Zheng Banqiao, Dichter 229f.
Zipangu (Japan) 32
Zypern 47, 49, 54, 56f., 127

Wirtschaft